Judith S. Beck

Praxis der
Kognitiven Therapie

BELTZ

PsychologieVerlagsUnion

Titel der Originalausgabe:
Judith S. Beck
Cognitive Therapy: Basics and Beyond
© 1995 by The Guilford Press
by arrangement with Mark Patterson

Aus dem Amerikanischen übersetzt von Elke Bretz

Lektorat: Karin Ohms

Wissenschaftlicher Beirat der Psychologie Verlags Union:
Prof. Dr. Walter Bungard, Lehrstuhl Psychologie I, Wirtschafts- und Organisationspsychologie,
    Universität Mannheim, Schloß, Ehrenhof Ost, 68131 Mannheim
Prof. Dr. Dieter Frey, Institut für Psychologie, Ludwig-Maximilian-Universität München,
    Leopoldstr. 13, 80802 München
Prof. Dr. Ernst-D. Lantermann, Universität Kassel, GH, FB 3, Psychologie, Holländische
    Straße 56, 34127 Kassel
Prof. Dr. Rainer K. Silbereisen, Friedrich-Schiller-Universität Jena, Institut für Psychologie,
    Lehrstuhl für Entwicklungspsychologie, Am Steiger 3, 07743 Jena
Prof. Dr. Hans-Ulrich Wittchen, Max-Planck-Institut für Psychiatrie, Kraepelinstraße 10,
    80804 München

Besuchen Sie uns im Internet:
http:\\www.beltz.de

© 1999 Psychologie Verlags Union, Weinheim

Umschlaggestaltung: Dieter Vollendorf, München
Druck und Bindung: Druckhaus Thomas Müntzer, Bad Langensalza
Printed in Germany

Gedruckt auf säurefreiem Papier

ISBN 3-621-27430-8

Inhalt

Vorwort zur deutschen Ausgabe

Martin Hautzinger

Die „Kognitiven Therapien" sind in die Jahre gekommen. Seit über 30 Jahren gibt es diese Bewegung. Sie gehört mit zu den innovativsten, erfolgreichsten und wirksamsten Psychotherapien für zahlreiche Störungsbilder. Die Entwicklung, Verfeinerung und Verbreitung der Kognitiven Therapien wurde, von wenigen „Urvätern" ausgehend, inzwischen durch mehrere Generationen Klinischer Psychologen und Psychotherapeuten betrieben. Diese alle haben durch Aufsätze, Bücher, Ausbildungskurse, Patientenkontakte und wissenschaftliche Forschungen zur Herausarbeitung einer Theorie der Persönlichkeit und Psychopathologie, einem daraus abgeleiteten Psychotherapiemodell sowie zu einer Vielzahl überprüfter, effizienter Behandlungstechniken und -strategien beigetragen.

Judith Beck ist eine Vertreterin der „neuen" Therapeuten-Generation, die jedoch von sich behaupten darf, aus erster Hand von früh an die Erfolge der Kognitiven Therapie miterlebt zu haben. Offensichtlich mußte sie schon als Teenager als Gesprächspartner und als Übungsfeld für „sokratische Gesprächsführung" herhalten. Es ist ihr gut bekommen. Wer Judith Beck schon einmal erlebt hat, begegnet einer ebenso aktiven, begeisternden, überzeugenden und klinisch wirkungsvollen Person, wie es ihr Vater noch immer ist.

Sie legt hier ein Buch vor, das vor allem für die Ausbildung und für die praktische Gestaltung von kognitiv therapeutischen Sitzungen zu empfehlen ist. Sie setzt grundlegende Kenntnisse voraus und startet gleich in die Kognitive Fallkonzeption, die Struktur der einzelnen Therapiesitzungen und die Lösung von Problemen, die dabei auftreten können. Angereichert mit vielen Beispielen erhält man so schnell einen konkreten Überblick über diese Psychotherapie. Danach leitet sie die Leser an, wie man automatische Gedanken, Gefühle, Annahmen, Grundannahmen identifiziert und überprüft. Die vorgestellten therapeutischen Strategien schließen Imaginationsübungen, Visualisierungen, verhaltensorientierte Methoden mit ein. Dabei zeigt sich, daß Judith Beck kreativ neue Methoden entwickelt und alt bewährte integriert. Hilfreich sind ferner die Kapitel zu Hausaufgaben, zu Rückfallprävention, dem Therapieende, der Therapieplanung und den Schwierigkeiten bei der Umsetzung (Supervisionsfragen).

Ein gelungenes Buch, reich an praktischen Tips, gerade auch für Fortgeschrittene. Ich war immer wieder fasziniert von den Anregungen, die sich unmittelbar umsetzen und so direkt überprüfen lassen. Ich bin sicher, Ihnen, liebe Leser, wird es ähnlich gehen.

Tübingen, im Oktober 1998   *Martin Hautzinger*

Für meinen Vater
Aaron T. Beck

Geleitwort

Aaron T. Beck

„Was ist der Zweck dieses Buches?", ist die Frage, die sich ein Leser normalerweise bei jedem Buch über Psychotherapie stellt und auf die im Vorwort eingegangen werden sollte. Um den Lesern von Dr. Judith Becks Buch „Praxis der Kognitiven Therapie" diese Frage zu beantworten, muß ich sie in die Anfangszeit der kognitiven Therapie zurückversetzen und die Entwicklung seit damals betrachten.

Als ich damit anfing, Patienten mit den therapeutischen Vorgehensweisen zu behandeln, die ich später „kognitive Therapie" genannt habe, hatte ich keine Vorstellung davon, wohin dieser Ansatz – der so erheblich von meiner psychoanalytischen Ausbildung abwich – mich bringen würde. Auf der Grundlage meiner klinischen Beobachtungen und einiger systematischer klinischer Studien und Experimente stellte ich die Theorie auf, daß im Kern von psychiatrischen Syndromen wie Depressionen und Angst eine Störung des Denkens steht. Diese Störung zeigte sich darin, daß die Patienten bestimmte Erfahrungen in systematisch verzerrter Weise interpretierten. Ich fand heraus, daß ich eine fast unmittelbare Symptomlinderung erreichen konnte, wenn ich die Patienten auf diese verzerrten Interpretationen hinwies und ihnen Alternativen – das heißt, plausiblere Erklärungen – vorschlug. Es trug zur Stabilisierung der Verbesserung bei, wenn die Patienten diese kognitiven Fertigkeiten selbst erlernten. Durch diese Konzentration auf aktuelle Probleme konnte offenbar innerhalb von zehn bis 14 Wochen eine fast vollständige Symptomlinderung erreicht werden. Spätere klinische Studien durch meine eigene Arbeitsgruppe sowie Kliniker und Forscher an anderen Einrichtungen konnten die Wirksamkeit dieses Ansatzes bei Angststörungen, depressiven Störungen und Panikstörungen nachweisen.

Mitte der achtziger Jahre konnte ich behaupten, daß die kognitive Therapie nunmehr den Status eines „psychotherapeutischen Systems" erreicht hatte. Dieses System bestand aus 1. einer Theorie von Persönlichkeit und Psychopathologie, deren Grundpostulate von soliden Forschungsergebnissen gestützt wurden; 2. einem Psychotherapie-Modell mit einer Reihe von Prinzipien und Strategien, welche mit der Theorie der Psychopathologie übereinstimmten; und 3. zuverlässigen empirischen Forschungsergebnissen aus klinischen Studien, die für die Wirksamkeit dieses Ansatzes sprachen.

Seit meinen frühen Arbeiten hat eine neue Generation von Therapeuten, Forschern und Lehrern grundlegende Forschungsarbeiten zum psychopathologischen Modell durchgeführt und die kognitive Therapie auf ein breites Spektrum psychiatrischer Störungen angewandt. Systematische Forschungsarbeiten untersuchen die grundlegenden kognitiven Dimensionen der Persönlichkeit und der psychiatrischen Störungen, die idiosynkratische Informationsverarbeitung und -wiedergabe bei diesen Störungen und die Beziehung zwischen Vulnerabilität und Streß.

Die Anwendung der kognitiven Therapie auf eine Menge von psychischen und körperlichen Störungen ging weit über das hinaus, was ich mir vorgestellt hatte, als ich meine ersten Fälle von Depression und Angst mit kognitiver Therapie behandelte. Forscher auf der ganzen Welt, aber besonders in den Vereinigten Staaten, konnten durch Evaluationsstudien zeigen, daß die kognitive Therapie bei so unterschiedlichen Zuständen wie Posttraumatischer Belastungsstörung, Zwangsstörungen, Phobien aller Art und Eßstörungen wirksam ist. Bei der Behandlung von Schizophrenie und bipolaren affektiven Störungen hat sie sich, oft in Kombination mit Medikamenten, als hilfreich erwiesen. Positive Wirkungen der kognitiven Therapie konnten auch für eine Vielzahl von chronischen körperlichen Krankheiten nachgewiesen werden, wie etwa Kreuzschmerzen, Colitis, Bluthochdruck und Chronic-Fatigue-Syndrom.

Wie soll ein angehender kognitiver Therapeut angesichts dieser Riesenauswahl von Anwendungsmöglichkeiten damit beginnen, die Grundbestandteile dieser Therapie zu erlernen? Um es mit *Alice im Wunderland* zu sagen: „Fange am Anfang an." Das bringt uns nun zu der Frage vom Anfang dieses Vorworts zurück. Dr. Judith Beck, eine Vertreterin der neuen Generation kognitiver Therapeuten (die als Teenager eine der ersten war, die den ausführlichen Erörterungen meiner neuen Theorie lauschen konnte), verfolgt mit diesem Buch den Zweck, ein solides Fundament für die Anwendung der kognitiven Therapie zu legen. Die gesamte Bandbreite von verschiedenen Anwendungen der kognitiven Therapie basiert letztlich auf den grundlegenden Prinzipien, die in diesem Buch dargestellt werden. Andere Bücher (die ich zum Teil selbst geschrieben habe) begleiten den kognitiven Therapeuten durch das Labyrinth der vielen einzelnen Störungen. Ich glaube, daß dieses Buch sie als Grundlagentext für kognitive Therapeuten ersetzen wird. Selbst erfahrenen kognitiven Therapeuten kann dieses Buch helfen, ihre Fallkonzepterstellung zu verbessern, ihr Repertoire an Therapietechniken zu erweitern, die Behandlung effektiver zu planen und Schwierigkeiten in der Therapie in den Griff zu bekommen.

Natürlich kann ein Buch niemals eine Supervision in kognitiver Therapie ersetzen. Dennoch ist dieses Buch wichtig und kann durch die leicht zugängliche Supervision ergänzt werden, welche von ausgebildeten kognitiven Therapeuten angeboten wird.

Dr. Judith Beck ist ganz besonders geeignet, eine solche Einführung in die kognitive Therapie zu geben. Seit zehn Jahren leitet sie Workshops und Fallkonferenzen und hält Vorträge über kognitive Therapie. Sie hat viele Anfänger und erfahrene kognitive Therapeuten supervidiert, bei der Entwicklung von Behandlungsplänen für verschiedene Störungen geholfen und sich aktiv an der Erforschung der kognitiven Therapie beteiligt. Vor diesem Hintergrund hat sie ein Buch mit einer wahren Fundgrube von Informationen zur Anwendung der kognitiven Therapie geschrieben.

Die Praxis der kognitiven Therapie ist nicht einfach. Ich sehe zum Beispiel in klinischen Prüfungen viele Teilnehmer, die vorschriftsmäßig mit „automatischen Gedanken" arbeiten und doch nicht wirklich verstehen, wie der Patient seine persönliche Welt wahrnimmt, und die kein Gespür für das Prinzip der „gemeinsamen Forschungsarbeit" haben. Dr. Judith Beck will mit ihrem Buch Anfänger und erfahrene Therapeuten in kognitiver Therapie unterrichten, lehren und trainieren, und das ist ihr hervorragend gelungen.

Vorwort

In den nationalen und internationalen Workshops und Seminaren, die ich in den letzten zehn Jahren durchgeführt habe, sind mir drei Dinge aufgefallen. Das erste ist die wachsende Begeisterung für die kognitive Therapie, eines der wenigen empirisch validierten, umfassenden psychotherapeutischen Systeme. Das zweite ist der starke Wunsch der Fachleute im psychosozialen Bereich zu lernen, wie man mit Hilfe eines robusten Fallkonzepts und Wissens über Techniken eine kognitive Therapie in logisch zusammenhängender Weise durchführt. Das dritte ist eine große Anzahl von falschen Auffassungen über die kognitive Therapie, zum Beispiel, daß es sich dabei lediglich um eine Sammlung von Techniken handele, daß sie die Bedeutung der Gefühle und der therapeutischen Beziehung vernachlässige und daß sie die Tatsache ignoriere, daß viele psychische Schwierigkeiten ihren Ursprung in der Kindheit haben.

Unzählige Workshop-Teilnehmer haben mir erzählt, daß sie seit Jahren kognitive Techniken benutzen, ohne sie als solche zu bezeichnen. Andere, die mit der *Kognitiven Therapie der Depression* (Beck, Rush, Shaw & Emery, 1979 [dt. 1996]) vertraut waren, dem ersten Lehrbuch der kognitiven Therapie, haben große Anstrengungen unternommen, um zu lernen, wie man diese Therapieform noch wirksamer einsetzen kann. Dieses Buch wendet sich an ein breites Fachpublikum: von Personen, die noch nie etwas mit kognitiver Therapie zu tun hatten, bis hin zu Lesern, die darin schon recht erfahren sind, aber ihre Fertigkeiten zur Erstellung eines kognitiven Fallkonzepts, zur Planung der Behandlung, zum Einsatz einer Vielfalt von Techniken, zur Überprüfung der Effektivität und zur Erkennung von Problemen in der Therapiesitzung noch verbessern möchten.

Um das Material so einfach wie möglich darzustellen, habe ich mich dafür entschieden, eine bestimmte Patientin im ganzen Buch als Beispiel zu benutzen. Sally war meine Patientin, als ich vor einigen Jahren damit begonnen habe, dieses Buch zu schreiben. Sie war in vieler Hinsicht eine ideale Patientin, und ihre Behandlung war ein klares Beispiel der kognitiven „Standard"-Therapie bei einer unkomplizierten depressiven Einzelepisode. In der deutschen Fassung wird, sofern nicht speziell von Sally die Rede ist, sowohl für Patienten als auch für Therapeuten in der männlichen Form gesprochen. Außerdem wird statt „Klienten" der Ausdruck „Patienten" benutzt, weil dieser in meinem medizinisch orientierten Arbeitsfeld vorherrscht.

Dieses Grundlagenbuch der kognitiven Therapie beschreibt Prozesse der Fallkonzepterstellung und der Therapieplanung, der Strukturierung von Sitzungen und der Problemdiagnose, die sich bei jedem Patienten als nützlich erweisen sollten. Obwohl die beschriebene Behandlung sich auf einen unkomplizierten Fall von Depression bezieht, lassen sich die dargestellten Techniken auf

Patienten mit einer breiten Vielfalt von Problemen anwenden. Für andere Störungen werden spezielle Hinweise gegeben, so daß der Leser lernen kann, seine Behandlung dementsprechend anzupassen.

Die Entstehung dieses Buches war nur möglich durch die Pionierarbeit eines außergewöhnlichen Wissenschaftlers, Theoretikers, Praktikers und Menschen: Aaron T. Beck, welcher der Vater der kognitiven Therapie und auch mein Vater ist. Die Ideen, die in diesem Buch dargestellt werden, sind die Essenz meiner eigenen langjährigen klinischen Erfahrung in Verbindung mit Literaturstudium, Supervision und Diskussionen mit meinem Vater und anderen. Von jedem Supervisor, Supervisanden und Patienten, mit dem ich gearbeitet habe, habe ich eine Menge gelernt. Ich bin ihnen allen dankbar.

Darüber hinaus möchte ich den vielen Menschen danken, die mir Rückmeldung zu diesem Buch gegeben haben, vor allem Kevin Kuehlwein, Christine Padesky, Thomas Ellis, Donald Beal, E. Thomas Dowd und Richard Busis. Tina Inforzato, Helen Wells und Barbara Cherry danke ich für die Erstellung des Manuskripts und Rachel Teacher, B.A., sowie Heather Bogdanoff, B.A., für ihre Hilfe bei der Fertigstellung.

Judith Beck

Einleitung

Die kognitive Therapie wurde in den frühen sechziger Jahren von Aaron T. Beck an der Universität von Pennsylvania als strukturierte, gegenwartsorientierte Kurzzeit-Psychotherapie für Depressionen entwickelt. Sie war darauf gerichtet, die aktuellen Probleme der Patienten zu lösen und dysfunktionales Denken und Verhalten zu verändern (Beck, 1964). Seitdem haben Beck und andere diese Therapieform erfolgreich modifiziert und so bei erstaunlich unterschiedlichen psychiatrischen Störungen und Zielgruppen anwendbar gemacht (vgl. z.B. Freeman & Dattilio, 1992; Freeman, Simon, Beutler & Arkowitz, 1989; Scott, Williams & Beck, 1989). Diese Modifikationen haben Schwerpunkt, Technik und Dauer der Behandlung verändert, aber die theoretischen Grundannahmen blieben gleich. Das *kognitive Modell* nimmt, kurz gesagt, an, daß verzerrtes oder dysfunktionales Denken (welches Stimmung und Verhalten des Patienten beeinflußt) ein gemeinsames Merkmal aller psychischen Störungen ist. Die realistische Bewertung und Modifikation des Denkens führt zu einer Verbesserung der Stimmung und des Verhaltens. Anhaltende Verbesserung läßt sich durch die Veränderung der zugrundeliegenden dysfunktionalen Annahmen des Patienten erreichen.

Verschiedene Formen kognitiver Verhaltenstherapie wurden von anderen bedeutenden Theoretikern entwickelt, vor allem die rational-emotive Therapie von Albert Ellis (Ellis, 1962), die kognitive Verhaltensmodifikation von Donald Meichenbaum (Meichenbaum, 1977 [dt: 1995]) und die multimodale Verhaltenstherapie von Arnold Lazarus (Lazarus, 1976). Viele andere haben wichtige Beiträge geleistet, unter anderem Michael Mahoney (1991) sowie Vittorio Guidano und Giovanni Liotti (1983). Historische Überblicke zum Thema schildern ausführlich die Entstehung und Weiterentwicklung der verschiedenen Strömungen der kognitiven Therapie (Arnkoff & Glass, 1992; Hollon & Beck, 1993).

Dieses Buch legt den Schwerpunkt auf die kognitive Therapie in der von Aaron Beck entwickelten und verfeinerten Form. Diese ist insofern einzigartig, als es sich dabei um ein empirisch gut abgesichertes psychotherapeutisches System mit einer einheitlichen Theorie der Persönlichkeit und Psychopathologie handelt. Sie hat ein operationalisiertes Therapiemodell mit sehr unterschiedlichen Anwendungsmöglichkeiten, welche ebenfalls durch empirische Daten gestützt werden, die sich aus der Theorie leicht ableiten lassen.

Die kognitive Therapie ist seit der Veröffentlichung der ersten Evaluationsstudie im Jahr 1977 (Rush, Beck, Kovacs & Hollon, 1977) ausführlich überprüft worden. Kontrollierte Studien haben ihre Wirksamkeit nachgewiesen bei der Behandlung von Major Depression (vgl. die Metaanalyse von Dobson, 1989), Generalisierter Angststörung (Butler, Fennell, Robson & Gelder, 1991), Panikstörung (Barlow, Craske, Cerney & Klosko, 1989; Beck, Sokol, Clark, Berchick & Wright, 1992; Clark, Salkovskis, Hackmann, Middleton & Gelder, 1992), Sozialer Phobie (Gelernter et al., 1991; Heimberg et al., 1990), Sucht (Woody et al., 1983), Eßstörungen (Agras et al., 1992; Fairburn, Jones, Peveler, Hope & Doll, 1991; Garner et al., 1993), Paarproblemen (Baucom, Sayers & Scher, 1990) und Depressionen bei Patienten, die sich in stationärer Behandlung befinden (Bowers, 1990; Miller, Norman, Keitner, Bishop & Dow, 1989; Thase, Bowler & Harden, 1991).

Zur Zeit wird die kognitive Therapie überall auf der Welt als alleinige oder zusätzliche Behandlung für weitere psychische Störungen eingesetzt. Dazu gehören, um nur einige Beispiele zu nennen, Zwangsstörungen (Salkovskis & Kirk, 1989), Posttraumatische Belastungsstörung (Dancu & Foa, 1992; Parrott & Howes, 1991), Persönlichkeitsstörungen (Beck et al., 1990 [dt.: 1995]; Layden, Newman, Freeman & Morse, 1993; Young, 1990), rezidivierende depressive Störungen (R. DeRubeis, persönliche Mitteilung, Oktober 1993), chronische Schmerzen (Miller, 1991; Turk, Meichenbaum & Genest, 1983), Hypochondrie (Warwick & Salkovskis, 1989) und Schizophrenie (Chadwick & Lowe, 1990; Kingdon & Turkington, 1994; Perris, Ingelson & Johnson, 1993). Auch wird der Einsatz von kognitiver Therapie bei anderen Zielgruppen als Psychiatriepatienten untersucht: unter vielen anderen bei Häftlingen, Schulkindern und Patienten mit einem breiten Spektrum körperlicher Krankheiten.

Persons, Burns & Perloff (1988) kamen zu dem Ergebnis, daß die kognitive Therapie für Patienten mit unterschiedlichen Bildungs- und Einkommensniveaus und unterschiedlicher Herkunft wirksam ist. Es liegen Modifikationen für die Arbeit mit Patienten aller Altersgruppen vor, vom Vorschul- (Knell, 1993) bis zum Seniorenalter (Casey & Grant, 1993; Thompson, Davies, Gallagher & Krantz, 1986). Obwohl sich dieses Buch ausschließlich auf Einzeltherapie konzentriert, wurde die kognitive Therapie auch für Gruppentherapie (Beutler et al., 1987; Freeman, Schrodt, Gilson & Ludgate, 1993), Paarprobleme (Baucom & Epstein, 1990; Dattilio & Padetsky, 1990) und Familientherapie modifiziert (Bedrosian & Bozicas, 1994; Epstein, Schlesinger & Dryden, 1988).

Wie bleibt die kognitive Therapie trotz der vielen Modifikationen erkennbar? In allen Formen der kognitiven Therapie, die von Beck's Modell abgeleitet sind, basiert die Behandlung auf dem kognitiven Konzept einer bestimmten Störung, welches auf die Fallbeschreibung bzw. das Verständnis des individuellen Patienten angewandt wird. Der Therapeut versucht auf unterschiedliche Arten, kognitive Veränderungen zu erzeugen – Veränderungen im Denken und im Annahmensystem des Patienten –, um andauernde Änderungen der Emotionen und des Verhaltens herbeizuführen.

Um die Konzepte und Vorgehensweisen der kognitiven Therapie zu beschreiben, wird im ganzen Buch ein einziges Fallbeispiel verwendet. „Sally", eine achtzehnjährige alleinstehende Weiße, ist in vieler Hinsicht eine fast ideale Patientin, und ihre Behandlung zeigt die Prinzipien der kognitiven Therapie deutlich. Sie kam während ihres zweiten College-Semesters zur Therapie, weil sie sich seit vier Monaten ziemlich depressiv und mäßig ängstlich fühlte und Schwierigkeiten hatte, ihren täglichen Aktivitäten nachzugehen. Tatsächlich erfüllte sie die Kriterien für eine Einzelepisode mittlerer Schwere einer Major Depression entsprechend der vierten Ausgabe des *Diagnostischen und Statistischen Manuals Psychischer Störungen* (DSM-IV; American Psychiatric Association, 1994 [dt.: 1998]). Im nächsten Kapitel und im Anhang A wird Sally ausführlicher beschrieben.

Das folgende Transkript aus Sallys vierter Therapiesitzung verdeutlicht die Grundzüge einer typischen kognitiv-therapeutischen Intervention. Ein wichtiges Problem des Patienten wird benannt, eine damit verbundene dysfunktionale Idee identifiziert und bewertet, eine vernünftiger Plan entworfen, und die Wirksamkeit der Intervention wird ermittelt.

THERAPEUT: Gut Sally, Sie haben gesagt, Sie wollten über Ihre Probleme mit der Suche nach einem Teilzeitjob reden?
PATIENTIN: Ja. Ich brauche das Geld ... aber, ich weiß nicht.
T *(bemerkt, daß sich die Stimmung der Patientin verschlechtert)*: Was geht Ihnen gerade durch den Kopf?
P: Ich schaffe das nicht mit einem Job.
T: Und wie fühlen Sie sich, wenn Sie das denken?
P: Traurig. Wirklich niedergeschlagen.
T: Sie haben also den Gedanken: „Ich schaffe das nicht mit einem Job.", und dieser Gedanke macht Sie traurig. Was ist der Beweis dafür, daß Sie nicht arbeiten können?
P: Naja, ich habe ja schon Schwierigkeiten, durch meine Kurse zu kommen.
T: Okay. Was noch?
P: Ich weiß nicht .... Ich bin immer noch so müde. Ich finde es schon schwer genug loszugehen und einen Job zu suchen, geschweige denn jeden Tag zur Arbeit zu gehen.
T: Das gucken wir uns gleich genauer an. Vielleicht ist es ja in Wirklichkeit schwerer für Sie, jetzt loszugehen und sich nach Jobs zu *erkundigen*, als zu einer Arbeit zu gehen, die Sie schon haben. Aber unabhängig davon, gibt es noch andere Belege dafür, daß Sie einen Job nicht schaffen könnten, vorausgesetzt Sie würden einen finden?
P: ... Nein, mehr fallen mir nicht ein.
T: Gibt es Gegenbeweise? Dafür, daß Sie einen Job bewältigen *könnten*?
P: Ich habe letztes Jahr gearbeitet. Und zwar trotz der Schule und meiner anderen Aktivitäten. Aber dieses Jahr ... ich weiß einfach nicht.
T: Gibt es noch mehr Beweise dafür, daß Sie einen Job schaffen könnten?

P: Ich weiß nicht. ... Vielleicht könnte ich etwas machen, was nicht zu viel Zeit kostet. Und nicht zu schwierig ist.

T: Was könnte das sein?

P: Verkaufen vielleicht. Das habe ich letztes Jahr gemacht.

T: Fällt Ihnen etwas ein, wo Sie arbeiten könnten?

P: Ja, vielleicht in der Universitätsbuchhandlung. Ich habe einen Aushang gesehen, daß sie neue Verkäufer suchen.

T: Gut. Und was wäre das *Schlimmste*, was passieren könnte, wenn Sie diesen Job in der Buchhandlung kriegen würden?

P: Daß ich nicht damit zurechtkäme, nehme ich an.

T: Und würden Sie das überleben?

P: Ja, klar. Wahrscheinlich würde ich einfach kündigen.

T: Und was wäre das Beste, was passieren könnte?

P: Hm ... daß es mir ganz leicht fällt.

T: Und was ist das *realistischste* Ergebnis?

P: Wahrscheinlich wird es nicht einfach sein, besonders am Anfang. Aber ich könnte es schaffen.

T: Was passiert, wenn Sie diesen Gedanken vom Anfang glauben: „Ich schaffe das nicht mit einem Job"?

P: Ich werde traurig. ... Ich versuche gar nicht erst, einen Job zu finden.

T: Und was passiert, wenn Sie Ihr Denken ändern und feststellen, daß Sie vielleicht in der Buchhandlung arbeiten könnten?

P: Es würde mir bessergehen. Die Chance würde größer, daß ich hingehe und mich für den Job bewerbe.

T: Was wollen Sie jetzt also machen?

P: Zu der Buchhandlung gehen. Heute nachmittag könnte ich hingehen.

T: Wie wahrscheinlich ist es, daß Sie gehen?

P: Oh, ich glaube, ich gehe. Ich gehe bestimmt.

T: Und wie fühlen Sie sich jetzt?

P: Ein bißchen besser. Vielleicht ein bißchen nervöser. Aber ich glaube, ich habe ein bißchen mehr Hoffnung.

Sally gelingt es hier leicht, ihren dysfunktionalen Gedanken, „Ich schaffe das nicht mit einem Job", mit Hilfe von Standardfragen (vgl. Kapitel 8) zu identifizieren und zu überprüfen. Viele Patienten, die vor einem ähnlichen Problem stehen, können nur mit wesentlich mehr therapeutischem Aufwand zu einer Verhaltensänderung bewegt werden.

Obwohl die Therapie auf die einzelne Person zugeschnitten sein muß, gibt es dennoch bestimmte Prinzipien, die der kognitiven Therapie aller Patienten zugrunde liegen.

Prinzip Nr. 1: Die kognitive Therapie basiert auf einer kontinuierlich weiterentwickelten Beschreibung des Patienten und seiner Probleme in kognitiven

Begriffen. Sallys Therapeut versucht, ein Konzept ihrer Schwierigkeiten zu erstellen, das drei Zeitrahmen berücksichtigt. Von Anfang an deckt er auf, welche *augenblicklichen Gedanken* dazu beitragen, Sallys Gefühle von Traurigkeit („Ich bin ein Versager, ich mache nie etwas richtig, ich werde nie glücklich sein.") und ihre *problematischen Verhaltensweisen* (Selbstisolation; ungewöhnlich viel Zeit im Bett verbringen; vermeiden, andere um Hilfe zu bitten) aufrechtzuerhalten. Beachten Sie, daß diese problematischen Verhaltensweisen nicht nur eine Folge des dysfunktionalen Denkens sind, sondern dieses auch gleichzeitig wieder verstärken. In einem zweiten Schritt identifiziert er *auslösende Faktoren*, die Sallys Wahrnehmungen zu Beginn der Depression beeinflußten (z.B. trug die Tatsache, daß sie zum ersten Mal von zu Hause fort war und sich im Studium sehr anstrengen mußte, zu ihrer Annahme bei, daß sie nichts tauge). Im dritten Schritt stellt der Therapeut Hypothesen über *Schlüsselereignisse in Sallys Entwicklung* und über *stabile Interpretationsmuster* für diese Ereignisse auf, die Risikofaktoren für Sallys Depression sein könnten. (Zum Beispiel hat Sally schon immer die Tendenz, persönliche Stärken und gute Leistungen auf Glück zurückzuführen; ihre [relativen] Schwächen aber sieht sie als Ausdruck ihres „wahren" Selbst.)

Sallys Therapeut baut sein Fallkonzept auf den Daten auf, die sie ihm beim ersten Treffen zur Verfügung stellt, und verfeinert dieses Konzept ständig anhand der neuen Daten, die er im Verlauf der Therapie gewinnt. An strategischen Punkten teilt er ihr das Konzept mit, um sicherzustellen, daß es für sie „richtig klingt". Darüber hinaus hilft er Sally während der Therapie, das kognitive Modell auf ihre Erfahrungen anzuwenden. Sie lernt zum Beispiel, die Gedanken, die mit ihren belastenden Stimmungen zusammenhängen, zu identifizieren, zu überprüfen und passendere Antworten darauf zu formulieren. Auf diese Weise verbessert sie ihre Stimmung und kann häufig auch ein funktionaleres Verhalten zeigen.

Prinzip Nr. 2: Die kognitive Therapie setzt eine solide therapeutische Beziehung voraus. Wie vielen Patienten mit einer unkomplizierten Depression fällt es auch Sally nicht schwer, ihrem Therapeuten zu vertrauen und mit ihm zusammenzuarbeiten, da er über alle Grundvoraussetzungen verfügt, die man für eine Beratungssituation braucht: Wärme, Empathie, Interesse, Wertschätzung und Kompetenz. Der Therapeut zeigt Sally seine Wertschätzung durch einfühlsame Bemerkungen, genaues und sorgfältiges Zuhören, zutreffende Zusammenfassungen ihrer Gedanken und Gefühle und dadurch, daß er realistisch optimistisch und zuversichtlich ist. Außerdem bittet er Sally am Ende jeder Sitzung um Rückmeldung, um sicherzustellen, daß sie sich verstanden fühlt und einen positiven Eindruck von der Sitzung hat.

Bei anderen Patienten, vor allem solchen mit Persönlichkeitsstörungen, muß man wesentlich mehr Wert auf die therapeutische Beziehung legen, um ein gutes Arbeitsbündnis herzustellen (Beck et al., 1990 [dt.: 1995]; Young, 1990). Wenn dies in Sallys Fall nötig gewesen wäre, hätte der Therapeut mehr Zeit dafür verwendet, mit unterschiedlichen Mitteln ihr Therapiebündnis aufzubauen. Unter anderem hätte er Sally in regelmäßigen Abständen dazu ermuntert, ihre Gedanken über ihn zu identifizieren und zu bewerten.

Prinzip Nr. 3: Die kognitive Therapie legt großen Wert auf Zusammenarbeit und aktive Mitarbeit des Patienten. Sallys Therapeut ermutigt sie, die Therapie als Teamwork zu sehen; über Fragen wie das Thema der Sitzung, die Häufigkeit der Treffen und die therapeutischen Hausaufgaben zwischen den Sitzungen entscheiden sie gemeinsam. Zu Beginn der Therapie übernimmt der Therapeut bei der Bestimmung der Richtung der Therapiesitzung und der Zusammenfassung des Gesprächs eine aktivere Rolle. Wenn Sallys Depression nachläßt und sie sich an die Therapiesituation gewöhnt hat, fordert der Therapeut sie auf, in den Sitzungen selbst zunehmend aktiver zu werden: Sie kann die Gesprächsthemen bestimmen, Verzerrungen in ihrem Denken selbst identifizieren, wichtige Punkte zusammenfassen und Hausaufgaben entwerfen.

Prinzip Nr. 4: Die kognitive Therapie ist zielorientiert und problemzentriert. In der ersten Therapiesitzung fordert der Therapeut Sally auf, ihre Probleme aufzulisten und sich spezifische Ziele zu setzen. Ein anfängliches Problem waren zum Beispiel Sallys Gefühle von Isolation. Mit Unterstützung des Therapeuten formuliert Sally hierzu ein verhaltensorientiertes Ziel: neue Freundschaften zu knüpfen und mit ihren derzeitigen Freunden vertrauter zu werden. Sallys Therapeut hilft ihr, Gedanken, die diesem Ziel zuwiderlaufen, zu überprüfen und zu beantworten, zum Beispiel: „Ich habe nichts zu bieten. Wahrscheinlich will niemand mit mir zusammensein." Zunächst hilft er Sally, die Richtigkeit dieser Gedanken in der Therapiesitzung zu überprüfen, indem sie Beweise dafür sucht. Danach ist Sally bereit, zur Überprüfung der Gedanken Experimente zu machen, in denen sie einer Bekannten und einer Freundin gemeinsame Unternehmungen vorschlägt. Sobald sie die Verzerrung ihres Denkens erkannt und korrigiert hat, kann Sally ihre Beziehungen mit Hilfe direkter Problemlösungsstrategien verbessern.

Der Therapeut beachtet also besonders aufmerksam die Hindernisse, die den Patienten davon abhalten, Probleme selbst zu lösen und Ziele selbständig zu erreichen. Viele Patienten, die vor Beginn der Störung gut zurechtgekommen sind, brauchen kein direktes Problemlösetraining. Ihnen hilft es, wenn sie stattdessen die dysfunktionalen Gedanken überprüfen, die sie daran hindern, ihre vorhandenen Fähigkeiten zu nutzen. Andere Patienten haben Defizite in ihren Problemlösungsstrategien; ihnen müssen diese Strategien vermittelt werden. Deshalb benötigt der Therapeut zur Bestimmung des angemessenen Interventionsniveaus ein Konzept von den spezifischen Schwierigkeiten des individuellen Patienten.

Prinzip Nr. 5: Die kognitive Therapie betont anfangs die Gegenwart. Die Behandlung der meisten Patienten konzentriert sich stark auf aktuelle Probleme und spezielle Situationen, die den Patienten belasten. Die Bewältigung und/oder realistischere Bewertung aktueller belastender Situationen führt in der Regel zu einem Rückgang der Symptome. Deshalb neigt der kognitive Therapeut unabhängig von der Diagnose des Patienten üblicherweise dazu, die Therapie mit der Untersuchung der hier und jetzt vorhandenen Probleme zu beginnen. Unter drei Bedingungen verlagert sich die Aufmerksamkeit auf die Vergangenheit: wenn der Patient eine starke Vorliebe dafür äußert; wenn die Arbeit an den aktuellen Problemen zu wenig oder gar keinen Veränderungen von Kognitionen, Verhalten und Emotionen führt; wenn der Therapeut entscheidet, daß es wichtig ist zu verstehen, wie und wann bedeutende dysfunktionale Ideen entstanden sind und wie diese Ideen den Patienten heutzutage beeinflussen. Sallys Therapeut spricht etwa in der Mitte der Therapie mit ihr über Kindheitsereignisse, um ihr bei der Identifizierung einer Reihe von Annahmen zu helfen, die sie als Kind gelernt hat: „Wenn ich viel leiste, bin ich als Person okay.", und „Wenn ich nicht viel leiste, bedeutet das, daß ich ein Versager bin." Ihr Therapeut hilft ihr, die Richtigkeit dieser Annahmen in der Vergangenheit und in der Gegenwart zu überprüfen. Dadurch gelangt Sally, zumindest teilweise, zu funktionaleren und vernünftigeren Annahmen. Bei einem Patienten mit einer Persönlichkeitsstörung hätte der Therapeut verhältnismäßig mehr Zeit damit verbracht, über dessen Entwicklungsgeschichte und die in der Kindheit liegenden Ursachen seiner Annahmen und Bewältigungsstrategien zu sprechen.

Prinzip Nr. 6: Die kognitive Therapie ist edukativ orientiert, sie zielt darauf, den Patienten zu seinem eigenen Therapeuten zu machen und legt großen Wert auf Rückfallprävention. In der ersten Therapiestunde informiert der Therapeut Sally über die Art und den Verlauf ihrer Störung, den Prozeß der kognitiven Therapie und über das kognitive Modell (das heißt, über den Einfluß ihrer Gedanken auf ihre Gefühle und ihr Verhalten). Bei der Formulierung von Zielen, der Aufdeckung und Überprüfung von Gedanken und Annahmen und der Planung von Verhaltensänderungen unterstützt er sie nicht nur, sondern er zeigt ihr auch, *wie* sie diese Schritte selbständig durchführen kann. In jeder Sitzung ermutigt er Sally, wichtige Einsichten, die sie gelernt hat, aufzuschreiben, so daß sie auch in den folgenden Wochen und noch nach dem Ende der Therapie von ihren neuen Erkenntnissen profitieren kann.

Prinzip Nr. 7: Die kognitive Therapie hat den Anspruch, zeitlich begrenzt zu sein. Die meisten Patienten mit unkomplizierten Depressionen und Angststörungen werden in vier bis 14 Sitzungen behandelt. Sallys Therapeut verfolgt bei ihr dieselben Ziele wie bei allen seinen Patienten: er will Symptomlinderung erzielen, die Remission der Störung erleichtern, ihr bei der Lösung ihrer dringendsten Probleme helfen und ihr Methoden vermitteln, mit denen sie einen

Rückfall möglichst vermeiden kann. Sally hat zu Beginn Therapiesitzungen in wöchentlichem Abstand. (Bei einer schwereren Depression oder bei Suizidgefahr hätten kürzere Abstände vereinbart werden können.) Nach zwei Monaten entscheiden Sally und der Therapeut gemeinsam, einen vierzehntägigen Sitzungsrhythmus zu erproben, später einen monatlichen. Selbst nach dem Therapieende planen sie für die Dauer eines Jahres regelmäßige „Auffrischungs"-Sitzungen im Abstand von drei Monaten.

Allerdings machen nicht alle Patienten in nur wenigen Monaten ausreichende Fortschritte. Manche Patienten benötigen eine Therapie von ein bis zwei Jahren (oder möglicherweise noch länger), um sehr rigide dysfunktionale Annahmen und Verhaltensmuster zu verändern, die zu ihrer chronischen Belastung beitragen.

Prinzip Nr. 8: Kognitive Therapiesitzungen sind strukturiert. Unabhängig von Diagnose und Therapiestadium versucht der kognitive Therapeut, in jeder Sitzung einer festen Struktur zu folgen. Sallys Therapeut schätzt ihre Stimmung ein, fragt sie nach einem kurzen Überblick über die vergangene Woche, entwirft gemeinsam mit ihr eine Tagesordnung für die Sitzung, bittet sie um Rückmeldung zur vorherigen Sitzung, kontrolliert die Hausaufgaben, bespricht die vorher festgelegten Themen, gibt neue Hausaufgaben, faßt häufig die wichtigsten Punkte zusammen und bittet Sally am Ende jeder Sitzung um Rückmeldung. Diese Struktur bleibt während der gesamten Therapie gleich. Sobald Sallys Depression nachläßt, ermutigt sie der Therapeut, bei der Planung der Sitzung, der Auswahl von Hausaufgaben und der Bewertung und Beantwortung ihrer Gedanken stärker mitzubestimmen. Durch die Befolgung eines festen Plans wird die Therapie sowohl für Sally als auch für ihren Therapeuten transparenter. Dadurch steigt die Wahrscheinlichkeit, daß Sally nach Abschluß der Therapie imstande sein wird, Selbst-Therapie durchzuführen. Diese Struktur lenkt außerdem die Aufmerksamkeit auf das, was für Sally momentan am wichtigsten ist, und optimiert die Ausnutzung der Therapiezeit.

Prinzip Nr. 9: In der kognitiven Therapie lernt der Patient, seine dysfunktionalen Gedanken und Annahmen zu identifizieren, zu überprüfen und zu beantworten. Das obige Therapietranskript macht deutlich, wie der Therapeut Sally hilft, sich auf ein bestimmtes Problem zu konzentrieren (Suche nach einem Teilzeitjob), ihr dysfunktionales Denken zu identifizieren (durch die Frage, was ihr gerade durch den Kopf geht), die Richtigkeit ihrer Gedanken zu überprüfen (indem sie herausfindet, welche Anhaltspunkte dafür und welche dagegen sprechen) und einen Handlungsplan zu entwerfen. Er tut dies mit Hilfe vorsichtiger *sokratischer Fragen,* die Sally spüren lassen, daß er ernsthaft an einer *gemeinsamen Forschungsarbeit* interessiert ist. Sie merkt also, daß er ihr durch eine sorgfältige Datenanalyse helfen möchte festzustellen, ob ihre Gedanken richtig und nützlich sind (anstatt sie in Frage zu stellen oder sie zur Übernahme seiner Sichtweise zu überreden). In anderen Therapiesitzungen arbeitet er mit *Aufdek-*

kung unter Anleitung. Bei dieser Vorgehensweise fragt er Sally immer wieder nach der Bedeutung ihrer Gedanken, um die zugrundeliegenden Annahmen aufzudecken, die sie über sich selbst, ihre Umwelt und andere Menschen hat. Durch seine Fragen leitet er sie auch dazu an, die Richtigkeit und Funktionalität ihrer Annahmen zu überprüfen.

Prinzip Nr. 10: Die kognitive Therapie benutzt zur Veränderung von Denken, Stimmung und Verhalten eine Vielfalt von Techniken. Neben dem sokratischen Dialog und dem Aufdecken unter Anleitung, die Kernelemente der kognitiven Therapie sind, werden im Rahmen kognitiver Therapien auch Techniken anderer Therapierichtungen eingesetzt (vor allem verhaltentherapeutische und gestalttherapeutische). Der Therapeut wählt die Techniken auf der Grundlage seines Fallkonzepts und seiner Ziele in der jeweiligen Sitzung aus.

Diese grundlegenden Prinzipien gelten für alle Patienten. Die Therapie eines individuellen Patienten kann aber in Abhängigkeit von den Schwierigkeiten und Zielen dieses Patienten, seiner Fähigkeit zur Herstellung eines starken Therapiebündnisses, seiner Veränderungsmotivation, seinen früheren Therapieerfahrungen und seinen Behandlungsvorlieben sehr unterschiedlich ausfallen. Der Schwerpunkt der Behandlung hängt von der bzw. den spezifischen Störung/en des Patienten ab. Die kognitive Therapie der Generalisierten Angststörung legt zum Beispiel den Schwerpunkt auf die Neubewertung der Bedrohlichkeit einer bestimmten Situation und auf die Fähigkeiten des Patienten zum Umgang mit einer Bedrohung (Beck & Emery, 1985 [dt.: 1981]). Zur Behandlung einer Panikstörung gehört die Überprüfung der katastrophisierenden Fehlinterpretationen des Patienten von körperlichen oder geistigen Empfindungen (im allgemeinen handelt es sich um falsche Vorhersagen einer Bedrohung von Leben oder Gesundheit) (Clark, 1989). Anorexie erfordert eine Veränderung der Annahmen über persönlichen Wert und Kontrolle (Garner & Bemis, 1985). Die Behandlung der Sucht konzentriert sich auf negative Annahmen des Patienten über sich selbst und erleichternde oder erlaubniserteilende Annahmen über den Gebrauch von Suchtmitteln (Beck, Wright, Newman & Liese, 1993 [dt.:1997]). Kurze Beschreibungen dieser und anderer Störungen befinden sich in Kapitel 16.

Die Entwicklung zum kognitiven Therapeuten

Dem ungeschulten Beobachter erscheint die kognitive Therapie manchmal täuschend einfach. Das kognitive Modell, daß Gedanken Gefühle und Verhalten beeinflussen, ist recht eindeutig. Dennoch bewältigt ein erfahrener kognitiver Therapeut viele Aufgaben gleichzeitig: die Erstellung des Fallkonzepts, den

Aufbau der Beziehung, die Sozialisation und Instruktion des Patienten, das Sammeln von Daten, das Testen von Hypothesen und die Zusammenfassung der wichtigsten Punkte. Im Gegensatz dazu muß ein Anfänger in der kognitiven Therapie im allgemeinen überlegter und strukturierter vorgehen und sich immer nur auf eines dieser Elemente konzentrieren. Das Ziel ist zwar letztlich die Verknüpfung der Einzelelemente und die möglichst effektive und effiziente Durchführung der Therapie, aber Anfänger müssen zunächst lernen, die Technologie der kognitiven Therapie zu beherrschen, und dazu ist ein geradliniges Vorgehen am besten geeignet.

Die Entwicklung zum kognitiven Therapeuten läßt sich in drei Phasen einteilen. (Diese Beschreibung gilt unter der Voraussetzung, daß der Therapeut bereits fähig ist, den Patienten Empathie, Interesse und Kompetenz zu vermitteln.) In Phase 1 lernen die Therapeuten, eine Sitzung zu strukturieren und die Grundtechniken anzuwenden. Und, was ebenso wichtig ist, sie lernen die Erstellung eines Fallkonzepts auf der Grundlage der Eingangsdiagnostik und der Daten aus den Sitzungen.

In Phase 2 beginnen die Therapeuten, ihr Fallkonzept und ihre Kenntnis der Techniken zu verbinden. Ihre Fähigkeit, den Fortgang der Therapie zu durchschauen, wächst, und es fällt ihnen leichter, die entscheidenden Therapieziele zu identifizieren. Die Therapeuten verbessern ihre Fertigkeiten zur Erstellung des Fallkonzepts, so daß sie das Konzept noch im Verlauf einer Sitzung verfeinern und zur Entscheidung über die weitere Vorgehensweise benutzen können. Sie erweitern ihr Repertoire an Techniken und werden geschickter in Auswahl, Timing und Anwendung geeigneter Techniken.

Therapeuten in Phase 3 integrieren neue Daten automatischer in ihr Fallkonzept. Sie verfeinern ihre Fähigkeit, spezielle Hypothesen zu bilden, die ihre Sicht des Patienten bestätigen oder widerlegen. Sie können je nach Bedarf Struktur und Techniken der kognitiven Therapie variieren, insbesondere in schwierigen Fällen wie Persönlichkeitsstörungen.

Wie können Sie mit diesem Buch arbeiten?

Dieses Buch wendet sich an alle Personen, die die beiden Grundbestandteile Erstellung des Fallkonzepts und Behandlung noch nicht vollständig beherrschen, unabhängig von ihrem Erfahrungs- und Fertigkeitsniveau. Um zu verstehen, wie und wann das Standardbehandlungskonzept für individuelle Patienten abgeändert werden muß, ist es von entscheidender Bedeutung, die Grundelemente der kognitiven Therapie zu beherrschen.

Sie können Ihre Fortschritte als kognitiver Therapeut steigern, wenn Sie damit anfangen, die Instrumente, die in diesem Buch beschrieben werden, auf sich selbst anzuwenden. Zuerst können Sie während des Lesens damit beginnen, ein

Konzept Ihrer eigenen Gedanken und Annahmen zu erstellen. Im nächsten Kapitel werden Sie mehr über das kognitive Modell lernen: Ihre Gefühle zu einem bestimmten Zeitpunkt (sowie Ihre körperlichen Reaktionen und Ihr Verhalten) werden davon beeinflußt, wie Sie eine bestimmte Situation wahrnehmen und was Ihnen in dieser Situation durch den Kopf geht. Achten Sie von jetzt an auf Ihre Stimmungsveränderungen. Wenn Ihnen auffällt, daß Ihre Stimmung sich in negativer Richtung verändert oder verstärkt hat, fragen Sie sich, welches Gefühl Sie erleben, und stellen Sie sich die Kardinalfrage der kognitiven Therapie:

> Was ist mir gerade durch den Kopf gegangen?

Auf diese Weise lernen Sie, Ihre eigenen Gedanken zu identifizieren, insbesondere Ihre „automatischen Gedanken", welche im folgenden Kapitel näher erläutert werden. Dadurch daß Sie sich selbst die Grundfertigkeiten der kognitiven Therapie am eigenen Beispiel vermitteln, werden Sie diese später besser an Ihre Patienten weitergeben können.

Es wird besonders nützlich für Sie sein, Ihre automatischen Gedanken aufzudecken, während Sie dieses Buch lesen und bestimmte Techniken mit Ihren Patienten erproben. Wenn Sie zum Beispiel bemerken, daß Sie sich etwas unwohl fühlen, fragen Sie sich: „Was ist mir gerade durch den Kopf gegangen?" Dabei können Sie automatische Gedanken entdecken, wie:

> „Das ist zu schwierig."
> „Ich weiß nicht, ob ich das schaffe."
> „Dabei fühle ich mich nicht wohl."
> „Was ist, wenn ich das jetzt versuche, und es funktioniert nicht?"

Erfahrene Therapeuten, deren ursprüngliche Ausrichtung nicht kognitiv ist, können sich möglicherweise eine andere Art von automatischen Gedanken bewußt machen:

> „Das funktioniert nicht."
> „Das wird dem Patienten nicht gefallen."
> „Es ist zu oberflächlich/strukturiert/uneinfühlsam/simpel."

Wenn Sie Ihre Gedanken aufgedeckt haben, können Sie diese aufschreiben und sich wieder auf das Lesen konzentrieren oder Kapitel 8 und 9 aufschlagen, in denen beschrieben wird, wie man automatische Gedanken überprüfen und beantworten kann. Indem Sie Ihre eigenen Gedanken näher betrachten, können Sie nicht nur Ihre Fertigkeiten als kognitiver Therapeut verbessern, sondern auch die Gelegenheit nutzen, Ihre Stimmung (und Ihr Verhalten) durch die Modifikation dysfunktionaler Gedanken zu verbessern. Auf diese Weise werden Sie aufnahmefähiger für den Lernstoff.

Eine Analogie, die häufig für Patienten gebraucht wird, ist auch auf angehende kognitive Therapeuten anwendbar: Das Erlernen der Fertigkeiten der kognitiven Therapie läßt sich mit dem Erlernen jeder anderen Fertigkeit vergleichen. Können Sie sich daran erinnern, wie Sie Auto fahren gelernt haben, oder Schreibmaschine schreiben, oder den Umgang mit einem Computer? Sind Sie sich dabei am Anfang etwas komisch vorgekommen? Mußten Sie einen großen Teil Ihrer Aufmerksamkeit auf Kleinigkeiten richten und auf Bewegungen, die Ihnen jetzt leicht und automatisch von der Hand gehen? Waren Sie manchmal entmutigt? Haben Sie mit der Zeit mehr und mehr von der Vorgehensweise verstanden und sich zunehmend wohler damit gefühlt? Haben Sie es schließlich bis zu einem Punkt gebracht, an dem Sie die Aufgabe verhältnismäßig lässig und sicher durchführen konnten? Die meisten Menschen haben genau solche Erfahrungen mit dem Erlernen einer Fertigkeit gemacht, die sie jetzt gut beherrschen.

Der Lernprozeß eines angehenden kognitiven Therapeuten ist der gleiche. Tun Sie, was Sie später für Ihre Patienten tun werden: Setzen Sie sich kleine, gut definierte und realistische Ziele! Loben Sie sich für kleine Fortschritte! Vergleichen Sie Ihre Fortschritte mit dem, was Sie konnten, bevor Sie angefangen haben dieses Buch zu lesen oder etwas über kognitive Therapie zu lernen! Nutzen Sie Gelegenheiten, auf automatische Gedanken zu antworten, in denen Sie sich unfairerweise mit erfahrenen kognitiven Therapeuten vergleichen oder in denen Sie Ihr Selbstvertrauen untergraben, indem Sie Ihr jetziges Fertigkeitsniveau dem gegenüberstellen, das Sie erreichen möchten!

Abschließend sei gesagt, daß die Kapitel dieses Buches in der vorgegebenen Reihenfolge gelesen werden sollten. Es kann sein, daß manche Leser die einführenden Kapitel am liebsten überspringen würden, um gleich zum Abschnitt über Techniken zu kommen. Sie sollten jedoch unbedingt das nächste Kapitel über das kognitive Fallkonzept sorgfältig lesen, denn das gründliche Verständnis der kognitiven Organisation eines Patienten ist nötig, um Therapietechniken effektiv auszuwählen. Die Kapitel 3, 4 und 5 beschreiben die Struktur der Therapiesitzungen. In den Kapiteln 6 bis 11 werden die Grundbausteine der kognitiven Therapie erläutert: Identifizierung und flexible Beantwortung von automatischen Gedanken und Annahmen. Zusätzliche kognitive und verhaltenstherapeutische Techniken werden in Kapitel 12 vorgestellt und der Einsatz von visuellen Vorstellungen in Kapitel 13. Kapitel 14 befaßt sich mit den Hausaufgaben. Kapitel 15 gibt einen Überblick über Therapieabschluß und Rückfallprophylaxe. Damit sind die Grundlagen für die Kapitel 16 und 17 gelegt: Therapieplanung und Diagnose von Problemen in der Therapie. Abschließend werden im Kapitel 18 Hinweise für die Weiterentwicklung als kognitiver Therapeut gegeben.

2

Das kognitive Fallkonzept

Das kognitive Fallkonzept bildet den Rahmen für das therapeutische Verständnis eines Patienten. Die Erstellung des Fallkonzepts beginnt mit folgenden Fragen:

- Was ist die Diagnose des Patienten?
- Welche Probleme hat er im Moment? Wie sind diese Probleme entstanden und wie werden sie aufrechterhalten?
- Welche dysfunktionalen Gedanken und Annahmen sind mit den Problemen verknüpft? Welche Reaktionen (emotional, physiologisch und im Verhalten) sind mit diesem Denken verbunden?

Danach stellt der Therapeut Hypothesen darüber auf, warum der Patient gerade diese psychische Störung entwickelt hat:

- Welche frühen Lernprozesse und Erfahrungen (und eventuell genetische Prädispositionen) tragen zu seinen momentanen Problemen bei?
- Welche Annahmen (einschließlich Einstellungen, Erwartungen und Regeln) und Gedanken liegen den Problemen zugrunde?
- Wie geht der Patient mit seinen dysfunktionalen Annahmen um? Welche kognitiven, affektiven und Verhaltensmechanismen hat er entwickelt, um mit den dysfunktionalen Annahmen zurechtzukommen? Sind diese positiv oder negativ? Wie sah (und sieht) er sich selbst, andere, seine Welt und seine Zukunft?
- Welche Stressoren haben zur Entstehung seiner psychischen Probleme beigetragen oder beeinträchtigen seine Fähigkeit zur Lösung dieser Probleme?

Schon beim ersten Kontakt mit dem Patienten beginnt der Therapeut mit der Erstellung des kognitiven Fallkonzepts, an dessen Verfeinerung er bis zur letzten Sitzung arbeitet. Dieses sich entwickelnde Fallkonzept hilft ihm bei der Planung einer effizienten und effektiven Therapie (Persons, 1989). In diesem Kapitel wird das kognitive Modell, die theoretische Grundlage der kognitiven Therapie, beschrieben. Danach wird die Beziehung zwischen Gedanken und Annahmen diskutiert und das Fallbeispiel von Sally vorgestellt, das im gesamten Buch verwendet wird.

Das kognitive Modell

Das *kognitive Modell*, auf dem die kognitive Therapie basiert, besagt, daß Gefühle und Verhalten von Personen durch deren Wahrnehmung von Ereignissen beeinflußt werden. Nicht die Situation an sich beeinflußt die Gefühle einer Person, sondern die Art und Weise, wie die Person die Situation *interpretiert* (Beck, 1964; Ellis, 1962). Stellen Sie sich zum Beispiel die Situation vor, daß mehrere Personen einen Grundlagentext über kognitive Therapie lesen. Ihre emotionalen Reaktionen auf diese Situation sind ziemlich unterschiedlich, je nachdem, was ihnen beim Lesen durch den Kopf geht.

Leser A denkt: „Oh, das klingt logisch. Endlich einmal ein Buch, das mich in meiner therapeutischen Arbeit weiterbringt!" Leser A fühlt sich angeregt.
Leser B dagegen denkt: „Dieses Zeug ist zu simpel. Das kann nicht funktionieren.", und fühlt sich enttäuscht.
Leser C hat folgende Gedanken: „Von diesem Buch hatte ich mehr erwartet. Rausgeworfenes Geld!" Leser C ist empört.
Leser D denkt: „Oh je, das muß ich alles lernen. Und wenn ich es nun nicht verstehe? Und wenn ich nie damit zurechtkomme?", und fühlt sich ängstlich.
Leser E hat wieder andere Gedanken: „Das ist einfach zu schwer. Ich bin so dumm. Ich schaffe das nie. Aus mir wird nie ein Therapeut." Leser E fühlt sich traurig.

Das Beispiel zeigt, daß die Gefühle der Personen mit ihren Gedanken und Interpretationen in der Situation zusammenhängen. *Die Situation an sich hat keinen direkten Einfluß auf die Gefühle*; die emotionale Reaktion des einzelnen wird nur indirekt durch seine Wahrnehmung der Situation beeinflußt. Der kognitive Therapeut interessiert sich vor allem für die Denkprozesse, die gleichzeitig mit den offensichtlicheren, bewußten Gedanken ablaufen.

Während Sie zum Beispiel diesen Text lesen, können Sie in Ihrem Denken mehrere Ebenen unterscheiden. Ein Teil Ihres Bewußtseins konzentriert sich auf die Informationen im Text; das heißt, Sie versuchen, Tatsacheninformationen zu verstehen und zu verarbeiten. Es kann aber auch sein, daß Ihnen auf einer anderen Ebene ein paar bewertende Gedanken durch den Kopf schießen. Diese Gedanken werden als *automatische Gedanken* bezeichnet. Sie sind nicht das Ergebnis von Überlegung oder logischem Denken, sondern scheinen automatisch aufzutauchen. Sie sind oft ganz kurz und schnell. Es kann sein, daß Sie sich dieser Gedanken kaum bewußt sind, wahrscheinlicher ist, daß Sie nur die darauf folgende Emotion bewußt wahrnehmen. Aus diesem Grund werden Sie höchstwahrscheinlich Ihre automatischen Gedanken unkritisch als wahr akzeptieren. Sie können aber lernen, Ihre automatischen Gedanken aufzudecken, indem Sie auf Veränderungen in Ihrer Stimmung achten. Wenn Sie bemerken, daß Sie sich plötzlich unwohl fühlen, fragen Sie sich: *„Was ist mir gerade durch den Kopf gegangen?"*

Wenn Sie Ihre automatischen Gedanken aufgedeckt haben, können Sie sie auf ihre Richtigkeit überprüfen. Wahrscheinlich tun Sie das zum Teil schon jetzt. Sollten Sie herausfinden, daß Ihre Interpretation falsch war, und sie korrigieren, werden Sie wahrscheinlich feststellen, daß sich Ihre Stimmung verbessert. In kognitiven Begriffen ausgedrückt: Wenn dysfunktionale Gedanken einer rationalen Bewertung unterzogen werden, führt dies in der Regel zu einer Veränderung der Gefühle. In Kapitel 8 finden Sie spezielle Verfahren zur Überprüfung automatischer Gedanken.

Aber woher kommen die automatischen Gedanken? Weshalb interpretieren verschiedene Personen dieselbe Situation unterschiedlich? Wie kommt es, daß eine Person das gleiche Ereignis zu unterschiedlichen Zeitpunkten unterschiedlich interpretiert? Die Antwort auf diese Fragen hängt mit einem der dauerhafteren kognitiven Phänomene zusammen: den Annahmen.

Annahmen

Jeder Mensch entwickelt von Kindheit an bestimmte Annahmen („beliefs") über sich selbst, andere Menschen und seine Umwelt. Seine innersten oder *Grundannahmen* („core beliefs") sind so fundamental und tief verwurzelt, daß er sie meist nicht ausspricht, nicht einmal sich selbst gegenüber. Die Person hält diese Annahmen für absolut wahr, sie glaubt, daß die Dinge „so sind". Zum Beispiel könnte Leser E, der glaubte, er sei zu dumm, um den Text zu verstehen, die Grundannahme haben: „Ich bin unfähig." Möglicherweise wird diese Annahme nur dann aktiviert, wenn er depressiv ist, es kann aber auch sein, daß sie fast immer aktiv ist. Wenn diese Grundannahme aktiviert ist, dann betrachtet Leser E alle Situationen durch die Brille dieser Annahme, selbst wenn die daraus folgende Interpretation rational gesehen offensichtlich falsch ist. Leser E hat auch die Tendenz, sich gezielt auf Informationen zu konzentrieren, die seine Grundannahme bestätigen. Widersprüchliche Informationen werden ignoriert oder abgewertet. Auf diese Weise hält er seine Annahme aufrecht, obwohl sie unrichtig und dysfunktional ist.

Beispielsweise hat Leser E in der oben geschilderten Situation nicht in Betracht gezogen, daß andere intelligente und kompetente Personen den Text beim ersten Lesen vielleicht auch nicht ganz verstanden haben. Er hat auch nicht bedacht, daß der Autor das Material möglicherweise schlecht dargestellt hat. Er hat sich nicht überlegt, daß seine Verständnisschwierigkeiten vielleicht eher durch Konzentrationsmängel als durch Intelligenzdefizite entstanden sein könnten. Er hat vergessen, daß er schon oft anfängliche Schwierigkeiten mit neuen Wissensgebieten hatte, in die er sich später trotzdem sehr erfolgreich einarbeiten konnte. Weil seine Unfähigkeits-Annahme aktiviert war, hat er die

Situation automatisch in extrem negativer und selbstkritischer Weise interpretiert.

Grundannahmen bilden die unterste, am wenigsten zugängliche Ebene der Annahmen; sie sind situationsunabhängig, starr und übergeneralisiert. *Automatische Gedanken*, die konkreten Wörter oder Bilder, die einer Person durch den Kopf gehen, sind situationsspezifisch und können als die oberste Ebene der Kognitionen angesehen werden. Der folgende Abschnitt beschreibt die Kategorie der *bedingten Annahmen* („intermediate beliefs"), die zwischen diesen beiden Ebenen angesiedelt ist.

Einstellungen, Regeln und Axiome

Die Grundannahmen beeinflussen die Entwicklung einer mittleren Kategorie von Annahmen, welche aus (häufig unausgesprochenen) Einstellungen, Regeln und Axiomen besteht. Leser E hat zum Beispiel die folgenden bedingten Annahmen:

Einstellung: „Es ist schrecklich, unfähig zu sein."
Regel/Erwartung: „Ich muß immer so hart arbeiten, wie ich kann."
Axiom: „Wenn ich so hart arbeite, wie ich kann, dann schaffe ich vielleicht einen Teil der Sachen, die andere Leute problemlos bewältigen."

Diese Annahmen beeinflussen seine Sicht einer Situation und diese wiederum beeinflußt seine Gedanken, Gefühle und sein Verhalten. Die Beziehung der bedingten Annahmen zu den Grundannahmen und automatischen Gedanken kann man wie folgt darstellen:

Grundannahmen
↓
bedingte Annahmen
(Regeln, Einstellungen, Axiome)
↓
automatische Gedanken

Wie entstehen Grundannahmen und bedingte Annahmen? Alle Menschen versuchen von Beginn ihrer Entwicklung an, ihre Umwelt zu begreifen. Sie müssen ihre Erfahrungen in logisch zusammenhängender Weise strukturieren, damit ihnen eine Anpassung an die Umwelt möglich wird (Rosen, 1988). In der Auseinandersetzung mit der Welt und mit anderen Menschen gelangen sie zu bestimmten Einsichten und Lehren, ihren Annahmen, welche mehr oder weniger zutreffend und funktional sein können. Für den kognitiven Therapeuten ist es besonders wichtig, daß durch die Therapie dysfunktionale Annahmen abgebaut werden können und neue, realitätsgerechtere und funktionalere Annahmen entwickelt und gelernt werden können.

In der kognitiven Therapie liegt der Schwerpunkt zu Beginn der Behandlung üblicherweise auf den automatischen Gedanken, den Kognitionen, die dem Bewußtsein am leichtesten zugänglich sind. Der Patient lernt vom Therapeuten, daß er seine Symptome lindern kann, indem er diese Gedanken identifiziert, überprüft und modifiziert. Danach konzentriert sich die Behandlung auf die situationsübergreifenden Annahmen, die den dysfunktionalen Gedanken zugrundeliegen. Die bedeutsamen bedingten Annahmen und Grundannahmen werden auf verschiedene Arten überprüft und anschließend modifiziert. Dadurch ändern sich die Schlußfolgerungen, die der Patient aus bestimmten Ereignissen ableitet, und seine Wahrnehmung dieser Ereignisse. Durch die tiefgreifende Veränderung der grundlegenden Annahmen reduziert sich die Rückfallgefährdung des Patienten (Evans et al., 1992; Hollon, De Rubeis & Seligman, 1992).

Der Zusammenhang zwischen Verhalten und automatischen Gedanken

Die bisher erläuterten Bestandteile des kognitiven Modells können folgendermaßen dargestellt werden:

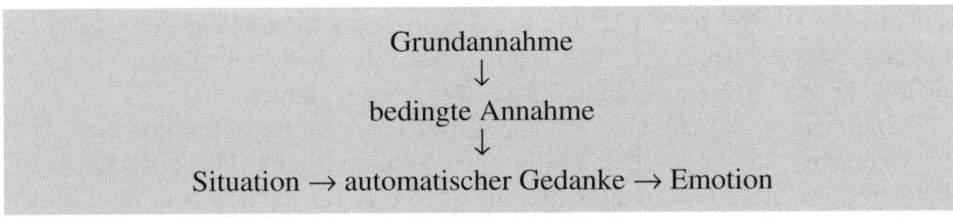

Grundannahme
↓
bedingte Annahme
↓
Situation → automatischer Gedanke → Emotion

In einer bestimmten Situation wird unsere Wahrnehmung von grundlegenden Annahmen beeinflußt, was sich in situationsspezifischen automatischen Gedanken äußert. Diese Gedanken beeinflussen ihrerseits unsere Emotionen.

Wenn wir das Modell einen Schritt weiterverfolgen, stellen wir fest, daß die automatischen Gedanken auch das Verhalten beeinflussen und häufig zu physiologischen Reaktionen führen, wie Abbildung 2.1 (S. 18) zeigt.

Der Leser mit den Gedanken: „Das ist zu schwierig. Ich verstehe das nie", fühlt sich traurig, verspürt einen Druck im Bauch und klappt das Buch zu. Eine *Überprüfung* seiner Kognitionen hätte seine Emotionen, Körperempfindungen und Verhaltensweisen selbstverständlich positiv beeinflussen können. Als Ant-

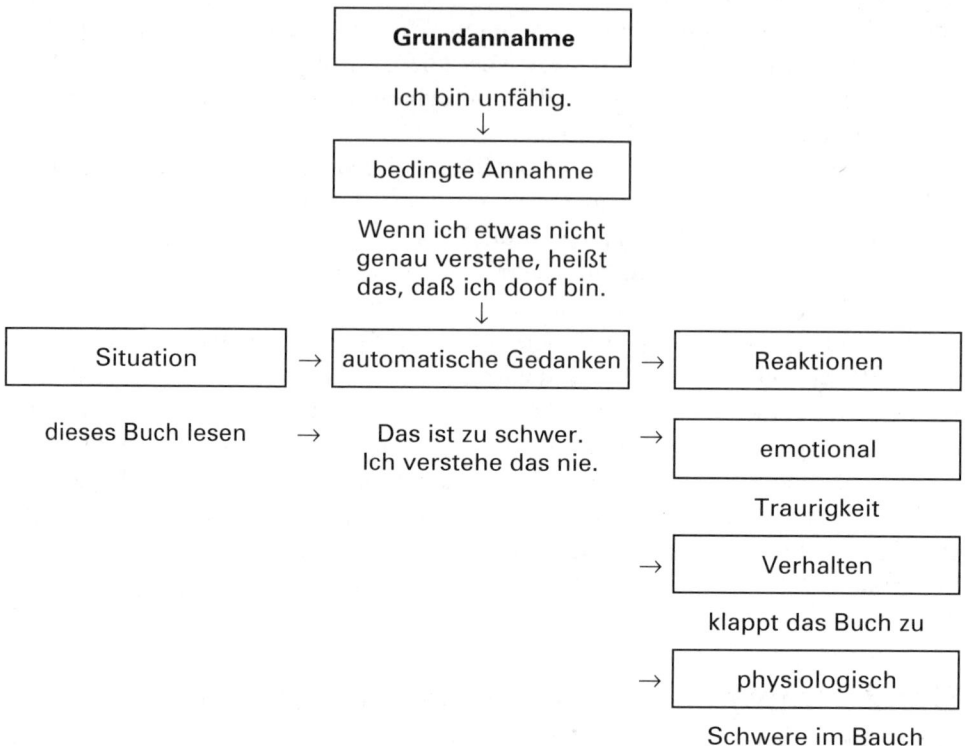

Abbildung 2.1: Das kognitive Modell

wort auf seine Gedanken hätte er sich dann zum Beispiel sagen können: „Moment mal! Das hier ist vielleicht schwierig, aber es muß nicht unmöglich sein. Solche Bücher habe ich durchaus schon verstanden. Wenn ich jetzt nicht aufgebe, geht es wahrscheinlich bald besser." Nach dieser Antwort wäre er nicht mehr so traurig gewesen und hätte weiterlesen können.

Zusammenfassend läßt sich festhalten: Der Leser fühlte sich traurig aufgrund der Gedanken, die er in einer bestimmten Situation hatte. Die Ursache dafür, daß gerade er diese Gedanken hatte, die andere Leser nicht haben, liegt in den unausgesprochenen Grundannahmen über seine Unfähigkeit, die seine Wahrnehmung der Situation beeinflußten.

Wie schon zu Beginn dieses Kapitels erläutert wurde, muß der Therapeut lernen, ein kognitives Fallkonzept von den Problemen des Patienten zu erstellen, weil er nur mit Hilfe dieses Konzepts die weiteren Therapieschritte planen kann: wann ein bestimmtes Ziel, ein automatischer Gedanke, eine Annahme oder eine Verhaltensweise bearbeitet werden soll, welche Techniken angewandt werden, und wie sich die therapeutische Beziehung verbessern läßt. Die grundlegenden Fragen, die sich der Therapeut stellt, sind: „Wodurch ist mein Patient in diesen Zustand gekommen? Welche Vulnerabilitäten und Lebensereignisse (Traumata, Erfahrungen, Interaktionen) haben hierbei eine Rolle gespielt? Wie geht der Patient mit seinen Vulnerabilitäten um? Welche automatischen Gedanken hat er und aus welchen Annahmen entspringen sie?"

Es ist wichtig, daß der Therapeut sich in die Lage des Patienten versetzen kann, sich in seine Schwierigkeiten einfühlt, seine Gefühle versteht und versucht, die Welt mit seinen Augen zu sehen. Wahrnehmungen, Gedanken, Gefühle und Verhalten des Patienten sollten einen Sinn ergeben, wenn man sie vor dem Hintergrund seiner Geschichte und seiner Grundannahmen betrachtet.

Es ist hilfreich für den Therapeuten, sich die Therapie als Reise vorzustellen, bei der das Fallkonzept die Straßenkarte ist. Therapeut und Patient besprechen die Therapieziele, das Endziel der Reise. Dieses Reiseziel kann auf verschiedenen Wegen ereicht werden, über die Autobahn oder über Nebenstraßen. Manchmal muß die geplante Reiseroute wegen einer Umleitung geändert werden. Mit steigender Erfahrung und Fortschritten in der Fallkonzeption kann der Therapeut wichtige Einzelheiten auf seiner Straßenkarte ergänzen und dadurch seine Effizienz und Effektivität erhöhen. Am Anfang aber sollte er vernünftigerweise davon ausgehen, daß er die Therapie vielleicht nicht auf die effektivste Art durchführen wird. Ein richtiges kognitives Fallkonzept hilft ihm, die Hauptstraßen herauszufinden und die beste Reiseroute festzulegen.

Die Erstellung des Fallkonzepts beginnt bereits beim ersten Kontakt mit dem Patienten und wird bei jedem weiteren Kontakt verfeinert. Aus den Daten, die er vom Patienten erhält, leitet der Therapeut seine Hypothesen über den Patienten ab. Neue Daten können zur Bestätigung, Modifizierung oder zum Verwerfen einer Hypothese führen. Deshalb ist das Fallkonzept immer im Fluß. An bestimmten strategischen Punkten überprüfen Therapeut und Patient gemeinsam die Hypothesen und das Konzept. Das Fallkonzept ist dann richtig, wenn der Patient bestätigt, daß es „gut klingt" – er stimmt zu, daß das vom Therapeuten gezeichnete Bild mit ihm übereinstimmt.

Fallbeispiel

Sally ist 18 Jahre alt, besucht das College im ersten Jahr und kam zur Therapie, weil sie sich ständig traurig, ängstlich und einsam fühlte. Die Eingangsdiagnostik ergab, daß sie an einer Episode einer Major Depression mittlerer Schwere litt, die im ersten Monat am College, vier Monate vor Therapiebeginn, angefangen hatte.

Neben den Standardfragen wurden in der Eingangsdiagnostik noch einige Zusatzfragen gestellt, so daß Diagnostiker und Therapeut mit der Erstellung eines kognitiven Fallkonzepts beginnen konnten. Zum Beispiel fragte der Diagnostiker Sally, wann es ihr üblicherweise am schlechtesten gehe – in welchen Situationen und/oder zu welchen Tageszeiten. Sally antwortete, daß sie sich beim Schlafengehen am schlechtesten fühle, wenn sie im Bett liege und versuche einzuschlafen. Der Diagnostiker stellte daraufhin die Schlüsselfrage: „*Was* geht Ihnen in dieser Situation durch den Kopf? Gibt es bestimmte Gedanken und/oder Vorstellungen, die Sie dann haben?"

Auf diese Art erhält man von Anfang an eine Stichprobe von wichtigen automatischen Gedanken. Sally antwortete, sie habe etwa folgende Gedanken: „Ich werde diese Semesterarbeit nie fertigkriegen.", „Wahrscheinlich fliege ich hier raus.", „Aus mir wird nie etwas anständiges." Sie berichtete auch von einer Vorstellung, die ihr durch den Kopf ging: Sie sah sich selbst, wie sie mit einem Koffer in der Hand ziellos eine Straße entlanglief. In dieser Vorstellung wirkte sie niedergeschlagen, orientierungslos und verzweifelt.

Im Verlauf der Therapie rundet Sallys Therapeut sein Fallkonzept ab. Zur Systematisierung seiner Überlegungen benutzt er ein Arbeitsblatt zur Fallbeschreibung (Anhang A) und ein Diagramm zum kognitiven Fallkonzept (vgl. Kapitel 10, Abb. 10.2).

Sallys Grundannahmen

Als Kind versuchte Sally, sich selbst, andere Menschen und ihre Welt zu begreifen. Sie lernte aus ihren eigenen Erfahrungen, aus Interaktionen mit anderen, aus Beobachtungen und aus den direkten und indirekten Botschaften, die sie von anderen erhielt. Sally hatte einen sehr begabten älteren Bruder. Als kleines Kind stellte sie fest, daß sie ihrem Bruder in allem unterlegen war, und obwohl sie es nie in Worte faßte, fing sie mit der Zeit an zu glauben, daß sie nichts tauge und minderwertig sei. Immer wieder verglich sie ihre Leistungen mit denen des Bruders und schnitt dabei stets schlechter ab. Sie hatte oft Gedanken wie „Ich kann nicht so gut zeichnen.", „Er kann besser radfahren als ich.", „Ich lerne bestimmt nie so gut lesen wie er."

Nicht alle Kinder mit älteren Geschwistern entwickeln solche dysfunktionalen Gedanken. Doch Sally wurde durch die häufige Kritik ihrer Mutter in ihren Vorstellungen bestärkt: „Du stellst dich beim Aufräumen unmöglich an. Kannst du denn nie etwas richtig machen?" „Dein Bruder hat ein gutes Zeugnis. Aber du? Du wirst es nie zu etwas bringen." Wie die meisten Kinder war Sally für die Worte ihrer Mutter sehr empfänglich, weil sie glaubte, ihre Mutter habe quasi immer recht. Deshalb glaubte sie der Mutter auch dann, wenn diese sie kritisierte und sie damit direkt oder indirekt als unfähig bezeichnete.

In der Schule verglich sich Sally auch mit ihren Klassenkameraden. Sie war zwar überdurchschnittlich gut, aber sie verglich sich nur mit den Klassenbesten und schnitt dabei natürlich schlechter ab. Sie hatte Gedanken wie: „Ich bin nicht so gut wie die anderen.", „Ich werde den Stoff nie so gut verstehen wie sie." Auf diese Weise wurde die Idee, daß sie unzulänglich und minderwertig sei, immer wieder bestätigt. Positive Informationen, die dieser Idee widersprachen, wurden von ihr häufig ausgeblendet und abgewertet. Wenn sie in einer Klassenarbeit gut abschnitt, sagte sie sich: „Die Arbeit war leicht." Als sie Ballett lernte und eine der besten Tänzerinnen ihrer Gruppe wurde, dachte sie:

„So gut wie meine Lehrerin werde ich nie." Gewöhnlich interpretierte sie die Dinge negativ, so daß ihre dysfunktionalen Annahmen bestätigt wurden. Wenn ihre Mutter sie zum Beispiel anschrie, weil ihr Zeugnis nur mittelmäßig war, dachte sie: „Mama hat recht. Ich bin dumm." Negative Ereignisse interpretierte sie stets als Beleg für ihre eigenen Schwächen. Positive Ereignisse hingegen, zum Beispiel eine besondere Auszeichnung für gute Leistungen, wertete sie häufig ab: „Ich hatte einfach Glück. Es war Zufall."

Durch diesen Prozeß verfestigte sich Sallys negative Grundannahme über sich selbst. Allerdings waren ihre negativen Annahmen nicht völlig unerschütterlich. Sallys Vater war zwar nicht so oft mit ihr zusammen wie die Mutter, aber er ermutigte und unterstützte sie normalerweise. Er brachte ihr zum Beispiel das Baseballspielen bei und lobte dabei ständig ihre Bemühungen: „Das war gut ..., guter Schwung ..., gleich hast du's ..., weiter so." Auch manche von Sallys Lehrern lobten ihre Schulleistungen. Und sie machte positive Erfahrungen mit Freunden. Sie merkte, daß sie, wenn sie sich Mühe gab, manches besser konnte als ihre Freunde – zum Beispiel Baseball spielen. Daher entwickelte Sally auch eine ausgleichende positive Annahme, daß sie in mancher Hinsicht kompetent sei.

Sallys übrige Grundannahmen über ihre Umwelt und andere Menschen waren größtenteils positiv und funktional. Im allgemeinen glaubte sie, daß andere Menschen freundlich und vertrauenswürdig seien und sie akzeptierten. Ihre Umwelt nahm sie als relativ sicher, stabil und vorhersagbar wahr.

Sallys Grundannahmen über sich selbst, andere Menschen und ihre Welt waren tief verwurzelte Annahmen, die sie vor Therapiebeginn niemals ausgesprochen hatte. In Sallys Jugend dominierten zunächst ihre positiveren Grundannahmen. Als die Depression begann, wurden die extrem negativen Grundannahmen aktiviert.

Sallys Einstellungen, Regeln und Axiome

Sallys bedingte Annahmen waren einer Veränderung leichter zugänglich als die Grundannahmen. Diese Einstellungen, Regeln und Axiome entstanden genau wie die Grundannahmen durch Sallys Versuche, die Welt, andere Menschen und sich selbst zu verstehen. Die folgenden Einstellungen und Regeln entwickelte sie vor allem durch Interaktion mit ihrer Familie und anderen bedeutsamen Personen:

> „Alles, was ich versuche, sollte mir bestens gelingen."
> „Ich sollte immer mein Bestes geben."
> „Es ist schrecklich, wenn man seine Fähigkeiten nicht nutzt."

Genau wie ihre Grundannahmen hatte Sally diese Regeln und Einstellungen niemals direkt ausgesprochen. Dennoch beeinflußten diese Annahmen ihr Denken und ihr Verhalten. Zum Beispiel versuchte sie in ihrer High-School-Zeit nicht, an der Schülerzeitung mitzuarbeiten (obwohl es sie interessiert hätte), weil sie meinte, daß sie nicht gut genug schreiben könne. Vor Prüfungen hatte sie gleichzeitig Angst, schlecht abzuschneiden, und Schuldgefühle, weil sie nicht genügend gelernt hatte.

Solange ihre positiveren Grundannahmen dominierten, sah sie sich selbst positiver, obwohl sie niemals hundertprozentig davon überzeugt war, kompetent und nicht minderwertig zu sein. Sie entwickelte das Axiom: „Wenn ich mir Mühe gebe, kann ich meine Schwächen überwinden und eine gute Schülerin werden." Seit dem Beginn der Depression hatte Sally jedoch kein Vertrauen mehr in dieses Axiom und ersetzte es durch die Annahme „Wegen meiner Schwächen werde ich es nie zu etwas bringen."

Sallys kompensatorische Strategien

Die Vorstellung, nichts zu taugen, war für Sally immer ziemlich schmerzlich, und deshalb entwickelte sie bestimmte Verhaltensmuster, um sich vor diesem Schmerz zu schützen. Wie man ihren bedingten Annahmen entnehmen kann, strengte sich Sally in der Schule und beim Sport sehr an. Sie machte bei den Hausaufgaben stets mehr als nötig und lernte intensiv für Prüfungen. Außerdem entwickelte sie eine erhöhte Wachsamkeit für Anzeichen eigener Unzulänglichkeit, und wenn sie in der Schule irgend etwas nicht schaffte, verdoppelte sie ihre Anstrengungen. Sie bat selten jemanden um Hilfe aus Angst, die anderen könnten ihre Unzulänglichkeit bemerken.

Sallys automatische Gedanken

Ihre bedingten Annahmen und Grundannahmen wurden von Sally (vor der Therapie) niemals ausgesprochen. Ihre automatischen Gedanken in bestimmten Situationen waren ihr hingegen zumindest ansatzweise bewußt. Zum Beispiel bewarb sie sich während ihrer High-School-Zeit (also in einer Zeit, in der sie nicht depressiv war) für die Softball- und die Hockey-Mannschaft der Mädchen. Sie schaffte es, in die Softball-Mannschaft zu kommen, und dachte: „Klasse! Ich überrede Papa, daß er mit mir übt." Daß sie nicht in die Hockey-Mannschaft aufgenommen wurde, fand sie enttäuschend, aber sie reagierte darauf nicht mit übermäßiger Selbstkritik.

In ihrem ersten Jahr am College wurde Sally jedoch depressiv. Als sie zu dieser Zeit darüber nachdachte, ob sie an einem Baseball-Freundschaftsspiel mit Studenten aus ihrem Wohnheim teilnehmen sollte, wurde ihr Denken von der Depression beeinflußt: „Ich kann doch nichts. Wahrscheinlich treffe ich nicht einmal den Ball." Ähnlich reagierte sie, als sie in einem Test über englische Literatur eine Drei bekam. Sie dachte: „Ich bin ja so dumm. Wahrscheinlich falle ich in diesem Kurs durch. Das College schaffe ich nie."

Zusammenfassend gesagt: Während der depressionsfreien High-School-Zeit waren Sallys positivere Grundannahmen aktiviert und sie hatte im allgemeinen positivere (und realistischere) Gedanken. Während ihrer depressiven Zeit im ersten Collegejahr überwogen dagegen die negativen Annahmen, was dazu führte, daß sie Situationen negativ interpretierte und überwiegend negative (und unrealistische) Gedanken hatte. Diese verzerrten Kognitionen bewirkten auch, daß sie sich unsinnig *verhielt*. Dadurch lieferte sie sich immer neue Argumente, um sich selbst herabzusetzen.

Die Ereignisse, die zu Sallys Depression führten

Wie kam es zu Sallys Depression? Sicherlich trugen ihre negativen Annahmen zu ihrer Depressionsneigung bei. Bei ihrem Eintritt ins College hatte sie einige Erlebnisse, die von ihr in sehr negativer Weise interpretiert wurden. Eines davon spielte sich in der ersten Woche ab: Sie unterhielt sich im Wohnheim mit anderen Anfängern, die erzählten, daß sie Vorbereitungskurse und Eingangsprüfungen gemacht hatten, die ihnen jetzt die Teilnahme an einigen Anfängerkursen ersparten. Sally fühlte sich den anderen Studenten sofort unterlegen, weil sie keine Vorleistungen eingebracht hatte. Als der Wirtschaftsprofessor seine Kursanforderungen aufzählte, dachte Sally sofort: „Die Forschungsarbeit kriege ich bestimmt nicht hin." Als sie Schwierigkeiten mit dem ersten Kapitel im Statistikbuch hatte, dachte sie: „Wenn ich nicht einmal das erste Kapitel verstehe, wie soll ich jemals durch den ganzen Kurs kommen?"

Sallys Annahmen machten sie also für negative Interpretationen von Ereignissen anfällig. Sie stellte diese Gedanken nicht in Frage, sondern akzeptierte sie kritiklos. Ihre Gedanken und Annahmen waren nicht die Ursache der Depression. Aber nach dem Beginn der Depression hatten sie einen starken Einfluß auf ihre Stimmung. *Verursacht* wurde die Depression zweifellos durch eine Vielfalt von biologischen und psychologischen Faktoren.

Zum Beispiel machte Sally sich im Laufe der folgenden Wochen immer mehr negative Gedanken über sich selbst und fühlte sich immer mutloser und trauriger. Sie verbrachte unangemessen viel Zeit mit Lernen, obwohl nur wenig dabei herauskam, weil sie sich schlecht konzentrieren konnte. Sie blieb weiterhin sehr selbstkritisch und reagierte sogar auf ihre depressiven Symptome mit negativen Gedanken. „Was ist los mit mir? Ich sollte mich anders fühlen. Warum geht es mir so schlecht? Ich bin einfach ein hoffnungsloser Fall." Sie begann, sich von den neuen Freunden am College zurückzuziehen, und rief auch ihre alten Freunde nicht mehr an, um sie um Hilfe zu bitten. Sie hörte mit Joggen und Schwimmen und anderen Aktivitäten auf, die ihr früher das Gefühl gegeben hatten, etwas geleistet zu haben. Dadurch hatte sie immer seltener positive Erlebnisse. Mit der Zeit ließ ihr Appetit nach, sie schlief schlecht und fühlte sich schwach und gleichgültig. Möglicherweise hatte Sally eine genetische Prädisposition zur Depression, aber zweifellos trugen ihre Wahrnehmung der Situation und ihr Verhalten in dieser Zeit dazu bei, daß die Depression, für die sie biologisch und psychologisch anfällig war, tatsächlich ausbrach.

Zusammenfassung

Ein kognitives Fallkonzept ist nötig, um die effizienteste und effektivste therapeutische Vorgehensweise festzulegen. Außerdem hilft es dem Therapeuten, sich in den Patienten einzufühlen, was eine wichtige Voraussetzung für den Aufbau einer guten Arbeitsbeziehung mit dem Patienten ist. Um das Fallkonzept zu erstellen, stellt man sich im allgemeinen folgende Fragen:

Wie kommt es, daß der Patient diese Störung entwickelt hat?
Welche Lebensereignisse, Erfahrungen und Interaktionen waren in diesem Zusammenhang von Bedeutung?
Welche grundlegenden Annahmen hat der Patient über sich selbst, seine Welt und andere Menschen?
Welche Axiome, Erwartungen, Regeln und Einstellungen (bedingte Annahmen) hat er?
Welche kompensatorischen Strategien hat der Patient im Laufe seines Lebens benutzt, um mit seinen negativen Annahmen zurechtzukommen?
Welche automatischen Gedanken, Vorstellungen und Verhaltensweisen tragen zur Aufrechterhaltung seiner Störung bei?
Durch welche Wechselwirkung zwischen den sich entwickelnden Annahmen und Lebensereignissen wurde der Patient anfällig für die Störung?
Was passiert momentan im Leben des Patienten und wie nimmt der Patient das wahr?

Wie oben erwähnt, beginnt die Konzepterstellung beim ersten Patientenkontakt und ist ein kontinuierlicher Prozeß, weil das Konzept aufgrund von neuen Daten, die Hypothesen bestätigen oder in Frage stellen, ständig verändert werden kann. Der Therapeut leitet seine Hypothesen aus den von ihm erhobenen Daten ab. Er versucht, diese Daten mit möglichst sparsamen Modellen zu erklären, und vermeidet Interpretationen und Schlüsse, die nicht eindeutig aus den Daten abzuleiten sind. An strategischen Punkten der Therapie bespricht der Therapeut das Fallkonzept mit dem Patienten, um die Stimmigkeit des Konzepts zu überprüfen und dem Patienten zu einem besseren Verständnis für sich selbst und seine Schwierigkeiten zu verhelfen. In diesem Buch wird immer wieder auf die kontinuierliche Arbeit am Fallkonzept hingewiesen; die Kapitel 10 und 11 gehen genauer darauf ein, wie lebensgeschichtliche Ereignisse das Verständnis des Patienten von sich selbst und seiner Umwelt formen.

3

Die Struktur der ersten Therapiesitzung

Zu den Hauptzielen des kognitiven Therapeuten gehört es, den Therapieprozeß für den Patienten und sich selbst verständlich zu gestalten. Außerdem versucht er, die Therapie so effizient wie möglich durchzuführen. Er kann dieses Ziel leichter erreichen, wenn er sich an ein Standardformat hält (und den Patienten in den Therapietechniken unterrichtet).

Die meisten Patienten fühlen sich wohler, wenn sie wissen, was sie von der Therapie zu erwarten haben, wenn ihnen klar ist, welches ihre und welches die Aufgaben des Therapeuten sind, und wenn sie genaue Vorstellungen über den Verlauf der Therapie als Ganzes und den Verlauf jeder einzelnen Sitzung haben. Der Therapeut kann das Verständnis des Patienten vergrößern, indem er die Struktur der Sitzungen erläutert und sich anschließend an diese Struktur hält.

Erfahrene Therapeuten, die es nicht gewohnt sind, Arbeitspläne aufzustellen und Sitzungen zu strukturieren, fühlen sich mit diesem grundlegenden Merkmal der kognitiven Therapie oft unwohl. Dieses Unwohlsein ist gewöhnlich mit negativen Vorhersagen gepaart: Das wird dem Patienten nicht gefallen; der Patient wird sich kontrolliert fühlen; dadurch werde ich wichtige Fakten übersehen; es ist zu unflexibel. Diesen Therapeuten möchte ich dringend empfehlen, solche Vorstellungen unbedingt direkt zu überprüfen, indem sie mit der dargestellten Struktur arbeiten und sich die Ergebnisse merken. Therapeuten, denen die starke Strukturierung der Sitzung zunächst unpraktisch vorkommt, stellen oft fest, daß ihnen dieses Vorgehen mit der Zeit zur zweiten Natur wird, besonders wenn sie die Folgen dieser Vorgehensweise bemerken.

Die Grundelemente einer kognitiven Therapiesitzung sind: kurze Aktualisierung des Wissensstandes (einschließlich Stimmungseinschätzung und bei Bedarf Überprüfung der Medikamenteneinnahme), Anknüpfen an die letzte Sitzung, Aufstellen der Tagesordnung, Besprechung der Hausaufgaben, Diskussion des geplanten Themas bzw. der Themen, Festlegung neuer Hausaufgaben und die Zusammenfassung und Rückmeldung durch den Patienten. Erfahrene Therapeuten können ab und zu von dieser Struktur abweichen, aber Anfänger arbeiten in Regel effektiver, wenn sie ihr folgen.

Dieses Kapitel gibt einen Überblick und ein Beispiel zur Struktur der ersten Therapiesitzung, während sich das nächste Kapitel auf die einheitliche Struktur der folgenden Sitzungen konzentriert. Kapitel 5 befaßt sich mit Schwierigkeiten bei der Einhaltung der Struktur.

Ziele und Struktur der ersten Sitzung

Als Vorbereitung auf die erste Sitzung sieht sich der Therapeut noch einmal die Eingangsdiagnose des Patienten an. Eine gründliche Eingangsdiagnostik ist für eine effektive Therapieplanung unverzichtbar, denn die Art der Achse-I- und Achse-II-Störung (nach dem DSM) bestimmt, wie die kognitive Standardtherapie für den jeweiligen Patienten variiert werden sollte (vgl. Kapitel 16). Die Erstellung eines anfänglichen Fallkonzepts und eines allgemeinen Therapieplans wird dem Therapeuten dadurch erleichtert, daß er seine Aufmerksamkeit auf die aktuellen Probleme des Patienten und seinen momentanen Umgang mit ihnen sowie auf seine Symptome und seine Vorgeschichte richtet. Der Therapeut vermerkt die Themen, die er in der ersten Sitzung abhandeln möchte, auf einem Therapienotizblatt (vgl. Kapitel 4, Abb. 4.3). Die Ziele des Therapeuten in der ersten Sitzung sind:

1. Vertrauen und eine Beziehung herstellen.
2. Den Patienten mit der kognitiven Therapie vertraut machen.
3. Den Patienten über seine Störung, das kognitive Modell und den Therapieprozeß informieren.
4. Den Patienten von der Normalität seiner Schwierigkeiten überzeugen und Hoffnung wecken.
5. Die Therapieerwartungen des Patienten erfragen (und, wenn nötig, korrigieren).
6. Zusätzliche Informationen über die Schwierigkeiten des Patienten sammeln.
7. Diese Informationen zur Erstellung einer Liste von Therapiezielen nutzen.

Eine empfehlenswerte Struktur für eine Eingangssitzung, in der diese Ziele abgedeckt werden können, umfaßt:

1. Aufstellung einer Tagesordnung (und Begründung dieses Vorgehens).
2. Stimmungseinschätzung, einschließlich Erhebung objektiver Werte.
3. Kurze Besprechung des Hauptproblems und seiner Veränderungen seit der Eingangsdiagnostik.
4. Bestimmung spezieller Probleme und Zielsetzung.
5. Informieren des Patienten über das kognitive Modell.
6. Erfragen der Therapieerwartungen des Patienten.
7. Informieren des Patienten über seine Störung.
8. Festlegen einer Hausaufgabe.
9. Zusammenfassung.
10. Bitte um Rückmeldung.

Falls der Patient zur Behandlung seiner psychischen Probleme Medikamente nimmt bzw. nehmen sollte und falls er momentan Alkohol oder Drogen miß- braucht, sollte der Therapeut diese wichtigen Punkte mit in die Tagesordnung der Sitzung aufnehmen.

Vor der Beschreibung der einzelnen Sitzungsbestandteile ist eine Warnung angebracht: Falls der Patient hoffnungslos und suizidgefährdet ist, ändern sich die Ziele und die Struktur der ersten Sitzung (beziehungsweise jeder Sitzung). Die genaue Einschätzung der Suizidgefahr, die Aufdeckung der Ursachen und die Abschwächung der Hoffnungslosigkeit des Patienten stehen dann an erster Stelle (Beck et al., 1979 [dt.: 1996]; Fremouw, de Perczel & Ellis, 1990; Free- man, Pretzer, Fleming & Siman, 1990). Krisenintervention hat auch dann Vor- rang vor allem anderen, wenn der Patient durch andere Personen gefährdet ist oder selbst eine potentielle Gefahr für andere darstellt.

Es ist unerläßlich, in der ersten Sitzung mit dem Aufbau von Vertrauen und ei- ner Beziehung zum Patienten zu beginnen. Bei den meisten Patienten, die keine Persönlichkeitsstörung haben, kann dieser fortlaufende Prozeß leicht in Gang gehalten werden. Ein Therapeut, dessen Patient nur eine einfache Achse-I- Diagnose hat, hat es normalerweise nicht nötig, durch viele direkte Kommen- tare Empathie auszudrücken. Statt dessen zeigt er dem Patienten durch Worte, Tonfall, Gesichtsausdruck und Körpersprache ständig seine Verbundenheit und sein Verständnis. Patienten fühlen sich geschätzt und verstanden, wenn der Therapeut durch aufmerksame Fragen und Bemerkungen deutlich macht, daß er ihre Probleme und Gedanken genau begreift und mit ihnen fühlt.

Die impliziten und manchmal expliziten Botschaften des Therapeuten sind: Er interessiert sich für den Patienten und schätzt ihn; er ist zuversichtlich, daß sie zusammenarbeiten können; er ist überzeugt, daß er dem Patienten helfen kann und daß dieser lernen kann, sich selbst zu helfen; er ist ernsthaft daran interessiert zu verstehen, was der Patient durchmacht, und sich in seine Lage zu versetzen; er ist von den Problemen des Patienten nicht überwältigt, obwohl *dieser selbst* es vielleicht ist; er hat schon andere Patienten mit ganz ähnlichen Problemen behandelt und ihnen geholfen; er glaubt, daß die kognitive Therapie die richtige Behandlung ist und daß es dem Patienten besser gehen wird.

Der Therapeut zeigt dem Patienten seine Achtung und seine Kooperationsbe- reitschaft auch dadurch, daß er am Ende jeder Sitzung überprüft, wie der Pa- tient den Therapieprozeß und ihn selbst als Therapeuten erlebt. Die Bitte um explizite Rückmeldung trägt zur Stärkung des Therapiebündnisses bei. Durch das Feedback des Patienten kann der Therapeut einschätzen, ob er empathisch, kompetent und interessiert wirkt, und hat die Möglichkeit, etwaige Fehlwahr- nehmungen des Patienten *in einem frühen Stadium* zu korrigieren. Viele Pa- tienten schätzen die seltene Gelegenheit, einem Fachmann ihre Meinung sagen zu können; sie erhalten die positive Botschaft, daß sie in der Therapie als Part- ner angesehen werden und die Möglichkeit haben, Einfluß auf den Therapieprozeß zu nehmen. Gelegentlich sind Therapeut und Patient unterschiedlicher Ansicht über das, was in der Sitzung passiert ist; wenn der Therapeut den Patienten regelmäßig um Rückmeldung bittet, ohne dabei oberflächlich zu sein oder sich verteidigen zu müssen, steigt die Wahrscheinlichkeit, daß solche wichtigen Punkte genauer untersucht werden können.

Aufstellen der Tagesordnung

Wie bereits erwähnt, ist es ein wichtiges Ziel der ersten Sitzung, den Patienten mit der kognitiven Therapie vertraut zu machen. Wie bei anderen Techniken empfiehlt es sich, dem Patienten zunächst eine kurze Begründung für das Vorgehen zu geben.

THERAPEUT: Ich würde unsere Sitzung gern mit der Aufstellung einer Tagesordnung beginnen – also festlegen, worüber wir heute reden wollen. Wir machen das am Anfang jeder Sitzung, damit wir für die wichtigsten Themen genügend Zeit einplanen können. Ich möchte ein paar Punkte vorschlagen, und anschließend frage ich Sie, was Sie gerne noch ergänzen würden. Ist das okay so?

PATIENTIN: Ja.

T: Unsere erste Sitzung ist ein bißchen anders als die nächsten, weil wir heute sehr viel zu besprechen haben und weil wir uns noch besser kennenlernen müssen. Zuerst möchte ich abklären, wie Sie sich in letzter Zeit gefühlt haben. Dann würde ich gerne mehr darüber erfahren, was Sie zur Therapie bewogen hat, was Sie erreichen wollen, welche Probleme Sie haben und was Sie von der Therapie erwarten. Ist das soweit okay?

P: Mhmm.

T: Es wäre mir auch wichtig herauszufinden, was Sie schon über die kognitive Therapie wissen, und ich möchte Ihnen erklären, wie unsere Therapie weitergeht. Wir reden darüber, was Sie als Hausaufgabe machen könnten, und zum Schluß fasse ich unser Gespräch noch einmal zusammen und frage Sie nach Ihrer Meinung – dazu, wie Sie die Sitzung fanden. ... Gibt es etwas, was Sie auf die Tagesordnung für heute setzen möchten?

P: Ja. Ich habe ein paar Fragen zu meiner Diagnose und dazu, wie lange ich Ihrer Meinung nach voraussichtlich in Therapie bleiben muß.

T: Gut. Ich schreibe mir Ihre Fragen kurz auf und wir sorgen dafür, daß wir sie heute besprechen können. (*Notiert die Fragen der Patientin.*) Sie werden merken, daß ich in den Sitzungen meistens viel aufschreibe. Ich will sichergehen, daß ich nichts wichtiges vergesse. ... Gut. Gibt es noch irgend etwas für die heutige Tagesordnung?

P: Nein, das war alles.

T: Wenn Ihnen zwischendurch noch etwas einfällt, sagen Sie es mir einfach.

Im Idealfall verläuft die Aufstellung der Tagesordnung schnell und zielsicher. Durch die Begründung wird der Therapieprozeß für den Patienten verständlicher und er kann in strukturierter, produktiver Form aktiv mitarbeiten. Der Verzicht auf eine explizite Tagesordnung führt häufig dazu, daß zumindest ein Teil des Gesprächs unproduktiv ist, weil sich Therapeut und Patient nicht auf die Themen konzentrieren können, die dem Patienten am wichtigsten sind. Gegen Ende der Sitzung, wenn er die Hausaufgaben mit dem Patienten bespricht, kommt der Therapeut nochmals auf die Tagesordnung zurück. Eine Hausaufgabe für den Patienten besteht darin, sich in Stichpunkten (eine ausführliche Beschreibung ist nicht nötig) Gedanken (und vielleicht Notizen) über eine Situation oder ein Problem zu machen, das er auf die Tagesordnung der nächsten Sitzung setzen möchte. Die meisten Patienten lernen schnell, etwas zur Tagesordnung beizutragen. Kapitel 5 beschreibt mögliche Strategien, wenn das Aufstellen der Tagesordnung Probleme bereitet.

Stimmungseinschätzung

Nachdem in dieser ersten Sitzung die Tagesordnung aufgestellt wurde, schätzt der Therapeut kurz die Stimmung des Patienten ein. Neben dem subjektiven Bericht des Patienten über die vergangene Woche unterstützen Selbsteinschätzungs-Fragebögen Patienten und Therapeuten dabei, das Befinden des Patienten objektiv zu verfolgen. Dazu gehören das Beck-Depressions-Inventar, das Beck-Angst-Inventar und die Beck-Hoffnungslosigkeitsskala. Durch sorgfältige Auswertung dieser Fragebögen kann der Therapeut auf Probleme aufmerksam werden, die der Patient im Gespräch nicht erwähnt hat, zum Beispiel auf Schlafstörungen, ein verringertes sexuelles Interesse, das Gefühl, ein Versager zu sein, und erhöhte Reizbarkeit.

Falls keine objektiven Tests zur Verfügung stehen, kann der Therapeut einen Teil der ersten Sitzung nutzen, um dem Patienten beizubringen, seine Stimmung auf einer Skala von 0 bis 100 einzuschätzen. („Wenn Sie an die letzte Woche zurückdenken, wie depressiv [beziehungsweise, ängstlich oder ärgerlich, falls dies die aktuellen Probleme sind] waren Sie im Durchschnitt auf einer Skala von 0 bis 100, wenn 0 „gar nicht depressiv" bedeutet und 100 die stärkste Depression, die Sie jemals erlebt haben?") Im folgenden Transkript hat der Therapeut die Erstellung der Tagesordnung beendet und ist dabei, die Stimmung der Patientin einzuschätzen.

T: Gut, kommen wir zum nächsten Punkt. Wie wäre es, wenn wir damit anfangen, wie es Ihnen in der letzten Woche gegangen ist. Kann ich mir Ihre Fragebögen einmal ansehen? (*Überprüft die Fragebögen.*) Es sieht so aus, als wären Sie immer noch ziemlich depressiv und ängstlich; an diesen Werten hat sich seit der Eingangsdiagnostik nicht viel geändert. Ist das richtig?

P: Ja, ich glaube ich fühle mich immer noch ziemlich gleich.

T (*begründet das Vorgehen.*): Wenn Sie nichts dagegen haben, würde ich Sie
    bitten, immer ein paar Minuten früher zu den Sitzungen zu kommen, damit
    Sie diese drei Fragebögen noch ausfüllen können. Ich kann dann leichter
    einen Überblick darüber bekommen, wie Sie sich in der letzten Woche ge-
    fühlt haben. Aber ich werde Sie auch jedesmal direkt danach fragen, wie es
    Ihnen gegangen ist. Ist das so okay für Sie?

P: Klar.

Der Therapeut notiert sich die Punktwerte der objektiven Tests und über-
fliegt kurz die einzelnen Items, um festzustellen, ob der Test irgendwelche
wichtigen Hinweise für die Tagesordnung gibt. Dabei beachtet er besonders die
Items zu Hoffnungslosigkeit und Suizidalität. Er kann die Testwerte oder die
Skaleneinschätzungen auch in ein Diagramm eintragen, um die Fortschritte des
Patienten für beide sichtbar zu machen. (vgl. Abbildung 3.1)

Wenn der Patient sich weigert, die Fragebögen auszufüllen, setzt der Therapeut
dieses Problem mit auf die Tagesordnung, damit er ihm bei der Aufdeckung
und Überprüfung seiner automatischen Gedanken zum Ausfüllen von Fragebö-

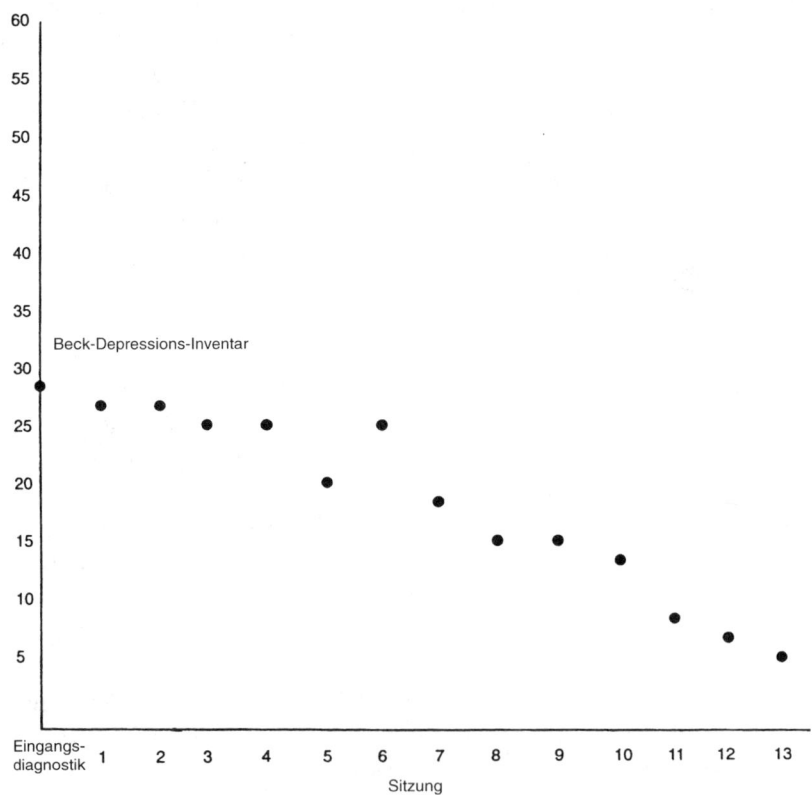

Abbildung 3.1: Diagramm von Sallys objektiven Testwerten

gen helfen kann. Falls notwendig, schließt er einen Kompromiß mit dem Patienten, um die Zusammenarbeit nicht zu gefährden, z. B. indem sie sich auf Einschätzungen von 0 bis 100 oder niedrige/mittlere/hohe Schweregrade einigen.

Besprechung des Hauptproblems, Identifikation von Einzelproblemen und Zielsetzung

Im nächsten Teil der Sitzung bespricht der Therapeut kurz das Hauptproblem des Patienten. Er bittet den Patienten, ihn auf den neuesten Stand zu bringen und lenkt die Aufmerksamkeit dann auf die Identifizierung spezifischer Probleme des Patienten. Die logische Fortsetzung besteht darin, daß er den Patienten dabei unterstützt, aus diesen Einzelproblemen Ziele abzuleiten, an denen er in der Therapie arbeitet.

T *(faßt zunächst zusammen.)*: Gut, wir haben jetzt die Tagesordnung aufgestellt und Ihre Stimmung eingeschätzt. Wenn es Ihnen recht ist, möchte ich jetzt noch einmal sicherstellen, daß ich verstehe, weshalb Sie zur Therapie kommen. Ich habe mir den Bericht der Eingangsdiagnostik angesehen. Danach sind Sie anscheinend vor ca. vier Monaten ziemlich depressiv geworden, kurz nachdem Sie ins College gekommen sind. Und Sie hatten auch ziemlich starke Ängste, aber die sind nicht so schlimm wie die Depression. Ist das richtig?

P: Ja ... es ist mir ziemlich schlecht gegangen.

T: Ist seit der Eingangsdiagnostik noch irgend etwas wichtiges passiert, das ich wissen sollte?

P: Nein, eigentlich nicht. Es ist alles noch ziemlich gleich.

T: Können Sie mir genauer beschreiben, welche Probleme Sie haben? Es hilft mir, wenn ich es in Ihren eigenen Worten höre.

P: Ach, ich weiß nicht. Es ist alles so durcheinander. Meine Leistungen im College sind schrecklich. Ich hinke total hinterher. Ich fühle mich die ganze Zeit so müde und niedergeschlagen. Manchmal würde ich am liebsten alles hinschmeißen.

T: Haben Sie jemals daran gedacht, sich etwas anzutun?
(Der Therapeut fragt vorsichtig nach Suizidgedanken, weil er sich direkt auf die Hoffnungslosigkeit der Patientin konzentrieren möchte, wenn sie akut suizidgefährdet ist.)

P: Nein, eigentlich nicht. Ich wünsche mir nur, daß meine ganzen Probleme irgendwie verschwinden würden.

T: Das klingt, als ob Sie sich von den Problemen ziemlich erdrückt fühlen.

P: Ja, ich weiß nicht, was ich machen soll.

T *(hilft der Patientin, Schwerpunkte zu setzen und die Probleme auf ein besser zu bewältigendes Ausmaß zu reduzieren.)*: Das klingt, als hätten Sie im

Moment zwei Hauptprobleme: Das eine ist, daß Sie im College nicht vor-
wärtskommen. Das andere ist, daß Sie sich so müde und niedergeschlagen
fühlen. Gibt es noch andere?

P *(zuckt die Schultern.)*

T: Und was würden Sie in der Therapie gerne erreichen? Wie soll sich Ihr Leben verändern?

P: Ich wäre gerne glücklicher und will mich besser fühlen.

T *(läßt die Patientin verhaltensorientiert beschreiben, was „glücklicher" und
„besser fühlen" für sie bedeutet.):* Was würden Sie tun, wenn Sie glücklicher wären und es Ihnen besser ginge?

P: Ich wäre gerne besser in meinen Kursen und mit der Arbeit auf dem laufenden ... ich würde mehr Leute treffen und vielleicht irgendwas zusätzliches
machen, wie damals in der Schule ... ich glaube, ich würde mich nicht ständig sorgen. Ich hätte ein bißchen Spaß und würde mich nicht so einsam
fühlen.

T *(bringt die Patientin dazu, sich aktiver an der Zielsetzung zu beteiligen.):* Das
sind alles gute Ziele. Wie wäre es, wenn Sie sie auf dieses Durchschlagpapier schreiben würden, dann kann jeder von uns eine Kopie behalten.

P: Ist gut. Was soll ich schreiben?

T: Hier, schreiben Sie oben das Datum und dann „Liste der Ziele". ... So, was
waren jetzt die Ziele? *(Leitet die Patientin dazu an, die folgende Liste mit
verhaltensorientiert formulierten Zielen zu schreiben.)*

Liste der Ziele – 1. Februar

1. Arbeit im College verbessern
2. Weniger Angst vor Prüfungen haben
3. Mehr Leute treffen
4. An Aktivitäten im College teilnehmen

T: Gut! Als Hausaufgabe würde ich vorschlagen, daß Sie sich diese Liste noch
einmal durchlesen und überlegen, ob Sie noch irgendwelche Ziele ergänzen
möchten. Einverstanden?

P: Ja.

T: Gut, dann lassen Sie mich noch kurz zusammenfassen, was wir bis jetzt geschafft haben, bevor wir weitermachen. Wir haben die Tagesordnung aufgestellt, Ihre Fragebögen durchgesehen, darüber geredet, warum Sie zur
Therapie kommen, und mit einer Liste von Zielen angefangen.

Der Therapeut bespricht, ohne Zeit zu verschwenden, das Hauptproblem der
Patientin, stellt fest, daß sie nicht suizidgefährdet ist und daß sich seit der Eingangsdiagnostik nichts Bedeutsames geändert hat, und hilft der Patientin, spezifische Probleme in Therapieziele zu übersetzen. Bei bestehender Suizidgefahr,

wichtigen neuen Informationen oder Schwierigkeiten mit Problemdefinition oder Zielsetzung hätte der Therapeut mehr Zeit auf diese Phase der ersten Sitzung verwendet (natürlich hätte er dann weniger Zeit für die anderen Tagesordnungspunkte gehabt).

Schon in der Anfangsphase der Sitzung regt der Therapeut die Patientin durch das Schreiben dazu an, sich aktiver einzubringen. Da ihr nicht klar ist, was sie schreiben soll, macht er Vorschläge. (Er wird sie auch in jeder weiteren Sitzung bitten, Notizen auf Durchschlagpapier [in Bürogeschäften erhältlich] oder in einem Notizbuch zu machen [aus dem Fotokopien gemacht werden können], so daß sowohl er als auch die Patientin eine Kopie behalten können.) Für Patienten, die nicht schreiben können oder lieber nicht selbst schreiben, schreibt der Therapeut. Wenn die Patienten Analphabeten sind (auch Kinder), können sie Bilder malen oder sich einen Cassettenmitschnitt der Therapiesitzung anhören, um die Schlüsselgedanken der Therapie zu verstärken.

Der Therapeut leitet die Patientin auch dazu an, ein allgemein formuliertes Ziel („Ich wäre gerne glücklicher und will mich besser fühlen.") verhaltensnah zu formulieren. Anstatt einen Großteil der Sitzung mit der Diskussion der Ziele zu verbringen, bittet er die Patientin, die Liste zu Hause zu vervollständigen. Schließlich faßt er vor dem nächsten Schritt die bisherigen Diskussionspunkte der Sitzung zusammen.

Informieren des Patienten über das kognitive Modell

Ein wichtiges übergreifendes Ziel der kognitiven Therapie ist, den Patienten zu seinem eigenen kognitiven Therapeuten zu machen. Zu Beginn erkundet der Therapeut, was der Patient bereits über diese Therapieform weiß (und korrigiert es gegebenenfalls). Er erläutert dem Patienten das kognitive Modell am Beispiel und sagt ihm, wie die Therapie weiter verlaufen wird.

T: Als nächstes würde ich gerne erfahren, was Sie schon über die kognitive Therapie wissen und wie Sie sich die weitere Therapie vorstellen.

P: Na ja, eigentlich weiß ich nicht viel darüber, nur das, was der Berater gesagt hat.

T: Was davon haben Sie behalten?

P: Ehrlich gesagt, kann ich mich eigentlich nicht daran erinnern.

T: Das macht nichts, wir besprechen jetzt ein paar der Grundgedanken. Zuerst wüßte ich gerne mehr darüber, wie Ihre Gedanken sich auf Ihre Gefühle auswirken. Können Sie sich an irgendeinen Moment in den letzten Tagen erinnern, wo Sie bei sich selbst eine Stimmungsänderung bemerkt haben? Einen Moment, wo Ihnen aufgefallen ist, daß Sie plötzlich ganz aufgeregt oder schlecht gelaunt waren?

P: Ich glaube schon.

T: Können Sie mir ein bißchen darüber erzählen?

P: Ich war gerade mit ein paar Bekannten beim Mittagessen und bin auf ein-mal nervös geworden. Sie haben über etwas gesprochen, was der Professor im Kurs gesagt hat, das ich nicht verstanden hatte.

T: Können Sie sich erinnern, was Ihnen durch den Kopf gegangen ist, als die anderen über die Bemerkung des Professors gesprochen haben, direkt bevor Sie nervös wurden?

P: Ich habe gedacht, daß ich es nicht verstanden habe und daß sie das nicht herausfinden dürfen.

T *(benutzt genau die Worte der Patientin.)*: Sie dachten also „Ich verstehe es nicht." und „Das dürfen sie nicht herausfinden."

P: Ja.

T: Und das machte Sie nervös.

P: Ja.

T: Wie wäre es, wenn wir das einmal aufzeichnen. Das war gerade ein gutes Beispiel dafür, wie Ihre Gedanken sich auf Ihre Gefühle auswirken. *(Leitet die Patientin zur Aufzeichnung des Diagramms in Abbildung 3.2 an und bespricht es mit ihr.)* Ist Ihnen das klar? Die Art, wie Sie die Situation gesehen haben, hat zu einem Gedanken geführt und der hat dann beeinflußt, wie Sie sich fühlten.

P: Ich glaube schon.

T: Mal sehen, ob wir noch ein paar Beispiele aus den letzten Tagen finden. Wie haben Sie sich zum Beispiel gefühlt, als Sie vor dem Termin hier im Wartezimmer waren?

P: Irgendwie traurig.

T: Und was ist Ihnen in dieser Zeit durch den Kopf gegangen?

P: Ich weiß es nicht mehr genau.

T *(versucht, die Situation in der Vorstellung der Patientin wieder aufleben zu lassen.)*: Versuchen Sie, sich noch einmal in die Situation im Wartezimmer hineinzuversetzen. Stellen Sie sich vor, wie Sie da sitzen. Beschreiben Sie mir die Szene so, als ob sie sich gerade abspielen würde.

P: Also, ich sitze in dem Stuhl neben der Tür, abseits von der Sprechstunden-hilfe. Eine Frau kommt rein, sie sieht gut gelaunt aus und redet mit

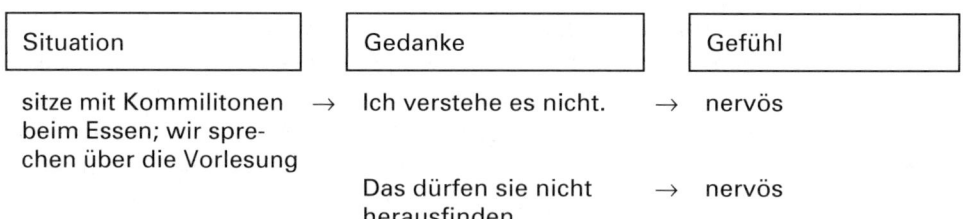

Abbildung 3.2: Sallys Aufzeichnungen aus der ersten Sitzung: das kognitive Modell

der Sprechstundenhilfe. Sie macht Witze und sieht glücklich aus und ... normal.

T: Und wie fühlen Sie sich?

P: Traurig.

T: Was geht Ihnen durch den Kopf?

P: Sie ist glücklich. Sie ist nicht depressiv. So werde ich nie wieder.

T *(verstärkt das kognitive Modell.)*: Okay. Da haben wir noch ein Beispiel dafür, wie das, was Sie denken – „So werde ich nie wieder" –, beeinflußt, was Sie fühlen; es hat Sie traurig gemacht. Verstehen Sie das?

P: Ja. Ich glaube schon.

T: Können Sie mir den Zusammenhang zwischen Gedanken und Gefühlen in Ihren eigenen Worten erklären? *(Stellt sicher, daß die Patientin verbalisieren kann, wie sie das kognitive Modell versteht.)*

P: Naja, es scheint, daß meine Gedanken einen Einfluß darauf haben, wie ich mich fühle.

T: Ja, das stimmt. Wenn Sie damit einverstanden sind, möchte ich, daß Sie in der nächsten Woche genau darauf achten, was Ihnen durch den Kopf geht, wenn sich Ihre Stimmung ändert oder schlechter wird. Okay? *(Unterstützt die Patientin dabei, sich während der Woche an das Arbeitsergebnis der Therapiesitzung zu erinnern.)*

P: Mhmm.

T: Ich würde vorschlagen, daß Sie sich diese Hausaufgabe notieren [auf Durchschlagpapier], so daß wir beide eine Kopie davon haben. „Wenn ich merke, daß meine Stimmung sich ändert oder verschlechtert, frage ich mich: ,Was geht mir durch den Kopf?', und notiere die Gedanken." Können Sie sich vorstellen, warum ich möchte, daß Sie die Gedanken kurz notieren?

P: Weil Sie sagen, daß ich mich wegen meiner Gedanken schlecht fühle, nehme ich an.

T: Oder daß sie zumindest dazu *beitragen*, daß Sie sich schlecht fühlen, ja. Und damit Sie wissen, wie die Therapie weitergehen wird – zum Teil werden wir uns damit beschäftigen herauszufinden, welche Gedanken Sie aus dem Gleichgewicht bringen. Dann werden wir diese Gedanken genau untersuchen und sehen, wie *zutreffend* sie sind. Ich nehme an, in vielen Fällen werden wir herausfinden, daß diese Gedanken *nicht ganz* zutreffen. Dazu sollten Sie sich auch etwas aufschreiben.

P *(schreibt.)*

T: Wir überprüfen also die Gedanken und Sie werden lernen, Ihr Denken zu verändern.

P: Das klingt schwierig.

T: Ja, das denken viele Leute am Anfang, aber sie merken ziemlich bald, daß sie es ganz gut können. Wir werden Schritt für Schritt vorgehen, damit Sie lernen, wie Sie es machen müssen. Aber es war gut, daß Sie Ihren Gedanken gleich aufgedeckt haben. Wenn Sie noch mehr solche Gedanken haben wie: „Das klingt schwierig.", sollten Sie sie unbedingt aufschreiben, damit wir in der nächsten Sitzung darüber reden können. Einverstanden?

P: Einverstanden.

T: Glauben Sie, es wird Ihnen irgendwelche Schwierigkeiten machen, ein paar Gedanken zu notieren. *(Stellt fest, ob die Patientin Schwierigkeiten vorhersieht, die man mit Problemlösungsstrategien bearbeiten könnte.)*

P: Nein, ich glaube, das kann ich.

T: Gut. Falls es doch nicht klappen sollte, ist es auch okay. Dann bearbeiten wir es nächste Woche, wenn Sie wiederkommen, zusammen. Einverstanden?

P: Klar.

In diesem Abschnitt erklärt und veranschaulicht der Therapeut das kognitive Modell und illustriert es mit den Beispielen, *die der Patientin selbst dazu eingefallen sind*. Er versucht, immer nur ein paar Sätze auf einmal zu erklären, und bittet die Patientin, das Gesagte in eigenen Worten zu wiederholen, damit er ihr Verständnis überprüfen kann. (Bei Patienten mit kognitiven Beeinträchtigungen hätte der Therapeut konkretere Lernhilfen verwenden könne, wie zum Beispiel Gesichter mit unterschiedlichem Ausdruck zur Illustration der Gefühle.) Er achtet auch darauf, daß die Patientin sich die wichtigsten Punkte aufschreibt.

Die Patientin im Beispiel begreift das kognitive Modell schnell. Wenn sie bei der Aufdeckung ihrer Gedanken oder Gefühle Schwierigkeiten gehabt hätte, hätte der Therapeut die Vorteile anderer Methoden zur Identifizierung automatischer Gedanken (vgl. Kapitel 6) gegen die möglichen Nachteile eines zu schnellen Vorgehens abwägen müssen (welches vielleicht die Stimmung der Patientin verschlechtert oder den Aufbau der Beziehung beeinträchtigt). Wenn er auf eine weitere Erläuterung des kognitiven Modells verzichtet hätte, hätte er sorgfältig darauf geachtet, daß die Patientin sich keine Vorwürfe macht, weil sie es nicht verstanden hat. („Es ist manchmal schwierig, diesen Gedanken auf die Spur zu kommen. Sie sind normalerweise so schnell. Kein Problem. Wir kommen ein anderes Mal darauf zurück.")

Im nächsten Abschnitt untersucht der Therapeut automatische Gedanken, die in Form von visuellen Vorstellungen auftreten. Patienten haben in der Regel mehr Schwierigkeiten mit diesen visuellen automatischen Gedanken und können möglicherweise kein Beispiel dafür finden. Nichtsdestotrotz steigt die Wahrscheinlichkeit, daß sie visuelle Vorstellungen erkennen und darüber berichten, wenn sie zu Beginn der Therapie auf diese Möglichkeit aufmerksam gemacht werden.

T: Lassen Sie mich noch eine Sache sagen. Ist Ihnen aufgefallen, daß ich sagte, wenn Ihre Stimmung sich ändert, sollen Sie sich fragen, was Ihnen durch den Kopf geht, nicht: „Was denke ich gerade?" Ich habe das deshalb so formuliert, weil wir oft in Form von *visuellen Vorstellungen* oder

Bildern denken. Hatten Sie zum Beispiel eine Vorstellung davon, wie ich wohl aussehen würde, bevor Sie heute zum ersten Mal hergekommen sind?

P: Ich glaube, ich hatte eine vage Vorstellung von jemand älterem; und vielleicht strenger oder ernster.

T: Ja gut. Dieses Bild ist das, was wir als *visuelle Vorstellung* bezeichnen. Wenn Sie sich also fragen: „Was geht mir durch den Kopf?", sollten Sie auf Worte und Vorstellungen achten. Möchten Sie sich das auch aufschreiben?

Auf diese Weise macht der Therapeut die Patientin damit vertraut, daß automatische Gedanken in unterschiedlicher Form und sogar in unterschiedlichen Sinnesmodalitäten auftreten können. Damit erhöht er die Wahrscheinlichkeit, daß ihr automatische Gedanken in *jeder* Form bewußt werden.

Therapieerwartungen

Patienten kommen oft mit der Vorstellung zur Therapie, daß Therapie etwas Mystisches oder Unbegreifbares sei, und daß der Prozeß, der zur Verbesserung ihres Zustandes führt, für sie unverständlich bleiben wird. Im Gegensatz dazu betont der kognitive Therapeut, daß diese Art der Therapie strukturiert und rational ist und daß es den Patienten besser gehen wird, weil er sich selbst besser versteht, Probleme löst und Methoden lernt, die er selbst anwenden kann. Der Therapeut fährt fort, den Patienten auf die Therapie einzustimmen, indem er ihm vermittelt, daß er einen Teil der Verantwortung für seinen Therapiefortschritt selbst trägt. Für die meisten Patienten genügt dazu eine kurze Diskussion, etwa wie die folgende:

T: Als nächstes möchte ich herausfinden, wie Sie sich Ihren Heilungsprozeß vorstellen.

P: Ich glaube, ich verstehe Sie nicht ganz.

T: Nun, manche Patienten glauben, daß sie vom Therapeuten geheilt werden. Andere meinen zwar, daß der Therapeut ihnen bei der Verbesserung helfen wird, aber sie vermuten, daß sie selbst diejenigen sein werden, die die eigentliche Arbeit tun.

P: Ich glaube, bevor ich herkam, habe ich gedacht, daß Sie mich irgendwie heilen würden. Aber nach dem, was Sie heute gesagt haben, nehme ich an, Sie werden mir beibringen, was ich tun soll.

T: Das stimmt. Ich werden Ihnen helfen, Methoden zu lernen, um über die Depression hinweg zu kommen – und Sie können diese Methoden im Laufe Ihres Lebens immer wieder anwenden, wenn Sie Hilfe bei Problemen brauchen.

Der Therapeut sollte dem Patienten in der ersten Sitzung eine grobe Vorstellung davon geben, wie lange er vermutlich in Therapie bleiben muß. Gewöhnlich ist es am besten, eine Zeitspanne anzugeben. Viele Patienten brauchen 1½ bis vier Monate, einige können (oder müssen aus finanziellen Gründen oder wegen der Bestimmungen der Krankenversicherung) die Therapie früher beenden. Andere Patienten, insbesondere solche mit chronischen psychischen Schwierigkeiten oder solche, die an Problemen im Zusammenhang mit einer Persönlichkeitsstörung arbeiten wollen, können ein Jahr oder länger in Therapie bleiben. Bei den meisten Patienten führen wöchentliche Sitzungen zu befriedigenden Fortschritten, sofern sie nicht schwer depressiv, ängstlich oder suizidgefährdet sind oder eindeutig mehr Unterstützung brauchen. Gegen Ende der Therapie können die Abstände zwischen den Sitzungen nach und nach vergrößert werden, damit der Patient mehr Gelegenheit bekommt, eigenständig Probleme zu lösen, Entscheidungen zu treffen und seine Therapiemethoden anzuwenden.

Das nächste Beispiel zeigt eine Möglichkeit, wie der Therapeut dem Patienten eine Vorstellung vom weiteren Therapieverlauf geben kann:

T: Wenn Sie damit einverstanden sind, werden wir uns einmal pro Woche sehen, bis Sie sich bedeutend besser fühlen. Dann gehen wir zu Treffen im Abstand von zwei Wochen über und danach vielleicht zu drei- oder vierwöchigen Abständen. Die Entscheidungen über die zeitliche Verteilung der Therapie treffen wir gemeinsam. Ich würde empfehlen, daß Sie auch nach der Entscheidung, die Therapie zu beenden, eine Zeitlang alle paar Monate einmal zur „Auffrischung" vorbeikommen. Wie finden Sie das?

P: Gut.

T: Im Moment ist es schwer vorherzusagen, wie lange Sie in Therapie bleiben sollten. Höchstwahrscheinlich etwa acht bis 14 Sitzungen. Falls wir entdecken, daß Sie wirklich dauerhafte Probleme haben, an denen Sie arbeiten möchten, könnte es auch länger dauern. Aber auch da werden wir *zusammen* entscheiden, was das Beste ist. Einverstanden?

Informieren des Patienten über seine Störung

Die meisten Patienten wollen über ihre Diagnose informiert werden. Sie wollen erfahren, daß sie nicht verrückt sind und daß der Therapeut schon anderen Menschen mit ähnlichen Problemen geholfen hat und sie nicht für merkwürdig hält. Gewöhnlich empfiehlt es sich, das Etikett einer Persönlichkeitsstörung als Diagnose zu vermeiden. Statt dessen verzichtet man besser auf Fachwörter und sagt etwas allgemeineres, wie etwa: „Sie waren anscheinend im letzten Jahr ziemlich depressiv und hatten ein paar hartnäckige

Probleme mit Beziehungen." Es empfiehlt sich auch, dem Patienten einige einführende Informationen über seine Störung zu geben, damit er einen Teil seiner Probleme auf die Störung zurückführen und somit seine Selbstkritik vermindern kann.

Das folgende Transkript zeigt, wie depressive Patienten über ihre Störung informiert werden können. (Für Patienten mit anderen Störungen muß sie selbstverständlich geändert werden.)

T: So, der letzte Punkt auf unserer Tagesordnung war Ihre Diagnose. Die Eingangsdiagnostik zeigt, daß Sie sehr depressiv und ängstlich sind – wie viele Patienten, die zu uns kommen. Ich bin mir ziemlich sicher, daß wir Ihnen helfen können, sich besser zu fühlen. Wie sehen Sie das?

P: Ich hatte Angst, daß Sie mich für verrückt halten.

T: Ganz und gar nicht, Sie haben eine ziemlich verbreitete Krankheit oder ein Problem, das man als Depression bezeichnet, und ich habe den Eindruck, daß Ihre Probleme recht ähnlich gelagert sind wie die der meisten Patienten hier. Aber das war wieder ein guter automatischer Gedanke: „Sie werden mich für verrückt halten." Wie fühlen Sie sich jetzt, nachdem Sie herausgefunden haben, daß er nicht stimmt?

P: Erleichtert.

T: Es hat also *geholfen*, den Gedanken zu korrigieren. Wenn Ihnen noch mehr derartige Gedanken einfallen, würden Sie sie zu Hause aufschreiben, damit wir sie in der nächsten Sitzung überprüfen können?

P: Klar.

T: Dieses sehr negative Denken gehört zu den Symptomen Ihrer Depression. Die Depression hat einen Einfluß darauf, wie Sie sich selbst, Ihre Umwelt und Ihre Zukunft sehen. Bei den meisten depressiven Menschen ist es so, als ob sie sich selbst und die Welt durch eine schwarze Brille sehen würden. Alles sieht schwarz und hoffnungslos aus. Ein Teil der Therapie besteht darin, daß wir die schwarze Farbe abkratzen und Ihnen helfen, die Dinge realistischer zu sehen. ... Können Sie mit dieser Analogie etwas anfangen? *(Analogien helfen dem Patienten häufig, seine Situation in einem anderen Licht zu sehen.)*

P: Ja. Ich verstehe.

T: Gut, dann können wir noch ein paar andere Symptome Ihrer Depression besprechen. Die Depression beeinträchtigt Ihren Appetit, Ihren Schlaf, Ihre Lust auf Sex und Ihre Energie. Außerdem wirkt sie sich unter anderem auch auf Ihre Motivation und Ihren Unternehmungsgeist aus. Die meisten depressiven Menschen machen sich Vorwürfe, weil sie nicht mehr wie früher sind. Erinnern Sie sich an Vorfälle in der letzten Zeit, wo Sie sich kritisiert haben? *(Erfragt konkrete Ereignisse.)*

P: Sicher. Ich stehe in letzter Zeit immer spät auf und schaffe meine Arbeit nicht und ich finde, daß ich faul und zu nichts zu gebrauchen bin.

T: Wenn Sie eine Lungenentzündung hätten und es Ihnen schwerfiele, aus dem Bett zu kommen und Ihre Arbeit zu schaffen, würden Sie sich dann auch als faul und zu nichts zu gebrauchen bezeichnen?

P: Nein, ich glaube nicht.

T: Würde es Ihnen helfen, wenn Sie sich diese Woche auf den Gedanken „Ich bin faul." eine Antwort geben würden?

P: Wahrscheinlich. Vielleicht würde ich mich nicht so schlecht fühlen.

T: Was könnten Sie sich sagen? *(Indem der Therapeut der Patientin eine Antwort entlockt, anstatt einfach eine vorzugeben, fördert er die aktive Teilnahme und ein gewisses Ausmaß an Selbstbestimmung.)*

P: Vielleicht, daß ich *depressiv* bin und daß es mir deswegen schwerer fällt, etwas zu tun, genau so, als ob ich eine Lungenentzündung hätte.

T: Gut. Und denken Sie daran, daß es wieder einfacher wird, wenn Sie in der Therapie arbeiten und Ihre Depression sich bessert. Möchten Sie sich dazu etwas aufschreiben, so daß Sie sich nächste Woche daran erinnern? *(Ist kooperativ, macht aber deutlich, daß er von der Patientin erwartet, daß sie sich aktiv an der Sitzung beteiligt und in der Zeit zwischen den Sitzungen die Inhalte wiederholt.)*

P: Ja.

T: Und hier habe ich eine Broschüre, die Sie lesen sollten. Darin erfahren Sie mehr über Depressionen.

Zusammenfassung am Ende der Sitzung und Hausaufgaben

Wie die Zwischenzusammenfassungen (vgl. S. 58), die der Therapeut während der Sitzung macht, verdeutlicht auch die abschließende Zusammenfassung die Zusammenhänge zwischen den einzelnen Bestandteilen der Sitzung und hebt die wichtigen Punkte hervor. Zur Zusammenfassung gehört auch ein Überblick über die vereinbarten Hausaufgaben. In den ersten Sitzungen macht der Therapeut die Zusammenfassung; mit fortschreitender Therapie ermutigt er den Patienten, selbst zusammenzufassen.

T: So, dann fasse ich noch einmal zusammen, worüber wir heute gesprochen haben. Wir haben eine Tagesordnung aufgestellt, Ihre Stimmung eingeschätzt, Ziele gesetzt und erklärt, wie Ihre Gedanken Ihre Gefühle beeinflussen. Wir haben besprochen, wie die Therapie weitergehen wird. Wir werden hauptsächlich zwei Sachen tun: an Ihren Probleme und Zielen arbeiten und Ihre Gedanken verändern, wenn Sie herausfinden, daß sie nicht stimmen. Jetzt schauen wir noch einmal, was Sie sich als Hausaufgabe notiert haben. Ich möchte sicher sein, daß Sie das für machbar und nützlich halten.

Hausaufgaben – 1. Februar

1. Liste der Ziele vervollständigen
2. Wenn sich meine Stimmung ändert, mich fragen: „Was geht mir gerade durch den Kopf?" Gedanken (und bildliche Vorstellungen) notieren. Mich daran erinnern, daß diese Gedanken nicht unbedingt wahr sind.
3. Mich daran erinnern, daß ich im Moment *depressiv* bin, nicht faul, und daß mir deswegen alles so schwerfällt.
4. Darüber nachdenken, was ich nächste Woche auf die Tagesordnung setzen will (Problem oder Situation) und einen Namen dafür finden.
5. Broschüre und Therapienotizen lesen.
6. Nächste Woche dreimal schwimmen oder laufen gehen.

Der Therapeut versucht sicherzustellen, daß der Patient bei der Bearbeitung der therapeutischen Hausaufgaben Erfolge erlebt (vgl. Kapitel 14). Wenn er vermutet, daß der Patient Teile der Hausaufgaben nicht durchführen wird, bietet er ihm an, diese Teile wegzulassen („Meinen Sie, es wird Ihnen schwerfallen, Ihre Gedanken zu notieren? [Wenn ja,] meinen Sie, wir sollen das für heute von der Liste streichen? Das wäre kein Problem.").

Gelegentlich sträubt sich ein Patient bei dem Begriff „Hausaufgaben". Der Therapeut erläutert ihm dann sorgfältig den Unterschied zwischen den therapeutischen Hausaufgaben, die gemeinsam festgelegt werden und speziell dafür gemacht sind, daß sich der Patient besser fühlt, und früheren Erfahrungen (in der Regel mit Schul-Hausaufgaben) mit aufgezwungenen, unpersönlichen und häufig sinnlosen Aufgaben. Therapeut und Patient können auch versuchen, einen akzeptableren Begriff zu finden, wie zum Beispiel „Selbsthilfeaktivitäten". Nachdem das praktische Problem mit der Benutzung des Begriffs „Hausaufgaben" geklärt ist, kann der Therapeut weiter erkunden, welche Bedeutung das Wort „Hausaufgaben" für den Patienten hat (oder sich dieses Thema für eine spätere Exploration merken). So kann er herausfinden, ob der Widerstand des Patienten Teil eines größeren Musters ist (z.B. Reagiert er empfindlich auf Kontrolle durch andere? Fühlt er sich unzulänglich, wenn er zur Durchführung einer Aufgabe aufgefordert wird?).

Eine weit verbreitete Hausaufgabe für die erste Sitzung (und spätere Sitzungen) umfaßt „Bibliotherapie". Der Therapeut könnte den Patienten darum bitten, ein Kapitel aus einem Buch über kognitive Therapie für Laien zu lesen (z.B. Burns, 1980, 1989; Greenberger & Padesky, 1995; Morse, Morse & Nackoul, 1992) oder eine Informationsbroschüre. Er versucht, den Patienten zu einer aktiven Auseinandersetzung mit der Lektüre anzuhalten („Machen Sie sich beim Lesen Anmerkungen, damit Sie mir sagen können, wo Sie zustimmen und wo nicht, beziehungsweise was auf Sie zutrifft und was nicht.").

Eine weitere verbreitete Hausaufgabe in den ersten Sitzungen ist die Aufzeichnung und/oder Planung von Aktivitäten (vgl. Kapitel 12). Das Ziel dieser Aufgabe ist es, die Patienten zur Wiederaufnahme von Aktivitäten zu bewegen, durch die sie früher Vergnügen und/oder Erfolgserlebnisse hatten.

Rückmeldung

Der letzte Teil jeder Therapiesitzung ist die Rückmeldung. Am Ende der ersten Sitzung haben die meisten Patienten ein positives Gefühl gegenüber dem Therapeuten und der Therapie. Die Bitte um Rückmeldung fördert die Beziehung, weil sie dem Patienten vermittelt, daß der Therapeut sich für seine Meinung interessiert. Außerdem hat der Patient so die Möglichkeit, etwaige Mißverständnisse anzusprechen, und der Therapeut kann diese aufklären. Es kommt vor, daß ein Patient auf eine Handlung oder Bemerkung des Therapeuten überempfindlich reagiert. Wenn der Patient gefragt wird, ob ihn irgend etwas gestört hat, kann er seine Schlußfolgerungen darlegen und überprüfen. Zusätzlich zu der mündlichen Rückmeldung kann der Therapeut den Patienten auch einen schriftlichen Rückmeldebogen zur Therapiesitzung ausfüllen lassen. (vgl. Abbildung 3.3).

Rückmeldung zur Therapiesitzung

1. Welche Punkte aus der heutigen Sitzung möchten Sie in Erinnerung behalten?

2. Wie groß war heute Ihr Vertrauen zu Ihrem Therapeuten?

3. Gab es etwas, was Sie heute in der Therapie gestört hat? Wenn ja, was?

4. Wieviel von den Hausaufgaben für die heutige Sitzung haben Sie gemacht? Wie wahrscheinlich ist es, daß Sie die neuen Hausaufgaben machen?

5. Was möchten Sie in der nächsten Sitzung auf alle Fälle besprechen?

Abbildung 3.3: Rückmeldung zur Therapiesitzung. Copyright 1995 by Judith Beck

T: Am Ende jeder Sitzung möchte ich Sie noch um eine Rückmeldung bitten, darüber wie die Sitzung für Sie verlaufen ist. Genaugenommen haben Sie *zweimal* Gelegenheit dazu – Sie können es mir direkt sagen und/oder es auf den Rückmeldebogen schreiben, den Sie nach der Sitzung im Wartezimmer ausfüllen können. Ich werde ihn durchlesen, und falls es Probleme gab, können wir sie in der nächsten Sitzung auf die Tagesordnung setzen. Gab es irgend etwas in dieser Sitzung, was Sie gestört hat?

P: Nein, es war gut.

T: Was fanden Sie besonders wichtig?

P: Ich glaube, daß ich mich vielleicht besser fühlen kann, wenn ich darauf achte, was ich denke.

T: Gut. Gibt es noch irgend etwas, das Sie sagen möchten, oder etwas, was Sie gerne auf die Tagesordnung für die nächste Stunde setzen würden?

P: Nein.

T: Gut. Ich fand es sehr angenehm, heute mit Ihnen zu arbeiten. Bitte füllen Sie jetzt im Wartezimmer noch den Rückmeldebogen aus und nächste Woche, direkt vor der Sitzung, die anderen drei Fragebögen, die ich Ihnen gegeben habe. Und versuchen Sie, die Hausaufgaben zu machen, die Sie sich notiert haben. Einverstanden?

P *(nickt.)*: Einverstanden. Danke.

T: Bis nächste Woche.

Gelegentlich reagiert ein Patient negativ auf die erste Therapiesitzung. Der Therapeut versucht dann, das Problem genauer zu erfassen und seine Bedeutung für den Patienten herauszufinden. Dann interveniert er und/oder merkt sich das Problem für eine Intervention in der nächsten Sitzung vor:

T: Gab es irgend etwas in dieser Sitzung, was Sie gestört hat?

P: Ich weiß nicht ... Ich bin mir nicht sicher, ob das die richtige Therapie für mich ist.

T: Sie glauben nicht, daß sie Ihnen helfen kann?

P: Nein, eigentlich nicht. Wissen Sie, ich habe echte Probleme. Es sind *nicht* nur meine Gedanken.

T: Ich bin froh, daß Sie mir das sagen. Das gibt mir die Gelegenheit zu sagen, daß ich *glaube*, daß Sie echte Probleme haben. Ich wollte nicht den Eindruck erwecken, daß das nicht so ist. Die Probleme mit Ihrem Chef und Ihren Nachbarn und Ihre Gefühle von Einsamkeit ... das sind natürlich alles echte Probleme. Und wir werden zusammen an der Lösung dieser Probleme arbeiten. Ich glaube *nicht*, daß es ausreicht, wenn wir uns nur mit Ihren Gedanken beschäftigen. Es tut mir leid, daß ich Ihnen diesen Eindruck vermittelt habe.

P: Schon okay. ... Es ist nur ... ich fühle mich so erdrückt. Ich weiß nicht, was ich machen soll.

T: Möchten Sie nächste Woche wiederkommen, damit wir gemeinsam an den erdrückenden Gefühlen arbeiten können?

P: Ja, ich glaube schon.

T: Machen die Hausaufgaben die erdrückenden Gefühle noch schlimmer?

P: ... Kann sein.

T: Möchten Sie sie lieber weglassen? Wir könnten jetzt einfach beschließen, daß Sie diese Woche keine Hausaufgaben machen und daß wir das in der nächsten Sitzung zusammen erledigen. Oder Sie könnten das Aufgabenblatt mit nach Hause nehmen und dort entscheiden, ob Sie sich dazu imstande fühlen.

P: Ich würde mich nur schuldig fühlen, wenn ich es mitnehmen und dann nicht machen würde.

T: Gut, dann beschließen wir jetzt gleich, daß Sie es nicht machen. Gab es noch etwas in dieser Sitzung, was Sie gestört hat?

Hier erkennt der Therapeut die Notwendigkeit, die therapeutische Beziehung zu stärken. Entweder hat er während der Sitzung die Anzeichen der Unzufriedenheit des Patienten übersehen oder der Patient hat sie geschickt verborgen. Wenn der Therapeut nicht um eine Rückmeldung über die Sitzung gebeten hätte oder wenn er mit dem negativen Feedback nicht so geschickt umgegangen wäre, wäre der Patient möglicherweise zur nächsten Sitzung nicht wieder erschienen. Die Flexibilität des Therapeuten bezüglich der Hausaufgaben hilft dem Patienten, seine Besorgnis über die Angemessenheit einer kognitiven Therapie noch einmal zu überprüfen. Durch seine Antwort auf das Feedback und die angemessenen Korrekturen signalisiert der Therapeut dem Patienten Verständnis und Empathie und fördert dadurch Kooperation und Vertrauen.

Der Therapeut achtet darauf, am Beginn der nächsten Stunde deutlich zu machen, wie wichtig es ihm ist, daß sie gemeinsam daran arbeiten, die Therapie und die Hausaufgaben so zu gestalten, daß der Patient sie nützlich findet. Der Therapeut nutzt diese Schwierigkeit auch als Gelegenheit, sein Fallkonzept vom Patienten zu vervollständigen. Er verzichtet in der Zukunft nicht völlig auf Hausaufgaben, aber er stellt sicher, daß der Patient sich stärker an der Auswahl der Aufgaben beteiligt, und daß er sich nicht erdrückt fühlt.

Zusammenfassung

Die erste Therapiesitzung hat mehrere wichtige Ziele: den Aufbau der therapeutischen Beziehung; die Verfeinerung des Fallkonzepts; die Gewöhnung des Patienten an die Vorgehensweise und die Struktur der kognitiven Therapie; das Informieren des Patienten über das kognitive Modell und über seine Störung; den Aufbau von Hoffnung und die Erzielung einer gewissen Symptomlinderung. In erster Linie sollte man in dieser Sitzung eine tragfähige therapeutische Beziehung herstellen und den Patienten dazu ermutigen, daß er gemeinsam mit dem Therapeuten an den Therapiezielen arbeitet. Das nächste Kapitel beschreibt die Struktur der weiteren Therapiesitzungen und Kapitel 5 befaßt sich mit Schwierigkeiten bei der Strukturierung der Sitzungen.

4

Struktur und Form der folgenden Sitzungen

Die Form der zweiten Sitzung wiederholt sich in jeder folgenden Sitzung. Dieses Kapitel stellt die Form vor und beschreibt den allgemeinen Verlauf der Therapie ab Sitzung 2 bis fast zum Therapieende. Die letzte Phase der Therapie wird in Kapitel 15 beschrieben, und die Kapitel 5 und 17 befassen sich mit typischen Problemen, die bei der Eingewöhnung des Patienten in den frühen Sitzungen auftreten können.

Die typische Tagesordnung ab der zweiten Sitzung sieht folgendermaßen aus:

1. Kurze Aktualisierung des Wissensstandes und Stimmungseinschätzung (gegebenenfalls Überprüfung von Medikamenteneinnahme, Alkohol- und/oder Drogenmißbrauch)
2. Anknüpfen an die letzte Sitzung
3. Aufstellen der Tagesordnung
4. Besprechung der Hausaufgaben
5. Besprechung der Tagesordnungspunkte, Festlegung neuer Hausaufgaben und regelmäßige Zusammenfassungen
6. Abschlußzusammenfassung und Rückmeldung durch den Patienten

Der erfahrene Therapeut kann diese Elemente bis zu einem gewissen Grad miteinander verbinden. Ein Anfänger in der kognitiven Therapie sollte sich jedoch soweit wie möglich an die dargestellte Sitzungsstruktur halten.

Die Ziele des Therapeuten in dieser zweiten Sitzung sind: dem Patienten bei der Auswahl eines Problems oder Ziels zu helfen, auf das er sich konzentrieren möchte; mit dem Problemlösen zu beginnen; das kognitive Modell und die Identifikation automatischer Gedanken zu festigen. Er möchte außerdem erreichen, daß der Patient sich weiter an die kognitive Therapie gewöhnt: das heißt, die Sitzungsstruktur einzuhalten, mit dem Therapeuten zusammenzuarbeiten, ihm Rückmeldung zu geben und seine Erfahrungen im Licht des kognitiven Modells zu interpretieren. Sobald es dem Patienten auch nur ein wenig besser geht, beginnt der Therapeut außerdem mit der Rückfallprävention (vgl. Kapitel 15). Vor allem bemüht er sich darum, die therapeutische Beziehung aufzubauen und Symptomerleichterung zu erreichen.

Kurze Aktualisierung des Wissensstandes und Stimmungseinschätzung (und Überprüfung der Medikamenteneinnahme)

Die Stimmungseinschätzung geht normalerweise schnell und kann mit einem kurzen Überblick über die vergangene Woche kombiniert werden. Der Therapeut bittet den Patienten um eine subjektive Beschreibung und vergleicht diese mit den objektiven Fragebogenwerten. Falls zwischen den Werten im Fragebogen und der Selbstbeschreibung eine Diskrepanz besteht, fragt er nach (z.B.: „Sie sagen, es ging Ihnen letzte Woche besser, aber Ihr Wert im Depressions-Inventar ist höher als beim letzten Mal. Können Sie sich das erklären?"). Er vergleicht die aktuellen Fragebogen-ergebnisse auch kurz mit denen der vorherigen Sitzung (z.B.: „Ihr Angstwert ist diese Woche niedriger als beim letzten Mal. Haben Sie sich diese Woche weniger ängstlich gefühlt?"). Eine typische zweite Stunde beginnt wie folgt:

THERAPEUT: Hallo Sally! Wie geht's Ihnen heute?
PATIENTIN: Ein bißchen besser, glaube ich.
T: Kann ich mir mal kurz Ihre Fragebögen anschauen? Nebenbei können Sie mir erzählen, wie es Ihnen letzte Woche ergangen ist.
P: Naja, manches war gut, manches weniger.
T: Was ist passiert?
P: Also, ich glaube, ich war ein bißchen weniger depressiv. Aber viel ängstlicher. Ich habe solche Angst vor meiner Wirtschafts-Prüfung gehabt, daß ich mich überhaupt nicht konzentrieren konnte.
T: Sollten wir die Prüfung auf die Tagesordnung setzen? *(Gewöhnt die Patientin daran, ein Problem kurz anzusprechen, so daß es später in der Sitzung diskutiert werden kann.)*
P: Ja. Und dann hatte ich noch ein Problem mit meiner Zimmergenossin.
T: Okay, dann schreibe ich das auch als Besprechungspunkt auf. Gibt es noch etwas, was ich über Ihre Woche wissen sollte?
P: Ich glaube nicht.
T: Gut, dann kommen wir zurück zu der Stimmungseinschätzung. Diese Fragebögen zeigen auch einen leichten Abfall der Depression und ein Ansteigen der Angst. Was glauben Sie, warum fühlen Sie sich weniger depressiv?
P: Ich hatte ein bißchen mehr Hoffnung. Wahrscheinlich denke ich, daß die Therapie mir helfen könnte.
T *(festigt vorsichtig das kognitive Modell.)*: Sie hatten also Gedanken wie: „Die Therapie könnte mir helfen.", und diese Gedanken haben dazu geführt, daß Sie sich hoffnungsvoller und weniger depressiv gefühlt haben.

P: Ja ... Und ich habe Lisa – aus meinem Chemiekurs – gefragt, ob sie mit mir lernen will. Wir haben gestern ein paar Stunden lang zusammen Formeln besprochen. Dadurch habe ich mich auch besser gefühlt.

T: Was ist Ihnen durch den Kopf gegangen, als Sie gestern mit ihr gelernt haben?

P: Daß ich sie mag. Daß ich froh bin, daß ich sie gefragt habe, ob wir zusammen lernen wollen. ... Ich verstehe es jetzt besser.

T: Wir haben jetzt also zwei gute Beispiele, warum es Ihnen diese Woche besser gegangen ist. Erstens hatten Sie hoffnungsvolle Gedanken über die Therapie. Und zweitens haben Sie Ihr Verhalten geändert – Sie haben mit Lisa gelernt – und es sieht so aus, als ob Sie sich dafür gelobt haben.

P: Ja.

T: Sehen Sie, wie sich in diesen zwei Fällen Ihre Gedanken diese Woche positiv auf Ihre Gefühle ausgewirkt haben? ... Es freut mich, daß es Ihnen ein bißchen besser geht. Ich will Ihnen gleich etwas über den Verlauf der Verbesserung sagen, also setzen wir das auch auf die Tagesordnung.

In diesem Beispiel sagte Sally kurze etwas zu ihrer Stimmung. Wenn sie angefangen hätte, länger darüber zu reden, hätte der Therapeut versucht, sie an kurze und präzise Beschreibungen zu gewöhnen (z.B.: „Sally, darf ich Sie ganz kurz unterbrechen. Können Sie mir einfach in einem Satz sagen, wie sich Ihre Depression und Ihre Angst im Vergleich zum letzten Mal geändert haben? ... Oder sollten wir die Stimmungseinschätzung auf die Tagesordnung setzen, damit wir mehr Zeit haben, darüber zu sprechen?").

Sally erwähnt auch zwei Probleme. Der Therapeut notiert diese für die Tagesordnung, anstatt zu diesem Zeitpunkt eine Diskussion darüber zu beginnen. Hätte er Sally erlaubt, sofort zu einer längeren Problembeschreibung überzugehen, hätte sie keine Gelegenheit bekommen, darüber nachzudenken, welches der möglichen Sitzungsthemen ihr am *wichtigsten* ist. Der Therapeut hätte dann vielleicht auch darauf verzichten müssen, bestimmte Punkte zu besprechen, von denen er annimmt, daß sie den Therapiefortschritt fördern.

Nachdem der Therapeut eine kleine Veränderung in Sallys Stimmung bemerkt hat, fragt er sie nach ihrer Erklärung dafür. Gegebenenfalls weist er darauf hin, daß dieser Fortschritt durch Veränderungen im Denken oder im Verhalten der Patientin entsteht, nicht einfach durch veränderte Umstände: „Sie fühlen sich also besser und wissen nicht warum. Haben Sie in dieser Woche irgendwelche Veränderungen in Ihren Gedanken festgestellt? Oder in Ihren Aktivitäten?" Auch wenn sich die Stimmung des Patienten verschlechtert hat, versucht er herauszufinden, worauf der Patient das zurückführt: „Was glauben Sie, warum Sie sich diese Woche schlechter fühlen? Könnte es etwas mit Ihren Gedanken zu tun haben, oder mit dem, was Sie getan oder nicht getan haben?" Auf diese Weise verstärkt der Therapeut geschickt das kognitive Modell und bedeutet dem Patienten, daß er eine gewisse Kontrolle über (und damit auch Verantwortung für) seine Fortschritte hat.

Die kurze Stimmungseinschätzung und der Überblick über die Woche eröff-
nen dem Therapeuten mehrere Möglichkeiten. Er kann Interesse dafür zeigen,
wie sich der Patient während der Woche gefühlt hat. Er kann gemeinsam mit
dem Patienten dessen Therapiefortschritt verfolgen. Er kann die Erklärung des
Patienten für seinen Fortschritt bzw. dessen Ausbleiben herausfinden (und dann
verfestigen oder modifizieren). Er kann außerdem das kognitive Modell verfestigen, also den Zusammenhang zwischen der Stimmung des Patienten und der
Art, wie er Situationen sieht.

Bei der Überprüfung der objektiven Testwerte achtet der Therapeut auch auf
Einzelitems, die wichtige positive oder negative Veränderungen signalisieren
(z.B. Veränderungen der Suizidgedanken oder der Hoffnungslosigkeit). Er kann
auch zusätzlich Informationen erfragen, welche von den Fragebögen nicht abgedeckt werden, aber für die aktuellen Probleme des Patienten relevant sind
(die Anzahl der Panikattacken bei Patienten mit Panikstörung, die Anzahl der
Tage mit Freß-Brech-Attacken bei Bulimikern, Einschätzungen des Ärgers auf
einer Skala von 0 bis 100 bei feindseligen Patienten und so weiter).

Wenn der Patient wegen seiner psychischen Schwierigkeiten Medikamente
einnimmt, überprüft der Therapeut die Compliance und stellt fest, ob Probleme
oder Nebenwirkungen aufgetreten sind und ob der Patient Fragen zur Medikation hat. Wenn der Therapeut diese Medikamente nicht selbst verordnet hat, holt
er zunächst die Erlaubnis des Patienten ein und hält dann regelmäßigen Kontakt
mit dem Arzt, um Informationen und Vorschläge auszutauschen. Der Therapeut
schlägt dem Patienten Veränderungen der Medikation nicht direkt vor, aber er
kann ihm dabei helfen, Gedanken zu beantworten, die der Einnahme oder
(gegebenenfalls) dem Absetzen der Medikamente im Wege stehen. Er kann
dem Patienten auch bei der Formulierung und schriftlichen Fixierung von Fragen zu Nebenwirkungen, Dosierung, alternativen Präparaten etc. behilflich sein.
Dadurch wird es wahrscheinlicher, daß der Patient seinen Arzt nach diesen Informationen fragt. Der Therapeut weist auch darauf hin, daß trotz des positiven
Einflusses der Medikamente auf die Stimmung wahrscheinlich auch die eigenen
Bemühungen des Patienten dazu beigetragen haben, daß es ihm besser geht.
Wenn der Patient keine Medikamente nimmt, der Therapeut aber meint, daß eine psychopharmakologische Behandlung angezeigt wäre, schlägt er ihm vor,
einen Arzt oder Psychiater zu konsultieren.

Anknüpfen an die letzte Sitzung

Dieser *kurze* Tagesordnungspunkt verfolgt den Zweck einzuschätzen, wie der
Patient die letzte Sitzung wahrgenommen und verstanden hat. Wenn der Patient
weiß, daß der Therapeut ihn nach der vorherigen Sitzung fragen wird, ist er
motiviert, sich darauf vorzubereiten, indem er während der Woche über die
Therapie nachdenkt. Falls der Patient sich nicht an seine Reaktionen oder an die

wichtigen Punkte der letzten Sitzung erinnert, sucht der Therapeut mit ihm gemeinsam nach Lösungsmöglichkeiten, damit er den Inhalt der laufenden Sitzung besser behalten kann. Der Therapeut könnte zum Beispiel vorschlagen, daß der Patient zur gedanklichen oder schriftlichen Vorbereitung auf die nächste Sitzung das Arbeitsblatt zum Anknüpfen an die letzte Sitzung benutzt (vgl. Abb. 4.1).

Dadurch, daß man weitere Reaktionen auf die vorherige Sitzung erfragt, erhält man unter Umständen wichtige Rückmeldungen, die der Patient zuvor noch nicht geäußert hatte. Falls zur Besprechung eines dieser Punkte voraussichtlich mehr als ein bis zwei Minuten nötig sind, kann der Therapeut ihn mit in die Tagesordnung aufnehmen. Dieses Anknüpfen an die letzte Sitzung ge-

Arbeitsblatt zum Anknüpfen an die letzte Sitzung

1. Welche Besprechungspunkte der letzten Sitzung waren für Sie wichtig? Was haben Sie für sich gelernt? (1–3 Sätze)

2. Gab es in der letzten Sitzung etwas, was Sie gestört hat oder etwas, was Sie nur ungern ansprechen?

3. Wie war Ihre Woche? Wie war Ihre Stimmung im Vergleich zu anderen Wochen? (1–3 Sätze)

4. Ist in der letzten Woche etwas wichtiges passiert, das Sie besprechen möchten? (1–3 Sätze)

5. Welche Probleme möchten Sie auf die Tagesordnung setzen? (1–3 Sätze)

6. Welche Hausaufgaben haben Sie gemacht/nicht gemacht? Was haben Sie daraus für sich gelernt?

Abbildung 4.1: Arbeitsblatt zum Anknüpfen an die letzte Sitzung. Modifiziert nach Thomas Ellis, Ph.D.

wöhnt den Patienten an den Therapieprozeß – es vermittelt ihm die Botschaft, daß er dafür verantwortlich ist, sich mit dem Inhalt der Sitzungen auseinanderzusetzen und dem Therapeuten zu sagen, ob ihn irgend etwas am Therapeuten oder an der letzten Sitzung gestört hat.

T: Jetzt würde ich gerne eine Verknüpfung zwischen der letzten und der heutigen Sitzung herstellen. Das ist etwas, was wir jedes Mal machen werden. Was haben Sie aus der letzten Sitzung mitgenommen? Was war wichtig für Sie?
P: Also ... mehrere Sachen. Ich glaube, ich war erleichtert, Sie kennenzulernen und etwas über die kognitive Therapie zu hören und zu erfahren, daß ich depressiv und nicht verrückt bin. Das andere war, daß die Gedanken, die ich über etwas habe, meine Gefühle beeinflussen.
T: Gut. Jetzt noch eine Frage: Gab es in der letzten Sitzung irgend etwas, was Sie gestört hat?
P: Nein. Ich fand sie gut.

Wenn der Patient irgendwelche Dinge angesprochen hätte, die ihn gestört haben, dann hätte der Therapeut diese entweder sofort explorieren können oder vorschlagen, sie auf die Tagesordnung zu setzen. Wenn dem Patienten kein wichtiger Inhalt der Sitzung eingefallen wäre, hätte der Therapeut ebenfalls nachfragen können: „Können Sie sich daran erinnern, daß wir über den Zusammenhang zwischen Gedanken und Gefühlen gesprochen haben?" Oder: „Wollen wir eine Wiederholung des kognitiven Modells auf die Tagesordnung setzen?" Wie bereits erwähnt, hätte er dem Patienten auch durch eine Frage deutlich machen können, daß die Wiederholung wichtiger Inhalte zu seinen Aufgaben gehört: „Was könnten Sie in der nächsten Woche tun, um sich an das zu erinnern, was wir heute besprochen haben?" Beachten Sie, daß ein Hauptgrund für die Unfähigkeit des Patienten, sich an den Inhalt der Sitzung zu erinnern, darin liegt, daß der *Therapeut* ihn nicht dazu aufgefordert hatte, sich während der Sitzung wichtige Punkte zu notieren.

Aufstellen der Tagesordnung

Im allgemeinen übernimmt der Therapeut während der ersten Sitzungen eine größere Verantwortung für das Aufstellen der Tagesordnung und gibt diese Verantwortung dann nach und nach an den Patienten ab. Für den Patienten ist es wichtig, die Fertigkeit zum Aufstellen der Tagesordnung zu lernen, damit er sich nach dem Ende der Therapie selbst weiter therapieren kann (Kapitel 15).

T: Jetzt sollten wir die Tagesordnung für heute aufstellen. Wir haben schon Ihre Prüfung angesprochen und ein Problem mit Ihrer Zimmergenossin und ich wollte über den Verlauf der Verbesserung reden und noch etwas mehr zu den automatischen Gedanken sagen. Und natürlich würde ich gerne Ihre Hausaufgaben mit Ihnen besprechen. Gibt es noch etwas?

P: Nein, ich glaube nicht.

T: Das ist eine ganz schön anspruchsvolle Tagesordnung. Falls die Zeit knapp werden sollte, gibt es irgend etwas, was bis zur nächsten Woche Zeit hat? *(Hilft der Patientin, im Hinblick auf ihre Probleme Prioritäten zu setzen.)*

P: Hmmm ... ich glaube, das Problem mit meiner Zimmergenossin. Wahrscheinlich erledigt sich das von selbst.

T: Gut, dann setzen wir das als letztes auf die Liste und versuchen, so weit zu kommen, aber wenn nicht, besprechen wir es nächste Woche, falls es dann noch wichtig ist.

Oft brauchen die Patienten anfangs etwas Aufmunterung, damit sie Tagesordnungspunkte vorschlagen. Möglicherweise ist ihnen nicht deutlich bewußt, was sie beunruhigt, und/oder sie sind sich nicht sicher, was sie ansprechen dürfen. Der Therapeut gewöhnt den Patienten daran, *Probleme* vorzubringen, bei deren Bewältigung er Hilfe braucht. „Auf welches Problem oder welche Probleme wollen Sie sich heute konzentrieren?", „Was möchten Sie heute auf die Tagesordnung setzen, damit ich Ihnen dabei helfen kann?", „Woran sollten wir heute arbeiten?" Wenn es zu viele Tagesordnungspunkte gibt, setzen Therapeut und Patient gemeinsam Prioritäten, legen fest, wieviel Zeit sie für die einzelnen Punkte brauchen und verschieben, wenn nötig, einen oder mehrere Punkte auf die nächste Sitzung.

Es ist wichtig zu wissen, daß der Therapeut sich nicht immer an die Tagesordnung halten muß. Tatsächlich sollte er sich unter bestimmten Bedingungen *nicht* daran halten. Der Therapeut sollte aber, wenn er von der Tagesordnung abweicht, diese Abweichung *offenlegen* und das Einverständnis des Patienten dazu einholen.

T: Sally, ich sehe, daß Sie immer noch sehr besorgt wegen Ihrer Prüfung sind, aber die Zeit wird knapp. Möchten Sie den Rest der Stunde über dieses Thema reden und die anderen Punkte auf die nächste Woche verschieben? Oder sollen wir versuchen, das Thema in fünf Minuten abzuschließen, damit wir noch Zeit für das Problem mit Ihrer Zimmergenossin haben.

P: Ich glaube, das Problem mit meiner Zimmergenossin hat Zeit bis nächste Woche.

T: Okay, ich notiere mir das schnell und dann kommen wir zurück zu der Prüfung.

Es gibt verschiedene Gründe, warum der Therapeut während der Sitzung eine Veränderung des Zeitplans vorschlagen könnte. Zum Beispiel, weil der Patient, wie im obigen Transkript, über ein bestimmtes Thema sehr beunruhigt ist und mehr Zeit braucht, um es zu besprechen. Oder weil ein neues Thema auftaucht, das besonders wichtig zu sein scheint. Oder weil sich die Stimmung des Patienten während der Sitzung (zum negativen) verändert. Der Therapeut lenkt den Patienten von Randthemen ab, die nicht auf der ursprünglichen Tagesordnung stehen und für den Fortschritt des Patienten während der Sitzung wenig vielversprechend sind. Eine Ausnahme von dieser Regel tritt ein, wenn der Therapeut den Patienten (kurz) in eine eher oberflächliche Konversation verwickelt, um damit ein bestimmtes Ziel zu erreichen. Zum Beispiel kann der Therapeut nach einem Film fragen, den der Patient gerade gesehen hat, sich nach seiner Familie oder seiner Meinung zu aktuellen Ereignissen erkundigen, um ihre Beziehung zu fördern, die Stimmung des Patienten aufzuhellen oder seine kognitiven und sozialen Fertigkeiten einzuschätzen.

Besprechung der Hausaufgaben

Forschungsergebnisse zeigen, daß Patienten größere Therapiefortschritte erzielen, wenn sie regelmäßig Hausaufgaben machen (Persons et al., 1988; Niemeyer & Feixas, 1990). Durch die Besprechung der Hausaufgaben in jeder Stunde wird deren Erledigung belohnt und die Bedeutung der Arbeit zwischen den Sitzungen deutlich gemacht. Ein Verzicht auf die Besprechung der Hausaufgaben führt unserer Erfahrung nach dazu, daß die Patienten denken, Hausaufgaben seien *nicht wichtig*, und daß die Bearbeitungsrate drastisch sinkt. Manchmal geht die Besprechung der Hausaufgaben ziemlich schnell. Manchmal kann aber fast die gesamte Sitzung für die Hausaufgabenbesprechung benötigt werden – vor allem dann, wenn die Themen, über die der Patient sprechen möchte, ein Teil der Hausaufgaben waren. (Hausaufgaben werden in Kapitel 14 näher besprochen.) Im folgenden sehen Sie, wie der Therapeut im Idealfall die Hausaufgaben besprechen kann:

T: Der nächste Tagesordnungspunkt sind die Hausaufgaben. Was davon haben Sie geschafft?

P: Ich habe die Broschüre gelesen, die Sie mir gegeben haben.

T: Haben Sie sie mitgebracht? Könnten Sie sie herausholen und mir sagen, was Sie wichtig fanden? (*Therapeut und Patientin sprechen ein paar Minuten darüber.*) Gibt es noch etwas, wozu Sie eine Frage haben? Irgend etwas, was Sie nicht verstanden haben oder wovon Sie dachten, daß es auf Sie nicht zutrifft?

P: Nein, das war es im Großen und Ganzen. Es hat mir geholfen.

T: Gut. Dann hatten Sie die Aufgabe, Ihre automatischen Gedanken einzufangen, wenn Sie eine Stimmungsveränderung bemerken.

P: Das habe ich versucht, aber ich glaube, ich weiß nicht immer, was ich denke.

T: Das macht nichts. Wir werden bis zum Ende der Therapie in jeder Sitzung über automatische Gedanken reden. Gab es *irgendwelche* automatischen Gedanken, die Sie bei einer Stimmungsänderung identifizieren konnten?

P: Ja, ich glaube schon, aber ich habe sie nicht aufgeschrieben.

T: In was für einer Situation war das?

P: Ich war im Hörsaal und bin auf einmal total ängstlich geworden.

T: Was ist Ihnen durch den Kopf gegangen?

P: Ich habe daran gedacht, daß die Prüfung bald kommt und daß ich überhaupt nicht vorbereitet bin.

T: Gut. Ich schreibe das kurz auf. Können wir auf diese Gedanken gleich zurückkommen, wenn wir über die Prüfung sprechen?

P: Ja.

T: Gibt es noch mehr automatische Gedanken, die Ihnen diese Woche aufgefallen sind?

P: Eigentlich nicht.

T: Okay, dann besprechen wir erst einmal die anderen Hausaufgaben. Haben Sie noch etwas auf die Liste der Ziele gesetzt?

P: Nein. Ich habe sie mir angesehen, aber mir ist nichts mehr eingefallen.

T: Das ist okay. Sie können Ihre Kopie behalten und wenn Ihnen etwas einfällt, was Sie gerne noch hinzufügen würden, sagen Sie mir Bescheid. Und wie sind Sie damit zurechtgekommen, sich daran zu erinnern, daß die Depression und nicht Faulheit der Grund dafür ist, daß Ihnen vieles so schwerfällt?

P: Ziemlich gut. Ich habe mich ein paar Mal ertappt.

Der Therapeut möchte in der Sitzung alle Hausaufgaben besprechen, deshalb notiert er sich die automatischen Gedanken über die Prüfung, um später darüber zu reden. Der Therapeut muß nicht die gesamten Hausaufgaben unabhängig von den anderen Tagesordnungspunkten besprechen. Im Gegenteil, viele erfahrene Therapeuten integrieren die Hausaufgabenbesprechung in die Diskussion der Tagesordnungspunkte. Der angehende Therapeut muß aber genau wissen, an welchem Punkt der Sitzung er sich gerade befindet und was noch getan werden muß. Es ist einfacher, sich an die explizite Struktur zu halten und einzelne Punkte für später zu notieren. Der Therapeut im Beispiel hätte leicht in eine Diskussion über die Prüfung abdriften können und damit den Rest der Hausaufgabenbesprechung ausgelassen.

Besprechung der Tagesordnungspunkte, neue Hausaufgaben und regelmäßige Zusammenfassungen

Meistens fragt der Therapeut den Patienten, mit welchem Tagesordnungspunkt er beginnen möchte. Das gibt dem Patienten die Gelegenheit, aktiv zu sein, mitzubestimmen und Verantwortung zu übernehmen. Ab und zu schlägt der

Therapeut von sich aus einen Tagesordnungspunkt für den Anfang vor, insbesondere dann, wenn er der Meinung ist, daß die Auswahl eines *bestimmten* Punktes zu einem größeren Fortschritt während der Sitzung führen wird ("Sind Sie einverstanden, wenn wir mit den Problemen bei der Jobsuche anfangen?").

Seine eigenen Ziele bindet der Therapeut so ein, wie es ihm angemessen erscheint, unabhängig davon, welcher Punkt gerade besprochen wird. In dieser zweiten Sitzung versucht der Therapeut nicht nur, Sally bei der Lösung konkreter Probleme zu helfen, sondern auch 1. das Thema mit ihren Therapiezielen in Beziehung zu bringen, 2. das kognitive Modell zu verstärken, 3. sie weiter in der Aufdeckung automatischer Gedanken zu unterrichten, 4. eine gewisse Symptomlinderung zu erzielen, indem er Sally hilft, auf ihre ängstlichen Gedanken zu antworten, und 5. wie immer, die Beziehung durch genaues Verständnis aufrechtzuerhalten und zu stärken.

Tagesordnungspunkt Nr. 1

T: Gut, sehen wir uns die Tagesordnung an. Was meinen Sie, womit wir anfangen sollten? Wir könnten an einem der Ziele arbeiten oder über Ihre Prüfung sprechen oder über den Verlauf der Verbesserung.

P: Ich glaube, mit meiner Prüfung, ich habe wirklich große Angst davor.

T: Genaugenommen paßt das zu zwei von Ihren Therapiezielen, nicht wahr – Noten verbessern und weniger Angst wegen des Studiums haben.

P: Ja.

T: Können Sie mir kurz schildern, was letzte Woche passiert ist? Wieviel haben Sie gelernt? Wie ging es mit Ihrer Konzentrationsfähigkeit?

P: Naja, ich wollte eigentlich die ganze Zeit lernen. Aber jedesmal, wenn ich mich hingesetzt habe, bin ich so nervös geworden. Manchmal habe ich gar nicht gemerkt, daß meine Gedanken ganz woanders waren, und ich mußte ständig die selben Seiten noch einmal lesen.

T: Wann ist denn die Prüfung und auf wie viele Kapitel bezieht sie sich? *(Erfragt mehr Fakten, damit er beim Problemlösen helfen und gegebenenfalls Verzerrungen in ihrem Denken aufdecken kann.)*

P: In zwei Wochen, und ich glaube, sie geht über die ersten fünf Kapitel.

T: Und wieviel davon haben Sie zumindest einmal gelesen?

P: Ungefähr drei Kapitel.

T: Und gibt es in den ersten drei Kapiteln noch etwas, was Sie nicht verstehen?

P: Vieles.

T: Also, kurz gesagt, Sie haben in zwei Wochen eine Prüfung und Sie machen sich Sorgen, daß Sie den Stoff nicht gut genug verstehen.

P: Richtig.

In diesem ersten Teil des Gesprächs versucht der Therapeut lediglich, eine Überblick über das Problem zu bekommen. Nebenbei führt er der Patientin vor, wie sie das Problem in aller Kürze ausdrücken kann. Als nächstes wird er sie dazu anleiten, ihre automatischen Gedanken zu identifizieren, indem er sie auffordert, sich an eine *bestimmte* Situation zu erinnern.

T: Können Sie sich an irgendeinen Moment in der letzten Woche erinnern, wo Sie ans Lernen gedacht haben oder versucht haben zu lernen und die Angst wirklich schlimm wurde?

P: Ja, klar. ... Gestern abend.

T: Um wieviel Uhr? Wo waren Sie?

P: Es war ungefähr halb acht. Ich war auf dem Weg in die Bibliothek.

T: Können Sie sich das jetzt ganz genau vorstellen? Es ist halb acht, Sie gehen in die Bibliothek. ... Was geht Ihnen durch den Kopf?

P: Was ist, wenn ich durch die Prüfung falle? Was ist, wenn ich den Kurs nicht bestehe? Wie soll ich jemals dieses Semester schaffen?

T: Gut, Sie haben Ihre automatischen Gedanken also aufgedeckt. Und zu welchen Gefühlen haben diese Gedanken geführt? Ängstlich?

P: Sehr ängstlich.

T: Haben Sie sich unterbrochen und zu sich gesagt ... Was ist, wenn ich die Prüfung bestehe? Vielleicht schaffe ich den Kurs. Vielleicht komme ich gut durch dieses Semester? (*Benutzt dieses Problem vor der Entwicklung von Lösungsstrategien, um das kognitive Modell zu verstärken.*)

P: Nein.

T: Was glauben Sie, wäre mit Ihrer Stimmung passiert, wenn Sie das getan hätten?

P: Wenn ich daran geglaubt hätte, wäre es mir besser gegangen.

T: Ich will Ihnen noch ein bißchen mehr über diese automatischen Gedanken erzählen. Wir nennen sie automatische Gedanken, weil sie anscheinend wie von selbst in Ihrem Kopf auftauchen. Meistens sind Sie Ihnen wahrscheinlich nicht einmal bewußt; die Angst oder die Traurigkeit, die durch die Gedanken erzeugt wird, kommt Ihnen wahrscheinlich viel stärker zu Bewußtsein. Und selbst *wenn* sie Ihnen bewußt werden, kommen Sie wahrscheinlich nicht auf die Idee zu überprüfen, ob sie stimmen. Sie gehen einfach davon aus, daß sie wahr sind. Hier in der Therapie können Sie lernen, die Gedanken erst aufzudecken und dann selbst zu beurteilen, ob sie völlig richtig sind oder etwas verzerrt. Schauen wir uns mal zusammen den ersten Gedanken an. Welche Anhaltspunkte haben Sie dafür, daß Sie durch die Prüfung fallen werden? (*Beginnt mit dem Prozeß der Überprüfung der automatischen Gedanken.*)

P: Naja, ich verstehe nicht alles.

T: Noch andere?

P: Nein. ... Nur daß die Zeit langsam knapp wird.

T: Okay. <u>Gibt es Anhaltspunkte</u> dafür, daß Sie *nicht* durchfallen?

P: Ich habe den ersten Vortest bestanden.

T: Noch andere?

P: Die ersten beiden Kapitel verstehe ich besser als das dritte. Das dritte Kapitel ist das, mit dem ich *wirklich* Schwierigkeiten habe.

T: <u>Was könnten Sie tun</u>, um das dritte Kapitel besser zu verstehen? (*Beginnt mit der Problemlösung; läßt die Patientin die Führung übernehmen.*)

P: Ich könnte es noch einmal durchlesen. Ich könnte meine Aufzeichnungen aus der Vorlesung durchgehen.

T: <u>Sonst noch etwas?</u>

P *(zögert.)*: Mehr fällt mir nicht ein.

T: <u>Gibt es jemanden, den Sie um Hilfe bitten könnten?</u>

P: Naja, vermutlich könnte ich den Tutor fragen. Oder vielleicht den Typen auf meinem Gang, der letztes Jahr den Kurs gemacht hat.

T: Das hört sich gut an. <u>Was denken Sie *jetzt* über Ihre Prophezeiung, daß Sie</u> durchfallen könnten?

P: Ich glaube, einen Teil des Stoffs kann ich. Vielleicht *könnte* ich für den Rest Hilfe kriegen.

T: <u>Und wie fühlen Sie sich jetzt?</u>

P: Ich glaube, ein bißchen weniger ängstlich.

T: Gut, um das zusammenzufassen: Sie hatten letzte Woche viele automatische Gedanken, die Sie ängstlich gemacht haben. Aber wenn Sie sich die Zeit nehmen, diese Gedanken rational zu überprüfen, sieht es so aus, als ob Sie eine Menge tun können, um die Prüfung zu bestehen. Wenn Sie sich die Beweise wirklich ansehen und sich auf die Gedanken eine Antwort geben, fühlen Sie sich besser. ... Stimmt das?

P: Ja, stimmt.

T: Als Hausaufgabe für nächste Woche möchte ich Sie bitten, wieder auf Ihre automatischen Gedanken zu achten, wenn Sie eine Stimmungsveränderung bemerken. Es kann sein, daß diese Gedanken ein Körnchen Wahrheit enthalten, aber oft sind sie in irgendeiner Weise verzerrt. Nächste Woche schauen wir uns dann gemeinsam an, ob es Beweise gibt, aus denen wir schließen können, ob die Gedanken, die Sie aufgeschrieben haben, völlig zutreffen oder nicht. Okay?

P: Okay.

T: Das Identifizieren und Bewerten von Gedanken ist etwas, was Sie lernen müssen wie Auto fahren oder Schreibmaschine schreiben. Es kann sein, daß Sie es am Anfang nicht besonders gut können, aber mit der Übung werden Sie immer besser werden. Und in den kommenden Sitzungen werde ich Ihnen auch noch mehr dazu erklären. Versuchen Sie diese Woche, ein paar Gedanken zu identifizieren; aber Sie sollten nicht erwarten, daß Sie es schon gut können. Einverstanden?

P: Ja.

T: Lassen Sie mich noch einen Satz zu diesem Thema sagen: Wenn Sie diese Woche Gedanken aufschreiben, dann erinnern Sie sich bitte daran, daß diese Gedanken *nicht unbedingt wahr sind*. Ansonsten könnte es sein, daß Sie sich durch das Aufschreiben ohne vorherige Überprüfung noch ein biß-chen schlechter fühlen.

P: Okay.

T: Ich glaube, Sie sollten sich dazu jetzt ein paar Notizen machen. *(Der Therapeut wiederholt die Hausaufgabe.)* Und wo wir gerade dabei sind, können wir sehen, ob es noch andere Hausaufgaben aus der letzten Woche gibt, die Sie diese Woche weiterbearbeiten möchten. Und vielleicht wollen Sie sich auch einen Arbeitsplan für die Prüfungsvorbereitung machen. [vgl. Abb. 4.2.]

1. Wenn sich meine Stimmung ändert, mich fragen: „Was geht mir gerade durch den Kopf?" und die automatischen Gedanken notieren (die nicht unbedingt ganz wahr sind). Versuchen, das mindestens einmal am Tag zu machen.
2. Wenn ich die automatischen Gedanken nicht herausfinden kann, zumindest die Situation aufschreiben. Daran denken, daß mir das Identifizieren der Gedanken mit der Zeit leichter fallen wird, ähnlich wie beim Maschineschreiben.
3. Ron wegen Kapitel 3 von Wirtschaftsbuch um Hilfe bitten.
4. Therapienotizen durchlesen.
5. Weiter laufen/schwimmen. Drei Aktivitäten mit Jane [Zimmergenossin] planen.

Abbildung 4.2: Sallys Hausaufgaben (Sitzung 2)

Tagesordnungspunkt Nr. 2

Im nächsten Abschnitt informiert der Therapeut die Patientin über den Verlauf der Verbesserung. Da er gerade einen Abschnitt der Sitzung beendet hat, faßt er zunächst zusammen.

T: So, jetzt haben wir über Ihre Prüfung gesprochen und darüber, wie Ihre automatischen Gedanken Sie ängstlich gemacht und daran gehindert haben, das Problem zu lösen. Als nächstes möchte ich über den Verlauf der Verbesserung reden, wenn es Ihnen recht ist.

P: Ja.

T: Ich freue mich, daß Sie sich heute ein bißchen weniger depressiv fühlen, und ich hoffe, daß diese Verbesserung anhält. Aber wahrscheinlich werden Sie sich nicht einfach jede Woche ein bißchen besser fühlen, bis Sie schließlich wieder wie früher sind. Sie sollten sich darauf einstellen, daß es Höhen und Tiefen geben wird. Ich erzähle Ihnen das aus einem bestimmten Grund. Können Sie sich vorstellen, was in Ihnen vorgeht, wenn Sie erwarten, daß Sie sich immer besser und besser fühlen, und eines Tages geht es Ihnen plötzlich viel schlechter?

P: Wahrscheinlich würde ich denken, daß ich nie wieder gesund werde.

T: Genau. Deshalb möchte ich, daß Sie sich daran erinnern, daß es vielleicht Rückfälle geben wird. Rückfälle sind ein normaler Bestandteil der Verbesserung. Möchten Sie sich darüber etwas aufschreiben?

In Kapitel 15 finden Sie eine ausführliche Besprechung der Rückfallprävention und eine graphische Darstellung des normalen Therapieverlaufs.

Regelmäßige Zusammenfassungen

Während der Sitzung arbeitet der Therapeut mit zwei Arten von Zusammenfassungen. Das erste ist eine Kurzzusammenfassung am Ende jedes Abschnitts, damit Therapeut und Patient genau wissen, was sie gerade erreicht haben und was sie als nächstes tun werden.

T: So, jetzt haben wir über die Frage gesprochen, wie Sie wieder Zeit und Energie zum Laufen finden können, und wir haben uns darauf geeinigt, daß Sie als Experiment versuchen, nächste Woche zweimal zu laufen. Ist es Ihnen recht, wenn wir als nächstes zu Ihrer Hausaufgabe zurückkommen, die automatischen Gedanken einzufangen?

Die zweite Art der Zusammenfassung bezieht sich auf den Inhalt dessen, was der Patient gesagt hat. Hier faßt der Therapeut den Kern der Aussagen des Patienten kurz zusammen, versucht aber dabei, die Formulierungen des Patienten zu benutzen. Patienten beschreiben ein Problem oft in vielen Einzelheiten. Der Therapeut faßt zusammen, um sicherzustellen, daß er herausgefunden hat, was den Patienten am meisten belastet, und um das Problem für beide präziser und klarer zu formulieren, wobei er in subtiler Weise immer wieder auf das kognitive Modell hinweist. Er benutzt soweit wie möglich die Worte des Patienten, um sein genaues Verständnis zu zeigen und um die Hauptschwierigkeit im Bewußtsein des Patienten zu halten.

T: Ich möchte sicherstellen, daß ich Sie verstanden habe. Sie haben darüber nachgedacht, wieder einen Teilzeitjob anzunehmen, aber dann dachten Sie: „Ich werde das nie schaffen.", und dieser Gedanke hat Sie so traurig gemacht, daß Sie die Zeitung zusammengefaltet haben, wieder ins Bett gegangen sind und eine halbe Stunde lang geweint haben. Stimmt das so?

Wenn der Therapeut die Ideen der Patientin paraphrasiert hätte, anstatt ihre eigenen Worte zu benutzen („Das klingt, als wären Sie sich nicht sicher, ob Sie in einem Teilzeitjob genug leisten können."), hätte er den automatischen Gedanken und die Emotion vielleicht abgeschwächt und die anschließende Überprüfung des Gedankens wäre weniger effektiv gewesen. Zusammenfassungen in den Worten des *Therapeuten* können auch dazu führen, daß der Patient sich nicht genau verstanden fühlt:

P: Nein, es geht nicht darum, ob ich genug leisten kann; ich habe Angst, daß ich es überhaupt nicht schaffe.

Abschlußzusammenfassung und Rückmeldung

Im Gegensatz zu dem oben Beschriebenen *vermeidet* es der Therapeut in der *Abschlußzusammenfassung*, negative Gedanken zu aktivieren, die belastend für den Patienten sein könnten. Hier versucht er, dem Patienten auf optimistische Weise die wichtigsten Punkte, die in der Sitzung behandelt wurden, deutlich zu machen. Da es sich um eine der frühen Sitzungen handelt, übernimmt der Therapeut die Zusammenfassung selbst. Mit fortschreitender Therapie kann der Patient diese Aufgabe übernehmen. Die Zusammenfassung läßt sich wesentlich leichter erledigen, wenn sich der Patient während der Sitzung sinnvolle Notizen zu den wichtigsten Punkten gemacht hat. Das folgende Transkript ist eine einfaches Beispiel für die Abschlußzusammenfassung und die Rückmeldung durch den Patienten.

T: Wir haben jetzt nur noch ein paar Minuten Zeit. Ich würde gerne zusammenfassen, was wir heute besprochen haben, und Sie dann nach Ihrer Meinung zur Sitzung fragen.
P: Okay.
T: Es klingt so, als hätten Sie letzte Woche hoffnungsvollere Gedanken gehabt, das heißt, Sie haben sich weniger depressiv gefühlt. Allerdings ist Ihre Angst größer geworden, weil Sie viele negative Vorhersagen über Ihre Prüfung gemacht haben. Andererseits sind die Anzeichen dafür, daß Sie durchfallen werden, die wir uns gemeinsam angesehen haben, nicht besonders überzeugend. Und Sie haben einige gute Strategien für das Lernen entwickelt, die Sie teilweise in der nächsten Woche ausprobieren wollen. Wir haben auch darüber gesprochen, woran Sie denken sollten, falls Sie einen Rückfall haben. Und schließlich haben wir uns über die Identifizierung und Bewertung von automatischen Gedanken unterhalten. Diese Fertigkeit werden wir in der Therapie auch weiterhin üben. War das alles?
P: Ja.
T: Habe ich irgend etwas gesagt, was Sie beunruhigt hat? Oder glauben Sie, daß ich etwas falsch verstanden habe?

P: Ich mache mir ein bißchen Sorgen darüber, daß ich einen Rückfall haben könnte.

T: Nun, das ist möglich, und falls Sie sich vor unserer nächsten Sitzung bedeutend schlechter fühlen sollten, möchte ich, daß Sie mich anrufen. Es kann aber gut sein, daß es Ihnen auch in der nächsten Woche besser geht.

P: Das hoffe ich.

T: Sollen wir das Thema „Rückfälle" nächste Woche noch einmal auf die Tagesordnung setzen?

P: Ich glaube ja.

T: Gibt es noch etwas, was Sie beunruhigt oder was Sie in der heutigen Sitzung bemerkenswert fanden?

P: Nein, außer daß mir vorher gar nicht so klar war, was ich tun kann, um mir das Lernen zu erleichtern.

T: Vielleicht können wir nächste Woche noch einmal darüber sprechen, welche Gedanken Sie daran gehindert haben, das Problem alleine zu bewältigen. Einverstanden? Bis nächste Woche.

Wenn der Therapeut den Eindruck hat, daß der Patient sein Feedback über die Sitzung nicht vollständig ausgesprochen hat, oder wenn er befürchtet, daß der Patient die Sitzung verlassen könnte, ohne selbst ausreichend über das Gelernte nachgedacht zu haben, kann er ihn bitten, schriftlich einen Rückmeldebogen auszufüllen oder sich Gedanken darüber zu machen (vgl. Abb. 3.3).

Ab Sitzung 3

Die Therapiesitzungen nach der zweiten Sitzung behalten das gleiche Format bei. Der Inhalt ändert sich je nach den Problemen und Zielen des Patienten und den Zielen des Therapeuten. Dieser Abschnitt gibt einen kurzen Überblick über den Verlauf der Therapie von Sitzung zu Sitzung. Eine detaillierte Beschreibung der Therapieplanung findet sich in Kapitel 16.

Wie bereits erwähnt übernimmt es anfangs hauptsächlich der Therapeut, Tagesordnungspunkte vorzuschlagen, den Patienten bei der Identifikation und Modifikation von automatischen Gedanken zu unterstützen, Hausaufgaben zu geben und die Sitzung zusammenzufassen. Mit fortschreitender Therapie verlagert sich die Verantwortlichkeit allmählich. Gegen Ende der Therapie benennt der Patient selbst die meisten Tagesordnungspunkte, benutzt Instrumente wie das „Protokoll dysfunktionaler Gedanken", um sein Denken zu überprüfen, denkt sich Hausaufgaben aus und faßt die Therapiesitzung zusammen.

Eine weitere graduelle Verschiebung im Therapieverlauf geht von der besonderen Betonung der automatischen Gedanken hin zur Betrachtung sowohl der automatischen Gedanken als auch der zugrundeliegenden Annahmen (vgl.

Kapitel 10 und 11). Auch die relative Bedeutung von Verhaltensänderungen verschiebt sich mit der Zeit, allerdings ist diese Verschiebung weniger vorhersagbar. Depressive Patienten werden von Anfang an ermuntert, aktiver zu werden und über ihre Aktivitäten Buch zu führen (vgl. Kapitel 12). (Ein schwer depressiver Patient ist möglicherweise unfähig, sich auf kognitive Aufgaben zu konzentrieren, und der Therapeut legt den Schwerpunkt auf verhaltensbezogene Aktivierung, bis die Depression sich soweit gebessert hat, daß er zu kognitiver Arbeit fähig ist.) Wenn der Patient bestimmte Gedanken oder Annahmen überprüfen oder neue Fertigkeiten einüben soll, wie beispielsweise Selbstbehauptung, verlagert der Therapeut den Schwerpunkt wieder auf Verhaltensänderungen (vgl. Kapitel 12). Gegen Ende der Therapie kommt es zu einer weiteren Akzentverschiebung hin zur Rückfallprävention und zur Vorbereitung des Patienten auf den Therapieabschluß (vgl. Kapitel 15).

Der Therapeut hat bei der Planung einer einzelnen Sitzung stets vor Augen, in welchem Stadium sich die Therapie befindet. Wie in Kapitel 2 bereits erwähnt, benutzt er weiterhin das Fallkonzept des Patienten als Leitlinie für die Therapie. Vor jeder Sitzung notiert sich der Therapeut die Tagesordnungspunkte auf dem Therapienotizblatt (vgl. Abb. 4.3), wobei er bereit ist, gegebenenfalls einzelne Punkte wieder zu streichen.

Während der Patient seine Stimmung schildert, kurz über die vergangene Woche berichtet und Tagesordnungspunkte festlegt, legt der Therapeut in Gedanken ein bestimmtes Ziel oder bestimmte Ziele für die Sitzung fest. Sallys Therapeut hat in der dritten Sitzung zum Beispiel das Ziel, mit einem strukturierten Unterricht zur Überprüfung von automatischen Gedanken zu beginnen und sie zur weiteren Planung von angenehmen Aktivitäten zu bewegen. In Sitzung 4 möchte er ihr helfen, ihr Problem mit der Suche nach einer Teilzeitarbeit zu lösen und die Beantwortung der automatischen Gedanken fortsetzen. Er versucht ständig, seine Ziele mit Sallys Tagesordnungspunkten zu verbinden. So zeigt er ihr das Problemlösen und die kognitive Restrukturierung im Kontext der Situationen, die sie in die Therapie einbringt. Durch diese Kombination von Problemlösen und Unterstützung des Patienten bei der Beantwortung seiner Gedanken haben Therapeut und Patient im allgemeinen ausreichend Zeit, um pro Therapiesitzung ein bis zwei problematische Situationen ausführlich zu diskutieren.

Der Therapeut macht sich während der Sitzung Notizen (vgl. Abb. 4.3, S. 62) und behält auch eine Kopie der Notizen des Patienten, um sein Fallkonzept zu vervollständigen, die besprochenen Themen festzuhalten und die weiteren Sitzungen planen zu können. Es hat sich als nützlich erwiesen, wenn der Therapeut sich folgende Punkte notiert: die besprochenen Probleme, die dysfunktionalen Gedanken und Annahmen (in wörtlicher Rede), die anfängliche Stärke der Annahmen, die Interventionen während der Sitzung und deren relativen Erfolg, die neuen restrukturierten Gedanken und Annahmen und deren

THERAPIENOTIZEN

Patientenname: *Sally*   **Datum:** *15. 3.*   **Sitzung Nr.:** *7*

Fragebogenwerte: *Beck Depressionsinventar = 18, Beck-Angst-Inventar = 7,*
Hoffnungslosigkeitsskala = 9

Tagesordnungspunkte des Patienten:
   Problem mit Englisch-Hausarbeit

Ziele des Therapeuten:
   Modifikation des perfektionistischen Denkens fortsetzen
   Angst und Vermeidung bzgl. aktiver Mitarbeit in Veranstaltungen verringern

Wichtigste Punkte der Sitzung:
1. *Fühlt sich diese Woche weniger depressiv und ängstlich*
2. *(Situation/Problem)*   *(Automatischer Gedanke) (Gefühl)*
Englisch-Hausarbeit morgen fällig → Sie ist nicht gut genug. → ängstlich
Intervention – Gedankentagebuch – liegt bei
Ergebnis – Angst ↓ (vermindert)
3. *Alte Annahme: Wenn ich keine Eins bekomme, bedeutet das, daß mir die Vor-*
             aussetzungen zum Erfolg fehlen. 90% (**Überzeugungsgrad**)
   Intervention: Ratschlag für Donna (**Freundin**)
   Ergebnis: 80% (**neuer Überzeugungsgrad**)
   Intervention 2:   Rational-emotionales Rollenspiel
   Ergebnis: 60% (**neuer Überzeugungsgrad**)
   Neue Annahme: Ich muß nicht überall Einsen haben, um in Zukunft erfolgreich
             zu sein. 80%
4. *Bewältigungskarte zum Fragen stellen nach der Veranstaltung (liegt bei)*

Hausaufgaben: (Wenn Patient Hausaufgaben auf Durchschlagpapier geschrieben
hat, dieses einfach als Anlage nehmen.)
   Gedankentagebuch und Positivliste
   Therapienotizen lesen und über alte und neue Annahme zum Erfolg nachdenken
   Bewältigungskarte dreimal täglich und bei Bedarf lesen; dann nach einer Ver-
   anstaltung 1–2 Fragen stellen
   noch eine Stunde für Verbesserung von Englisch-Hausarbeit investieren

Nächste Sitzung/en:
   feststellen, wie sich der Perfektionismus auf andere Lebensbereiche auswirkt

Abbildung 4.3: Therapienotizen

Stärke sowie die Hausaufgaben und die Tagesordnungspunkte für die folgende
Sitzung. Selbst erfahrenen Therapeuten fällt es schwer, sich ohne schriftliche
Aufzeichnungen an alle diese wichtigen Punkte zu erinnern.
In diesem Kapitel wurden Struktur und Form einer typischen frühen Therapiesitzung beschrieben und der weitere Therapieverlauf kurz erläutert. Das folgende Kapitel befaßt sich mit Problemen bei der Einhaltung der empfohlenen
Struktur, während Kapitel 16 detailliert beschreibt, wie die Therapie vor jeder
einzelnen Sitzung, während der Sitzung und über die Sitzungen hinweg geplant
werden kann.

5

Probleme bei der Strukturierung der Therapiesitzung

Bei der Strukturierung einer Sitzung sind Probleme unvermeidbar. Wenn der Therapeut ein Problem bemerkt, bestimmt er es zuerst genauer, bildet dann eine Hypothese über die Ursache des Problems und entwickelt schließlich eine Lösung, die der therapeutischen Beziehung nicht schadet.

Eine weitverbreitete Schwierigkeit bei der Einhaltung der vorgeschriebenen Struktur entsteht, wenn der Therapeut den Patienten nicht ausreichend mit dem Vorgehen vertraut macht. Möglicherweise muß der Therapeut dann nur seine Fertigkeiten in diesem Bereich verbessern oder seine eigenen automatischen Gedanken zur Strukturierung aufdecken und überprüfen.

Für den Therapeuten ist es wichtig, sich bewußt zu machen, daß ein Patient, für den die kognitive Therapie neu ist, nicht von vornherein weiß, daß der Therapeut möchte, daß er kurz und knapp über die vergangene Woche berichtet, seine Stimmung beschreibt und eine Tagesordnung aufstellt. Er weiß auch nicht, daß von ihm erwartet wird, die Sitzung zusammenzufassen, Rückmeldung zu geben, sich an Sitzungsinhalte zu erinnern und täglich Hausaufgaben zu machen. Außerdem bringt der kognitive Therapeut den Patienten nicht nur bestimmte Fertigkeiten bei, sondern vor allem auch eine neue Art, sich mit dem Therapeuten (für die, die bereits andere Therapien gemacht haben) oder mit den eigenen Schwierigkeiten auseinanderzusetzen, damit er eine objektivere, lösungsorientiertere Einstellung gewinnt.

Deshalb muß der Therapeut jeden Bestandteil der Sitzung oft mehrmals beschreiben, begründen und mit vorsichtigem Feedback korrigieren. Tut er das nicht, erhält der Patient in der Regel weniger nützliche Informationen und die Sitzung wird ineffizient.

Eine andere, häufig auftretende Schwierigkeit hängt damit zusammen, daß der Patient sich nicht an die vorgeschriebene Struktur halten möchte, weil er bestimmte Wahrnehmungen oder dysfunktionale Annahmen über sich selbst, den Therapeuten und/oder die Therapie hat. In diesem Fall bildet der Therapeut eine Hypothese über die Ursache des Problems und überlegt sich eine Lösung. Im Extremfall kann er das Unwohlsein des Patienten akzeptieren, ihn aber ermuntern, versuchsweise mitzumachen, oder er kann dem Patienten erlauben, zu dominieren und den Verlauf der Sitzung – anfänglich – zu kontrollieren. Mit den meisten Patienten handelt der Therapeut aber einen Kompromiß aus, der beide Seiten zufriedenstellt, und versucht, den Patienten mit der Zeit zur Einhaltung der Standardstruktur zu bewegen.

Wie stellt der Therapeut fest, ob die Schwierigkeit bei der Einhaltung der Sitzungsstruktur auf eine fehlerhafte Einführung oder auf eine Abneigung des Patienten zurückzuführen ist? Er versucht zunächst, den Patienten besser mit den Vorgehensweisen der kognitiven Therapie vertraut zu machen und achtet dabei genau auf seine verbalen und nonverbalen Reaktionen. Falls es sich nur um ein Einführungsproblem handelt, reagiert der Patient darauf ziemlich neutral (oder leicht selbstkritisch) und macht danach gut mit. Wenn der Patient ablehnend reagiert, hat er die Bitte des Therapeuten zweifellos negativ wahrgenommen. Dann sollte der Therapeut nachfragen und die Reaktion genauer untersuchen.

Eine dritte, weit verbreitete Schwierigkeit bei der Einhaltung der Sitzungsstruktur entsteht, wenn der Therapeut bei der Einführung der Struktur zu kontrollierend oder fordernd vorgeht. Er kann dieses Problem durch eine Bandaufzeichnung der Sitzung (Video oder Audio) erkennen und in der folgenden Sitzung beheben: „Ich glaube, ich habe mich letzte Woche ungeschickt ausgedrückt. Es tut mir leid, ich möchte sicher sein, daß Sie mit der Gestaltung der Sitzung einverstanden sind."

Im folgenden werden typische Probleme jedes einzelnen Stadiums der Therapiesitzung beschrieben. Ausgenommen sind grobe Fehler des Therapeuten.

Kurze Aktualisierung des Wissensstandes

Eine häufig auftretende Schwierigkeit besteht darin, daß der Patient die Sitzung mit einer zu detaillierten Beschreibung oder einem weitschweifigen, ziellosen Bericht über die letzte Woche beginnt. Nach einigen Sätzen dieser Art schaltet sich der Therapeut vorsichtig ein und weist darauf hin, wie wichtig es ist, sich in der Therapie auf bestimmte Probleme zu konzentrieren.

THERAPEUT: Darf ich Sie kurz unterbrechen. Mir ist wichtig, daß ich jetzt einen allgemeinen Eindruck von Ihrer Woche bekomme. Die Einzelheiten kann ich später in der Sitzung erfahren. Können Sie mir jetzt im Moment in zwei oder drei Sätzen über Ihre Woche berichten? War es im großen und ganzen eine gute Woche? Eine schlechte Woche? Oder gab es Höhen und Tiefen? Welche wichtigen Dinge sind passiert?

Wenn der Patient statt eines allgemeinen Eindrucks weiterhin Details erzählt, kann der Therapeut demonstrieren, was er hören möchte.

T: Mir scheint, Sie wollen sagen: „Ich hatte eine ziemlich harte Woche. Ich hatte Streit mit einem Freund, ich hatte große Angst, aus dem Haus zu gehen und ich hatte Schwierigkeiten, mich auf meine Arbeit zu konzentrieren." Das ist der allgemeine Eindruck, von dem ich gesprochen habe, der mir hilft, ein Gefühl dafür zu bekommen, welcher Tagesordnungspunkt wirklich wichtig für Sie wäre; womit wir uns später näher beschäftigen sollten. Verstehen Sie jetzt besser, worauf es mir ankommt, wenn Sie mich am Anfang der Sitzung auf den neuesten Stand bringen? Ist es Ihnen recht, wenn wir so vorgehen?

Später während der Sitzung kann der Therapeut dem Patienten vorschlagen, vor der nächsten Sitzung in Gedanken einen kurzen Bericht über die vergangene Woche vorzubereiten.

Einige Patienten verstehen, worum es geht, und sind in der Lage, einen kurzen Bericht abzugeben, aber sie *wollen* nicht. Wenn der Therapeut vermutet, daß es ihrer Beziehung schaden könnte, den Patienten über seinen Unwillen, sich an die Struktur zu halten, zu befragen, kann er dem Patienten zunächst erlauben, diesen Teil der Sitzung zu bestimmen. (Solche Hinweise könnten zum Beispiel verbale oder nonverbale Reaktionen des Patienten auf frühere Strukturierungsversuche des Therapeuten sein, direkte Aussagen über bestimmte Vorlieben in bezug auf den therapeutischen Prozeß oder Berichte des Patienten über heftige Reaktionen in Situationen, in denen er andere als kontrollierend oder dominierend wahrgenommen hat.)

Extreme Reaktionen auf die Strukturierung sind jedoch selten. Normalerweise kann der Therapeut in Ruhe die Gründe für den Unwillen des Patienten explorieren und dann mit ihm nach einer Lösung für das Problem suchen. Wenn er den Patienten um einen knapperen Bericht bittet und daraufhin bei ihm eine negative Stimmungsveränderung bemerkt, kann der Therapeut fragen: „Als ich Sie gerade um einen allgemeinen Überblick gebeten habe, was ist Ihnen da durch den Kopf gegangen?" Nachdem er die automatischen Gedanken des Patienten identifiziert hat, kann der Therapeut 1. dem Patienten bei der Überprüfung der Gedanken helfen, 2. die Pfeil-abwärts-Technik (vgl. S. 148–150) benutzen, um die Bedeutung der Gedanken aufzudecken und/oder 3. sein Verständnis zeigen und direkt zur Problemlösung übergehen:

T: Es tut mir leid, daß Sie das Gefühl hatten, ich schneide Ihnen wieder das Wort ab. Ich sehe, daß Ihnen vieles durch den Kopf geht, und ich würde mir das *gerne* anhören. Möchten Sie jetzt mit dem Überblick weitermachen oder sollen wir die „Aktualisierung des Wissenstandes" auf die Tagesordnung setzen, und uns dafür nach der Stimmungseinschätzung und der Festlegung der anderen Tagesordnungspunkte ausführlich Zeit nehmen?

Wenn der Patient besonders ungehalten ist, ist diese letzte Möglichkeit normalerweise besser, als ihm bei der Überprüfung seiner Gedanken zu helfen. Dadurch, daß er seine Besorgnis und Kompromißbereitschaft ausdrückt, verändert der Therapeut oft den Eindruck des Patienten, er sei zu kontrollierend (unabhängig davon, ob es stimmt).

Stimmungseinschätzung

Zu den häufigsten Problemen zählt, daß der Patient die Fragebögen nicht ausfüllt, eine Abneigung gegen Fragebögen hat oder daß es ihm schwerfällt, seine Stimmung während der vergangenen Woche (kurz) subjektiv zu beschreiben. Manchmal besteht die Schwierigkeit nur darin, daß der Therapeut den Patienten nicht richtig mit dem Ausfüllen der Fragebögen vertraut gemacht hat. Dann fragt der Therapeut, ob sich der Patient an die Gründe für das Ausfüllen der Fragebögen erinnere und damit einverstanden sei, und stellt fest, ob es praktische Schwierigkeiten damit gibt, die gelöst werden müssen (z.B. Zeitmangel, Vergessen, Probleme mit Lesen und Schreiben).

Wenn der Patient über die Aufforderung zum Ausfüllen der Fragebögen verärgert ist, kann der Therapeut ihn fragen, welche automatischen Gedanken er hat, während er die Fragebögen ausfüllt oder an das Ausfüllen denkt. Falls die automatischen Gedanken nicht leicht zugänglich sind, fragt er nach der Bedeutung der Situation für den Patienten: „Was *bedeutet* es für Sie, wenn Sie zum Ausfüllen dieser Fragebögen aufgefordert werden?" Der Therapeut kann die Bedenken des Patienten verständnisvoll kommentieren, ihm bei der Überprüfung der wichtigen Gedanken und Annahmen helfen und/oder Problemlösungen erarbeiten. Die drei folgenden Beispiele illustrieren diese Reaktionsmöglichkeiten.

P: Diese Fragebögen sind Zeitverschwendung. Die Hälfte der Fragen ist unwichtig.

T: Ich verstehe, daß Sie die Fragebögen für Zeitverschwendung *halten*, weil nicht alle Fragen auf Sie zutreffen. Sie sparen aber eine Menge Zeit in der Sitzung, weil ich sie schnell durchsehen und mir ein umfassendes Bild machen kann und Ihnen nicht selbst Dutzende von Fragen stellen muß. Wären Sie dazu bereit, sie nächste Woche noch einmal auszufüllen? Wenn es Sie dann immer noch stört, können wir noch einmal darüber reden.

Im nächsten Beispiel zeigt der Patient durch Wortwahl, Tonfall und Körpersprache deutlich sein Verärgerung.

P: Diese Fragebögen sind Zeitverschwendung. Die Hälfte der Fragen ist unwichtig.

T: Was bedeutet es für Sie, wenn Sie zum Ausfüllen dieser Fragebögen aufgefordert werden?

P: Ich bin beschäftigt. Ich habe viel zu tun. Wenn ich meine Zeit mit sinnlosen Aufgaben verbringe, kriege ich nie etwas auf die Reihe.

T: Ich sehe, daß Sie ziemlich verärgert sind. Wie lange brauchen Sie, um die Fragebögen auszufüllen?

P: ... Ich weiß nicht. Vielleicht zehn Minuten.

T: Ich weiß, daß Sie die Fragebögen unwichtig finden, aber sie ersparen uns Zeit in der Sitzung, weil ich Ihnen dann nicht selbst jede Menge Fragen stellen muß. Könnten wir versuchen, das Problem zu lösen und zu überlegen, wo Sie die zehn Minuten pro Woche unterbringen können, die Sie zum Ausfüllen brauchen?

P: Es ist schon gut. Ich mache es. Wahrscheinlich muß ich nur dafür sorgen, daß ich nächste Woche etwas früher von der Arbeit wegkomme.

Hier läßt der Therapeut den Patienten die Bedeutung der Situation aufdecken. Der Patient katastrophisiert über die benötigte Zeit, bis der Therapeut ihm hilft zu erkennen, wie kurz die Fragebögen tatsächlich sind. Der Therapeut bewertet die Ideen des Patienten nicht direkt, weil der Patient verärgert ist und er das Gefühl hat, daß der Patient eine solche Befragung negativ interpretieren würde.

Im dritten Fall entscheidet der Therapeut, daß weitere Überredungsversuche zum Ausfüllen der Fragebögen die zerbrechliche therapeutische Beziehung negativ beeinflussen würden.

P (in ärgerlichem Ton.): Ich hasse diese Fragebögen. Sie treffen überhaupt nicht auf mich zu. Ich weiß, *Sie* wollen, daß ich sie ausfülle, aber ich sagen Ihnen, daß es nichts bringt.

T: Ich bin einverstanden, wenn Sie sie nicht ausfüllen oder nur ab und zu. Ich hätte aber gerne eine klare Vorstellung davon, wie Sie sich während der letzten Woche gefühlt haben. Wären Sie damit einverstanden, mir auf einer Skala von 0 bis 100 zu sagen, wie ärgerlich, traurig und ängstlich Sie sich gefühlt haben?

Ein anderes Problem sind Schwierigkeiten des Patienten, seine Stimmung subjektiv zu beschreiben, weil er es entweder nicht kurz und präzise macht oder weil es ihm schwerfällt, seine Stimmung zu benennen. Der Therapeut kann ihn vorsichtig unterbrechen und entweder spezielle Fragen stellen oder ihm zeigen, wie er antworten soll.

T: Kann ich Sie einen Augenblick unterbrechen? Können Sie mir in einem Satz sagen, wie Ihre Stimmung diese Woche im Vergleich zur letzten Woche war? Ich will *gerne* gleich mehr über das Problem mit Ihrem Bruder hören, aber vorher muß ich wissen, ob Sie sich ganz allgemein im Vergleich zur letzten Woche besser, schlechter oder gleich gefühlt haben.

P: Ich glaube, ein bißchen schlechter.

T: Ängstlicher? Trauriger? Ärgerlicher?

P: Vielleicht ein bißchen ängstlicher. Ungefähr gleich traurig. Eigentlich nicht ärgerlich.

Wenn es dem Patienten schwer fällt, seine Stimmung zu benennen, kann der Therapeut anders reagieren:

T: Es klingt, als sei es schwierig auf den Punkt zu bringen, wie Sie sich gefühlt haben. Vielleicht sollten wir „Identifizieren von Gefühlen" auf die Tagesordnung setzen.

Während der Sitzung kann der Therapeut die in Kapitel 7 beschriebenen Techniken benutzen, um dem Patienten beizubringen, seine Stimmung zu benennen.

Anknüpfen an die letzte Sitzung

Probleme in diesem Bereich hängen damit zusammen, daß es dem Patienten schwerfällt, sich an den Sitzungsinhalt zu erinnern, oder daß er davor zurückschreckt, dem Therapeuten eine negative Rückmeldung zu geben. Eine Lösung ist, den Patienten zu bitten, daß er vor jeder Stunde ein Arbeitsblatt zum Anknüpfen an die letzte Sitzung ausfüllt (vgl. Kapitel 4, Abb. 4.1). Beachten Sie aber, daß die Schwierigkeiten des Patienten, die wichtigsten Punkte der letzten Sitzung wiederzugeben, meistens daher kommen, daß der Therapeut den Patienten während der Sitzung nicht genügend zum Mitschreiben auffordert oder daß der Patient die Hausaufgabe, täglich seine Aufzeichnungen zu lesen, nicht ausführt.

Man kann auf mehrere Arten mit der Schwierigkeit, den Patienten zum ehrlichen Ausdruck seiner Reaktionen auf die letzte Sitzung zu bewegen, umgehen. Zunächst kann der Therapeut, wie im folgenden Beispiel, den Patienten zusätzlich ermuntern, falls er vermutet, daß ihm etwas nicht gefallen hat.

T: Sie fanden die letzte Sitzung also okay. Glauben Sie, Sie würden mir sagen, wenn Sie irgend etwas gestört hätte?

P: Ich glaube schon.

T: Das ist gut, weil ich diese Therapie für Sie wirklich *passend* machen will. Und wenn Sie etwas stört, möchte ich es wirklich erfahren, damit wir gemeinsam nach einer Lösung suchen können.

Zweitens kann der Therapeut aufdecken, was es für den Patienten *bedeutet*, eine negative Rückmeldung zu geben.

T: Gut, Sie waren also grundsätzlich mit unserer letzten Sitzung zufrieden. Trotzdem würde es mich interessieren, ob es Ihnen etwas bedeuten würde, wenn Sie *unzufrieden* gewesen wären und mir das gesagt hätten?

P: Oh, ich würde Sie nie kritisieren. Ich weiß, daß Sie Ihr Bestes tun.

T: Danke, aber ich bin auch nur ein Mensch und ich weiß, daß ich ab und zu Fehler mache. Was würde es für Sie bedeuten, mich zu kritisieren?

P: Oh ... das wäre wirklich undankbar von mir.

T: Mhmm. Ich frage mich, ob das automatisch so ist – ist es undankbar von Ihnen, wenn Sie mir eine Rückmeldung geben, um die ich Sie gebeten habe und die mich wirklich interessiert? Können wir das auf die Tagesordnung setzen, damit wir ausführlicher darüber reden?

Aufstellen der Tagesordnung

Typische Schwierigkeiten hierbei sind, daß der Patient nichts zur Tagesordnung beiträgt, daß er bei der Aufstellung der Tagesordnung abschweift oder daß er im Hinblick auf die Besprechung der Probleme hoffnungslos ist. Wenn der Patient nichts zur Tagesordnung beiträgt, wurde er entweder nicht ausreichend mit dem Vorgehen vertraut gemacht, oder er verbindet etwas Negatives mit diesem Beitrag. Diese beiden Fälle werden im folgenden dargestellt.

T: Was möchten Sie auf die Tagesordnung setzen?

P: ... Eigentlich nichts.

T: Welche Probleme sind in der letzten Woche aufgetaucht? Oder, welche Probleme könnten, Ihrer Vermutung nach, nächste Woche auftauchen?

P: Ich weiß nicht. Ich glaube, es ist alles in Ordnung.

T: Wie wäre es dann, wenn wir als Tagesordnungspunkt überprüfen, wie weit Sie mit den Zielen sind, die Sie sich am Anfang der Therapie gesetzt haben.

P: Okay.

T: Und wenn Sie damit einverstanden sind, möchte ich, daß Sie sich als Hausaufgabe für die nächste Woche notieren, darüber nachzudenken, was Sie in der nächsten Sitzung auf die Tagesordnung setzen möchten.

Wenn der Patient in der nächsten Woche keinen Tagesordnungspunkt vorschlägt, obwohl sein Wochenüberblick vermuten läßt, daß er einige Schwierigkeiten hatte, kann der Therapeut ihn nach seinen automatischen Gedanken und/oder der Bedeutung der Aufforderung fragen.

T: Haben Sie daran gedacht, sich einen Tagesordnungspunkt zu überlegen?

P: Ja. Aber ich weiß nicht, mir ist einfach nichts eingefallen.

T: Was ist Ihnen durch den Kopf gegangen, als Sie versucht haben, sich ein Thema zu überlegen?

P: Ich weiß nicht ... daß *Sie* der Therapeut sind; Sie wissen besser als ich, worüber wir sprechen sollten.
T: Wie fühlen Sie sich, wenn ich von Ihnen verlange, über einen Tagesordnungspunkt nachzudenken?
P: Es ist in Ordnung.
T: Ein bißchen genervt vielleicht?
P: Ein bißchen.

Der Therapeut kann den Patienten dann nach seinen Erwartungen an die Therapie fragen und ihm helfen, die Vor- und Nachteile dieser Erwartungen zu überprüfen.

Patienten, die bei der Aufstellung der Tagesordnung sofort mit einer ausführlichen Problemschilderung beginnen, anstatt das Problem nur zu benennen, brauchen normalerweise nur weitere Informationen.

T *(unterbricht vorsichtig.)*: Das ist wirklich ein wichtiges Problem. Können Sie mir jetzt einfach eine Überschrift für dieses Thema sagen, und wir kommen dann gleich darauf zurück? Würden Sie es „Problem mit meinem Chef" nennen?
P: Ja.
T: Gut. Können Sie mir die anderen Probleme nennen, die Sie auf die Tagesordnung setzen möchten?

Wenn der Patient auch in der nächsten Sitzung seine Probleme erzählt, anstatt sie zu benennen, kann man ihm die Hausaufgabe geben, seine Tagesordnungspunkte kurz zu notieren.

Das dritte Problem bei der Aufstellung der Tagesordnung entsteht dann, wenn der Patient die Besprechung seiner Probleme für zwecklos hält. In diesem Fall versucht der Therapeut, ihn in eine lösungsorientierte Stimmung zu versetzen.

T: Gut. Wir haben jetzt das Problem mit der Müdigkeit und mit der Organisation Ihrer Finanzen für die Steuer auf der Tagesordnung. Fehlt noch etwas?
P *(seufzt.)*: Nein. ... Ja. ... Ich weiß nicht. ... Ich fühle mich so erdrückt. Ich kann mir nicht vorstellen, daß das irgendwie hilft.
T: Sie glauben, daß es nichts hilft, hier über Ihre Probleme zu sprechen?
P: Nein. Wozu soll es gut sein? Ich meine, Sie können nichts daran ändern, daß ich zu viele Schulden habe und daß ich so müde bin, daß ich morgens meistens nicht aus dem Bett komme – um gar nicht davon zu reden, daß ich mit meiner Arbeit für das Studium so weit zurück bin, daß ich wahrscheinlich durchfallen werde.
T: Na ja, es stimmt, daß wir nicht alles auf einmal ändern können. Und Sie haben echte Probleme, an denen wir gemeinsam arbeiten sollten. Falls

unsere Zeit heute nur für ein Thema reichen sollte, welches wäre Ihrer Meinung nach hilfreicher als die anderen?
P: Ich weiß nicht. ... Vielleicht die Müdigkeit. Wenn ich aus dem Bett käme, würde ich vielleicht mehr schaffen.

In diesem Fall signalisiert der Therapeut dem Patienten, daß seine Probleme real sind, daß sie nach und nach bearbeitet werden können und daß er nicht alleine daran arbeiten muß. Die Bitte, eine Auswahl zu treffen, hilft ihm wirklich, sich auf ein Problem zu konzentrieren, und scheint ihn auch auf eine Problembewältigung einzustimmen. Wenn der Patient sich geweigert hätte, eine Auswahl zu treffen, hätte der Therapeut es mit einer anderen Taktik versuchen können.

T: Das hört sich so an, als ob Sie sich ziemlich hoffnungslos fühlen. Natürlich kann ich nicht beschwören, daß wir, wenn wir zusammenarbeiten, etwas ändern können, aber ich würde es gerne versuchen. Wären Sie auch bereit, es zu versuchen? Könnten wir zehn bis 15 Minuten über die Müdigkeit sprechen und sehen, was passiert?

Möglicherweise ist der Patient bereit, einige Minuten mit dem Problemlösen zu experimentieren, wenn der Therapeut für seine Hoffnungslosigkeit Verständnis zeigt und zugibt, daß er den Erfolg nicht garantieren kann.

Besprechung der Hausaufgaben

Ein typisches Problem besteht darin, daß der Therapeut es eilig hat, zu den Tagesordnungspunkten des Patienten zu kommen, und deshalb den Patienten nicht nach den Hausaufgaben der letzten Woche fragt. Wenn der Therapeut die Liste mit den sechs Elementen der Therapiesitzung (vgl. Kap. 4, S. 45) und die Therapienotizen mit den Hausaufgaben der vorherigen Woche vor sich liegen hat, denkt er wahrscheinlich eher daran, nach den Hausaufgaben zu fragen. Manchmal ist es auch umgekehrt: Der Therapeut überprüft Hausaufgaben (die nichts mit der Belastung des Patienten an diesem Tag zu tun haben) zu ausführlich, bevor er sich den Tagesordnungspunkten des Patienten zuwendet. Andere Hausaufgabenprobleme werden in Kapitel 14 ausführlich besprochen.

Besprechung der Tagesordnungspunkte

Typische Probleme sind unter anderem Hoffnungslosigkeit, ziellose oder oberflächliche Diskussionen, ineffiziente Tempovorgaben und das Fehlen einer therapeutischen Intervention. Eine *ziellose Diskussion* entsteht, wenn der Therapeut die Diskussion nicht durch vorsichtige Unterbrechungen (mit denen er den Patienten zum Thema zurückführt) angemessen steuert, wenn er die zentralen automatischen Gedanken, Gefühle, Annahmen und Verhaltensweisen nicht hervorhebt, und wenn er nicht oft genug zusammenfaßt. Im folgenden Transkript faßt der Therapeut eine mehrminütige Schilderung des Patienten in wenigen Worten zusammen und bringt ihn zur Identifizierung seiner automatischen Gedanken zurück.

T: Ich möchte mich kurz vergewissern, daß ich Sie richtig verstanden habe. Sie hatten gestern Streit mit Ihrer Schwester. Das hat Sie an frühere Auseinandersetzungen erinnert und Sie sind zunehmend ärgerlich geworden. Als Sie sie gestern abend noch einmal angerufen haben, hat sie angefangen, Ihnen vorzuwerfen, daß Sie Ihre Mutter nicht unterstützen. Was ist Ihnen durch den Kopf gegangen, als sie gesagt hat: „Du bist das schwarze Schaf der Familie"?

Die Vorgabe des Tempos ist für angehende Therapeuten oft problematisch, da sie die Menge der Themen, die in einer Sitzung diskutiert werden können, überschätzen. Es empfiehlt sich, Prioritäten zu setzen und nur ein oder zwei Themen festzulegen, die in der Sitzung besprochen werden sollen. Therapeut und Patient sollten während der Sitzung beide auf die Zeit achten und gemeinsam entscheiden, was sie tun wollen, wenn die Zeit knapp wird. Praktisch bedeutet das, eine oder mehrere Uhren so aufzustellen, daß beide die Zeit verfolgen können.

T: Wir haben nur noch zehn Minuten, bevor wir mit dem Sitzungsabschluß beginnen müssen. Möchten Sie noch weiter über das Problem mit Ihrem Nachbarn sprechen oder wollen Sie das in den nächsten ein bis zwei Minuten abschließen, damit wir noch Zeit für das Problem mit Ihrem Kollegen haben?

Das dritte Problem bei der Besprechung der Themen entsteht, wenn der Therapeut keine therapeutische Intervention macht. Meistens führt die reine Beschreibung eines Problems oder die Identifikation der damit verbundenen dysfunktionalen Gedanken und Annahmen *nicht* dazu, daß der Patient sich besser fühlt. Der Therapeut sollte sich bewußt sein, daß sein Ziel darin besteht, dem Patienten (während der Sitzung) bei der Beantwortung seiner dysfunktionalen Kognitionen und der Lösung oder teilweisen Lösung eines Problems zu helfen oder ihm eine Hausaufgabe zu geben, die dazu geeignet ist, das Problem zu entschärfen bzw. die subjektive Belastung des Patienten zu reduzieren.

Neue Hausaufgaben festlegen

Die Wahrscheinlichkeit, daß die Patienten die Hausaufgaben erledigen, sinkt, wenn der Therapeut 1. eine Hausaufgabe vorschlägt, die zu schwierig ist oder keinen Zusammenhang zu den Anliegen des Patienten hat; 2. die Hausaufgabe nicht gut begründet; 3. vergißt, die Hausaufgaben aus der letzten Sitzung zu besprechen; 4. nicht betont, wie wichtig die Hausaufgaben im allgemeinen und bestimmte Aufgaben im besonderen sind; 5. dem Patienten nicht explizit erklärt, wie er die Hausaufgabe durchführen soll; 6. nicht schon während der Sitzung mit der Aufgabe beginnt, sie nicht gedanklich üben läßt (Kapitel 14, S. 260–263) und keine Standardfragen über mögliche Schwierigkeiten stellt, die die Bearbeitung verhindern könnten; 7. nicht dafür sorgt, daß der Patient sich die Hausaufgaben aufschreibt; oder 8. in unkollegialer Weise eine Hausaufgabe festlegt, die der Patient nicht machen möchte.

Abschließende Zusammenfassung

Während der gesamten Sitzung faßt der Therapeut in regelmäßigen Abständen das Gesagte zusammen, um sicherzustellen, daß er richtig versteht, was der Patient ausdrücken will. Wenn er den Patienten gebeten hat, sich während der Sitzung wichtige Punkte zu notieren, kann die Abschlußzusammenfassung in einem schnellen Überblick über diese Aufzeichnungen und gegebenenfalls einer mündlichen Zusammenfassung der weiteren Diskussionsthemen bestehen. Wird der Patient nicht aufgefordert, sich Notizen zu machen, ist es gewöhnlich schwieriger, die Sitzung zusammenzufassen und dafür zu sorgen, daß der Patient sich in der folgenden Woche daran erinnert.

Rückmeldung

Probleme entstehen entweder, wenn es dem Patienten am Ende der Sitzung schlecht geht und nicht mehr genügend Zeit bleibt, die Verstimmung zu beseitigen, oder wenn der Patient seine negative Reaktion gar nicht zum Ausdruck bringt. Eine praktische Möglichkeit, um Zeitprobleme zu verhindern, besteht darin, zehn Minuten vor Sitzungsende mit dem Abschluß zu beginnen. Dann kann der Therapeut wirksamer neue Hausaufgaben geben, die Sitzung zusammenfassen und Feedback erfragen und beantworten. Ein Beispiel, wie man auf negatives Feedback antworten kann, folgt:

T: Habe ich heute irgend etwas gesagt, was Sie gestört hat?
P: Ich glaube, Sie verstehen nicht, wie schwierig es für mich ist, etwas zu erledigen. Ich habe so viel zu tun und so viele Probleme. *Sie* können leicht sagen, ich soll mich einfach auf meine Arbeit konzentrieren und alles vergessen, was mit meinem Chef passiert.
T: Oh, es tut mir leid, wenn Sie diesen Eindruck bekommen haben. Was ich sagen *wollte*, war: Ich sehe, daß das Problem mit Ihrem Chef Sie sehr belastet, und ich würde mir wünschen, daß wir dieses Problem diese Woche

lösen können. Ich würde gerne nächste Woche ausführlicher darüber sprechen. Aber sagen Sie mir bitte noch, ob ich irgend etwas gesagt oder getan
habe, woraus Sie schließen konnten, daß ich finde, Sie sollten das Problem
mit Ihrem Chef einfach vergessen. *(Danach klärt der Therapeut das Miß-
verständnis auf.)*

Probleme, die durch Kognitionen des Therapeuten entstehen

Die oben geschilderten Probleme setzen voraus, daß der Therapeut mit der
Standardstruktur der Therapiesitzung einverstanden ist und sich zu ihrer Ein-
führung fähig fühlt. Unten finden Sie typische Gedanken und Annahmen des
Therapeuten, die die Einführung der Standardstruktur behindern können.

> *Automatische Gedanken*
> „Ich kann die Sitzung nicht strukturieren."
> „[Meinem Patienten] wird diese Struktur nicht gefallen."
> „Er kann sich nicht kurz und bündig ausdrücken."
> „Ich sollte ihn nicht unterbrechen."
> „Er wird sauer, wenn ich zu direktiv bin."
> „Er wird keine Hausaufgaben machen."
> „Er wird sich verunglimpft fühlen, wenn ich seine Gedanken überprüfe."

Es ist wichtig für den Therapeuten, das Ausmaß seines Unwohlseins genau zu
verfolgen und während der Sitzung sowie zwischen den Sitzungen seine eigenen automatischen Gedanken zu identifizieren. Auf diese Weise kann er Probleme aufdecken, seine Gedanken überprüfen und beantworten und Lösungen
finden, die es ihm erleichtern, die Standardstruktur in der folgenden Sitzung
versuchsweise einzuführen.

Die Identifikation automatischer Gedanken

Das kognitive Modell besagt, daß die Interpretation einer Situation (und nicht die Situation an sich), die sich häufig in automatischen Gedanken äußert, die nachfolgenden Gefühle, Verhaltensweisen und physiologischen Reaktionen beeinflußt. Natürlich gibt es bestimmte Ereignisse, die fast immer belastend sind: ein persönlicher Angriff, Zurückweisung oder Versagen. Menschen mit psychischen Störungen interpretieren jedoch häufig neutrale oder sogar positive Situationen falsch; ihre automatischen Gedanken sind also verzerrt. Wenn sie ihre Gedanken kritisch überprüfen und Denkfehler korrigieren, fühlen sie sich oft besser.

Dieses Kapitel beschreibt die Merkmale von automatischen Gedanken sowie Methoden, um die automatischen Gedanken der Patienten zu identifizieren, den Patienten automatische Gedanken zu erklären, zwischen automatischen Gedanken und Interpretationen zu unterscheiden und die Patienten im Identifizieren ihrer automatischen Gedanken zu unterrichten. Das nächste Kapitel befaßt sich vor allem mit negativen Emotionen: Es zeigt, wie man Patienten lehren kann, automatische Gedanken von Emotionen zu unterscheiden, Emotionen zu identifizieren und deren Intensität einzuschätzen.

Die Merkmale von automatischen Gedanken

Automatische Gedanken bilden einen Strom des Denkens, der neben einem offensichtlicheren Gedankenstrom existiert (Beck, 1964). Sie treten nicht nur bei Personen mit psychischen Problemen auf, sondern bei uns allen. Meistens sind uns diese Gedanken kaum bewußt, obwohl wir sie uns mit ein wenig Übung leicht bewußt machen können. Wenn uns unsere automatischen Gedanken bewußt werden, können wir sie automatisch an der Realität überprüfen, falls wir nicht unter einer psychischen Störung leiden.

Ein Leser dieses Textes kann zum Beispiel, während er sich auf den Inhalt des Kapitels konzentriert, den automatischen Gedanken haben: „Ich verstehe das nicht", und sich etwas ängstlich fühlen. Er kann aber spontan (d.h. unbewußt) produktiv auf diesen Gedanken reagieren: „*Etwas* davon *habe* ich verstanden; ich muß nur diesen Abschnitt noch einmal lesen."

Diese automatische Realitätsüberprüfung und Reaktion auf negative Gedanken ist eine alltägliche Erfahrung. Psychisch belastete Menschen führen diese kritische Überprüfung aber möglicherweise nicht durch. Die kognitive Therapie zeigt ihnen Methoden zur bewußten und strukturierten Überprüfung ihrer Gedanken, die sie vor allem dann anwenden können, wenn sie sehr aufgeregt sind.

Sally denkt zum Beispiel, wenn sie ein Wirtschafts-Kapitel liest, dasselbe wie der oben erwähnte Leser: „Ich verstehe das nicht." Aber ihr Denken wird noch extremer: „Und ich werde es *nie* verstehen." Sie hält diese Gedanken für wahr und fühlt sich ziemlich traurig. Aber nachdem sie Methoden der kognitiven Therapie gelernt hat, kann sie ihre negativen Emotionen als Hinweis nutzen, um nach ihren Gedanken zu suchen, sie zu identifizieren und zu überprüfen und so zu einer passenderen Reaktion zu kommen: „Einen Moment bitte, es muß nicht stimmen, daß ich es nie verstehen werde. Im Moment ist es schwierig. Aber wenn ich es noch einmal lese oder weiterlese, wenn ich wacher bin, verstehe ich vielleicht mehr. Außerdem ist es nicht lebensnotwendig für mich, es zu verstehen, und wenn nötig kann ich jemanden bitten, es mir zu erklären."

Obwohl automatische Gedanken scheinbar spontan auftauchen, sind sie gut vorhersagbar, sobald man die zugrundeliegenden Annahmen des Patienten identifiziert hat. Der kognitive Therapeut identifiziert die dysfunktionalen Gedanken, die die Realität verzerren, den Patienten emotional belasten und/oder die Fähigkeit des Patienten zur Erreichung seiner Ziele einschränken. Falls der Patient nicht manisch oder hypomanisch ist, eine narzistische Persönlichkeitsstörung hat oder Suchtmittel mißbraucht, sind dysfunktionale automatische Gedanken fast immer negativ.

Automatische Gedanken sind für gewöhnlich recht kurz und häufig ist dem Patienten das *Gefühl*, das durch den Gedanken entsteht, deutlicher bewußt als der Gedanke selbst. Zum Beispiel kann einem Patienten während der Therapiesitzung in gewisser Weise bewußt sein, daß er sich ängstlich, traurig, irritiert oder verlegen fühlt, aber die automatischen Gedanken sind ihm nicht bewußt, bis der Therapeut ihn darauf anspricht.

Die Emotion des Patienten steht in einem logischen Zusammenhang zum Inhalt seines automatischen Gedankens. Sally denkt zum Beispiel: „Ich bin so blöd. Ich verstehe gar nicht richtig, was [mein Therapeut] sagt.", und fühlt sich traurig. Ein anderes Mal denkt sie: „Er schaut auf die Uhr. Ich bin eben nur ein Fall für ihn.", und fühlt sich etwas ärgerlich. Als sie die Gedanken hat, „Was ist, wenn die Therapie nichts hilft? Was soll ich dann tun?", fühlt sie sich ängstlich.

Automatische Gedanken sind oft wie „in Steno", aber wenn der Therapeut nach der *Bedeutung* des Gedankens fragt, können sie leicht ausformuliert werden. Zum Beispiel kann „Oh nein!" übersetzt werden in: „[Mein Therapeut] wird mir zu viele Hausaufgaben aufgeben." „Verdammt!", kann so etwas ausdrücken wie: „Ich habe meinen Terminkalender zu Hause vergessen und kann jetzt nicht den nächsten Sitzungstermin mit meinem Therapeuten abmachen; ich bin so dumm."

Automatische Gedanken können in verbaler oder visueller Form (Vorstellungen) oder in beiden Formen auftreten. Ergänzend zu ihrem verbalen automatischen Gedanken („Oh nein!") sah Sally sich spät abends alleine am Schreibtisch sitzen und sich mit ihren Hausaufgaben aus der Therapie abmühen (vgl. Kapitel 13 zur Beschreibung visueller automatischer Gedanken).

Automatische Gedanken können im Hinblick auf ihre *Gültigkeit* und ihre *Nützlichkeit* bewertet werden. Der häufigste Typ von automatischen Gedanken ist in irgendeiner Weise verzerrt und tritt auf, obwohl es objektive Anhaltspunkte gibt, die dagegen sprechen. Der zweite Typ von automatischen Gedanken kann zutreffen, aber die *Schlußfolgerung*, die der Patient daraus zieht, ist möglicherweise falsch. Zum Beispiel ist der Gedanke: „Ich habe nicht das gemacht, was ich meinem Zimmergenossen versprochen habe.", an sich richtig, nicht aber die Schlußfolgerung: „Deshalb bin ich ein schlechter Mensch."

Der dritte Typ von automatischen Gedanken ist ebenfalls zutreffend, aber offensichtlich dysfunktional. Sally dachte zum Beispiel, während sie für eine Prüfung lernte: „Ich werde Stunden brauchen, bis ich damit fertig bin. Bestimmt bin ich morgen früh um drei noch wach." Dieser Gedanke war zweifellos richtig, aber er verstärkte ihre Ängstlichkeit und senkte ihre Konzentration und Motivation. Eine vernünftige Antwort auf diesen Gedanken würde seine *Nützlichkeit* in Frage stellen. „Es ist wahr, daß es noch lange dauern wird, bis ich damit fertig bin, aber ich schaffe es. Es ist nicht das erste Mal, daß ich so etwas mache. Wenn ich darüber nachdenke, wie lange es dauern wird, fühle ich mich miserabel und kann mich nicht mehr gut konzentrieren. Wahrscheinlich dauert es dann sogar noch länger. Es wäre besser, wenn ich mich darauf konzentrieren würde, es Stück für Stück fertigzukriegen und mich für jedes fertige Stück zu loben." Die Gültigkeit und/oder Nützlichkeit automatischer Gedanken zu überprüfen und sie dementsprechend zu beantworten, führt im allgemeinen zu einer Stimmungsverbesserung.

Zusammenfassend gesagt: Automatische Gedanken existieren neben dem offensichtlicheren Gedankenstrom, tauchen spontan auf und basieren nicht auf Nachdenken oder gründlicher Überlegung. Gewöhnlich sind die damit zusammenhängenden Gefühle deutlicher bewußt, aber mit etwas Übung kann man sich auch das Denken bewußt machen. Die Gedanken, die für persönliche Probleme relevant sind, hängen je nach Inhalt und Bedeutung jeweils mit *bestimmten* Gefühlen zusammen. Sie sind oft kurz und flüchtig, wie stenographiert, und können in verbaler und/oder bildlicher Form auftreten. Menschen gehen üblicherweise ohne nachzudenken oder Überprüfung davon aus, daß ihre automatischen Gedanken wahr sind. Wenn man automatische Gedanken identifiziert, überprüft und (in passender Form) auf sie antwortet, kommt es normalerweise zu einer Stimmungsverbesserung.

Dem Patienten automatische Gedanken erklären

Automatische Gedanken werden am besten anhand der eigenen Beispiele des Patienten erklärt. Ein entsprechendes Beispiel-Transkript steht bereits in Kapitel 3. Hier folgt ein weiteres:

THERAPEUT: Jetzt würde ich gerne einen Moment über den Zusammenhang zwischen Gedanken und Gefühlen reden. Können Sie sich an eine Situation aus der letzten Woche erinnern, in der Sie verstimmt waren?

PATIENTIN: Ja. Heute morgen auf dem Weg zur Uni.

T: Wie haben Sie sich gefühlt: Traurig? Ängstlich? Ärgerlich?

P: Traurig.

T: Was ging Ihnen durch den Kopf?

P: Ich habe mir die anderen Studenten angesehen: Sie haben geredet oder Frisbee gespielt oder auf dem Rasen herumgestanden.

T: Was ist Ihnen durch den Kopf gegangen, als Sie sie gesehen haben?

P: Daß ich nie so werde wie sie.

T: Gut. Sie haben gerade etwas aufgedeckt, was wir als *automatischen Gedanken* bezeichnen. Jeder hat solche Gedanken. Es sind Gedanken, die anscheinend einfach so in unseren Köpfen auftauchen. Wir versuchen nicht absichtlich, an diese Gedanken zu denken; deswegen nennen wir sie automatisch. Meistens sind sie ziemlich schnell und das Gefühl – in diesem Fall die Traurigkeit – ist uns viel deutlicher bewußt als die Gedanken. Oft sind diese Gedanken irgendwie verzerrt. Aber wir reagieren, *als ob* sie wahr wären.

P: Hmmm.

T: Wir werden folgendes tun: Ihnen beibringen, Ihre automatischen Gedanken aufzudecken und sie dann zu überprüfen, einfach um herauszufinden, ob sie richtig sind. Zum Beispiel können wir gleich den Gedanken, „Ich werde nie so wie diese Studenten.", überprüfen. Wie glauben Sie, würden Sie sich fühlen, wenn Sie herausbekämen, daß der Gedanke nicht wahr ist – daß Sie *doch* wie die anderen Studenten sind, wenn Ihre Depression vorbei ist?

P: Ich würde mich besser fühlen.

Hier schlägt der Therapeut ein alternatives Szenario vor, um das kognitive Modell zu verdeutlichen. Im weiteren Verlauf der Sitzung benutzt er sokratische Fragen, um zusammen mit der Patientin den Gedanken zu überprüfen, so daß sie selbst eine passende Antwort darauf finden kann. Im nächsten Abschnitt läßt er Sally den automatischen Gedanken aufschreiben und unterstreicht damit nochmals das kognitive Modell (vgl. Abbildung 6.1).

| Gedanken | → | Gefühle |

Was man denkt, beeinflußt, wie man sich fühlt.
Manchmal ist das Denken nicht richtig oder nur zum Teil richtig.

| Gedanke | → | Gefühl |

| Ich werde nie so wie diese Studenten. | → | Traurig |

Schritte in der Therapie

1. Automatische Gedanken aufdecken.
2. Automatische Gedanken überprüfen und darauf antworten.
3. Problem lösen, wenn die Gedanken wahr sind.

Abbildung 6.1: Sallys Notizen aus der ersten Sitzung

T: Bringen wir das mal zu Papier. Wenn Sie den Gedanken haben: „Ich werde nie so wie diese Studenten.", fühlen Sie sich traurig. Sehen Sie, wie das, was Sie denken, Ihre Gefühle beeinflußt?
P: Hmmm.
T: Das ist das, was wir als *kognitives Modell* bezeichnen. In der Therapie werden Sie lernen, Ihre automatischen Gedanken aufzudecken, wenn Sie merken, daß sich Ihre Stimmung ändert. Das ist der erste Schritt. Wir werden es solange üben, bis es ganz einfach ist. Dann lernen Sie, Ihre Gedanken zu überprüfen und zu ändern, wenn sie nicht ganz richtig sind. Ist das verständlich?
P: Ich glaube schon.
T: Wie wäre es, wenn Sie sich das aufschreiben würden? Erster Schritt: Automatische Gedanken aufdecken. Zweiter Schritt: Gedanken überprüfen und darauf antworten. Können Sie mir den Zusammenhang zwischen Gedanken und Gefühlen noch einmal in Ihren eigenen Worten erklären?
P: Manchmal habe ich Gedanken, die falsch sind, und deswegen fühle ich mich schlecht. ... Aber was ist, wenn die Gedanken richtig sind?
T: Gute Frage. Dann werden wir versuchen, das Problem zu lösen, oder herausfinden, was so schrecklich daran ist, wenn die Gedanken tatsächlich richtig sind. Ich vermute aber, daß wir eine Menge Fehler in Ihren Gedanken finden werden, weil Sie depressiv und negativ eingestellt sind; negatives Denken gehört immer zu einer Depression. Jedenfalls werden wir gemeinsam herausfinden, ob Ihre Interpretationen falsch sind. Können Sie sich jetzt noch an eine andere Situation aus der letzten Woche erinnern, in der Sie verstimmt waren, so daß wir versuchen können, noch mehr automatische Gedanken aufzudecken?

Am Ende der Sitzung überprüft der Therapeut nochmals, wie gut der Patient das kognitive Modell verstanden hat.

T: Könnten Sie mir als kleine Wiederholung sagen, wie Sie den Zusammenhang zwischen Gedanken und Gefühlen jetzt beschreiben würden?

P: Also, manchmal tauchen in meinem Kopf automatische Gedanken auf und
ich halte sie einfach für wahr. Und dann fühle ich mich ... wie auch immer:
traurig, besorgt –

T: Gut. Wie wäre es, wenn Sie diese Woche als Hausaufgabe ein paar von diesen automatischen Gedanken herausfinden könnten?

P: Okay.

T: Was glauben Sie, warum ich Ihnen das vorschlage?

P: Weil meine Gedanken manchmal nicht wahr sind, und wenn ich herausfinden kann, was ich denke, kann ich es auch ändern und mich besser fühlen.

T: Richtig. Möchten Sie sich diese Aufgabe aufschreiben: Immer wenn ich
feststelle, daß sich meine Stimmung ändert oder schlechter wird, frage ich
mich ... (*Die Patientin schreibt es auf.*) Na, wie war die Preisfrage?

P: Was ist mir gerade durch den Kopf gegangen?

T: Gut! Schreiben Sie sie auf.

Automatische Gedanken erfragen

Die Fertigkeit zum Identifizieren automatischer Gedanken lernt man wie jede
andere Fertigkeit. Manche Patienten (und Therapeuten) kapieren es ziemlich
leicht und rasch. Andere brauchen wesentlich mehr Anleitung und Übung, um
automatische Gedanken und Vorstellungen zu identifizieren. Die nächsten beiden Abschnitte beschreiben Vorgehensweisen zum Erfragen automatischer Gedanken (zusammenfassend Abbildung 6.2).

Die erste Methode besteht darin, automatische Gedanken zu identifizieren,
die der Patient direkt in der Sitzung hat. Die zweite Methode ist, durch Erinnerung, Zurückversetzen in die Situation, Rollenspiele oder Hypothesenbildung
automatische Gedanken zu erfragen, die der Patient in einer problematischen
Situation zwischen den Sitzungen hatte.

Automatische Gedanken erfragen,
die in der Sitzung auftauchen

Wenn der Therapeut während der Sitzung eine Stimmungsveränderung des Patienten bemerkt, ist dies eine gute Gelegenheit zum Erfragen eines automatischen Gedankens.

T: Sally, mir ist eben aufgefallen, daß sich Ihr Blick verändert hat. Was ist Ihnen gerade durch den Kopf gegangen?

TECHNIKEN ZUR MODIFIKATION AUTOMATISCHER GEDANKEN

Grundfrage:

> Was ist Ihnen in diesem Moment durch den Kopf gegangen?

Zur Identifzierung automatischer Gedanken:

1. Stellen Sie diese Frage, wenn Sie in der Sitzung eine Veränderung oder Verstärkung der Stimmung bemerken.
2. Lassen Sie den Patienten eine problematische Situation beschreiben oder einen Moment, in dem er eine Stimmungsveränderung bemerkte, und stellen Sie die obige Frage.
3. Falls nötig, fordern Sie den Patienten dazu auf, sich in die Situation zurückzuversetzen, um die Situation oder den Moment detailliert zu beschreiben (als ob er sich gerade ereignen würde), und stellen Sie dann die obige Frage.
4. Falls nötig oder wünschenswert, lassen Sie den Patienten eine bestimmte Interaktion im Rollenspiel mit Ihnen durchspielen und stellen Sie dann die obige Frage.

Andere Fragen zur Aufdeckung automatischer Gedanken:

1. Was glauben Sie, woran Sie gedacht haben?
2. Könnte es sein, daß Sie über _____ oder _____ nachgedacht haben? (Der Therapeut schlägt einige plausible Alternativen vor.)
3. Haben Sie sich etwas vorgestellt, was passieren könnte, oder sich an etwas erinnert?
4. Welche Bedeutung hatte diese Situation für Sie? (Oder: Was sagt diese Situation über Sie?)
5. Haben Sie an _____ gedacht? (Der Therapeut schlägt das Gegenteil der vermuteten Antwort vor.)

Abbildung 6.2: Techniken zur Identifizierung automatischer Gedanken.
Copyright Judith Beck, 1993

Nur wenn man sowohl auf verbale als auch auf nonverbale Signale des Patienten achtet, kann man „heiße Kognitionen" erfragen, d.h., wichtige automatische Gedanken und Vorstellungen, die direkt in der Therapiesitzung auftauchen und mit einer Gefühlsveränderung oder -steigerung verbunden sind. Diese heißen Kognitionen können den Patienten selbst betreffen („Ich bin so ein Versager."), den Therapeuten („Er versteht mich nicht.") oder das Thema, das gerade besprochen wird („Es ist ungerecht, daß ich so viel zu tun habe."). Es ist wichtig, die heißen Kognitionen zu erfragen, weil sie oft eine entscheidende Bedeutung für die Erstellung des Fallkonzepts haben. Generell sind diese gefühlsbeladenen Gedanken die wichtigste Arbeitsgrundlage. Außerdem können die heißen Kognitionen die Motivation des Patienten oder sein Selbstbewußtsein bzw. seinen Selbstwert untergraben. Sie können die Konzentration des Patienten in der Sitzung stören. Nicht zuletzt können sie auch die therapeutische Beziehung stören. Wenn die automatischen Gedanken auf der Stelle identifiziert werden, hat der Patient die Möglichkeit, sie sofort zu überprüfen und zu beantworten, und kann damit die weitere Arbeit in der Sitzung erleichtern.

Woher weiß der Therapeut, daß sich die Stimmung des Patienten verändert hat? Er achtet auf nonverbale Signale wie Änderungen des Gesichtsausdrucks, Muskelanspannungen, Veränderungen der Haltung oder Gesten. Verbale Signale können Veränderungen in Tonfall, Stimmhöhe, Lautstärke oder Sprechgeschwindigkeit sein. Wenn er eine solche Änderung bemerkt, schließt der Therapeut daraus auf eine Stimmungsveränderung und überprüft dies, indem er den Patienten fragt, was ihm gerade durch den Kopf gegangen ist. Wenn der Patient keinen Gedanken wiedergeben kann, kann der Therapeut seine Erinnerung auffrischen, indem er ihn bittet, sich auf sein Gefühl und seine physiologischen Reaktionen zu konzentrieren.

T: Sally, was geht Ihnen gerade durch den Kopf?
P: Ich weiß nicht.
T: Wie fühlen Sie sich im Moment?
P: Ich weiß nicht. Ich glaube, traurig.
T: Wo spüren Sie die Traurigkeit?
P: Im Brustkorb. Und hinter den Augen.
T: Das heißt, als ich Sie gefragt habe: „Wie geht es mit dem Studium?", sind Sie traurig geworden. Haben Sie eine Vermutung, woran Sie gedacht haben?
P: Ich glaube, ich habe an meinen Wirtschaftskurs gedacht. Ich habe daran gedacht, daß ich meine Prüfungsarbeit zurückbekomme.
T: Was waren Ihre Gedanken? Oder haben Sie sich etwas vorgestellt?
P: Ja. Ich habe mir eine 3 auf der Arbeit vorgestellt, in roter Tinte.

Etwas freundliche Hartnäckigkeit führte dazu, daß Sally ihre Vorstellung wiedergeben konnte. Wenn die Konzentration auf das Gefühl nicht geholfen hätte, hätte der Therapeut vielleicht lieber das Thema gewechselt, um Sally nicht das Gefühl zu geben, ausgefragt zu werden, und um die Wahrscheinlichkeit zu verringern, daß Sally sich als Versager sieht, weil sie nicht in der Lage war, ihren automatischen Gedanken zu identifizieren.

T: Kein Problem. Wollen wir mit der Tagesordnung weitermachen?

Andererseits kann es besser sein, diese heiße Kognition weiterzuverfolgen. Es ist zwar besser, wenn der Patient seine spezifischen automatischen Gedanken identifizieren kann, anstatt darüber zu spekulieren, aber falls er dazu nicht in der Lage ist, können einige Fragen nützlich sein. Der Therapeut könnte Sally bitten, eine Vermutung zu äußern, oder er könnte plausible Möglichkeiten vorschlagen. Er könnte gezielt nach einer visuellen Vorstellung fragen oder sich erkundigen, was die Situation für sie bedeutet. Er könnte auch einen Gedanken vorschlagen, der genau das Gegenteil von dem ausdrückt, was sie seiner Meinung nach gedacht hat.

T: Was ist Ihnen durch den Kopf gegangen, als ich gefragt habe: „Wie geht es mit dem Studium?", und Sie traurig geworden sind?

P: Ich weiß nicht. Ich weiß es wirklich nicht. Ich habe mich einfach so niedergeschlagen gefühlt.

T: Wenn Sie eine Vermutung äußern sollten, was würden Sie vermuten, woran Sie gedacht haben? (Oder: Glauben Sie, daß Sie an Ihr Studium gedacht haben, oder an Ihre Arbeit oder an die Therapie? Oder: Könnte es sein, daß Ihnen ein Bild durch den Kopf gegangen ist? Oder: Was hat es für Sie bedeutet, daß ich Sie nach dem Studium gefragt habe? Oder: Haben Sie daran gedacht, wie gut es vorwärtsgeht?)

Automatische Gedanken in bestimmten Situationen identifizieren

Dieselben Fragen können benutzt werden, um dem Patienten bei der Identifikation automatischer Gedanken zu helfen, die er zwischen den Sitzungen hatte. Wieder versucht es der Therapeut zuerst mit der Standardfrage („Was ist Ihnen durch den Kopf gegangen?"), wenn der Patient eine problematische Situation beschreibt. Häufig hilft dem Patienten die Bitte, ausführlicher zu beschreiben, was passiert ist.

T: Sie saßen also im Seminar und wurden plötzlich nervös. Was ist Ihnen durch den Kopf gegangen?

P: Ich weiß nicht?

T: Was passierte gerade?

P: Die Professorin erklärte, wie die Hausarbeit aussehen muß, und der Typ neben mir hat mir eine Frage ins Ohr geflüstert, wann wir sie abgeben müssen.

T: Dieser Typ hat also geflüstert, während die Professorin etwas erklärt hat? Und Sie sind nervös geworden?

P: Ja, ich weiß, ich habe gedacht: „Was hat sie gesagt? Was habe ich verpaßt? Jetzt weiß ich nicht, was ich machen soll."

Wenn eine verbale Beschreibung der Situation nicht ausreicht, um den automatischen Gedanken zu finden, bittet der Therapeut den Patienten, sich die Situation so vorzustellen, als ob sie *gerade jetzt* passiert. Er ermutigt ihn, so viele Einzelheiten wie möglich zu schildern und in der Gegenwartsform zu sprechen.

T: Sally, können Sie sich vorstellen, daß Sie gerade jetzt im Seminar sitzen, die Professorin redet, der Typ neben Ihnen flüstert, Sie werden nervös. ... Beschreiben Sie mir die Situation so genau wie Sie können, als ob sie gerade passieren würde. Wie groß ist der Seminarraum? Wo sitzen Sie? Wo ist die Professorin? Was sagt sie? Was tun Sie, und so weiter.

P: Ich bin in meinem Wirtschafts-Seminar. Die Professorin steht vor der Klasse. Warten Sie, ich habe im hinteren Drittel gesessen, ich mußte mich beim Zuhören ziemlich anstrengen –

T: Also, „Ich sitze im hinteren Drittel, ich muß mich beim Zuhören ziemlich anstrengen. ..." *(Leitet die Patientin an, zu sprechen, als ob es sich gerade ereignet.)*

P: Sie sagt etwas über die Themen, die wir wählen können, eine makroökonomische Perspektive der Wirtschaft oder ... irgend etwas anderes, und dann lehnt sich dieser Typ links von mir herüber und flüstert: „Wann müssen wir die Arbeit abgeben?"

T: Und was geht Ihnen jetzt durch den Kopf?

P: Was hat sie gesagt? Was habe ich verpaßt? Jetzt weiß ich nicht, was ich machen soll.

Der Therapeut hilft dem Patienten, die Situation nochmals zu durchleben, als ob sie sich gerade ereignen würde. Wenn ihm auffällt, daß der Patient sich wieder in der Vergangenheitsform ausdrückt, führt er ihn vorsichtig zur Gegenwartsform zurück, damit das Erlebnis eindringlicher wird. Wenn der Patient Schwierigkeiten hat, automatische Gedanken in einer zwischenmenschlichen Situation zu identifizieren, kann der Therapeut ihm durch ein Rollenspiel gleichermaßen helfen, die Situation wiederherzustellen. Der Patient gibt wörtlich wieder, was gesagt wurde, und spielt sich dann selbst, während der Therapeut die andere Person spielt.

T: Sie haben sich also niedergeschlagen gefühlt, als Sie mit Ihrer Kommilitonin über die Aufgabe gesprochen haben.

P: Ja.

T: Was ist Ihnen durch den Kopf gegangen, als Sie mit ihr gesprochen haben?

P *(Pause.)*: ... Ich weiß nicht. Ich war wirklich einfach niedergeschlagen.

T: Können Sie mir sagen, was Sie zu ihr gesagt haben, und was sie zu Ihnen gesagt hat?

P *(beschreibt den Dialog.)*

T: Wie wäre es, wenn wir ein Rollenspiel versuchen. Ich bin die Kommilitonin und Sie sind Sie selbst.

P: Okay.

T: Und achten Sie darauf, ob Sie herausfinden können, was Ihnen durch den Kopf geht, wenn wir die Situation durchspielen.

P *(nickt.)*

T: Gut, Sie fangen an. Was sagen Sie zuerst?

P: Karen, kann ich dich etwas fragen?

T: Klar, aber kannst du mich später anrufen? Ich muß ganz schnell zu meinem nächsten Kurs.

P: Es geht schnell. Ich habe nur einen Teil von dem nicht verstanden, was Dr. Smith über die Hausarbeit gesagt hat.

T: Ich habe es im Moment wirklich eilig. Ruf mich nach sieben Uhr an, ja? Tschüß. ... Okay, verlassen wir das Rollenspiel. Haben Sie gemerkt, was Ihnen durch den Kopf gegangen ist?

P: Ja. Ich habe gedacht, daß sie zu beschäftigt für mich ist, daß sie mir nicht wirklich helfen will und daß ich nicht weiß, was ich machen soll.

T: Sie hatten die Gedanken: „Sie ist zu beschäftigt für mich.", „Sie will mir nicht wirklich helfen.", „Ich weiß nicht, was ich machen soll."

P: Ja.

T: Und diese Gedanken haben Sie traurig gemacht.

P: Jawohl.

Wenn der Patient seine Gedanken immer noch nicht wiedergeben kann, kann sich der Therapeut einem anderen Thema zuwenden oder die spezifischeren Fragen benutzen, die in Abbildung 6.2 (S. 81) dargestellt sind.

Weitere automatische Gedanken identifizieren

Es ist wichtig, den Patienten auch, nachdem er einen ersten automatischen Gedanken berichtet hat, noch weiter zu befragen. Diese weitere Befragung kann noch andere wichtige automatische Gedanken zutage bringen.

T: Also, als Sie den Test zurückbekommen haben, haben Sie gedacht: „Ich hätte besser abschneiden müssen. Ich hätte mehr lernen müssen." Was ist Ihnen noch durch den Kopf gegangen?

P: Die anderen waren sicher alle besser als ich.

T: Und was noch?

P: Ich habe gedacht: „Ich gehöre nicht hierher. Ich bin so ein Versager."

Der Therapeut sollte sich darüber klar sein, daß der Patient zusätzlich noch andere automatische Gedanken haben kann, die sich nicht auf die Situation selbst beziehen, sondern auf seine *Reaktion* auf diese Situation. Es kann sein, daß er seine Gefühle, sein Verhalten oder seine physiologischen Reaktionen negativ wahrnimmt.

T: Sie haben also gedacht: „Ich könnte mich in Verlegenheit bringen.", und haben sich ängstlich gefühlt. Was ist dann passiert?

P: Mein Herz hat auf einmal total schnell geschlagen und ich habe gedacht: „Was ist los mit mir?"

T: Und Ihr Gefühl war ... ?

P: Noch ängstlicher.

T: Und dann?
P: Ich dachte: „Es wird mir nie gutgehen."
T: Und Sie fühlten sich ...?
P: Traurig und hoffnungslos.

Beachten Sie, daß die Patientin zuerst automatische Gedanken über eine bestimmte Situation hatte (sich im Kurs freiwillig zu melden). Dann hatte sie Gedanken über ihre Angst und über ihre körperliche Reaktion. In vielen Fällen können diese sekundären emotionalen Reaktionen sehr belastend sein und entscheidend zu der ohnehin unangenehmen Situation beitragen. Um möglichst effizient zu arbeiten, ist es wichtig festzustellen, zu welchem Zeitpunkt der Patient am stärksten belastet war (vor, während oder nach einem bestimmten Ereignis) und welche automatischen Gedanken er zu diesem Zeitpunkt hatte. Der Patient kann belastende Gedanken *in Antizipation* einer Situation haben („Was ist, wenn sie mich anschreit?"), *während* der Situation („Sie hält mich für dumm."), und/oder zu einem *späteren* Zeitpunkt, wenn er darüber nachdenkt, was passiert ist („Ich kann nichts richtig machen; ich hätte es nie versuchen sollen.")

Die Identifikation der problematischen Situation

Manchmal sind Patienten nicht nur unfähig, automatische Gedanken zu identifizieren, die mit einem bestimmten Gefühl verknüpft sind, sondern haben schon Schwierigkeiten, die Situation oder das Thema zu identifizieren, das sie am stärksten belastet (oder den Teil davon, der sie am meisten verstört). Wenn das vorkommt, kann der Therapeut ihnen helfen, die problematischste Situation herauszufinden, indem er eine Reihe von belastenden Problemen vorschlägt, den Patienten bittet, jeweils eines davon hypothetisch zu entfernen, und feststellt, wie erleichtert sich der Patient fühlt. Nach der Identifikation einer bestimmten Situation lassen sich die automatischen Gedanken leichter aufdecken.

T *(faßt zusammen.)*: Sie waren also in den letzten Tagen sehr aufgeregt und sind sich nicht sicher, warum, und es fällt Ihnen schwer, Ihre automatischen Gedanken zu identifizieren – Sie fühlen sich einfach fast immer aufgeregt. Ist das richtig?
P: Ja. Ich weiß einfach nicht, warum ich die ganze Zeit so aufgeregt bin.
T: Über welche Themen haben Sie nachgedacht?
P: Erstens über das Studium. Und ich komme nicht mit meiner Zimmergenossin klar. Und dann habe ich versucht, meine Mutter zu erreichen und es hat nicht geklappt, und, ich weiß nicht, einfach alles.
T: Es gibt also ein Problem mit dem Studium, eines mit Ihrer Zimmergenossin, eines damit, Ihre Mutter zu erreichen ... noch mehr?

P: Ich habe mich nicht besonders wohl gefühlt. Ich habe Angst, daß ich gerade jetzt krank werde, bevor diese große Hausarbeit fällig ist.

T: Welche von diesen Situationen belastet Sie am meisten – das Studium, die Zimmergenossin, Ihre Mutter zu erreichen oder daß Sie sich krank fühlen?

P: Ach, ich weiß nicht. Ich mache mir Sorgen über alle.

T: Schreiben wir diese vier Sachen einmal auf. Und jetzt nehmen Sie einmal hypothetisch an, wir könnten das Problem, daß Sie sich krank fühlen, völlig ausschließen, nehmen Sie an, daß es Ihnen jetzt körperlich prima geht, wie ängstlich sind Sie jetzt?

P: Ungefähr genauso.

T: Okay. Nehmen Sie an, hypothetisch, Sie erreichen Ihre Mutter gleich nach der Therapie und es ist alles in Ordnung mit ihr. Wie fühlen Sie sich jetzt?

P: Ein bißchen besser. Nicht sehr viel.

T: Okay. Nehmen wir an, das Problem mit dem Studium – was ist das für ein Problem?

P: Ich muß nächste Woche eine Hausarbeit abgeben.

T: Gut, nehmen wir an, Sie haben die Arbeit gerade abgegeben und haben ein gutes Gefühl damit. Wie fühlen Sie sich jetzt?

P: Das wäre eine große Erleichterung, wenn ich diese Arbeit fertig hätte und sie gut fände.

T: Das klingt, als würde die Hausarbeit Sie am meisten belasten.

P: Ja, ich glaube schon.

T: Nur zur Sicherheit. ... Wenn Sie die Hausarbeit noch machen müßten, aber das Problem mit der Zimmergenossin wäre verschwunden, wie würden Sie sich dann fühlen?

P: Nicht so gut. Ich glaube, es *ist* die Arbeit, die mich am meisten beunruhigt.

T: Wir werden uns gleich auf das Problem mit dem Studium konzentrieren, aber vorher möchte ich noch einmal wiederholen, wie wir das herausgefunden haben, damit Sie das in Zukunft selber machen können.

P: Also, ich sollte alle Probleme aufzählen und dann so tun, als ob ich eines nach dem anderen gelöst hätte.

T: Und daraufhin konnten Sie sehen, welches Problem Ihnen die größte Erleichterung bringen würde, wenn es gelöst wäre.

P: Ja.

(Der Therapeut und die Patientin konzentrieren sich dann auf das Problem mit dem Studium; sie identifizieren und beantworten automatische Gedanken und entwerfen Problemlösungsmöglichkeiten.)

Die gleiche Vorgehensweise kann angewendet werden, um dem Patienten zu helfen herauszufinden, welcher *Teil* eines scheinbar erdrückenden Problems am belastendsten ist.

T: Sie haben sich also über Ihre Zimmergenossin ziemlich aufgeregt. Was *genau* hat Sie geärgert?

P: Ach, ich weiß nicht. Alles.

T: Können Sie ein paar Dinge aufzählen?

P: Also, sie hat mein Essen genommen und es nicht ersetzt. Nicht um mich zu ärgern, aber es stört mich trotzdem. Und sie hat einen Freund und jedes Mal, wenn sie über ihn spricht, muß ich daran denken, daß ich keinen habe. Und sie ist unordentlich; sie läßt überall Sachen liegen. ... Und sie ist irgendwie rücksichtslos. Sie vergißt, mir zu erzählen, daß jemand für mich angerufen hat, und solche Sachen.

T: Noch mehr?

P: Das war das wichtigste.

T: Gut, wir haben das schon einmal gemacht. Ich lese Ihnen diese Punkte jetzt noch einmal vor, damit Sie herausfinden können, welcher Sie am meisten belastet. Wenn Ihnen das nicht gelingt, dann lassen wir hypothetisch einen nach dem anderen verschwinden und schauen, bei welchem sich Ihre Gefühle am stärksten verändern. Einverstanden?

Unterscheidung zwischen automatischen Gedanken und Interpretationen

Wenn der Therapeut den Patienten nach seinen automatischen Gedanken fragt, interessiert er sich für die *konkreten* Worte oder visuellen Vorstellungen, die ihm durch den Kopf gegangen sind. Solange sie noch nicht gelernt haben, diese Gedanken zu erkennen, berichten viele Patienten von *Interpretationen*, die nicht unbedingt ihre tatsächlichen Gedanken widerspiegeln. Im folgenden Transkript leitet der Therapeut die Patientin dazu an, ihre Gedanken zu berichten.

T: Als Sie diese Frau in der Cafeteria gesehen haben, was ist Ihnen da durch den Kopf gegangen.

P: Ich glaube, ich habe meine wahren Gefühle verleugnet.

T: Was haben Sie konkret gedacht?

P: Ich weiß nicht recht, was Sie meinen.

In diesem Dialog gab die Patientin eine Interpretation dessen, was sie gefühlt und gedacht hatte. Im folgenden Abschnitt versucht der Therapeut es noch einmal, indem er sich auf ihr Gefühl konzentriert und es verstärkt.

T: Welches Gefühl hatten Sie, als Sie sie gesehen haben?

P: Ich glaube, ich habe meine Gefühle einfach verleugnet.

T: Hmmm. Welche Gefühle haben Sie verleugnet?

P: Ich weiß nicht recht.

T: Haben Sie sich glücklich gefühlt, als Sie sie gesehen haben? Oder freudig erregt? *(Schlägt das Gegenteil des erwarteten Gefühls vor, um ihrer Erinnerung auf die Sprünge zu helfen.)*

P: Nein, überhaupt nicht.

T: Können Sie sich daran erinnern, wie Sie in die Cafeteria hineingegangen sind? Können Sie sich diese Szene genau vorstellen?

P: Hmmm.

T: Was fühlen Sie?

P: Ich glaube, Traurigkeit.

T: Wenn Sie sie so anschauen, was geht Ihnen durch den Kopf?

P: Ich fühle mich total traurig und habe so eine Leere in der Magengrube. *(Berichtet eine Emotion und eine physiologische Reaktion statt eines automatischen Gedankens.)*

T: Was geht Ihnen in diesem Moment durch den Kopf?

P: Sie ist echt schick. Im Vergleich zu ihr bin ich gar nichts.

T *(notiert sich die Gedanken.)*: Gut. Noch etwas?

P: Nein. Ich bin einfach zum Tisch gegangen und habe angefangen, mich mit meiner Freundin zu unterhalten.

Unterscheidung zwischen nützlichen und weniger nützlichen automatischen Gedanken

Bevor der Patient gelernt hat, genau die Gedanken zu berichten, die ihn belasten, kann es sein, daß er eine ganze Menge von Gedanken aufzählt. Manche Gedanken sind einfach beschreibend und harmlos oder irrelevant für das Problem. *Relevante* automatische Gedanken sind normalerweise mit spürbarer Belastung verbunden. Wie im vorigen Abschnitt versucht der Therapeut auch hier herauszufinden, auf welchen oder welche Gedanken er sich konzentrieren sollte, um den größten Fortschritt zu erzielen.

T: Sie haben sich also ziemlich traurig gefühlt, als Sie den Hörer aufgelegt haben. Was ist Ihnen in diesem Augenblick durch den Kopf gegangen?

P: Na ja, meiner Schulfreundin geht es ziemlich gut. Sie hat einen Job, sie ist immer mit einer Menge Freunde unterwegs. Sie darf das Familienauto benutzen, das heißt, sie kommt überall hin. Manchmal wünsche ich mir, daß ich mehr wie sie wäre. Sie hat es wirklich gut. Ich bin ein echter Verlierer –.

T: Haben Sie diesen Gedanken, „Ich bin ein echter Verlierer", gehabt, als Sie den Hörer aufgelegt haben?

P *(nickt.)*

T: Ist Ihnen in diesem Moment noch mehr durch den Kopf gegangen?

P: Nein, nur daß ich ein Verlierer bin. Ich werde nie wie sie.

Automatische Gedanken wörtlich formulieren

Die Patienten müssen lernen, die konkreten Worte zu bestimmen, die ihnen durch den Kopf gehen, um sie effektiv überprüfen zu können. Es folgen einige Gegenüberstellungen von eingebetteten Gedanken und wörtlichen Formulierungen.

eingebettete Formulierung	wörtlicher automatischer Gedanke
Ich glaube, ich habe mich gefragt, ob er mich mag.	Mag er mich?
Ich weiß nicht, ob es nicht Zeitverschwendung wäre, zu dem Professor zu gehen.	Wahrscheinlich wäre es Zeitverschwendung zu gehen.
Ich habe es einfach nicht geschafft, mit dem Lesen anzufangen.	Ich kann das nicht.

Der Therapeut leitet den Patienten vorsichtig dazu an, die konkreten Worte zu identifizieren, die ihm durch den Kopf gegangen sind.

T: Was ist Ihnen durch den Kopf gegangen, als Sie im Unterricht plötzlich knallrot geworden sind.
P: Ich glaube, ich habe mich gefragt, ob er mich für komisch hält.
T: Können Sie sich an die genauen Worte erinnern, die Sie gedacht haben?
P *(verwirrt.)*: Ich weiß nicht recht, was Sie meinen.
T: Haben Sie gedacht: „Ich glaube, ich habe mich gefragt, ob er mich für komisch hält.", oder haben Sie gedacht: „Hält er mich für komisch?"
P: Ach so, ich verstehe, das zweite. Oder ich glaube, in Wirklichkeit war es: „Er denkt wahrscheinlich, daß ich komisch bin."

Die Form von telegrafischen oder als Frage formulierten Gedanken verändern

Patienten berichten oft Gedanken, die nicht voll ausformuliert sind. Da es schwierig ist, einen solchen telegrafischen Gedanken zu überprüfen, leitet der Therapeut den Patienten dazu an, den Gedanken vollständiger auszudrücken.

T: Was ist Ihnen durch den Kopf gegangen, als die Arbeit angekündigt wurde.
P: Oh je! Ich dachte bloß: „Oh je!"

T: Können Sie diesen Gedanken ausformulieren. „Oh je!" heißt ...
P: Ich schaffe das niemals rechtzeitig. Ich habe zu viel zu tun.

Wenn der Patient nicht fähig gewesen wäre, seinen Gedanken auszuformulieren, hätte der Therapeut versuchen können, das Gegenteil vorzuschlagen: „Bedeutet ‚Oh je!' ‚Das ist wirklich gut'?"
   Automatische Gedanken werden manchmal in Form einer Frage ausgedrückt, was ihre Überprüfung schwierig macht. Deshalb leitet der Therapeut den Patienten dazu an, den Gedanken als Aussage zu formulieren, bevor er ihm bei der Überprüfung hilft.

T: Sie haben sich also ängstlich gefühlt. Was ist Ihnen in diesem Moment durch den Kopf gegangen?
P: Ich dachte: „Werde ich den Test bestehen?"
T: Gut, können wir versuchen, diesen Gedanken als Aussage zu formulieren, bevor wir ihn überprüfen, damit wir leichter damit arbeiten können? Haben Sie gedacht, daß Sie den Test wahrscheinlich bestehen oder wahrscheinlich nicht bestehen?
P: Daß ich ihn wahrscheinlich nicht bestehe.
T: Okay. Können wir Ihren Gedanken umformulieren in: „Vielleicht bestehe ich den Test nicht."?

Ein weiteres Beispiel:

T: Sie haben also gedacht: „Was wird mit mir passieren [wenn ich immer nervöser werde]?" Was haben Sie befürchtet, was mit Ihnen passieren könnte?
P: Ich weiß nicht ... ich glaube, daß ich die Kontrolle über mich verliere.
T: Gut, schauen wir uns diesen Gedanken an: „Ich könnte die Kontrolle über mich verlieren."

Im letzten Beispiel bringt der Therapeut den Patienten dazu, genau anzugeben, was er befürchtet. Im nächsten Beispiel hat der Patient anfangs Schwierigkeiten herauszufinden, welche Furcht hinter seinem automatischen Gedanken steckt, daher probiert der Therapeut verschiedene Fragen aus, um den Gedanken zu identifizieren:

T: Sie haben also gedacht „Was kommt jetzt?" Was dachten Sie, was passieren würde?
P: Ich weiß nicht.
T: Hatten Sie Angst, daß etwas ganz bestimmtes passieren könnte?
P: Ich weiß nicht recht.
T: Was ist das schlimmste, was in einer solchen Situation passieren *könnte*?
P: Hmmm ... daß ich von der Schule fliege.
T: Glauben Sie, es war das, wovor Sie in diesem Moment Angst hatten?

Im Kasten finden Sie weitere Beispiele, wie man Fragen umformulieren kann, um sie effektiver überprüfen zu können.

Frage	*Aussage*
Werde ich das schaffen?	Ich schaffe das nicht.
Kann ich es ertragen, wenn sie geht?	Ich ertrage es nicht, wenn sie geht.
Was ist, wenn ich das nicht kann?	Wenn ich das nicht kann, verliere ich meinen Job.
Was ist, wenn sie wütend auf mich wird?	Sie wird mir weh tun, wenn sie wütend auf mich wird.
Wie komme ich da durch?	Da komme ich nicht durch.
Was ist, wenn ich mich nicht ändern kann?	Wenn ich mich nicht ändern kann, werde ich immer unglücklich sein.
Warum mußte das mir passieren?	Das hätte mir nicht passieren dürfen.

Die Patienten im Identifizieren automatischer Gedanken unterrichten

Wie schon in Kapitel 4 beschrieben, kann der Therapeut bereits in der ersten Sitzung damit anfangen, den Patienten im Identifizieren automatischer Gedanken zu unterrichten. Im folgenden Beispiel hat der Therapeut gerade das kognitive Modell an den Beispielen der Patientin erklärt.

T: Sally, wenn Sie in der nächsten Woche irgendwann feststellen, daß sich Ihre Stimmung ändert oder schlechter wird, könnten Sie dann kurz innehalten und sich fragen: „Was geht mir gerade durch den Kopf?"
P: Ja.
T: Vielleicht können Sie sich ein paar von diesen Gedanken notieren.
P: Klar.

In späteren Sitzungen kann der Therapeut dem Patienten auch explizit andere Techniken beibringen, für den Fall, daß die Grundfrage („Was geht mir gerade durch den Kopf?") nicht genügend hilft.

T: Manchmal können Sie vielleicht nicht sagen, was Sie gedacht haben. Dann können Sie entweder direkt oder später dasselbe versuchen, was wir gerade hier in der Sitzung gemacht haben. Lassen Sie die Szene in Ihrer Vorstellung noch einmal so lebendig wie möglich ablaufen, als ob sie noch einmal passieren würde, und konzentrieren Sie sich auf Ihre Gefühle. Dann fragen

Sie sich: „Was geht mir durch den Kopf?" Glauben Sie, daß Sie das können? Oder sollen wir es noch einmal üben?

P: Ich werde es versuchen.

Falls die Grundfrage und auch das Zurückversetzen in die Situation nicht ausreichen, kann der Therapeut den Patienten explizit darin unterrichten, Vermu-
tungen über seine Gedanken aufzustellen. Dies ist keine Methode der ersten
Wahl, denn es ist wahrscheinlicher, daß der Patient eine spätere Interpretation
berichtet als seine konkreten Gedanken in der Situation.

T: Falls es Ihnen immer noch schwerfällt, Ihre Gedanken herauszufinden, sind
   hier noch einige andere Fragen (vgl. Abbildung 6.2), die sich sich stellen
   könnten.

P: Okay.

T: Erste Frage: Wenn ich raten müßte, was wäre meine Vermutung, was ich
   gedacht habe? Oder: Kann es sein, daß ich an _____ oder _____ gedacht habe? Oder: Habe ich mir etwas vorgestellt oder mich an etwas erinnert? Oder: Was hat diese Situation für mich bedeutet? Oder Sie könnten
   Ihrem Gedächtnis auf die Sprünge helfen, indem Sie versuchen, das Gegenteil von dem herauszufinden, was Sie gedacht haben.

P: Okay.

T: Könnten Sie diese Fragen nächste Woche ausprobieren, wenn es Ihnen
   schwerfällt, Ihre automatischen Gedanken herauszufinden und es nichts
   nützt, sich die Situation noch einmal ganz genau vorzustellen?

P: Ja.

Zusammenfassend gesagt: Menschen mit psychischen Störungen machen vorhersehbare Denkfehler. Der kognitive Therapeut lehrt die Patienten, ihr
dysfunktionales Denken zu identifizieren, zu überprüfen und zu modifizieren.
Der Prozeß beginnt damit, daß man bestimmte automatische Gedanken in bestimmten Situationen erkennt. Die Identifikation automatischer Gedanken ist
eine Fertigkeit, die manche Patienten leicht und wie von selbst lernen, während
sie anderen schwerer fällt. Der Therapeut muß genau zuhören, um sicherzugehen, daß der Patient konkrete Gedanken berichtet, und muß unter Umständen
seine Fragen variieren, wenn es dem Patienten nicht leicht fällt, seine Gedanken
zu identifizieren. Das nächste Kapitel klärt unter anderem den Unterschied zwischen automatischen Gedanken und Emotionen.

7

Die Identifikation von Gefühlen

Gefühle sind für den kognitiven Therapeuten von erstrangiger Bedeutung. Schließlich besteht ein Hauptziel der Therapie darin, eine Symptomlinderung zu erreichen, also die Belastung des Patienten durch die Identifikation seiner dysfunktionalen Gedanken zu reduzieren.

Ein starkes negatives Gefühl ist schmerzlich und kann dysfunktional sein, wenn es die Fähigkeit des Patienten behindert, klar zu denken, Probleme zu lösen, effektiv zu handeln oder Befriedigung zu erzielen. Patienten mit psychiatrischen Störungen erleben oft übermäßige oder situationsinadäquate Gefühlsintensitäten. Sally hatte zum Beispiel enorme Schuldgefühle und war sehr traurig, als sie eine unbedeutende Verabredung mit ihrer Zimmergenossin absagen mußte. Es machte ihr auch extreme Angst, zu einem Professor zu gehen und ihn um Hilfe zu bitten.

Auch wenn der Therapeut die Übersteigertheit oder Unangemessenheit eines Gefühls erkennt, spricht er sie nicht an, vor allem nicht zu Beginn der Therapie. Er zeigt vielmehr *Verständnis* und *Empathie* für die Gefühle des Patienten. Er widerspricht den Gefühlen des Patienten nicht und stellt sie nicht in Frage, sondern konzentriert sich zur Verringerung der Dysphorie darauf, die dysfunktionalen Gedanken und Annahmen zu überprüfen, die den Problemen des Patienten zugrunde liegen.

Der Therapeut analysiert jedoch nicht *alle* Situationen, in denen der Patient verstimmt ist; die kognitive Therapie will die emotionale Belastung reduzieren, die durch *Fehlinterpretationen* einer Situation entsteht. „Normale" negative Emotionen gehören genau wie positive Emotionen zur Vielfalt des Lebens und haben eine ebenso wichtige Funktion wie körperliche Schmerzen, da sie uns auf Probleme aufmerksam machen, mit denen wir uns beschäftigen sollten.

Darüber hinaus versucht der Therapeut, dem Patienten zu mehr positiven Emotionen zu verhelfen, indem er (normalerweise relativ kurz) seine Interessen, positive Ereignisse der vergangenen Woche, positive Erinnerungen usw. mit ihm bespricht. Er schlägt oft Hausaufgaben vor, die die Anzahl der Aktivitäten erhöhen sollen, bei denen der Patient Erfolgserlebnisse und Spaß hat (vgl. Kapitel 12).

Dieses Kapitel erläutert den Unterschied zwischen automatischen Gedanken und Emotionen, die Differenzierung verschiedener Emotionen, das Benennen und die Einschätzung der Stärke von Emotionen.

Unterscheidung zwischen automatischen Gedanken und Gefühlen

Vielen Patienten ist der Unterschied zwischen dem, was sie denken, und dem, was sie fühlen, nicht vollständig klar. Der Therapeut versucht, die Erfahrungen des Patienten zu verstehen und dieses Verständnis mit dem Patienten zu teilen. Er hilft dem Patienten ständig in unaufdringlicher Weise, seine Erfahrung vor dem Hintergrund des kognitiven Modells zu sehen.

Der Therapeut teilt das, was der Patient ihm schildert, nach den Kategorien des kognitiven Modells ein: Situation, automatischer Gedanke und Reaktion (Gefühl, Verhalten und physiologische Reaktion). Es ist wichtig, darauf zu achten, ob der Patient manchmal Gedanken und Gefühle durcheinanderbringt. In solchen Momenten entscheidet der Therapeut je nach Verlauf der Sitzung, Zielen und Zusammenarbeit, ob er diese Verwechslung ignorieren oder später bzw. sofort (implizit oder explizit) darauf eingehen soll.

Manchmal ist es unter den gegebenen Umständen relativ unwichtig, daß ein Gedanke fälschlicherweise als Gefühl bezeichnet wird, und es ist besser, diese Verwechslung, wenn überhaupt, später bei der Besprechung eines anderen Punktes anzusprechen. Im folgenden Beispiel ignoriert der Therapeut die Verwechslung völlig.

THERAPEUT: Bei der Aufstellung der Tagesordnung haben Sie erwähnt, daß Sie über das Telefonat mit Ihrem Bruder sprechen wollten.
PATIENTIN: Ja. Vor ein paar Tagen habe ich ihn abends angerufen und ich hatte das Gefühl, daß er gar nicht reden wollte. Er hat sich irgendwie distanziert angehört. Ich hatte das Gefühl, daß es ihm ziemlich egal ist, ob ich ihn anrufe oder nicht.
T: Was würde es für Sie bedeuten, wenn es ihm tatsächlich egal wäre, ob Sie ihn anrufen oder nicht?

In diesem Beispiel möchte der Therapeut die zugrundeliegende Annahme aufdecken und ignoriert deshalb, daß der Patient Gefühle und Gedanken durcheinanderbringt. Sie gehen zur Überprüfung und Modifikation eines wichtigen dysfunktionalen Axioms über.

In einer anderen Sitzung hält der Therapeut die Verwechslung für bedeutsam. Er beschließt jedoch, daß es den Verlauf der Sitzung stören oder mit seinem Ziel für die Sitzung (oder für diesen Teil der Sitzung) in Konflikt kommen könnte, wenn er die Verwechslung sofort klärt. In diesem Beispiel beendet er das aktuelle Thema und kommt später auf die Unterscheidung zwischen Gedanken und Gefühlen zurück.

T: Ich möchte noch einmal auf etwas zurückkommen, worüber wir vor ein paar Minuten gesprochen haben. Können Sie sich erinnern, daß Sie mir gesagt haben, Sie wußten gestern abend, daß Sie in die Bibliothek gehen sollten, aber Ihnen war gefühlsmäßig einfach nicht danach.

P: Ja.

T: Ich vermute, daß Sie tatsächlich einen Gedanken hatten, wie etwa „Ich möchte nicht gehen." oder „Ich bin nicht in Stimmung zu gehen." Ist das richtig?

P: Ja, ich dachte: „Ich bin nicht in Stimmung zu gehen."

T: Und welches *Gefühl* kam mit dem Gedanken: „Ich bin nicht in Stimmung zu gehen?"

P: Ich glaube, ich war ein bißchen ängstlich.

In vielen Fällen korrigiert der Therapeut den Patienten, der einen Gedanken mit einem Gefühl verwechselt hat, nur indirekt.

P: Ich habe im Bett gelegen, an die Decke gestarrt und hatte das Gefühl, daß ich nie aufstehen kann und zu spät an die Uni komme.

T: Sie haben also im Bett gelegen und hatten die Gedanken: „Ich kann nie aufstehen." und „Ich komme zu spät an die Uni."

P: Ja.

T: Und wie haben sich diese Gedanken auf Ihre Gefühle ausgewirkt?

Schließlich entscheidet der Therapeut gelegentlich, dem Patienten den Unterschied sehr deutlich zu machen, wenn er davon überzeugt ist, daß dies im Moment wichtig ist, daß es den Verlauf der Sitzung nicht zu sehr stört und nicht dazu führt, daß wichtige Daten in Vergessenheit geraten.

T: Haben Sie diese Woche ab und zu daran gedacht, die Hausaufgaben für die Therapie zu machen?

P: Ja, ab und zu.

T: Können Sie sich an einen bestimmten Zeitpunkt erinnern?

P: Gestern, nach dem Abendessen, ist mir beim Aufräumen eingefallen, daß wir heute unsere Sitzung haben.

T: Was ist Ihnen in diesem Moment durch den Kopf gegangen?

P: Ach, ich hatte das Gefühl, daß es zwecklos ist. Es wird wahrscheinlich sowieso nichts nützen.

T: Das sind gute Gedanken. Wir werden sie gleich überprüfen, aber zuerst möchte ich noch einmal den Unterschied zwischen Gedanken und Gefühlen wiederholen. Einverstanden?

P: Klar.

T: Gefühle sind innere Regungen, die Sie spüren – wie Traurigkeit, Ärger, Angst und so weiter. Gedanken sind Einfälle, die Sie haben; Sie denken entweder in Worten oder in Bildern oder Vorstellungen. Verstehen Sie das?

P: Ich glaube schon.

T: Dann kommen wir noch einmal zurück auf den Moment gestern abend, als

Sie daran gedacht haben, die Hausaufgaben für die Therapie zu machen. Welches Gefühl hatten Sie?

P: Ich glaube, ich war traurig.

T: Und welche Gedanken hatten Sie?

P: „Es ist zwecklos. Es wird mir nie mehr besser gehen."

T: Sie hatten also die Gedanken: „Es ist zwecklos. Ich werde nie wieder gesund.", und diese Gedanken haben dazu geführt, daß Sie sich traurig gefühlt haben. Stimmt das?

P: Ja.

In den bisherigen Beispielen hat der Patient anfangs Gedanken als Gefühle bezeichnet. Manchmal tun Patienten auch das Gegenteil, das heißt, sie bezeichnen Gefühle als Gedanken:

T: Sally, was ist Ihnen durch den Kopf gegangen, als Sie in Ihr leeres Zimmer im Wohnheim gegangen sind?

P: Traurig, einsam, echt niedergeschlagen.

T: Sie haben sich also traurig, einsam und niedergeschlagen gefühlt. Welcher Gedanke oder welche Vorstellung hat dazu geführt, daß Sie sich so gefühlt haben?

Die Bedeutung der Unterscheidung zwischen verschiedenen Gefühlen

Der Therapeut arbeitet laufend an der Erstellung und Veränderung seines Fallkonzepts von den Problemen des Patienten und versucht zu verstehen, was der Patient erlebt und wie er die Dinge sieht. Er versucht herauszufinden, wie die grundlegenden Annahmen des Patienten in einer speziellen Situation automatische Gedanken aufkommen lassen und die Gefühle und das Verhalten des Patienten beeinflussen. Die Beziehung zwischen Gedanken, Gefühlen und Verhalten sollte für den Therapeuten nachvollziehbar sein. Wenn der Patient von einer Emotion berichtet, die *nicht* zum Inhalt seines automatischen Gedankens *paßt*, forscht er weiter nach, wie im folgenden Transkript.

T: Wie haben Sie sich gefühlt, als Ihre Mutter nicht gleich zurückgerufen hat?

P: Ich war traurig.

T: Was ist Ihnen durch den Kopf gegangen?

P: Was ist, wenn ihr etwas passiert ist? Vielleicht stimmt etwas nicht mit ihr.

T: Und Sie waren traurig?

P: Ja.

T: Das verwirrt mich ein bißchen, weil diese Gedanken eher ängstlich klingen.

Ist Ihnen noch etwas anderes durch den Kopf gegangen?

P: Ich weiß nicht recht.

T: Können Sie sich die Szene noch einmal vorstellen? Sie sagten, Sie haben am Telefon gesessen und auf ihren Anruf gewartet. *(Der Therapeut hilft der Patientin, die Szene in ihrer Vorstellung noch einmal aufleben zu lassen.)*

P: Und dann habe ich gedacht: „Was ist, wenn etwas passiert ist? Vielleicht stimmt etwas nicht."

T: Was passiert als nächstes?

P: Ich schaue auf das Telefon und mir kommen die Tränen.

T: Was geht Ihnen jetzt durch den Kopf?

P: Wenn meiner Mutter etwas passieren würde, gäbe es niemanden mehr, der sich um mich kümmert.

T: Es gäbe niemanden mehr, der sich um mich kümmert. Welches Gefühl löst das bei Ihnen aus?

P: Traurig. Sehr traurig.

Dieser Dialog begann mit einem Widerspruch. Der Therapeut war aufmerksam und sprach die Patientin darauf an, daß der Inhalt des automatischen Gedankens nicht zu dem damit verbundenen Gefühl paßte. Daraufhin konnte er der Patientin helfen, sich mit Hilfe ihrer Vorstellung an einen entscheidenden automatischen Gedanken zu erinnern. Hätte er beschlossen, die ängstlichen Gedanken in den Mittelpunkt zu stellen, hätte er das wichtigste Anliegen der Patientin möglicherweise übersehen. Es kann zwar auch hilfreich sein, sich auf weniger zentrale Gedanken zu konzentrieren, aber normalerweise wird die Therapie dadurch beschleunigt, daß man die *entscheidenden* automatischen Gedanken findet und mit diesen arbeitet.

Schwierigkeiten bei der Benennung von Gefühlen

Die meisten Patienten können ihre Gefühle problemlos richtig benennen. Einige haben jedoch ein relativ eingeschränktes Vokabular für Gefühle; wieder andere verstehen die Gefühlsbenennungen zwar intellektuell, aber es fällt ihnen schwer, ihre eigenen spezifischen Emotionen zu benennen. In beiden Fällen ist es nützlich, wenn man die Patienten zwischen ihren emotionalen Reaktionen in speziellen Situationen und den Benennungen der Gefühle eine Verbindung herstellen läßt. Die Erstellung einer „Gefühlskarte", wie in Abbildung 7.1 (S. 100), hilft dem Patienten, seine Gefühle präziser zu benennen.

T: Ich möchte ein bißchen über die verschiedenen Gefühle sprechen, damit wir beide besser verstehen können, wie Sie sich in verschiedenen Situationen fühlen. Sind Sie damit einverstanden?

P: Klar.

Ärgerlich	Traurig	Ängstlich
1. Bruder sagt, daß er weggeht, um Freunde zu treffen.	1. Mama ruft nicht zurück.	1. Mich im Seminar melden.
2. Zimmergenossin gibt Buch nicht zurück.	2. Wohnheimtreffen – keiner beachtet mich.	2. Wirtschafts-Hausarbeit schreiben.
3. Zimmergenossin hört Musik zu laut.	3. Eine Drei in der Semesterarbeit.	3. Freundin zum Abend-essen einladen.

Abbildung 7.1: Sallys Gefühlskarte

T: Können Sie sich an eine Situation erinnern, in der Sie ärgerlich waren?

P: Äh, ja. ... Als mein Bruder aus dem College nach Hause gekommen ist und sich ungeheuer aufgespielt hat. ... Er wollte überhaupt nichts mehr mit mir zu tun haben.

T: Erinnern Sie sich an eine bestimmte Szene?

P: Ja. Es war in den Weihnachtsferien. Ich hatte ihn seit dem Erntedankfest nicht gesehen. Ich dachte, wir würden am ersten Tag, an dem er zu Hause ist, etwas zusammen machen, aber er hat verkündet, daß er gleich weggeht, um seine Freunde zu treffen.

T: Und was ist Ihnen durch den Kopf gegangen?

P: Was glaubt er, wer er auf einmal ist? Er findet sich so klasse, nur weil er jetzt im College ist.

T: Und wie haben Sie sich gefühlt?

P: Wütend.

Der Therapeut läßt die Patientin ein spezifisches Ereignis beschreiben, bei dem sie eine bestimmte Emotion hatte. Die Beschreibung läßt vermuten, daß die Patientin ihr Gefühl richtig identifiziert hat. Der Therapeut möchte aber ganz sicher gehen und bittet sie deshalb, ihre automatischen Gedanken aufzudecken. Der Inhalt der automatischen Gedanken paßt zu dem angegebenen Gefühl.

Als nächstes bittet der Therapeut die Patientin, sich an zwei weitere Gelegenheiten zu erinnern, in denen sie ärgerlich war. Das geht relativ schnell und der Therapeut fragt nicht nach bestimmten Gedanken, weil er aufgrund der Beschreibung ausreichend sicher ist, daß die Patientin ihr Gefühl richtig benannt hat. Er ergänzt eine Hausaufgabe.

T: Notieren Sie sich kurz diese drei Situationen, in denen Sie ärgerlich waren. Am besten machen Sie mehrere Spalten und schreiben über die erste „Ärgerlich". Können Sie jeweils ein paar Worte notieren, um die Situationen zu beschreiben? [vgl. Abbildung 7.1]

P *(tut das.)*

T: Wir sind ein bißchen in Zeitdruck. Wenn wir die beiden anderen Spalten „Traurig" und „Ängstlich" nennen, können Sie dann zu Hause darüber nachdenken, ob Ihnen spezielle Situationen einfallen, in denen Sie diese Gefühle hatten, und sie notieren? Glauben Sie, das können Sie ohne allzu großen Aufwand machen?

P: Ja, ich glaube schon.

T *(überprüft, ob die Patientin sich an den Sinn der Aufgabe erinnert.)*: Können Sie sich daran erinnern, warum es sich lohnt, diese Zeit zu investieren, um zwischen Ihren Gefühlen zu unterscheiden?

P: Na ja, manchmal bin ich mir nicht sicher, was ich fühle oder was mich beunruhigt. Diese Aufgabe könnte mir also helfen.

T: Ja. Und vielleicht könnten Sie diese Liste zur Hilfe nehmen, wenn Sie nächste Woche merken, daß Sie aufgeregt sind, und versuchen herauszufinden, welches Gefühl Sie haben. Einverstanden?

P: Einverstanden.

T: Dann können Sie sich das auf Ihr Hausaufgabenblatt schreiben: die „Gefühlskarte" fertigmachen und zur Hilfe nehmen, wenn Sie aufgeregt sind.

Wie bereits erwähnt brauchen die meisten Patienten diese Technik zur Unterscheidung von Gefühlen nicht. Andere können aber von einer kurzen Besprechung ähnlich der oben dargestellten profitieren. Einigen Patienten kann eine Liste von negativen Gefühlen (vgl. Abbildung 7.2) und eine kurze Besprechung helfen.

> Traurig, niedergeschlagen, einsam, unglücklich
> Ängstlich, besorgt, furchtsam, verängstigt, angespannt
> Ärgerlich, wütend, gereizt, genervt
> Beschämt, verlegen, erniedrigt
> Enttäuscht
> Eifersüchtig, neidisch
> Schuldig
> Verletzt
> Mißtrauisch

Abbildung 7.2: Negative Gefühle

Schwierigkeiten bei der Einschätzung der Stärke eines Gefühls

Für die Patienten ist es wichtig, daß sie ihre Gefühle nicht nur benennen, sondern auch die *Stärke* des Gefühls, das sie bewegt, einschätzen können. Manche haben dysfunktionale Annahmen über Gefühle an sich, sie glauben zum Beispiel, wenn sie eine geringe Belastung fühlen, daß diese stärker und unerträglich werden wird. Wenn sie lernen, die Intensität von Gefühlen einzuschätzen, können die Patienten diese Annahme leichter überprüfen.

Darüber hinaus ist es wichtig festzustellen, ob die Überprüfung und Beantwortung eines Gedankens oder einer Annahme wirksam war. Ob eine Kognition eine weitere Intervention benötigt, entscheiden Therapeut und Patient, indem sie die Abnahme der Gefühlsintensität grob abschätzen. Wenn der Therapeut die Veränderung der Belastung nicht erhebt, könnte er irrtümlicherweise annehmen, daß eine Intervention erfolgreich war und zu früh zum nächsten Gedanken oder Problem übergehen. Ebenso könnte das Gegenteil passieren: Der automatische Gedanke oder die Annahme wird weiterdiskutiert, obwohl sie den Patienten nicht länger belastet.

Schließlich hilft die Abschätzung der Gefühlsintensität in einer bestimmten Situation dem Therapeuten und Patienten bei der Entscheidung, ob eine genauere Untersuchung dieser Situation erforderlich ist. Die Besprechung einer Situation mit relativ geringer Gefühlsintensität kann weniger lohnend sein als die Besprechung einer belastenderen Situation, in der möglicherweise wichtige Annahmen aktiviert wurden.

Die meisten Patienten lernen auch ohne visuelle Unterstützung recht schnell, die Intensität eines Gefühls zu beurteilen.

T: Wie haben Sie sich gefühlt, als Ihr Freund sagte: „Leider habe ich im Moment keine Zeit."

P: Ich glaube, ziemlich traurig.

T: Wenn 100% das traurigste ist, was Sie jemals gefühlt haben oder sich vorstellen können zu fühlen, und 0% ist überhaupt nicht traurig, wie traurig waren Sie dann, als er sagte: „Leider habe ich im Moment keine Zeit."

P: Ungefähr 75%.

Manchen Patienten fällt es schwer, eine bestimmte Zahl für die Intensität zu vergeben. In diesen Fällen kann der Therapeut eine Skala zeichnen:

0%	25%	50%	75%	100%
gar nicht traurig	etwas traurig	mittel traurig	ziemlich traurig	stärkste Traurigkeit, die ich je gefühlt habe oder mir vorstellen kann

T: Manchmal kann man sich leichter erinnern, wenn man sich noch einmal in die Situation hineinversetzt. *(Bittet den Patienten, die Erfahrung noch einmal zu durchleben, als ob sie sich gerade ereignen würde.)* Sehen Sie sich jetzt bitte diese Skala an. Wie, meinen Sie, haben Sie sich nach dem Treffen gefühlt? Etwas traurig? Mittel traurig? Ziemlich traurig?

P: Ach, irgendwo zwischen ziemlich traurig und stärkste Traurigkeit, die ich je gefühlt habe.

T: Irgendwo zwischen 75% und 100% traurig? Welche Zahl ist näher dran?

P: Ach, ich glaube 80% traurig.

Wenn der Patient *immer noch* Schwierigkeiten hat, die Intensität seiner Gefühle einzuschätzen, kann der Therapeut die Entwicklung einer persönlichen Gefühlsstärkeskala in Betracht ziehen, die als Maßstab für zukünftige Ratings verwendet werden kann (Abbildung 7.3). Der Therapeut wählt das dominierende Gefühl des Patienten aus, begründet sein Vorgehen oder erfragt die Begründung vom Patienten.

T: Manchmal hilft es, wenn man sich eine Liste von Situationen macht, die mit einem Gefühl verbunden waren. Aber vorher wüßte ich gerne, ob Sie verstehen, warum ich das überhaupt so betone. Warum könnte es wichtig sein einzuschätzen, wie stark Ihr Gefühl ist?

P: Letzte Woche haben Sie gesagt, daß es eine Möglichkeit ist einzuschätzen, ob es sich lohnt, etwas zu diskutieren. Und auch damit man weiß, ob es etwas geholfen hat, einen Gedanken zu beantworten.

T: Gut. Dann machen wir jetzt eine Liste von Situationen, in denen Sie Angst hatten. Was war die *größte* Angst, die Sie je hatten oder sich vorstellen können?

Stärke des Gefühls/Angst	Situationen
0%	letzten Samstag Film im Fernsehen anschauen
10%	nicht sicher sein, ob ich heute pünktlich zur Therapie komme
20%	Schmerzen in der Seite: Blinddarmentzündung?
30%	überlegen, warum Mama unerwartet angerufen hat
40%	daran denken, wieviel Arbeit ich erledigen muß
50%	mich im Seminar melden, wenn ich die Antwort sicher weiß
60%	überlegen, ob ich zum Tutor gehen soll
70%	mit Freunden über das Leben nach dem Diplom reden
80%	mich im Seminar melden, wenn ich die Antwort nicht sicher weiß
90%	die Nacht vor der Semesterarbeit in Wirtschaft
100%	Autounfall meines Vaters

Abbildung 7.3: Sallys Gefühlsstärkeskala

P: Uff ... das war wahrscheinlich, als mein Vater den Autounfall hatte und ich dachte, er würde sterben.

T *(schreibt oder läßt die Patientin „Vaters Autounfall" unten auf das Blatt schreiben.)*: Und wann waren Sie kein bißchen ängstlich?

P: Ich glaube am Samstag, als ich den Film im Fernsehen gesehen habe.

T: Dann schreiben wir das ganz oben auf die Seite. *(Tut das.)* Gut, fällt Ihnen eine Situation ein, die dazwischen liegt?

P: Zum Beispiel gestern, als ich daran gedacht habe, wieviel Arbeit ich erledigen muß.

T *(schreibt das etwa in die Mitte.)*: Gut, noch eine Situation, in der Sie ängstlich waren.

P: Als ich diesen stechenden Schmerz in der Seite hatte und mir Sorgen gemacht habe, daß es eine Blinddarmentzündung sein könnte.

T: Gut. Waren Sie nervöser, als Sie die Schmerzen in der Seite hatten oder als Sie daran gedacht haben, wieviel Arbeit Sie erledigen müssen?

P: Als ich an die Arbeit gedacht habe. Ich war nur ein bißchen nervös wegen der Blinddarmentzündung. Es hat sich sowieso herausgestellt, daß es nichts war.

T *(schreibt „Schmerz in der Seite: Blinddarmentzündung?" in den oberen Bereich der Seite.)*: Gut, noch eine Situation.

P: Die Nacht vor der Wirtschafts-Prüfung.

T: Wo paßt die hin?

P: Über den Autounfall meines Vaters.

Therapeut und Patientin machen auf diese Weise weiter, bis sie etwa zehn Situationen mit unterschiedlicher Gefühlsintensität gesammelt haben. Manchmal muß die relative Stärke eines Gefühls neu bewertet werden. Manchmal wird eine Situation entfernt, wenn der Patient entscheidet, daß sie die gleiche Gefühlsstärke wie eine der anderen Situationen hervorruft. Wenn in der Sitzung nicht genügend Zeit ist, um zehn Situationen aufzuzeichnen, kann der Therapeut den Patienten bitten, die Aufgabe zu Hause fortzusetzen. Nachdem die Situationen in eine Rangreihe von gar nicht ängstlich bis maximal ängstlich gebracht wurden, ordnet der Therapeut ihnen Prozentzahlen im Abstand von jeweils zehn Prozent zu. Er läßt den Patienten bestätigen, ob die zugeordnete Zahl der jeweiligen Situation ungefähr entspricht. Wenn nicht, werden die Zahlen und/oder die Situationen verändert. Dann zeigt er dem Patienten, wie er die Skala anwenden soll:

T: Okay, jetzt haben wir unsere Skala. Jetzt können wir sehen, wofür sie gut ist. Gab es in dieser Woche noch eine Situation, in der Sie ängstlich waren?

P: Ja, gestern abend, als mir eingefallen ist, daß ich meine Hausaufgaben für die Therapie noch nicht fertig hatte.

T: Benutzen Sie Ihre neue Skala als Maßstab. Wie ängstlich haben Sie sich etwa gefühlt?

P. Naja, ein bißchen mehr als in dem Moment, als ich Angst hatte, zu spät zur Therapie zu kommen.

T: Welche Prozentzahl würden Sie dafür vergeben?

P: Ich glaube, ungefähr 15%.

T: Gut. Ich möchte, daß Sie diese Skala immer als Maß benutzen, wenn Sie versuchen herauszufinden, wie ängstlich Sie sind. Glauben Sie, das wird Ihnen Probleme machen?

P: Nein. Ich glaube, so geht es leichter.

Die Gefühlsstärke als Wegweiser für die Therapie

Es kann sein, daß dem Patienten nicht klar ist, welche Situationen er für die Besprechung in der Therapie auswählen soll. Der Therapeut kann ihn bitten, die Stärke der Belastung einzuschätzen, die er fühlt oder gefühlt hat, um zu entscheiden, ob er von der Besprechung einer bestimmten Situation voraussichtlich profitieren wird. Im folgenden Transkript merkt der Therapeut schnell, daß sie wahrscheinlich nicht viel erreichen werden, wenn sie sich auf die Situation konzentrieren, die Sally anfangs beschreibt.

T: Wie haben Sie sich gefühlt, als Ihre Zimmergenossin mit ihrem Freund ausgegangen ist, anstatt mit Ihnen?

P: Traurig.

T: Wie traurig ungefähr, von 0 bis 100%?

P: Nicht besonders. Vielleicht 20, 25%.

T: Das klingt, als ob Sie sich dabei nicht *allzu* schlecht gefühlt haben. Gab es diese Woche eine andere Situation, in der Sie sich sehr über sie aufgeregt haben?

Zusammenfassend gesagt: Der Therapeut möchte ein klares Bild von der Situation bekommen, die den Patienten belastet. Er hilft ihm dabei, zwischen seinen Gedanken und Gefühlen deutlich zu unterscheiden. Während dieses Vorgehens zeigt er Empathie für die Gefühle des Patienten und unterstützt ihn bei der Überprüfung der dysfunktionalen Gedanken, die seine Stimmung beeinflußt haben.

8

Die Überprüfung automatischer Gedanken

Ein Patient hat jeden Tag Tausende von Gedanken, von denen einige dysfunktional sind und andere nicht. Um effizient vorzugehen, wählt der Therapeut in jeder Sitzung nur einen oder wenige entscheidende Gedanken zur Überprüfung aus. Dieses Kapitel beschreibt, wie man die Gedanken auswählt, deren Überprüfung den größten Nutzen bringt, wie man diese Gedanken überprüft und wie man die Patienten mit einem System vertraut macht, mit dem sie ihre automatischen Gedanken selbst überprüfen können.

Entscheidung über die Auswahl des automatischen Gedankens

Ein Therapeut kann in einer Sitzung mehrere oder viele automatische Gedanken aufdecken. Wie entscheidet er, nachdem er einen aufgedeckt hat, was als nächstes zu tun ist? Er hat mehrere Möglichkeiten. Er kann:

1. *Sich auf den automatischen Gedanken konzentrieren.* („Wie sehr glauben/glaubten Sie an diesen Gedanken?" „Welche *Gefühle* löst dieser Gedanke bei Ihnen aus?" „Was haben Sie *getan*, nachdem Sie diesen Gedanken hatten?")
2. *Mehr über die Situation herausfinden, die mit dem automatischen Gedanken zusammenhängt.* („Was hat Karen, direkt *bevor* Sie diesen Gedanken hatten, zu Ihnen gesagt?" „Wann ist das passiert?" „Wo waren Sie?" „Erzählen Sie mir mehr über die Situation.")
3. *Untersuchen, wie typisch der automatische Gedanke ist.* („Wie oft haben Sie derartige Gedanken?" „In welchen Situationen?" „Wie sehr beunruhigen Sie derartige Gedanken?")
4. *Weitere automatische Gedanken und visuelle Vorstellungen identifizieren, die in derselben Situation aufgetaucht sind.* („Ist Ihnen noch etwas durch den Kopf gegangen?" „Irgendwelche Vorstellungen oder Bilder?")
5. *Die Situation, die mit dem automatischen Gedanken zusammenhängt, mit Problemlösungsstrategien bearbeiten.* („Haben Sie eine Idee, wie Sie hier vorgehen könnten?" „Wie sind Sie bisher mit derartigen Situationen umgegangen?" „Was würden Sie am liebsten tun?")

6. *Die Annahme untersuchen, die dem automatischen Gedanken zugrunde-liegt.* („Falls dieser Gedanke wahr ist, was würde das für Sie bedeuten?")
7. *Zu einem anderen Thema übergehen.* („Ja, ich glaube, ich verstehe. Er-zählen Sie mir, was letzte Woche noch passiert ist?")

Wie wählt der Therapeut zwischen diesen Möglichkeiten aus? Er fragt sich:

1. Was möchte ich in dieser Sitzung erreichen? Hilft die Arbeit mit diesem Gedanken uns, die therapeutischen Ziele zu erreichen, die ich für diese Sitzung habe?
2. Was hat der Patient auf die Tagesordnung gesetzt? Bearbeiten wir mit diesem Gedanken das Problem, an dem er arbeiten möchte? Wenn nicht, wird uns genügend Zeit für seine Anliegen bleiben? Wird er bei der Überprüfung dieses Gedankens mit mir zusammenarbeiten?
3. Ist dies ein wichtiger Gedanke, auf den man sich konzentrieren sollte? Ist er auffällig verzerrt oder dysfunktional? Wie typisch oder zentral ist er? Wird es dem Patienten in mehr als einer Situation helfen, wenn wir uns auf diesen Gedanken konzentrieren? Wird mir die Untersuchung dieses Gedankens für mein Fallkonzept nützen?

Sally beschrieb zum Beispiel ein Problem, das sie in der Bibliothek gehabt hatte.

THERAPEUT: Was ist Ihnen durch den Kopf gegangen, als Sie das Buch, das Sie brauchten, nicht finden konnten?
PATIENTIN: Daß sie so ineffizient sind. Daß es so ein armseliges System ist.
T: Welches Gefühl hat dieser Gedanke bei Ihnen ausgelöst?
P: Ich war frustriert.
T: Wie frustriert?
P: Ungefähr 90%.
T: Was ist dann passiert?
P: Ich habe gesagt: „Ihr könnt mich mal.", bin in mein Zimmer zurückgegan-gen und habe statt dessen an meinen Problemen in Chemie gearbeitet.
T: Wie hat sich das auf Ihre Stimmung ausgewirkt?
P: Es ging mir besser. Ich habe das Buch dann schließlich von Lisa ausgelie-hen. Am Montag muß ich es ihr allerdings zurückgeben.
T: Sie haben das Problem also gelöst. Möchten Sie noch irgend etwas wichti-ges zu dieser Sache sagen, bevor wir weitermachen?

Hier entscheidet der Therapeut, daß der automatische Gedanke nicht weiter be-sprochen werden muß, obwohl er in der Situation selbst belastend war, weil 1. Sally nicht mehr darunter leidet, 2. Sally zweckmäßig gehandelt hat, 3. das

Problem gelöst ist, 4. es dringendere Probleme auf der Tagesordnung gibt und 5. Sally bisher in Situationen dieser Art keine dysfunktionalen Reaktionsmuster gezeigt hat.

Konzentration auf einen automatischen Gedanken

Nachdem der Therapeut beschlossen hat, sich mit einem automatischen Gedanken zu befassen, versucht er mit den folgenden Fragen zu bestätigen, daß sich die Untersuchung des Gedankens lohnt:

1. Wie sehr glauben Sie im Moment an diesen Gedanken (0–100%)?
2. Welches Gefühl löst dieser Gedanke bei Ihnen aus?
3. Wie stark (0–100%) ist dieses Gefühl?

Wenn die Überzeugung und die Belastung gering sind, wird der Therapeut höchstwahrscheinlich vorschlagen, zu etwas anderem überzugehen. Wenn der Patient stark an den automatischen Gedanken glaubt und dadurch auffällig belastet ist, vervollständigt der Therapeut das Bild durch Fragen im Sinne des kognitiven Modells:

1. Wann hatten Sie diesen Gedanken? In welcher speziellen Situation?
2. Welche weiteren belastenden Gedanken und Vorstellungen hatten Sie in dieser Situation?
3. *[Vor allem bei ängstlichen Patienten:]* Sind Ihnen irgendwelche Körperempfindungen aufgefallen?
4. Was haben Sie als nächstes getan?

Nachdem er ein vollständigeres Bild gewonnen hat, kann der Therapeut eine oder mehrere der folgenden Alternativen wählen:

1. Er kann laut oder im Stillen eine Hypothese darüber bilden, wie der Gedanke bzw. die Gedanken in dieser bestimmten Situation zu seinem allgemeineren Fallkonzept des Patienten passen: „Sally, könnte dies ein weiteres Beispiel dafür sein, daß Sie ständig meinen, Sie würden etwas nicht schaffen?"
2. Er kann den automatischen Gedanken dazu benutzen, um implizit oder explizit das kognitive Modell zu verstärken (gewöhnlich in einem frühen Stadium der Therapie), zum Beispiel: „Als Sie in der Bibliothek waren und versucht haben zu lernen, hatten Sie also den Gedanken: ‚Ich kann

das niemals alles lernen.', und dieser Gedanke hat Sie traurig gemacht und dazu geführt, daß Sie Ihr Buch zugeklappt und aufgegeben haben. Ist das richtig?"

3. Er kann durch sokratische Fragen den Patienten bei der Überprüfung und Beantwortung des Gedankens unterstützen, wie in der folgenden Situation: „Sally, welche *Beweise* haben Sie dafür, daß Sie Chemie niemals lernen können?"
4. Er kann gemeinsam mit dem Patienten Problemlösungsstrategien entwickeln: „Sally, was könnten Sie tun, um diesen Stoff besser zu lernen?"
5. Er kann die Pfeil-abwärts-Technik benutzen (vgl. Kapitel 10, Seite 148–150), um eine zugrundeliegende Annahme aufzudecken: „Sally, falls es stimmt, daß Sie Chemie nicht lernen können, was würde das für Sie bedeuten?"

Fragen zur Überprüfung eines automatischen Gedankens

Nachdem er einen automatischen Gedanken aufgedeckt und festgestellt hat, daß dieser wichtig und belastend ist, und die begleitenden Reaktionen herausgefunden hat (emotional, physiologisch und Verhalten), kann der Therapeut beschließen, dem Patienten bei der Überprüfung des Gedankens zu helfen. *Er stellt jedoch den automatischen Gedanken nicht direkt in Frage.* Dafür gibt es zwei Gründe: Zum einen kann er im voraus nicht wissen, ob ein bestimmter automatischer Gedanke verzerrt ist oder nicht. Zum anderen verletzt der direkte Widerspruch ein grundlegendes Prinzip der kognitiven Therapie, das des gemeinsamen empirischen Vorgehens: Therapeut und Patient untersuchen gemeinsam den automatischen Gedanken, überprüfen seine Gültigkeit und/oder Nützlichkeit und entwerfen eine passendere Antwort. Der Therapeut ist sich der Tatsache bewußt, daß automatische Gedanken selten völlig falsch sind. Im allgemeinen enthalten sie ein Körnchen Wahrheit, und es ist wichtig, dieses Körnchen anzuerkennen, falls es existiert.

Der Therapeut kann von der ersten Sitzung an Fragen zur Überprüfung eines bestimmten automatischen Gedankens stellen. In der zweiten oder dritten Sitzung beginnt er, die Vorgehensweise explizit zu erklären:

T (*faßt den letzten Teil der Sitzung zusammen und schreibt die automatischen Gedanken für beide sichtbar auf ein Papier.*): Als Sie auf dem Weg zur Bibliothek Ihre Freundin Karen getroffen haben, hatten Sie also den Gedanken: „Sie interessiert sich nicht wirklich dafür, was mit mir passiert.", und dieser Gedanke hat Sie traurig gemacht.

P: Genau.

T: Und wie stark haben Sie damals daran geglaubt, daß dieser Gedanke richtig ist?

P: Oh, ziemlich. Ungefähr 90%.

T: Und wie traurig waren Sie?

P: Vielleicht 80%.

T: Erinnern Sie sich, was wir letzte Woche gesagt haben? Manchmal sind automatische Gedanken wahr, manchmal stellt sich heraus, daß sie nicht wahr sind, und manchmal enthalten sie ein Körnchen Wahrheit. Können wir uns jetzt diesen Gedanken über Karen ansehen und feststellen, wie zutreffend er ist?

P: In Ordnung.

T: Hier ist eine Liste von Fragen, an die wir uns halten sollten *(vgl. Abbildung 8.1)*. Sie können dieses Exemplar behalten. Schauen wir uns einmal die ersten fünf Fragen an. Lassen Sie mich die Fragen stellen – welche Anhaltspunkte gibt es dafür, daß der Gedanke richtig ist, daß sie sich nicht dafür interessiert, was mit Ihnen passiert?

P: Naja, als wir auf dem Locust Walk gegangen sind, schien sie echt in Eile zu sein. Sie hat nur schnell, „Hallo Sally, bis gleich", gesagt und ist schnell weitergelaufen. Sie hat mich kaum angeschaut.

T: Noch mehr?

P: Nein ... keine, die mir im Moment einfallen. Außer, daß sie manchmal ziemlich beschäftigt ist und wenig Zeit für mich hat.

T: Noch mehr?

P: Nein, ich glaube nicht.

T: Gut, gibt es auch Anhaltspunkte für das Gegenteil, daß sie sich vielleicht *doch* dafür interessiert, was mit Ihnen passiert?

P *(antwortet allgemein.)*: Naja, sie ist ziemlich nett. Wir sind seit Beginn der Collegezeit befreundet.

T: Was tut oder sagt sie, woraus man schließen könnte, daß sie Sie mag? *(Hilft der Patientin, konkreter zu überlegen.)*

P: Hmmm ... normalerweise fragt sie mich, ob wir uns zusammen etwas zu essen holen sollen. Manchmal bleiben wir ziemlich lange auf und reden über alles mögliche.

T: Gut. Gestern ist sie also an Ihnen vorbeigerannt, ohne viel zu sagen. Und es hat auch schon andere Gelegenheiten gegeben, wo sie ziemlich beschäftigt war. Aber andererseits fragt sie Sie, ob Sie mit ihr essen wollen, und manchmal reden Sie bis spät in die Nacht miteinander. Richtig?

P: Genau.

Der Therapeut forscht vorsichtig nach, um für die Richtigkeit von Sallys Gedanken *Beweise zu finden*. Nachdem Sie ihm Anhaltspunkte dafür und dagegen genannt hat, faßt er zusammen, was Sally bisher gesagt hat. Im nächsten Abschnitt hilft er Sally, sich eine *sinnvolle alternative Erklärung* für das, was passiert ist, zu überlegen, und bittet sie, *mögliche Folgen zu untersuchen*.

HINTERFRAGEN AUTOMATISCHER GEDANKEN

1. Welche Beweise gibt es?
   Welche Anhaltspunkte sprechen für diesen Gedanken?
   Welche Anhaltspunkte sprechen gegen diesen Gedanken?

2. Gibt es eine alternative Erklärung?

3. Was ist das *Schlimmste*, das passieren könnte? Könnte ich das überleben?
   Was ist das Beste, das passieren könnte?
   Was ist das realistischste Ergebnis?

4. Welchen Effekt hat es, wenn ich an den automatischen Gedanken glaube?
   Welchen Effekt könnte es haben, wenn ich mein Denken verändere?

5. Was sollte ich tun?

6. Was würde ich _____ (einem Freund) in dieser Situation raten?

Abbildung 8.1: Hinterfragen automatischer Gedanken. Copyright Judith Beck, 1993.

T: Gut. Sehen wir uns die Situation noch einmal an. Gibt es eine andere Erklärungen für das, was geschehen ist, außer daß sie kein Interesse daran hat, was mit Ihnen passiert.
P: Ich weiß nicht.
T: Aus welchem Grund könnte sie noch vorbeigerannt sein?
P: Ich weiß nicht recht. Vielleicht hatte sie eine Veranstaltung. Es kann sein, daß sie zu spät dran war.
T: Okay. Was wäre das *Schlimmste*, was in dieser Situation passieren könnte.
P: Daß sie mich wirklich nicht mag, nehme ich an. Daß ich mich nicht auf ihre Unterstützung verlassen kann.
T: Würden Sie das überleben?
P: Ja. Aber ich wäre nicht glücklich darüber.
T: Und was wäre das *Beste*, was passieren könnte?
P: Daß sie mich doch mag. Daß sie es damals einfach eilig hatte.
T: Und was ist *das realistischste Ergebnis?*
P: Ich schätze, sie mag mich doch.

Im obigen Abschnitt hilft der Therapeut Sally zu erkennen, daß sie überleben könnte, selbst wenn der schlimmste Fall einträte. Sally erkennt auch, daß ihre schlimmsten Befürchtungen wahrscheinlich nicht wahr werden. Im nächsten Abschnitt läßt der Therapeut Sally abschätzen, welche *Konsequenzen* es hat, wenn sie auf ihre verzerrten Gedanken antwortet bzw. nicht antwortet, und hilft ihr dann, sich auf die *Lösung des Problems* zu konzentrieren und einen Plan zur Verbesserung der Situation zu entwerfen.

T: Und welchen *Effekt* hat es, wenn Sie denken, daß sie Sie nicht mag?

P: Es macht mich traurig. Ich glaube, es führt dazu, daß ich mich irgendwie von ihr zurückziehe.

T: Und welchen Effekt hätte es, wenn Sie Ihr *Denken ändern* würden?

P: Es würde mir besser gehen.

T: Und was glauben Sie, was Sie jetzt *tun* sollten?

P: Äh ... ich weiß nicht recht, was Sie meinen.

T: Haben Sie sich denn ein wenig zurückgezogen, seit das gestern passiert ist?

P: Ja, ich glaube schon. Als ich sie heute morgen getroffen habe, habe ich nicht viel gesagt.

T: Heute morgen haben Sie sich also noch so verhalten, als ob Ihr ursprünglicher Gedanke richtig wäre. Wie könnten Sie sich anders verhalten?

P: Ich könnte mehr mit ihr reden, selbst freundlicher sein.

Wenn Sallys Therapeut sich nicht sicher wäre, ob ihre sozialen Fertigkeiten oder ihre Motivation ausreichen, um den Plan, freundlicher zu Karen zu sein, auch durchzuführen, könnte er ein paar Minuten damit verbringen, ihr z.B. folgende Fragen zu stellen: Wann könnten Sie sie wieder treffen? Glauben Sie, es würde sich lohnen, wenn Sie selbst zu ihr hingehen? Was könnten Sie zu ihr sagen, wenn Sie sie treffen? Gibt es etwas, was Sie daran hindern könnte, das zu sagen? (Wenn nötig, könnte er modellhaft einige Sätze vorgeben, die sie zu Karen sagen könnte und/oder ein Rollenspiel durchführen.)

Im letzten Teil dieser Besprechung stellt Sallys Therapeut fest, wie stark sie jetzt noch an ihren ursprünglichen automatischen Gedanken glaubt und wie sie sich fühlt, um zu entscheiden, wie er in der Sitzung weiter vorgehen möchte.

T: Gut. Wie stark glauben Sie jetzt an diesen Gedanken: „Karen interessiert sich nicht wirklich dafür, was mit mir passiert?"

P: Nicht sehr. Ungefähr 20%.

T: Gut. Und wie traurig sind Sie?

P: Auch nicht sehr. 20%.

T: Gut. Das klingt, als hätte die Übung etwas genützt. Schauen wir uns noch einmal an, was wir getan haben, um Ihnen zu helfen.

Therapeut und Patient verwenden nicht bei jedem automatischen Gedanken, den sie überprüfen, alle Fragen aus Abbildung 8.1. Manchmal erscheint keine dieser Fragen sinnvoll und der Therapeut schlägt einen völlig anderen Kurs ein (vgl. Seite 118–120). In diesem Beispiel entscheidet sich der Therapeut dafür, die ersten fünf Fragen zu stellen, weil er in dieser Sitzung das Ziel hat, der Patientin eine strukturierte Methode zur Untersuchung und Beantwortung ihrer Gedanken zu zeigen. Er wählt mit Absicht einen automatischen Gedanken aus, der ihm wichtig erscheint (d.h., der erheblich zur Belastung der Patientin beiträgt), der kein zusammenhangsloser Einfall ist (sondern ein Dauerthema, das wahrscheinlich wieder auftauchen wird), der verzerrt und dysfunktional zu sein scheint und der wahrscheinlich geeignet ist, der Patientin beizubringen, wie sie in Zukunft andere Gedanken überprüfen und beantworten kann. Er notiert sich auch, wie stark die Patientin *vor und nach* der sokratischen Befragung an den Gedanken glaubt, und wie stark ihr Gefühl ist, damit er die Wirksamkeit der Intervention überprüfen kann.

Der Therapeut kann den Umgang mit Abbildung 8.1 noch einmal wiederholen, um sicher zu sein, daß der Patient die Anwendungsweise und den Zweck versteht. Er kann dazu mit dem gleichen Beispiel arbeiten (wie im folgenden Transkript) und/oder in der nächsten Sitzung ein neues Beispiel benutzen.

T: Lassen Sie uns noch einmal wiederholen, was wir gerade getan haben. Wir hatten am Anfang einen automatischen Gedanken: „Karen interessiert sich nicht wirklich dafür, was mit mir passiert."

P: Richtig.

T: Dann haben wir diese Fragen benutzt, um den Gedanken zu überprüfen *(vgl. Abbildung 8.1)*. Und was ist mit Ihrer Stimmung passiert?

P: Ich war viel weniger traurig.

T: Glauben Sie, daß es Ihnen helfen kann, Ihre Gedanken mit diesen Fragen zu überprüfen, wenn nächste Woche eine andere problematische Situation auftaucht?

P: Vielleicht. Aber was ist, wenn sich herausstellt, daß der Gedanke richtig ist?

T: In diesem Fall könnten wir wahrscheinlich Lösungsmöglichkeiten für das Problem entwickeln. Zum Beispiel hätten wir darüber sprechen können, wie Sie selbst nächste Woche auf Karen zugehen sollen. Tatsache ist, daß keiner von uns im voraus weiß, ob es etwas nützen wird, einen bestimmten Gedanken zu überprüfen. Möchten Sie nächste Woche versuchen, diese Fragen zu benutzen, wenn Sie einen Gedanken identifiziert haben, der Sie beunruhigt?

P: Ja sicher.

T: Falls es Ihnen wie den meisten Leuten geht, muß ich Sie allerdings warnen: Die Arbeit mit diesen Fragen ist manchmal schwieriger, als sie scheint. Es kann sein, daß wir manchmal wirklich zusammenarbeiten müssen, um Ihnen bei der Untersuchung eines Gedankens zu helfen. Aber versuchen Sie es, und falls es Schwierigkeiten gibt, können wir nächste Woche darüber reden. Einverstanden?

Die Überprüfung automatischer Gedanken ist eine Fertigkeit, die man lernen muß. Manche Menschen verstehen sofort, wie es geht; andere brauchen viel Wiederholung und Übung unter Anleitung. Im obigen Transkript sagt der Therapeut Sally mögliche Schwierigkeiten voraus, weil er Selbstkritik und Enttäuschung verringern will. Hätte er vermutet, daß Sally sich trotz seiner Vorwarnung sehr negativ beurteilt, falls sie nicht zur Durchführung der Hausaufgabe in der Lage ist, hätte er das Thema gründlicher behandelt.

T: Sally, was glauben Sie, wie Sie sich fühlen werden, wenn Sie diese Woche Schwierigkeiten damit haben, Ihre Gedanken zu überprüfen?

P: Frustriert, nehme ich an.

T: Was wird Ihnen wahrscheinlich durch den Kopf gehen?

P: Ich weiß nicht. Wahrscheinlich gebe ich es einfach auf.

T: Können Sie sich vorstellen, wie Sie sich dieses Blatt anschauen und nicht herausfinden können, was Sie tun sollen?

P: Ja.

T: Was geht Ihnen durch den Kopf, wenn Sie sich das Blatt ansehen?

P: „Ich sollte das können. Ich bin so dumm."

T: Gut! Und wie beantworten Sie diese Gedanken jetzt?

Sally und der Therapeut überlegen sich Aussagen zur Bewältigung, die Sally auf eine Karte schreibt.

<u>Automatische Gedanken</u>: *Ich sollte das können. Ich bin so dumm.*

<u>Passende Antwort</u>: *Genaugenommen sollte ich das nicht können. Es ist eine neue Fertigkeit. Ich werde es wahrscheinlich irgendwann können, aber es kann sein, daß ich vorher noch mehr mit meinem Therapeuten üben muß. Es hat nichts damit zu tun, ob ich dumm bin oder nicht. Entweder versuche ich gerade, mit einem schwierigen Gedanken zu arbeiten, oder ich brauche einfach noch mehr Unterstützung. Jedenfalls macht es nichts. Es war klar, daß das passieren kann.*

T: Glauben Sie, diese Karte wird als Hilfe ausreichen? Oder glauben Sie, wir sollten die Aufgabe verschieben, bis wir mehr Zeit hatten, um zusammen zu üben?

P: Nein. Ich glaube, ich kann es versuchen.

T: Gut, und wenn Sie frustriert sind und automatische Gedanken haben, schreiben Sie sie bitte unbedingt auf.

P: Okay.

Hier macht der Therapeut die Aufgabe zu einem Vorschlag, bei dem man nur gewinnen kann: Entweder Sally erledigt sie erfolgreich oder sie hat Schwierigkeiten, mit denen ihr der Therapeut in der nächsten Sitzung helfen kann. Wenn sie frustriert ist, liest sie entweder ihre Karte (und fühlt sich wahrscheinlich besser) oder merkt sich ihre Gedanken, so daß sie in der nächsten Sitzung lernen kann, darauf zu antworten.

Abschließend sollte man nicht vergessen, daß nicht alle Fragen zu jedem automatischen Gedanken passen. Außerdem kann es zu mühsam und zeitaufwendig sein, alle Fragen zu benutzen, selbst wenn sie logisch anwendbar wären. Falls der Patient die Vorgehensweise zu mühsam findet, kann es sein, daß er seine automatischen Gedanken überhaupt nicht überprüft.

T: Gut, dann werden wir nächste Woche diese Fragen als Leitlinie benutzen, aber denken Sie daran, daß nicht immer alle davon relevant sind. Besonders Frage 2 trifft oft auf Situationen zu, in denen es um Probleme mit einer anderen Person geht, aber nicht auf alle Situationen. In Zukunft müssen Sie nicht immer die *ganze* Liste durcharbeiten, aber nächste Woche möchte ich, daß Sie alle ausprobieren, um sicherzustellen, daß Sie sie verstanden haben. In den nächsten Wochen werden wir noch ein paar Fragen hinzufügen, einverstanden?

Manchmal fällt es einem Patienten schwer, die Fragen im oberen Teil von Abbildung 8.1 zu benutzen, weil er seinen Gedanken nicht objektiv untersuchen kann. In diesen Fällen ist es häufig nützlich, wenn man den Patienten mehr Distanz zu dem Gedanken herstellen läßt, damit er ihn rationaler überprüfen kann. Eine Methode zur Distanzierung ist, daß der Patient sich *vorstellt, dieselbe Situation würde einem Freund passieren*, und er würde diesem Freund Ratschläge geben. Das folgende Transkript demonstriert zunächst Sallys Schwierigkeit bei der Überprüfung eines Gedankens und zeigt dann, wie der Therapeut ihr mit der „Freund-Frage" hilft, eine neue Perspektive einzunehmen.

T: Gut, um das zusammenzufassen: Sie haben gerade eine Drei in einem überraschenden Test bekommen und hatten den Gedanken: „Ich schaffe es [das College] nie.", der Sie ziemlich traurig gemacht hat.
P: Genau.
T: Sally, gibt es noch andere Anhaltspunkte dafür, daß Sie es nicht schaffen können?
P: Ja, ich kann mich nicht mehr konzentrieren. Ich lese und lese in diesem Wirtschaftsbuch, und es geht einfach nicht in meinen Kopf. In zwei Wochen muß ich eine Hausarbeit abgeben und habe noch nicht einmal damit angefangen.
T: Gibt es Anhaltspunkte für das Gegenteil? Dafür, daß Sie es vielleicht schaffen?
P: Nein, ich glaube nicht.

An diesem Punkt könnte der Therapeut Sally helfen, Anhaltspunkte zu entdecken, von denen er weiß oder die er vermutet: „Haben Sie mir nicht erzählt, daß Sie im ersten Test, der angekündigt war, besser abgeschnitten haben? Ist das ein Anhaltspunkt dafür, daß Sie es schaffen können? Ist es möglich, daß Sie besser abgeschnitten hätten, wenn dieser Test angekündigt gewesen wäre? Wissen Sie, wie die anderen in dieser unangekündigten Arbeit abgeschnitten haben? Kann es sein, daß Sie die Note nicht als Drei, sondern eher als Fünf ansehen?" Statt dessen versucht er es jedoch anders.

T: Sally, wenn Ihre Zimmergenossin in Ihrer Situation wäre und eine Drei bekommen hätte – in einem unangekündigten Wirtschafts-Test, und wenn *sie* den Gedanken hätte: „Ich schaffe es nie.", was würden Sie ihr sagen?

P: Hmmm ... ich weiß nicht.

T: Würden Sie ihr zustimmen? Würden Sie sagen: „Ja Jane, wahrscheinlich hast du recht, du wirst es nicht schaffen."

P: Nein. Auf keinen Fall. Ich nehme an, ich würde sagen: „Hör zu, das war ein Überraschungs-Test, du warst einfach nicht darauf vorbereitet. Wenn du es vorher gewußt hättest, hättest du wahrscheinlich mehr gelernt, oder du hättest den Tutor um Hilfe gebeten und hättest besser abgeschnitten. Das bedeutet nicht, daß du es nicht schaffst. Du warst einfach überrumpelt."

T: Und wie paßt jetzt das, was Sie Ihrer Zimmergenossin sagen würden, zu Ihnen selbst?

P: Naja, es war wirklich eine Überraschung. Es ist richtig, daß ich nicht viel dafür gelernt habe – ich meine, ich habe eine Stunde lang ins Buch gestarrt, aber wenn ich gewußt hätte, daß wir einen Test schreiben, hätte ich mich wahrscheinlich besser konzentriert.

T: Gut. Wie können Sie jetzt also auf diesen Gedanken, „Ich schaffe es nie.", antworten, wenn er wieder auftaucht?

In diesem Beispiel schlägt der Therapeut Sally eine „Freundin" vor, die sie sich vorstellen soll. Normalerweise bittet der Therapeut jedoch den Patienten, den Namen einer bestimmten Person vorzuschlagen: „Sally, können Sie sich eine andere Person in dieser Situation vorstellen, vielleicht eine Freundin oder jemanden aus Ihrer Familie, und sich vorstellen, diese Person hätte denselben Gedanken."

Nachdem er die Technik erfolgreich angewendet hat, versucht der Therapeut als nächstes, die Chance zu erhöhen, daß Sally sie anwenden wird. Deshalb erklärt er ihr genau, wie es geht.

T: Es war also hilfreich, diesen Gedanken, „Ich schaffe es nie.", zu überprüfen, indem Sie ihn von sich weggenommen haben und sich überlegt haben, wie Sie Ihrer Zimmergenossin in dieser Situation helfen würden. Dann haben Sie geschaut, wie dieser Ratschlag auf Sie selbst zutrifft.

P: Ja, ich glaube, ich habe es so klarer gesehen.

T: Haben Sie das Blatt von der letzten Woche dabei, das mit den Fragen, die bei der Überprüfung automatischer Gedanken helfen? Dies ist Frage Nummer 6. Wie wäre es, wenn Sie nächste Woche mit der Frage einen automatischen Gedanken überprüfen, wenn Sie Gelegenheit dazu haben? Und falls Sie irgendwelche Schwierigkeiten damit haben oder es nicht hilfreich finden, können wir das in der nächsten Sitzung besprechen.

Wenn der Patient schon Fortschritte in der Therapie gemacht hat und seine Gedanken automatisch überprüfen kann, kann der Therapeut ihn manchmal einfach dazu auffordern, *sich eine passende Antwort zu überlegen.*

P: (Wenn ich mir überlege, ob ich meine Zimmergenossin bitten soll, die Küche besser in Ordnung zu halten,) denke ich wahrscheinlich, daß ich einfach selber besser saubermachen sollte.

T: Können Sie sich eine zweckmäßigere Art vorstellen, dieses Problem zu betrachten?

P: Ja. Daß es besser für mich ist, wenn ich meine Interessen vertrete. Daß ich etwas Vernünftiges tue. Ich bin nicht unverschämt und verlange nicht mehr von ihr, als gerecht ist.

T: Gut. Was, glauben Sie, wird mit Ihrer Angst passieren, wenn Sie sich das sagen?

P: Sie wird weniger werden.

Alternativ kann der Therapeut den Patienten auch einfach fragen, *wie er antworten könnte*, wenn er den Eindruck hat, daß seine automatischen Gedanken seine Pläne behindern könnten (vorausgesetzt er ist schon einigermaßen erfahren in der Anwendung der oben beschriebenen Fragen).

T: Können Sie sich vorstellen, daß Sie etwas daran hindert, mit der Statistikaufgabe anzufangen?

P: Es könnte sein, daß ich denke, ich habe zuviel zu tun, und mich erdrückt fühle.

T: Was könnten Sie sich sagen, wenn Sie den Gedanken haben: „Ich habe zuviel zu tun."?

P: Daß ich nicht alles an einem Abend schaffen muß und daß ich beim ersten Mal nicht alles perfekt verstehen muß.

T: Gut. Glauben Sie, das wird ausreichen, damit Sie weitermachen und mit der Aufgabe anfangen?

Die Verwendung alternativer Fragen

Der angehende kognitive Therapeut sollte Abbildung 8.1 als Leitlinie benutzen, wenn er mit der Überprüfung automatischer Gedanken beginnt. Für spezielle automatische Gedanken müssen diese Standardfragen jedoch oft modifiziert werden. Overholser (1993a, 1993b) beschreibt diverse Beispiele für verschiedene Typen von sokratischen Fragen.

Das folgende Transkript ist nur eine Illustration dafür, wie der Therapeut seine Befragung variiert, wenn er den Eindruck hat, daß die Standardfragen ineffektiv sein werden.

T: Was ist Ihnen durch den Kopf gegangen (als Sie Ihre Mutter gefragt haben, ob Sie etwas dagegen hat, wenn Sie weniger Zeit mit ihr verbringen, und sie verletzt und ärgerlich reagiert hat)?

P: Ich hätte wissen sollen, daß es eine schlechte Zeit zum Anrufen ist. Ich hätte nicht anrufen sollen.

T: Was sind die Beweise, daß Sie nicht hätten anrufen sollen?

P: Naja, morgens hat es meine Mutter meistens eilig. Wenn ich gewartet hätte, bis sie von der Arbeit zurückkommt, hätte sie vielleicht bessere Laune gehabt.

T: Haben Sie vorher daran gedacht?

P: Ja, schon, aber ich wollte meiner Zimmergenossin gleich sagen, ob ich sie besuchen kann oder nicht, damit sie Pläne machen konnte.

T: Sie hatten also einen Grund dafür, gerade zu diesem Zeitpunkt anzurufen, und es klingt, als hätten Sie gewußt, daß es ein Risiko ist, aber Sie wollten Ihrer Zimmergenossin möglichst sofort Bescheid geben.

P: Genau.

T: Ist es vernünftig, sich so hart zu beurteilen, weil Sie dieses Risiko eingegangen sind?

P: Nein –

T: Sie klingen nicht überzeugt. Wie schlimm ist es eigentlich für Ihre Pläne, wenn Ihre Mutter verletzt ist, weil Sie einen Teil der Sommerferien mit Ihrer Zimmergenossin verbringen wollen?

Der Therapeut ergänzt diese Fragen durch weitere: Wie verletzt war Ihre Mutter? Wie lange war sie so verletzt? Wie geht es ihr vermutlich jetzt? Können Sie Ihrer Mutter jeden Schmerz ersparen? Ist es möglich, daß Sie tun, was gut für Sie ist, und Ihre Mutter überhaupt nicht verletzen – vorausgesetzt sie möchte so viel Zeit wie möglich mit Ihnen verbringen? Ist es ein erstrebenswertes Ziel, *niemals* die Gefühle eines anderen zu verletzen? Was müßten Sie selbst dafür aufgeben?

T: Kommen wir noch einmal zurück zu den ursprünglichen Gedanken: „Ich hätte wissen müssen, daß es eine schlechte Zeit zum Anrufen ist. Ich hätte warten sollen." Wie sehen Sie das jetzt?

P: Naja, es war nicht so schrecklich. Wahrscheinlich wäre sie immer ein bißchen verletzt gewesen, egal, wann ich angerufen hätte, weil sie so viel Zeit wie möglich mit mir verbringen möchte. Aber vielleicht ist es nicht gut für mich, immer das zu tun, was sie möchte und nicht darauf zu achten, was gut für mich ist. Ich schätze, sie wird schon darüber hinwegkommen.

Das obige Transkript zeigt, wie der Therapeut seine Befragung variiert, um der Patientin zu einer passenderen Sicht der Dinge zu verhelfen. Er beginnt zwar mit Fragen nach der *Gültigkeit* des Gedankens, aber er verlagert den Schwerpunkt auf die *unausgesprochene zugrundeliegende Annahme* (die bereits vorher in anderen Zusammenhängen besprochen wurde): Es ist schlecht, die Gefühle anderer Menschen zu verletzen. Am Ende stellt er Sally eine offene

Frage („Wie sehen Sie die Situation jetzt?"), um die Wirkung der Befragung abzuschätzen und um zu überprüfen, ob der automatische Gedanke noch weiter bearbeitet werden muß. Beachten Sie, daß viele Fragen des Therapeuten eine Variation von Frage 2 in Abbildung 8.1 waren: Gibt es eine alternative Erklärung (dafür, daß Sie zu diesem Zeitpunkt angerufen haben, und dafür, daß Ihre Mutter verletzt war [als daß es schlecht von Ihnen und ein Fehler war])?

Die Identifikation kognitiver Verzerrungen

Patienten tendieren dazu, immer wieder die gleichen Denkfehler zu machen. Die kognitive Verarbeitung ist bei Menschen, die an einer psychiatrischen Störung leiden, häufig systematisch negativ verzerrt (Beck, 1976). Wenn der Patient einen automatischen Gedanken berichtet, hält der Therapeut (gedanklich, mündlich oder schriftlich) fest, welche Art von Fehler er dabei macht. Die am weitesten verbreiteten Fehler sind in Abbildung 8.2 dargestellt (vgl. auch Burns, 1980).

Manche Patienten reizt die intellektuelle Herausforderung, ihre kognitiven Verzerrungen selbst zu benennen. Diesen Patienten kann der Therapeut eine Kopie von Abbildung 8.2 geben.

T: Wir haben schon darüber gesprochen, daß Menschen, denen es schlecht geht, oft Gedanken haben, die nicht oder nicht vollständig richtig sind. Stimmt's?

P: Stimmt.

T: Ich gebe Ihnen hier eine Liste mit den häufigsten Fehlern, die Menschen in ihrem Denken machen. Es ist oft hilfreich, wenn Sie versuchen herauszufinden, welchen Fehler Sie machen. Sie können den Gedanken dann besser beantworten. Ich zeige Ihnen jetzt die Liste, dann können Sie entscheiden, ob Sie versuchen möchten, damit zu arbeiten.

P: Okay.

T: Hier sind also zwölf weitverbreitete Fehler. Schauen wir mal, ob wir welche finden können, die Sie in der letzten Zeit gemacht haben. Der erste ist „Alles-oder-nichts-Denken", das heißt, die Dinge nur schwarz-weiß zu sehen, statt in verschiedenen Grautönen. ... Erinnern Sie sich an Ihren Gedanken von letzter Woche: „Entweder ich bekomme eine Eins oder ich bin ein Versager."? Fällt Ihnen auf, daß das sehr schwarz-weiß gedacht ist?

P: Ja.

T: Fallen Ihnen noch andere Beispiele ein? *(Therapeut und Patientin besprechen diese kognitive Verzerrung noch einige Minuten. Dann sucht der Therapeut eine andere Verzerrung, die für diese Patientin typisch ist, und sie*

Obwohl manche automatische Gedanken richtig sind, sind viele entweder unrichtig oder enthalten nur ein Körnchen Wahrheit. Zu den typischen Denkfehlern gehören:

1. *Alles-oder-nichts-Denken* (auch Schwarz-Weiß-, polarisiertes oder dichotomes Denken genannt): Sie sehen eine Situation nicht als Kontinuum, sondern lediglich in zwei Kategorien.
   Beispiel: „Wenn ich nicht total erfolgreich bin, bin ich ein Versager."
2. *Katastrophisieren* (auch Wahrsagen genannt): Sie machen eine negative Vorhersage für die Zukunft, ohne andere, wahrscheinlichere Folgen in Betracht zu ziehen.
   Beispiel: „Vor lauter Aufregung werde ich gar nichts machen können."
3. *Positives ausschließen oder abwerten*: Unvernünftigerweise sagen Sie sich, daß positive Erfahrungen, Taten oder Eigenschaften nicht zählen.
   Beispiel: „Dieses Projekt ist mir gut gelungen, aber das heißt nicht, daß ich qualifiziert bin, ich hatte einfach Glück."
4. *Gefühl als Beweis*: Sie denken, daß etwas wahr sein muß, weil Sie es so stark „fühlen" (in Wirklichkeit glauben), wobei Sie Beweise für das Gegenteil ignorieren oder abwerten.
   Beispiel: „Ich weiß, daß ich bei der Arbeit vieles gut mache, aber ich habe trotzdem das Gefühl, ein Versager zu sein."
5. *Etikettierung*: Sie geben sich selbst oder anderen ein festgelegtes globales Etikett, ohne auf Anhaltspunkte zu achten, die vernünftigerweise zu einer weniger extremen Schlußfolgerung führen würden.
   Beispiel: „Ich bin ein Verlierer. Er taugt nichts."
6. *Vergrößerung/Verkleinerung*: Wenn Sie sich selbst, andere oder eine Situation beurteilen, vergrößern Sie unvernünftigerweise die negativen Aspekte und/oder verkleinern die positiven.
   Beispiel: „Eine mittelmäßige Bewertung beweist, wie unzulänglich ich bin. Gute Noten bedeuten nicht, daß ich schlau bin."
7. *Mentaler Filter* (auch selektive Verallgemeinerung genannt): Anstatt das vollständige Bild zu sehen, legen Sie übermäßig viel Aufmerksamkeit auf ein negatives Detail.
   Beispiel: „In meiner Beurteilung ist eine negative Bewertung (aber auch einige positive). Das bedeutet, daß ich schlechter Arbeit mache."
8. *Gedankenlesen*: Sie glauben zu wissen, was die anderen denken, und ziehen dabei andere, wahrscheinlichere Möglichkeiten nicht in Betracht.
   Beispiel: „Er denkt, daß ich nicht den leisesten Schimmer von diesem Projekt habe."
9. *Übergeneralisation*: Sie ziehen eine radikale negative Schlußfolgerung, die weit über die aktuelle Situation hinausgeht.
   Beispiel: „Ich habe einfach kein Talent, Freude zu finden, [weil ich mich bei dem Treffen nicht wohl gefühlt habe]."
10. *Personalisierung*: Sie glauben, daß es an Ihnen liegt, wenn andere sich negativ verhalten, ohne plausiblere Erklärungen für das Verhalten in Betracht zu ziehen.
    Beispiel: „Der Mechaniker war kurz angebunden zu mir, weil ich etwas falsch gemacht habe."
11. *Aussagen mit „sollte" und „müßte"* (auch Imperative genannt): Sie habe eine genaue, feste Vorstellung davon, wie Sie oder andere sich verhalten sollten, und Sie überschätzen, wie schlecht es ist, wenn diese Erwartungen nicht erfüllt werden.
    Beispiel: „Es ist schrecklich, daß ich einen Fehler gemacht habe. Ich sollte immer mein Bestes geben."
12. *Tunnelblick*: Sie sehen nur die negativen Aspekte einer Situation.
    Beispiel: „Der Lehrer meines Sohnes kann nichts richtig machen. Er ist zu kritisch und unsensibel und ein miserabler Pädagoge."

Abbildung 8.2: Denkfehler. Adaptiert mit freundlicher Genehmigung von A.T. Beck

besprechen diesen zweiten Fehlertyp in gleicher Weise.) Hätten Sie Lust, als Hausaufgabe jeweils die Verzerrung genau zu benennen, wenn Sie einen automatischen Gedanken einfangen? Wir können dieses Blatt auch in den Sitzungen vor uns liegen lassen und, wenn wir über andere automatische Gedanken sprechen, ab und zu sehen, ob wir herausfinden können, in welcher Weise sie verzerrt sind.

Viele Patienten finden die Liste in Abbildung 8.2 erdrückend. In diesen Fällen kann der Therapeut nur die Verzerrungen, die für diesen Patienten typisch sind, benennen und beschreiben.

T: Wir haben gerade einige automatische Gedanken identifiziert, die Sie diese Woche über Ihre Arbeit, Ihre Gesundheit und Ihre Kinder hatten. Ich frage mich, ob wir da ein gemeinsames Motiv finden können – es scheint so, als ob Sie in jedem Fall immer das Schlimmste vorhersagen, was passieren könnte. Ist das richtig?
P: Ja.
T: Wenn Menschen das Schlimmste vorhersagen, nennen wir das Wahrsagen oder Katastrophisieren – weil sie glauben, daß eine Katastrophe passieren könnte. Ist Ihnen bewußt, daß Sie oft katastrophisieren?
P: Ich glaube, wahrscheinlich tue ich das.
T: Wie wäre es, wenn Sie diese Woche versuchen, sich beim Katastrophisieren zu ertappen? Wenn Sie einen automatischen Gedanken aufschreiben, achten Sie darauf, ob Sie das tun, und wenn ja, schreiben Sie „Katastrophisieren" daneben.

Die dritte Möglichkeit besteht darin, dem Patienten die Liste mit den Verzerrungen zu geben, aber nur die zwei oder drei Fehler zu besprechen, die für diesen Patienten am typischsten sind, damit er von dem Versuch, sich auf alle zu konzentrieren, nicht überwältigt wird. Wenn der Patient bestimmen kann, welche Verzerrung er vornimmt, kann er die Gültigkeit seines Gedankens oft objektiver überprüfen.

Der nächste Abschnitt beschreibt, wie man Patienten helfen kann festzustellen, wie nützlich ihre Gedanken sind.

Befragung zur Überprüfung der Nützlichkeit automatischer Gedanken

Manche automatische Gedanken sind völlig zutreffend oder der Patient ist trotz der Überprüfung davon überzeugt, daß sie wahr sind, obwohl es nicht stimmt. In solchen Fällen wird die *Nützlichkeit* des Gedankens überprüft. Der Therapeut kann dem Patienten entweder dabei helfen, die Konsequenzen seines Denkens abzuschätzen (wie in Frage 4 von Abbildung 8.1) oder direkt danach fragen, welche Vor- und Nachteile es hat, den Gedanken beizubehalten. Anschließend sollte eine passende Antwort auf den Gedanken besprochen werden.

T: Sally, es kann sein, daß Sie wirklich keine guten Chancen haben, den Ferienjob zu bekommen, den Sie gerne hätten. Aber welche Vorteile haben Sie davon, sich ständig zu sagen: „Ich kriege ihn bestimmt nicht, ich kriege ihn bestimmt nicht."?

P: Naja, ich bin nicht enttäuscht, wenn ich ihn nicht bekomme.

T: Und welche Nachteile hat es, sich das immer wieder zu sagen?

P: Welche Nachteile?

T: Macht Sie dieser Gedanke sehr zufrieden? Hilft er Ihnen dabei, die Bewerbung fertigzustellen? Haben Sie dadurch mehr Freude an der Uni?

P: Nein.

T: Sie sehen also, daß es Nachteile hat, wenn Sie sich sagen, daß Sie den Job bestimmt nicht kriegen.

P: Ja.

T: Was wäre eine nützliche Antwort auf den Gedanken: „Ich kriege den Job bestimmt nicht"?

P: Ich kriege den Job?

T: Naja, ich frage mich, ob das nicht eine *zu* rosige Sichtweise ist. Wie wäre es, wenn Sie sich sagen, daß Sie gute Chancen haben, *einen* Job zu finden, auch wenn es nicht Ihr Traumjob ist. Dann könnten Sie sich vielleicht noch daran erinnern, sich wieder auf das zu konzentrieren, was Sie gerade tun. Glauben Sie, das würde Ihnen helfen? ... Wollen Sie es diese Woche ausprobieren?

Ein anderes Mal könnte der Therapeut sich dem Gedanken, „Ich kriege den Job, den ich möchte, bestimmt nicht.", zuwenden und die zugrundeliegende Bedeutung untersuchen. In dieser Sitzung beschließt er aber, die Nützlichkeit des automatischen Gedankens zu überprüfen. Im nächsten Abschnitt erläutert er der Patientin explizit die Vorgehensweise.

T: Lassen Sie uns noch einmal wiederholen, was wir gerade getan haben, Sally. Wir haben mit dem Gedanken: „Ich kriege den Job, den ich möchte, bestimmt nicht.", angefangen. Wir haben uns Beweise dafür angesehen, daß der Gedanke wahr ist, aber es hat sich herausgestellt, daß es gar nicht klar ist, ob Ihre Vorhersage stimmt oder nicht. Also haben wir dann überlegt, ob der Gedanke *nützlich* ist. Erinnern Sie sich, wie wir das beurteilt haben?

P: Ja. Wir haben uns die Vor- und Nachteile angeschaut.

T: Richtig. Und nachdem wir festgestellt haben, daß er ziemlich viele Nachteile hat, haben wir uns einen Plan überlegt, wie Sie darauf antworten können, wenn der Gedanke das nächste Mal auftaucht. Das heißt, auch wenn ein Gedanke wahr ist oder wenn Sie ihn eigentlich nicht überprüfen können, können Sie, wegen seiner Nachteile, trotzdem darauf antworten.

Feststellen, wie effektiv die Überprüfung des automatischen Gedankens war

Nachdem der Therapeut einen automatischen Gedanken mit Standardfragen oder anderen Fragen (oder mit einem Verhaltensexperiment; vgl. Kap. 12, S. 201–203) überprüft hat, ermittelt er die Wirksamkeit der Überprüfung, um entscheiden zu können, was er in der Sitzung als nächstes tun will. Wenn der Patient nicht mehr so stark an den automatischen Gedanken glaubt und seine emotionale Reaktion deutlich schwächer geworden ist, bedeutet das für den Therapeuten, daß er zu einem anderen Thema übergehen sollte.

T: Wie stark glauben Sie jetzt daran, daß Jane ärgerlich werden und bleiben wird, wenn Sie das Lärmproblem ansprechen?
P: Nicht sehr. Vielleicht 25%.
T: Und wie besorgt sind Sie jetzt?
P: Weniger. Ungefähr 20%.
T: Gut. Gibt es noch etwas zu diesem Thema? Nein? Wollen wir dann zum nächsten Tagesordnungspunkt übergehen?

Hypothesen bilden, warum die Überprüfung eines automatischen Gedankens nicht effektiv war

Wenn der Patient immer noch stark an den automatischen Gedanken glaubt und sich nicht besser fühlt, versucht der Therapeut zu verstehen, weshalb dieser erste Versuch einer kognitiven Restrukturierung nicht wirksam genug war. Dabei sollte man unter anderem folgende möglichen Gründe bedenken:

1. Es gibt noch andere, zentralere automatische Gedanken und/oder visuelle Vorstellungen, die nicht identifiziert oder überprüft wurden.
2. Die Überprüfung des automatischen Gedankens war nicht einleuchtend, oberflächlich oder unzulänglich.
3. Der Patient hat nicht alle Anhaltspunkte angesprochen, die seiner Ansicht nach für den automatischen Gedanken sprechen.
4. Der automatische Gedanke ist gleichzeitig eine Grundannahme.
5. Der Patient erkennt „rational", daß der automatische Gedanke verzerrt ist, aber „emotional" glaubt er es nicht.
6. Der Patient wertet die Überprüfung ab.

Im ersten Fall *hat der Therapeut den wichtigsten automatischen Gedanken bzw. Vorstellung nicht erfragt.* Sally berichtete zum Beispiel den Gedanken: „Ich werde es wahrscheinlich nicht schaffen [für die Schülerzeitung zu schreiben]."

Die Überprüfung dieses Gedankens verbesserte ihre Stimmung nicht wesentlich, weil sie noch andere wichtige (aber unerkannte) Gedanken hatte: „Was ist, wenn sie [die Herausgeber] mich für eine schlechte Autorin halten?" „Was ist, wenn ich etwas wirklich schlechtes schreibe?" Sie hatte auch eine visuelle Vorstellung von den Herausgebern, wie sie mit spöttischem, verärgertem Gesichtsausdruck ihren Artikel lesen.

Im zweiten Fall *beantwortet der Patient den automatischen Gedanken nur oberflächlich*. Sally hatte den Gedanken: „Ich schaffe nicht meine ganze Arbeit. Ich habe zu viel zu tun." Anstatt diesen Gedanken sorgfältig zu überprüfen, antwortet sie lediglich: „Nein, ich werde es wahrscheinlich schaffen." Diese Antwort genügt nicht und Sallys Angst wird nicht geringer.

Im dritten Fall *hat der Therapeut nicht genug nach den Anhaltspunkten gefragt, die der Patient für die Richtigkeit des automatischen Gedankens hat*, und damit eine unwirksame Antwort auf den Gedanken provoziert, wie im folgenden Beispiel:

T: Gut Sally, welche Anhaltspunkte haben Sie dafür, daß Ihr Bruder sich nicht mit Ihnen befassen will?
P: Naja, er ruft mich fast nie an. Immer rufe ich ihn an.
T: Gibt es Anhaltspunkte für das Gegenteil? Dafür, daß er sich für Sie interessiert und eine gute Beziehung zu Ihnen möchte?

Wenn Sallys Therapeut ein bißchen weitergebohrt hätte, hätte er weitere Anhaltspunkte aufgedeckt, die Sallys automatischen Gedanken stützen: daß der Bruder in den Ferien mehr Zeit mit seiner Freundin als mit Sally verbrachte, daß er am Telefon immer ungeduldig klang, wenn sie anrief, und daß er ihr keine Geburtstagskarte geschrieben hatte. Mit diesen zusätzlichen Daten hätte der Therapeut Sally besser bei der Abwägung der Beweise und der Suche nach einer alternativen Erklärung für das Verhalten des Bruders unterstützen können.

Im vierten Fall *identifiziert der Patient einen automatischen Gedanken, der gleichzeitig eine Grundannahme ist*. Sally denkt oft: „Ich bin unfähig." Sie glaubt so stark an diesen Gedanken, daß eine einzige Überprüfung weder ihre Wahrnehmung noch die damit verbundenen Gefühle verändern kann. Ihr Therapeut muß im Laufe der Zeit viele Methoden einsetzen, um diese Annahme zu ändern (vgl. Kapitel 11).

Im fünften Fall *läßt der Patient erkennen, daß er „verstandesmäßig", mit dem Kopf an eine zweckmäßigere Antwort glaubt, „gefühlsmäßig", mit dem Herzen, der Seele oder dem Bauch aber nicht*. In diesem Fall müssen Therapeut und Patient eine unausgesprochene Annahme erkunden, die hinter dem automatischen Gedanken liegt.

T: Wie stark glauben Sie daran, daß der Professor nicht denken wird, daß Sie seine Zeit verschwenden, und, selbst wenn er es denkt, daß das eben sein Job ist.

P: Naja, ich kann das rein vernunftmäßig schon einsehen.

T: Aber?

P: Ich glaube zwar, daß er mir eigentlich helfen sollte, aber ich denke trotzdem, daß er denkt, ich verschwende seine Zeit.

T: Gut, nehmen wir mal für einen Moment an, daß er wirklich denkt, Sie würden seine Zeit verschwenden. Was ist daran so schlimm?

Hier stellt Sallys Therapeut fest, daß sie im Grunde die passende Antwort nicht glaubt und deckt eine zugrundeliegende Annahme auf: Andere um Hilfe zu bitten ist ein Zeichen von Schwäche.

Im siebten Fall *wertet der Patient die passende Antwort ab.*

T: Wie stark glauben Sie daran, daß der Professor nicht denken wird, daß Sie seine Zeit verschwenden, und, selbst wenn er es denkt, daß er eben dafür bezahlt wird.

P: Ich glaube es, aber –

T: Aber?

P: Aber ich finde trotzdem, daß ich es alleine herauskriegen sollte.

T: Nun, das ist eine andere Möglichkeit, vielleicht sollten Sie das. Sollen wir darüber nachdenken, ob es besser für Sie ist, es selbst herauszufinden oder ihn um Hilfe zu bitten?

P: Ja.

Die Abwertung der passenden Antwort erfolgt häufig in Form eines „Ja, aber ..."-Satzes: „Ja, ich glaube [an diese Antwort], aber ...." Der „Ja, aber ..."-Satz kann wie ein automatischer Gedanke behandelt und einer rationalen Überprüfung unterzogen werden.

Zusammenfassend gesagt: Nach der Überprüfung eines automatischen Gedankens fragt der Therapeut den Patienten, wie stark er von der passenden Antwort überzeugt ist und wie er sich fühlt. Wenn die Überzeugung nur schwach ist und der Patient sich weiterhin unwohl fühlt, versucht er herauszufinden, warum die Überprüfung des Gedankens das Unwohlsein nicht verringert hat. Das nächste Kapitel beschreibt, wie man Patienten hilft, ihre automatischen Gedanken zu beantworten.

9

Automatische Gedanken beantworten

Im vorigen Kapitel wurde gezeigt, wie man einem Patienten durch Befragen bei der Überprüfung eines automatischen Gedankens helfen und die Wirksamkeit der Überprüfung feststellen kann. In vielen Fällen beschließt der Therapeut, diesem Gespräch eine weitere Intervention folgen zu lassen, um die zweckmäßigere Sichtweise des Patienten zu festigen. Die Folgeintervention ist häufig eine schriftliche Antwort, die sich der Patient als Hausaufgabe durchlesen kann. Das Aufschreiben von wichtigen Erkenntnissen in der Therapiesitzung verstärkt das neue Verständnis nicht nur aktuell, sondern gibt dem Patienten auch die Möglichkeit, sich noch Wochen, Monate (oder sogar Jahre) nach dem Therapieende an wichtige Therapienotizen zu erinnern. Dieses Kapitel beschreibt das Gedankentagebuch, das wichtigste Werkzeug, das Patienten zur schriftlichen Überprüfung und Beantwortung ihrer automatischen Gedanken benutzen können, und andere Methoden zur Beantwortung von automatischen Gedanken.

Das Gedankentagebuch

Das Gedankentagebuch, in einem früheren Lehrbuch auch „Tagesprotokoll negativer Gedanken" (Beck et al., 1979) genannt, ist ein Arbeitsblatt, das dem Patienten dabei hilft, seine automatischen Gedanken wirksamer zu beantworten und damit seine Stimmung zu verbessern (vgl. Abbildung 9.1, S. 128).

Manche Patienten benutzen es ziemlich regelmäßig. Andere können oder wollen, trotz aller Mühe ihrer Therapeuten, ihre Gedanken nicht aufschreiben und benutzen es deshalb sehr selten. Das Verhalten der meisten Patienten liegt irgendwo zwischen diesen Extremen; d.h., wenn sie vom Therapeuten gut angeleitet und ermutigt wurden, benutzen sie das Gedankentagebuch einigermaßen regelmäßig. Wenn der Therapeut den Eindruck hat, daß das Gedankentagebuch den Patienten überfordern könnte, kann er ihm statt dessen beibringen, die Fragen in Abbildung 8.1 zu benutzen. Die Wahrscheinlichkeit, daß Patienten das Gedankentagebuch benutzen, steigt, wenn es gut eingeführt und seine Anwendung demonstriert und geübt wird. Hierzu einige Richtlinien:

1. Der Therapeut sollte das Gedankentagebuch schon selbst erfolgreich verwendet haben (mit seinen eigenen automatischen Gedanken), bevor er es einem Patienten vorstellt.

Anleitung: Wenn Sie bemerken, daß sich Ihre Stimmung verschlechtert, fragen Sie sich: „Was geht mir durch den Kopf?" Schreiben Sie den Gedanken oder die Vorstellung so schnell wie möglich in die Spalte „Automatischer Gedanke".

Datum/Zeit	Situation	Automatische/r Gedanke/n	Gefühl/e	passende Antwort	Ergebnis
	1. Welches Ereignis, welcher Gedankengang, Tagtraum oder welche Erinnerung führte zu dem unangenehmen Gefühl? 2. Hatten Sie unangenehme Körperwahrnehmungen? Wenn ja, welche?	1. Welche/r Gedanke/n und/oder welche visuelle/n Vorstellung/en sind Ihnen durch den Kopf gegangen? 2. Wie stark haben Sie in diesem Moment an die Richtigkeit der Gedanken geglaubt?	1. Welche/s Gefühl/e hatten Sie in diesem Moment (traurig/ängstlich/ärgerlich etc.)? 2. Wie stark war das Gefühl (0–100%)?	1. (freiwillig) Welche kognitive Verzerrung hatte der Gedanke? 2. Benutzen Sie die Fragen unten, um eine Antwort auf den/die automatischen Gedanken zu formulieren. 3. Wie stark glauben Sie an die Richtigkeit der Antwort/en?	1. Wie stark glauben Sie jetzt an die Richtigkeit des/der automatischen Gedanken? 2. Welche/s Gefühl/e haben Sie jetzt? Wie stark ist das Gefühl (0–100%)? 3. Was werden Sie tun (bzw. haben Sie getan)?
Freitag, 23.2., 10 Uhr	Telefongespräch mit Donna	Bestimmt mag sie mich nicht mehr. 90%	traurig 80%		
Dienstag, 27.2., 12 Uhr	Lernen für die Prüfung	Ich lerne das nie. 100%	traurig 95%		
Donnerstag, 29.2., 17 Uhr	An Wirtschafts-Stunde von morgen gedacht.	Vielleicht werde ich aufgerufen und mir fällt keine vernünftige Antwort ein. 80%	ängstlich 80%		
	Herzrasen, Konzentrationsschwierigkeiten	Was habe ich nur?	ängstlich 80%		

Fragen, die bei der Formulierung einer geeigneten Antwort helfen können: 1. Welche Beweise gibt es dafür, daß der automatische Gedanke wahr/nicht wahr ist? 2. Gibt es eine alternative Erklärung? 3. Was ist das Schlimmste, das passieren könnte? Könnte ich das überleben? Was ist das Beste, das passieren könnte? Was ist das realistischste Ergebnis? 4. Welchen Effekt hat es, wenn ich an den automatischen Gedanken glaube? Welchen Effekt könnte es haben, wenn ich mein Denken verändere? 5. Was sollte ich tun? 6. Wenn _____ (Name eines Freundes/einer Freundin) in dieser Situation wäre und diesen Gedanken hätte, was würde ich ihm/ihr raten?

Abbildung 9.1: Gedankentagebuch. Copyright 1995 Judith S. Beck

2. Der Therapeut sollte die Einführung des Gedankentagebuchs in zwei Stufen, verteilt auf zwei oder mehr Sitzungen, planen. Stufe 1 umfaßt die ersten vier Spalten, Stufe 2 die beiden letzten.

3. Der Therapeut sollte vor der Einführung des Gedankentagebuchs sicherstellen, daß der Patient das kognitive Modell verstanden hat und davon überzeugt ist (ansonsten wird er nicht verstehen, welchen Wert es hat, seine Gedanken zu identifizieren und zu überprüfen).

4. Der Patient sollte vor der Einführung des Gedankentagebuchs fähig sein, seine automatischen Gedanken und seine Gefühle zu identifizieren. Er sollte die Situation, seine Gefühle und seine physiologischen Reaktionen beschreiben können, ohne diese mit den automatischen Gedanken zu verwechseln. Falls ihm die Unterscheidung zwischen diesen Phänomenen nicht völlig klar ist, wird er wahrscheinlich Schwierigkeiten mit dem Gedankentagebuch haben. Der Therapeut sollte daher den Umgang mit dem Gedankentagebuch erst dann demonstrieren, wenn der Patient mehrfach wichtige Situationen und die begleitenden automatischen Gedanken und Gefühle in der mündlichen Besprechung klar voneinander trennen konnte.

5. Der Patient sollte mehrere verschiedene Situationen selbständig und mit Erfolg in die ersten vier Spalten des Gedankentagebuchs eingetragen haben, bevor ihm die letzten beiden Spalten vorgestellt werden.

6. Bevor er zeigt, wie die letzten beiden Spalten ausgefüllt werden, sollte der Therapeut mindestens einen automatischen Gedanken *mündlich* mit dem Patienten überprüft und damit eine Stimmungsverbesserung erzielt haben.

7. Wenn der Patient Hausaufgaben mit dem Gedankentagebuch nicht ausführt, sollte der Therapeut automatische Gedanken über das Tagebuch erkunden; bei der Lösung praktischer Probleme behilflich sein; vorschlagen, das Ausfüllen des Gedankentagebuchs als Experiment zu betrachten; eventuell über eigene Erfahrungen mit der Nutzung des Tagebuchs berichten und den Patienten in anderer Weise motivieren.

Nach der Identifizierung einer problematischen Situation hilft der Therapeut dem Patienten zunächst nur durch mündliches Befragen bei der Identifizierung spezifischer automatischer Gedanken und damit verbundener Gefühle. Er kann diese Beispiele verwenden, um den Gebrauch des Gedankentagebuchs zu demonstrieren. Wenn der Therapeut das Gedankentagebuch vorstellt, ohne zuvor eine bedeutsame Situation, automatische Gedanken und Emotionen bestimmt zu haben, kann es sein, daß der Patient anschließend nicht in der Lage ist, die verschiedenen Elemente korrekt zuzuordnen, und dadurch verwirrt wird.

Im folgenden Transkript hat der Therapeut den Inhalt der ersten vier Spalten des Gedankentagebuchs für einen bestimmten automatischen Gedanken bereits festgestellt, bevor er der Patientin ein leeres Tagebuchblatt vorlegt.

THERAPEUT: Gut Sally, schauen wir mal, ob ich Sie richtig verstanden habe. Die Situation war, daß Ihre Schulfreundin Donna angerufen hat und sagte, daß sie am Wochenende nicht kommen kann. Sie hatten den Gedanken: „Bestimmt mag sie mich nicht mehr.", und Sie waren traurig. Ist das richtig?

PATIENTIN: Ja.

T: Gut. Wir werden diesen Gedanken gleich überprüfen, aber zuerst möchte ich Ihnen ein Arbeitsblatt zeigen, das Ihnen wahrscheinlich helfen wird. Es nennt sich Gedankentagebuch und ist eine systematische Art, auf belastende Gedanken zu antworten. Einverstanden? *(Holt Abbildung 9.1 heraus.)*

P: Klar.

T: Hier ist es. Heute wollen wir uns auf die ersten vier Spalten konzentrieren, deswegen streiche ich die letzten beiden einfach durch. Die kommen in einer anderen Sitzung dran. Bevor ich anfange, muß ich Ihnen ein paar Dinge erklären. Erstens: Rechtschreibung, Handschrift und Grammatik sind nicht wichtig.

P *(lacht.)*

T: Zweitens: Das hier ist ein nützliches Werkzeug, aber Sie werden wahrscheinlich etwas Übung brauchen, bevor Sie geschickt damit umgehen können. Stellen Sie sich darauf ein, daß Sie anfangs ein paar Fehler machen werden. Diese Fehler sind uns sogar nützlich – wir können daran erkennen, was Sie durcheinandergebracht hat, so daß Sie es beim nächsten Mal besser machen können. Okay?

P: Hmmm.

T: Gut. Ich benutze jetzt einmal Ihren Gedanken, „Bestimmt mag sie mich nicht mehr.", als Beispiel. Die erste Spalte ist einfach. Wann hatten Sie diesen Gedanken?

P: Heute morgen.

T: Okay. Schreiben Sie in die erste Spalte das Datum und die ungefähre Zeit.

P *(tut das.)*

T: Können Sie auch den Wochentag dazu schreiben? Ich glaube, das macht es uns einfacher, wenn wir noch einmal darauf zurückkommen wollen. So, hier in die zweite Spalte schreiben Sie die Situation. Haben Sie mit ihr telefoniert, als Sie den Gedanken hatten, „Bestimmt mag sie mich nicht mehr.", oder kam er erst danach?

P: Er kam, während ich mit ihr gesprochen habe.

T: Okay. Unter „Situation" können Sie schreiben: „Telefonierte mit Donna". Wenn Ihnen der Gedanke erst später gekommen wäre, hätten Sie schreiben können: „Habe über mein Telefongespräch mit Donna nachgedacht". Die Situation kann also ein bestimmtes *Ereignis* sein, oder etwas, worüber Sie *nachdenken* oder was Sie sich vorstellen. Ist das so verständlich?

P: Ich glaube schon.

T: Wir besprechen noch viele Beispiele, damit Sie es besser verstehen. Sie werden auch merken, daß Ihnen die Fragen oben in der Spalte weiterhelfen.

Eine dritte Art von Situation wäre, daß sich Ihr automatischer Gedanke darauf bezieht, wie Sie sich fühlen oder wie es Ihnen körperlich geht. Die Situation könnte zum Beispiel sein: „Ich merke, daß ich traurig bin.", und der automatische Gedanke könnte sein: „Ich sollte dieses Gefühl nicht haben. Ich bin ein hoffnungsloser Fall."

P: Ich glaube, ich verstehe.

T: Die nächste Spalte ist für die automatischen Gedanken. Hier schreiben Sie genau die Worte oder Bilder hinein, die Ihnen durch den Kopf gegangen sind. In diesem Fall hatten Sie den Gedanken: „Bestimmt mag sie mich nicht mehr." ... Wie stark haben Sie zu diesem Zeitpunkt an die Richtigkeit des Gedanken geglaubt?

P: Sehr: 90%.

T: Gut. Schreiben Sie den Gedanken auf und schreiben Sie 90% daneben. ... Und hier in die vierte Spalte schreiben Sie Ihr Gefühl und die Stärke des Gefühls. Wie traurig waren Sie in dieser Situation?

P: Ziemlich traurig: 80%.

T: Gut, schreiben Sie das auf. Wollen wir es noch einmal versuchen? Erinnern Sie sich noch an eine andere Situation in der letzten Woche, in der Sie eine Stimmungsveränderung bemerkt haben?

P: Sicher. ... Ich habe heute ein Buch in der Bibliothek gesucht. Auf einmal war ich richtig traurig.

T: Gut, versetzen Sie sich einmal in diese Situation zurück. Es ist heute vor ein paar Stunden, Sie sind in der Bibliothek und suchen ein Buch. Sie sind auf einmal richtig traurig und jetzt stellen Sie sich die Frage, die oben auf dem Gedankentagebuch steht: „Was geht mir gerade durch den Kopf." (*Unterstreicht oder markiert diese Frage auf dem Gedankentagebuch.*)

P: Ich werde hier nie zurechtkommen. Ich finde nicht einmal das Buch, das ich brauche.

T: Gut, schauen wir mal, ob Sie die ersten vier Spalten des Gedankentagebuchs selbst ausfüllen können. Ich helfe Ihnen, wenn es nötig ist.

Wenn der Patient in der Sitzung die ersten vier Spalten allein oder mit wenig Hilfe richtig ausfüllen konnte, kann ihm der Therapeut mit seiner Zustimmung eine Hausaufgabe geben, die darauf aufbaut.

T: Gut Sally, können Sie sich vorstellen, daß Sie diese Woche als Hausaufgabe ein paar Mal versuchen, die ersten vier Spalten auszufüllen? Wenn Sie eine Veränderung Ihrer Stimmung bemerken, nehmen Sie dieses Blatt und fragen Sie sich, was Ihnen durch den Kopf geht, genau wie es hier oben beschrieben ist.

P: Okay.

T: Auf ein paar Dinge möchte ich Sie noch hinweisen: Erstens müssen Sie das Blatt nicht streng von links nach rechts ausfüllen. Manchmal ist es einfacher, zuerst festzustellen und aufzuschreiben, wie Sie sich fühlen – traurig, ängstlich, ärgerlich und so weiter – und dann erst zu überlegen, welche automatischen Gedanken Sie gerade hatten. Außerdem sollten Sie daran denken, daß Sie diese Fertigkeit erst lernen müssen und daß Sie es beim ersten Versuch wahrscheinlich noch nicht perfekt machen, nicht wahr? Aber je mehr Sie üben, um so leichter wird es Ihnen fallen und um so mehr kann es Ihnen helfen.

P: Okay.

T: Meinen Sie, Sie könnten versuchen, nächste Woche jeden Tag einen automatischen Gedanken aufzuschreiben?

P: Klar. Ich versuche es.

In der nächsten Sitzung fällt dem Therapeuten auf, daß Sally Situationen, automatische Gedanken, physiologische Reaktionen und Gefühle etwas durcheinanderbringt (vgl. Abbildung 9.1 unten), deshalb verschiebt er die Einführung der letzten beiden Spalten und bespricht statt dessen mit Sally das Gedankentagebuch, das sie als Hausaufgabe angefertigt hat.

T: Schauen wir uns einmal das Gedankentagebuch an, das Sie als Hausaufgabe gemacht haben. Das erste Beispiel sieht gut aus. Am Dienstag haben Sie für eine Prüfung gelernt; Sie hatten den Gedanken: „Ich lerne das nie.", den Sie hundertprozentig geglaubt haben, und Sie haben sich 95% traurig gefühlt. Gut. Wenn wir heute noch Zeit dafür haben, werden wir diesen Gedanken überprüfen, aber zuerst sollten wir über das zweite Beispiel sprechen, das Sie aufgeschrieben haben.

P: Das habe ich nicht richtig gemacht. Ich konnte meinen automatischen Gedanken nicht herausfinden.

T: Schauen wir es uns einmal an. Es war also gestern gegen fünf Uhr nachmittags. Was haben Sie getan?

P: Naja, eigentlich hätte ich lernen sollen, aber ich konnte mich nicht richtig konzentrieren. Ich bin im Zimmer herumgelaufen –

T: Woran haben Sie gedacht?

P: An die Wirtschafts-Stunde von heute. Ich dachte, daß ich vielleicht aufgerufen werde und ich war mir sicher, daß ich keine vernünftige Antwort geben kann.

T: Sie hatten also den Gedanken: „Vielleicht werde ich aufgerufen und mir fällt keine vernünftige Antwort ein."

P: Ja.

T: Gut. Schreiben Sie das unter „Automatischer Gedanke". ... Und wie sehr haben Sie an diesen Gedanken geglaubt?

P: Ungefähr 80%.

T: Gut. Schreiben Sie das auch auf. ... Und welches Gefühl hat dieser Gedanke bei Ihnen ausgelöst?

P: Ängstlich. Mein Herz fing an zu rasen.

T: Wie ängstlich von 0 bis 100%?

P: Ungefähr 80%.

T: Schreiben Sie das unter „Gefühl": ängstlich, 80%. Und unter „Situation" schreiben Sie: „An Wirtschafts-Stunde von morgen gedacht." ... Jetzt hört es sich so an, als wären „Herzrasen" und „Konzentrationsschwierigkeiten" Symptome der Angst. Ist Ihnen zu diesen Symptomen irgend etwas durch den Kopf gegangen?

P: Ja. Ich habe gedacht: „Was habe ich nur?"

T: Gut. Es gab also eine zweite Situation, nämlich daß Sie gespürt haben, daß Ihr Herz rast und daß Sie sich nicht konzentrieren können; und der automatische Gedanke war: „Was habe ich nur?" Können Sie das auch noch eintragen?

In der nächsten Sitzung stellt der Therapeut anhand von Sallys Hausaufgaben fest, daß sie die ersten vier Spalten des Gedankentagebuchs verstanden hat. Eines seiner Ziele für die Sitzung besteht darin, Sally die Anwendung der letzten beiden Spalten zu erklären, wenn sich eine Gelegenheit dazu bietet. Er benutzt die Fragen am Ende des Tagebuchs, um ihr bei der Überprüfung eines Gedankens zu helfen, den sie als Hausaufgabe aufgeschrieben hat (vgl. Abbildung 9.2). Er tut dies zunächst nur mündlich, damit er sicher sein kann, daß die Anwendung der Fragen auch wirksam ist.

T: Gut, jetzt können Sie versuchen, ob Sie das, was wir gerade besprochen haben, auf das Tagebuch übertragen können. Was haben wir gesagt, welche kognitive Verzerrung Sie vorgenommen haben?

P: Wahrsagen.

T: Gut, das können Sie oben in die fünfte Spalte schreiben, die „passende Antwort" heißt. Sehen Sie die Anleitung für diese Spalte. Die kognitive Verzerrung kann man aufschreiben, wenn man möchte.

P: Okay.

T: Als nächstes benutzen Sie die Fragen unten auf dem Tagebuch, um Ihren Gedanken zu überprüfen, und schreiben eine passende Antwort in Spalte 5. Die Fragen sind dieselben, die wir gerade benutzt haben, als wir die Situation mündlich durchgesprochen haben.

P: Okay.

T: Zuerst haben wir uns die Beweise angesehen, und was war das Ergebnis?

P: Daß ich eigentlich nicht weiß, ob Bob mit mir ausgehen möchte oder nicht. Daß er in den Stunden nett zu mir ist.

T: Gut. Schreiben Sie das in fünfte Spalte. ... Und wie stark glauben Sie an diese beiden Aussagen?

P: Oh, ziemlich stark: 90%.

T: Gut. Schreiben Sie neben jede Aussage 90%. ... Danach haben wir uns die Folgen angesehen. Was ist die beste, die schlimmste und die realistischste

Anleitung: Wenn Sie bemerken, daß sich Ihre Stimmung verschlechtert, fragen Sie sich: „Was geht mir durch den Kopf?" Schreiben Sie den Gedanken oder die Vorstellung so schnell wie möglich in die Spalte „Automatischer Gedanke".

Datum/Zeit	Situation	Automatische/r Gedanke/n	Gefühl/e	passende Antwort	Ergebnis
	1. Welches Ereignis, welcher Gedankengang, Tagtraum oder welche Erinnerung führte zu dem unangenehmen Gefühl? 2. Hatten Sie unangenehme Körperwahrnehmungen? Wenn ja, welche?	1. Welche/r Gedanke/n und/oder welche visuelle/n Vorstellung/en sind Ihnen durch den Kopf gegangen? 2. Wie stark haben Sie in diesem Moment an die Richtigkeit der Gedanken geglaubt?	1. Welche/s Gefühl/e hatten Sie in diesem Moment (traurig/ängstlich/ärgerlich etc.)? 2. Wie stark war das Gefühl (0 – 100%)?	1. (freiwillig) Welche kognitive Verzerrung hatte der Gedanke? 2. Benutzen Sie die Fragen unten, um die Antworten auf den/die automatischen Gedanken zu formulieren. 3. Wie stark glauben Sie an die Richtigkeit der Antwort/en?	1. Wie stark glauben Sie jetzt an die Richtigkeit des/der automatischen Gedanken? 2. Welche/s Gefühl/e haben Sie jetzt? Wie stark ist das Gefühl (0 – 100%)? 3. Was werden Sie tun (bzw. haben Sie getan)?
Freitag, 8.3., 15 Uhr	*Überlegen, ob ich Bob frage, ob er mit mir Kaffee trinken geht*	*Er will bestimmt nicht mitkommen. 90%*	*traurig 75%*	*(kognitive Verzerrung: Wahrsagen)* *Eigentlich weiß ich nicht, ob er will oder nicht. (90%)* *Im Unterricht ist er nett zu mir. (90%)* *Das Schlimmste, was passieren kann, ist, daß er nein sagt und es mir einige Zeit schlecht geht. (90%)* *Das Beste wäre, wenn er ja sagt. (100%)* *Am realistischen ist, daß er sagt, er habe keine Zeit, aber weiter freundlich bleibt. (80%)*	*1. a.G. – 50%* *2. traurig – 50% ängstlich – 50%*

Wenn ich weiter anneh-me, daß er nicht mit mir ausgehen will, habe ich gar keine Chance. (100%)
Ich sollte einfach hinge-hen und ihn fragen. (50%)
Es ist wirklich nicht so wichtig. (75%)

Fragen, die bei der Formulierung einer geeigneten Antwort helfen können: 1. Welche Beweise gibt es dafür, daß der automatische Gedanke wahr/nicht wahr ist? 2. Gibt es eine alternative Erklärung? 3. Was ist das Schlimmste, das passieren könnte? Könnte ich das überleben? Was ist das Beste, das passieren könnte? Was ist das realistischste Ergebnis? 4. Welchen Effekt hat es, wenn ich an den automatischen Gedanken glaube? Welchen Effekt könnte es haben, wenn ich mein Denken verändere? 5. Was sollte ich tun? 6. Wenn _____ (Name eines Freundes/einer Freundin) in dieser Situation wäre und diesen Gedanken hätte, was würde ich ihm/ihr raten?

Abbildung 9.2: Gedankentagebuch. Copyright 1995 Judith S. Beck

Folge? (*Die Patientin schreibt die passenden Antworten und die Stärke ihres Vertrauens in diese Aussagen auf.*) Gut. Sehen wir uns jetzt die letzte Spalte an. Wie stark glauben Sie jetzt an Ihren automatischen Gedanken?

P: Vielleicht 50%.

T: Und wie fühlen Sie sich jetzt?

P: Nicht mehr so traurig. Aber ziemlich ängstlich.

T: Gut, schreiben Sie in die letzte Spalte „a. G." für „automatischer Gedanke" und daneben: „50%". Dann schreiben Sie „traurig" und schätzen Sie die Stärke der Traurigkeit von 0 bis 100% ein.

P *(tut das.)*

T: Und jetzt sollten wir uns vielleicht mit dem Gedanken beschäftigen, der Sie ängstlich macht.

Als nächstes kann der Therapeut den Patienten mit einem weiteren automatischen Gedanken die Benutzung des Tagebuchs üben lassen, eine Hausaufgabe mit dem Gedankentagebuch aufgeben oder zu einem anderen Thema übergehen.

Den Patienten zur Benutzung des Gedankentagebuchs motivieren

Manche Patienten mögen das Gedankentagebuch sofort und benutzen es fast immer, wenn sie aufgeregt sind. Den anderen kann der folgende Dialog helfen:

T: Es sieht so aus, als ob das Gedankentagebuch (*die Aufzeichnung, die sie gerade gemeinsam gemacht haben*) Ihnen geholfen hat. Ihre Traurigkeit ist von 75% auf 50% gesunken.

P: Ja.

T: Glauben Sie, daß es Ihnen helfen kann, dieses Arbeitsblatt auch in Zukunft zu verwenden?

P: Ja.

T: Sie können Ihre Gedanken schon relativ gut im Kopf überprüfen und beantworten. Die meisten Menschen finden es aber besser, sich das Ganze aufzuschreiben. Was meinen Sie dazu?

P: Ich glaube, es ist ganz hilfreich.

T: Wie wahrscheinlich ist es, daß Sie es nächste Woche zu Hause versuchen?

P: Ich glaube, ich könnte es versuchen.

T: Wissen Sie, wenn ich den Eindruck habe, daß ich überzogen reagiere, mache ich mir manchmal selbst noch so ein Gedankentagebuch. Ich finde es wesentlich hilfreicher, es auf dem Papier zu machen als im Kopf. Aber wir wissen eigentlich nicht, ob das für Sie auch gilt. Haben Sie Lust, ein Experiment zu machen? Mindestens einmal in der nächsten Woche können Sie im Kopf eine geeignete Antwort auf Ihre Gedanken entwerfen. Achten

Sie darauf, wie sich das auf Ihre Stimmung auswirkt. Dann nehmen Sie sich ein Gedankentagebuch, schreiben alles auf, was Sie sich überlegt haben, und schauen, ob es Ihnen dann noch besser geht. Was halten Sie davon?

P: Geht in Ordnung.

T: Wie wahrscheinlich ist es, daß Sie dieses Experiment machen?

P: Ich mache es.

Um die Patientin zur Benutzung des Gedankentagebuchs zu motivieren, schlägt der Therapeut ein Experiment vor. Wenn sie zur nächsten Sitzung mit einem vollständig ausgefüllten Gedankentagebuch kommt (das ihre Stimmung wirksam beeinflußt hat), braucht sie möglicherweise keine zusätzliche Motivation mehr. Wenn sie das Tagebuch nicht benutzt, etwas falsch gemacht oder keine Stimmungsverbesserung erlebt hat, versucht der Therapeut herauszufinden, welche Schwierigkeiten aufgetaucht sind, und geht dementsprechend vor. Manchmal reicht der gesunde Menschenverstand, um Schwierigkeiten aus dem Weg zu räumen.

P: Ich weiß, daß ich in den Seminaren bestimmt eine Menge automatische Gedanken habe. Aber da kann ich kein Gedankentagebuch ausfüllen.

T: Das stimmt. Könnte es Ihnen vielleicht helfen, sich schon vorher einen typischen beunruhigenden Gedanken zu überlegen und das Tagebuch *vor* der Stunde zu schreiben? Oder vielleicht könnten Sie in der Stunde nur schnell den automatischen Gedanken auf ein Stück Papier schreiben und ihn hinterher auf das Arbeitsblatt übertragen.

P: Ja, es wäre wahrscheinlich ganz gut, vor der Stunde zu schreiben, dann wäre ich vielleicht nicht von Anfang an so ängstlich, aber wenn ich nicht gerade aus der Therapie komme, habe ich kein Arbeitsblatt dabei.

T: Manche Leute haben ein leeres Arbeitsblatt in ihrer Aktentasche. Wäre das eine Möglichkeit für Sie?

P: Ja. Ich glaube, das einzige Problem wäre, *wo* ich es ausfüllen soll. Ich möchte nicht, daß es irgend jemand sieht.

T: Manchmal muß man sich etwas einfallen lassen. Manche Leute füllen es am Schreibtisch aus, wie jede andere Schreibarbeit, aber es geht auch im Auto oder auf der Toilette. Probieren Sie einfach aus, was für Sie am besten ist. Wenn Sie Schwierigkeiten damit haben oder immer noch besorgt sind, daß andere es sehen könnten, können wir nächste Woche noch einmal darüber reden.

Bei der Besprechung der Bedenken des Patienten in der nächsten Sitzung werden möglicherweise automatische Gedanken und Vorstellungen zu folgenden Themen aufgedeckt: jemand könnte das Gedankentagebuch sehen, Hoffnungslosigkeit im Hinblick auf Besserung, keine Lust, sich zur Verbesserung der Stimmung so viel Mühe zu machen, und andere dysfunktionale Kognitionen, die den Patienten von der Nutzung des Gedankentagebuchs abhalten.

Wenn das Gedankentagebuch nicht genügend hilft

Wie bei jeder Methode der kognitiven Therapie ist es wichtig, auch die Bedeutung des Gedankentagebuchs nicht zu sehr zu betonen. Die meisten Patienten stellen irgendwann einmal fest, daß das Bearbeiten des Tagebuchs ihnen in einer bestimmten Situation nicht viel geholfen hat. Wenn der Therapeut hervorhebt, daß das Tagebuch *im allgemeinen* nützlich ist und daß tote Punkte eine Chance zum Lernen sind, hilft er dem Patienten, kritische automatische Gedanken über sich selbst, die Therapie, den Therapeuten oder das Gedankentagebuch zu vermeiden.

Je nach Patient kann der Therapeut auch auf mögliche Gründe eingehen, warum das Gedankentagebuch die Dysphorie nicht auffällig verringern konnte. Wie im vorigen Kapitel beschrieben ist die Überprüfung eines automatischen Gedankens (mit oder ohne Gedankentagebuch) nur begrenzt wirksam, wenn der Patient nicht den belastendsten Gedanken beantwortet hat, wenn der automatische Gedanke eine Grundannahme war oder eine zugrundeliegende Annahme aktiviert hat, wenn Überprüfung und Beantwortung oberflächlich durchgeführt wurden oder wenn er seine Antwort abgewertet hat.

Weitere Möglichkeiten zur Beantwortung von automatischen Gedanken

Bisher hat dieses Kapitel sich vor allem mit schriftlichen Methoden zur Beantwortung von automatischen Gedanken beschäftigt. Ein Patient kann und soll aber nicht jeden automatischen Gedanken schriftlich beantworten, weil er damit sein ganzes Leben lang beschäftigt wäre. Tatsächlich gibt es Patienten (vor allem solche mit Zwangsstörungen), die das Gedankentagebuch zu oft benutzen. Andere können oder wollen keine schriftlichen Aufgaben bearbeiten. Die folgenden alternativen Techniken benötigen keine schriftlichen Aufzeichnungen:

1. Das Gedankentagebuch in Gedanken ausfüllen.
2. Ein früheres Gedankentagebuch oder Notizen aus der Therapie lesen, die sich mit demselben oder einem ähnlichen automatischen Gedanken befassen.
3. Einer anderen Person eine modifizierte Version des Gedankentagebuchs diktieren oder sich frühere Aufzeichnungen vorlesen lassen (falls der Patient verstehen, aber nicht selbst lesen oder schreiben kann).
4. Eine Bewältigungskarte lesen (vgl. Kapitel 12, S. 217–219).
5. Sich eine Therapiesitzung oder einen Teil davon auf Kassette anhören.

Schließlich gibt es Situationen, in denen es nützlicher ist, Problemlösungen zu entwickeln als automatische Gedanken zu überprüfen. Sally hatte zum Beispiel den Gedanken: „Ich lerne den Wirtschafts-Stoff niemals vor der Prüfung." Durch eine sorgfältige Befragung fand der Therapeut heraus, daß Sally den Stoff wahrscheinlich *wirklich nicht* gut genug lernen würde, wenn sie weiter wie bisher vorging. Er beschloß, die Therapiezeit lieber zur Entwicklung von Lösungsmöglichkeiten für Sallys konkretes Problem zu nutzen. Dazu gehörte unter anderem, die Aufzeichnungen eines Kommilitonen auszuleihen, den Professor um Hilfe zu bitten, die Kapitel im Lehrbuch während des Lesens zusammenzufassen und gemeinsam mit einem Freund zu lernen.

Zusammenfassend gesagt: Der Therapeut zeigt dem Patienten eine Vielfalt von Möglichkeiten, seine verzerrten Gedanken zu beantworten. Eine sorgfältige Einführung in die Benutzung des Gedankentagebuchs erhöht die Chance, daß die Patienten diese wichtige Methode selbst anwenden, aber für Patienten, die das Gedankentagebuch nicht nutzen können oder wollen, gibt es auch andere Möglichkeiten.

10

Die Identifikation und Modifikation von bedingten Annahmen

In den letzten Kapiteln wurde die Identifikation und Modifikation von automatischen Gedanken beschrieben. Das sind die konkreten Worte und Vorstellungen, die einem Patienten in einer bestimmten Situation durch den Kopf gehen und ihn belasten. Dieses Kapitel beschreibt die tieferliegenden, oft unausgesprochenen Kognitionen oder Erklärungsmuster der Patienten über sich selbst, andere und ihre Umwelt, aus denen spezielle automatische Gedanken entstehen. Diese Kognitionen werden vor der Therapie häufig nicht in Worte gefaßt, aber man kann sie leicht erfragen oder erschließen und dann überprüfen.

Wie in Kapitel 2 beschrieben, können diese Annahmen in zwei Gruppen eingeteilt werden: bedingte Annahmen (Regeln, Einstellungen und Axiome) und Grundannahmen (absolute, rigide und globale Kognitionen über sich selbst und/oder andere Menschen). Bedingte Annahmen sind zwar schwerer zu modifizieren als automatische Gedanken, aber doch leichter veränderbar als Grundannahmen.

Dieses Kapitel besteht aus zwei Teilen: Teil 1 beschreibt das (in Kapitel 2 eingeführte) *kognitive Fallkonzept* und illustriert den Prozeß, der zur Erstellung eines Diagramms zum kognitiven Fallkonzept führt. In diesem Buch wird immer wieder betont, daß das Fallkonzept dem Therapeuten bei der Therapieplanung, der Auswahl geeigneter Interventionen und der Überwindung von „toten Punkten" hilft, an denen Standardinterventionen nicht weiterhelfen. *Das Aufdecken und Verändern von bedingten Annahmen* ist der Schwerpunkt im zweiten Teil dieses Kapitels. Die hier dargestellten Techniken sind auch auf das folgende Kapitel anwendbar, in dem zusätzlich spezielle Methoden zur Aufdeckung und Veränderung von Grundannahmen beschrieben werden.

Das kognitive Fallkonzept

Im allgemeinen arbeiten Therapeut und Patient zuerst mit automatischen Gedanken, bevor sie Annahmen in Angriff nehmen. Der Therapeut beginnt jedoch sofort mit der Formulierung eines Fallkonzepts, das die automatischen Gedanken in einen logischen Zusammenhang zu den tieferliegenden Annahmen bringt. Wenn der Therapeut dieses Gesamtbild nicht beachtet, sinken seine Chancen zur effektiven und effizienten Gestaltung der Therapie. Unerfahrene kognitive Therapeuten springen oft von einer bedingten Annahme zur anderen, anstatt die Kernannahmen zu identifizieren und konsequent zu bearbeiten.

DIAGRAMM ZUM KOGNITIVEN FALLKONZEPT

Name des Patienten: _____ **Datum:** _____
Diagnose: Achse I: _____ **Achse II:** _____

Relevante Kindheitsdaten

Welche Erfahrungen trugen zur Entwicklung und Aufrechterhaltung der Grundannahmen bei?

Grundannahme/n

Was ist die Kernannahme des Patienten über sich selbst?

Axiome/Einstellungen/Regeln

Welches positive Axiom half ihm, mit der Grundannahme zurechtzukommen? Was ist die negative Seite dieses Axioms?

Kompensatorische Strategie/n

Welche Verhaltensweisen haben ihm geholfen, mit der Grundannahme zurechtzukommen?

Situation 1	**Situation 2**	**Situation 3**
Was war die problematische Situation?		
Automatischer Gedanke	**Automatischer Gedanke**	**Automatischer Gedanke**
Was ging ihm durch den Kopf?		
Bedeutung des a. G.	**Bedeutung des a. G.**	**Bedeutung des a. G.**
Welche Bedeutung hatte der automatische Gedanke für ihn?		
Gefühl	**Gefühl**	**Gefühl**
Welches Gefühl war mit dem automatischen Gedanken verknüpft?		
Verhalten	**Verhalten**	**Verhalten**
Was tat der Patient daraufhin?		

Abbildung 10.1: Diagramm zum kognitiven Fallkonzept.
Copyright 1993 Judith S. Beck

Deshalb sollte der Therapeut Daten über typische automatische Gedanken, Gefühle, Verhaltensweisen und/oder Annahmen des Patienten immer sofort in ein Diagramm zum kognitiven Fallkonzept eintragen (Abbildung 10.1). Dieses Diagramm stellt unter anderem die Beziehung zwischen Grundannahmen, bedingten Annahmen und aktuellen automatischen Gedanken graphisch dar. Es ist eine kognitive Landkarte der Psychopathologie des Patienten und hilft, die große Anzahl von Daten, die der Patient berichtet, zu ordnen. Abbildung 10.1 zeigt die Grundfragen, die sich der Therapeut stellt, um das Diagramm auszufüllen.

Anfangs reichen die Daten des Therapeuten vielleicht nur zum Ausfüllen eines Teils des Diagramms. Er läßt die anderen Felder entweder leer oder trägt Items ein, die nur geschlußfolgert und deshalb mit einem Fragezeichen gekennzeichnet sind. In späteren Sitzungen überprüft und ergänzt er diese oder fehlende Aussagen mit Hilfe des Patienten. Wenn der Therapeut in einer Sitzung das Ziel hat, dem Patienten zu einem Gesamtverständnis seiner Schwierigkeiten zu verhelfen, teilt er ihm sein Fallkonzept mit. Zu diesem Zeitpunkt bespricht er das Fallkonzept mündlich, entwickelt gemeinsam mit dem Patienten ein neues Diagramm oder zeigt ihm das von ihm ausgefüllte. Wenn der Therapeut seine Interpretationen vorstellt, bezeichnet er sie als Hypothesen und fragt den Patienten, ob sie für ihn „richtig klingen". Richtigen Hypothesen stimmt der Patient im allgemeinen zu.

Gewöhnlich empfiehlt es sich, mit der unteren Hälfte des Diagramms zum Fallkonzept zu beginnen. Der Therapeut notiert drei *typische* Situationen, in denen der Patient emotional erregt war. Dann trägt er zu jeder Situation den entscheidenden automatischen Gedanken ein, dessen Bedeutung, das folgende Gefühl des Patienten und gegebenenfalls relevante Verhaltensweisen. Wenn er den Patienten nicht direkt nach der Bedeutung des automatischen Gedankens gefragt hat, kann er seine Hypothese (mit Fragezeichen) eintragen. Noch besser wäre es, in der nächsten Sitzung mit dem Patienten die Pfeil-abwärts-Technik (S. 148–150) einzusetzen, um die Bedeutung der einzelnen automatischen Gedanken aufzudecken.

Die Bedeutung der automatischen Gedanken in jeder Situation sollte in einem logischen Zusammenhang zum Grundannahmen-Feld im oberen Teil des Diagramms stehen. Sallys Diagramm (Abbildung 10.2, S. 144) zeigt zum Beispiel deutlich, wie ihre automatischen Gedanken und die Bedeutung dieser Gedanken mit der Grundannahme über ihre Unfähigkeit zusammenhängen.

Um das oberste Feld des Diagramms auszufüllen, fragt der Therapeut sich selbst (und den Patienten): „Wie ist die Grundannahme entstanden und wie wurde sie aufrechterhalten? Welche Lebensereignisse (speziell in der Kindheit) des Patienten könnten mit der Entwicklung und Aufrechterhaltung der Annahme zusammenhängen?" Typische bedeutsame Daten aus der Kindheit sind so einschneidende Ereignisse wie andauernde oder regelmäßig wiederkehrende Auseinandersetzungen zwischen den Eltern; Scheidung der Eltern; negative Interaktionen mit Eltern, Geschwistern, Lehrern, Gleichaltrigen oder anderen

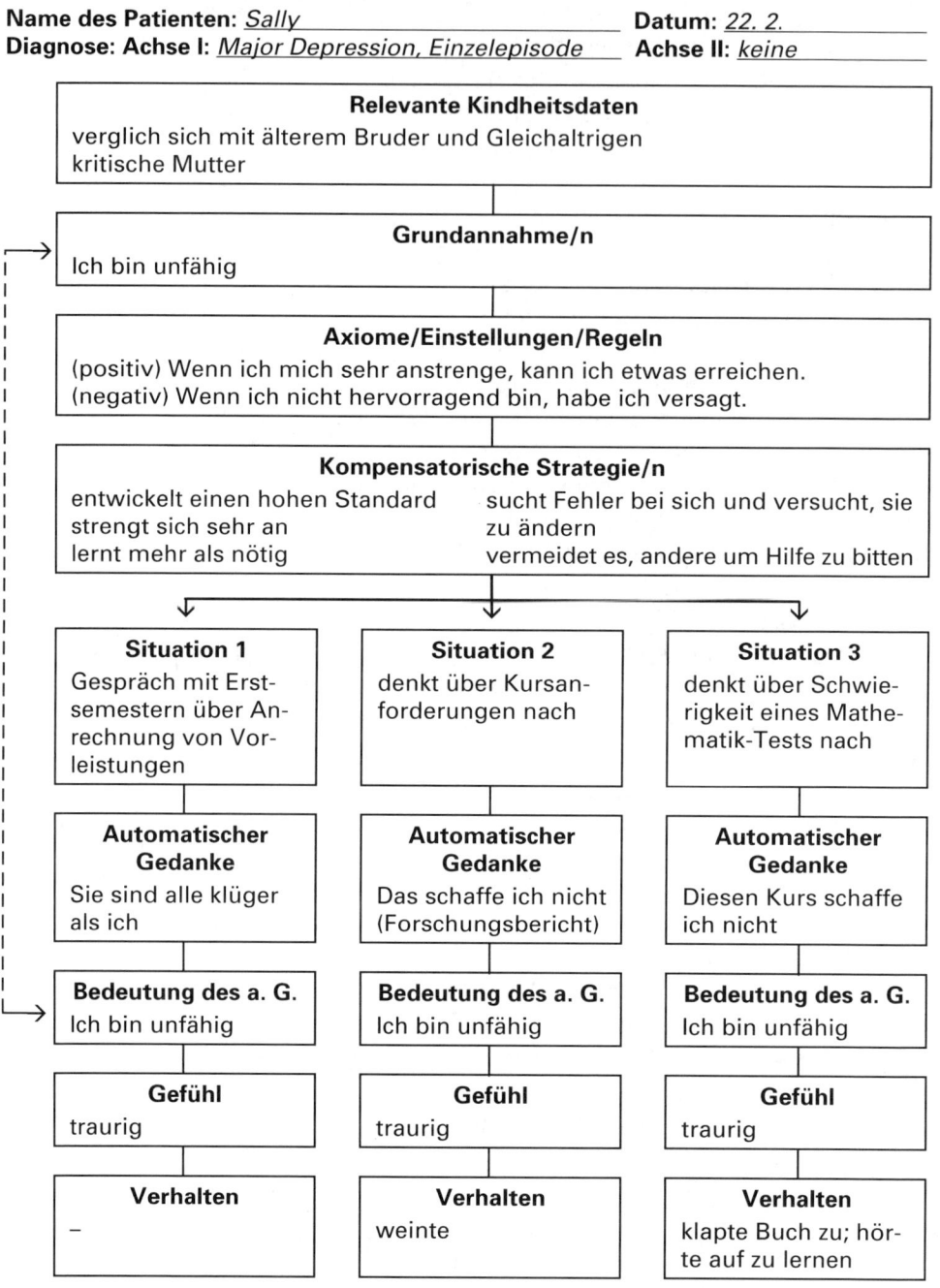

DIAGRAMM ZUM KOGNITIVEN FALLKONZEPT

Name des Patienten: *Sally*   **Datum:** *22. 2.*

Diagnose: Achse I: *Major Depression, Einzelepisode*   **Achse II:** *keine*

Relevante Kindheitsdaten

verglich sich mit älterem Bruder und Gleichaltrigen
kritische Mutter

Grundannahme/n

Ich bin unfähig

Axiome/Einstellungen/Regeln

(positiv) Wenn ich mich sehr anstrenge, kann ich etwas erreichen.
(negativ) Wenn ich nicht hervorragend bin, habe ich versagt.

Kompensatorische Strategie/n

entwickelt einen hohen Standard   sucht Fehler bei sich und versucht, sie
strengt sich sehr an   zu ändern
lernt mehr als nötig   vermeidet es, andere um Hilfe zu bitten

---

Situation 1	**Situation 2**	**Situation 3**
Gespräch mit Erstsemestern über Anrechnung von Vorleistungen	denkt über Kursanforderungen nach	denkt über Schwierigkeit eines Mathematik-Tests nach
Automatischer Gedanke	**Automatischer Gedanke**	**Automatischer Gedanke**
Sie sind alle klüger als ich	Das schaffe ich nicht (Forschungsbericht)	Diesen Kurs schaffe ich nicht
Bedeutung des a. G.	**Bedeutung des a. G.**	**Bedeutung des a. G.**
Ich bin unfähig	Ich bin unfähig	Ich bin unfähig
Gefühl	**Gefühl**	**Gefühl**
traurig	traurig	traurig
Verhalten	**Verhalten**	**Verhalten**
–	weinte	klapte Buch zu; hörte auf zu lernen

Abbildung 10.2: Sallys Diagramm zum kognitiven Fallkonzept.
Copyright 1993 Judith S. Beck

Personen, in denen sich das Kind bloßgestellt, kritisiert oder in anderer Weise abgewertet fühlte; Krankheit; Tod von Bezugspersonen; Mißhandlung oder sexueller Mißbrauch und andere widrige Lebensumstände wie Armut, ständige Rassendiskriminierung usw.

Die bedeutsamen Daten aus der Kindheit können aber auch subtiler sein: zum Beispiel die Wahrnehmung des Kindes (die nicht unbedingt stimmen muß), daß die Eltern ein Geschwisterkind vorziehen; kontinuierliche Selbstkritik des Kindes, weil es Bruder oder Schwester in einem wichtigen Punkt unterlegen ist; das Gefühl des Kindes, anders zu sein als seine Altersgenossen oder von diesen abgelehnt zu werden; die Wahrnehmung des Kindes, die Erwartungen seiner Eltern, Lehrer oder anderer Personen nicht erfüllt zu haben.

Als nächstes fragt sich der Therapeut: „Wie ist der Patient mit dieser schmerzlichen Grundannahme zurechtgekommen? Welche bedingten Annahmen (d.h. grundlegende Axiome, Regeln und Einstellungen) hat er dazu entwickelt?"

Sallys Annahmen sind in Abbildung 10.3 hierarchisch aufgelistet. Da Sally viele bedingte Annahmen hat, die Regeln oder Einstellungen sind, ist es besonders nützlich, ihre Schlüssel-*Axiome* in das Feld unter der Grundannahme einzutragen. (Auf S. 153 wird erläutert, wie der Therapeut einem Patienten dabei helfen kann, eine Einstellung oder Regel als Axiom zu formulieren.) Sally entwickelte zum Beispiel ein positives Axiom, das ihr half, mit der schmerzlichen Überzeugung, sie sei unfähig, zurechtzukommen: „Wenn ich mich sehr anstrenge, kann ich etwas erreichen." Wie die meisten Patienten hatte sie auch ein negatives Axiom, das die Kehrseite des positiven darstellte: „Wenn

Grundannahme		Ich bin unfähig.
	↓	
Bedingte Annahmen	1. Einstellung:	Es ist furchtbar, unfähig zu sein.
	2. Axiome:	
	(positiv)	Wenn ich mich besonders anstrenge, kann ich etwas erreichen.
	(negativ)	Wenn ich mich nicht sehr anstrenge, werde ich versagen.
	3. Regeln:	Ich sollte immer mein Bestes geben.
		Alles was ich versuche, sollte mir bestens gelingen.
	↓	
Automatische Gedanken in depressivem Zustand		Ich schaffe das nicht.
		Das ist zu schwierig.
		Ich werde das niemals alles lernen.

Abbildung 10.3: Hierarchie von Annahmen und automatischen Gedanken

ich mich nicht sehr anstrenge, werde ich versagen." Die meisten Patienten mit Achse-I-Diagnose handeln vorwiegend nach ihren positiven Axiomen, bis sie psychisch unter Druck geraten. Dann gewinnen die negativen Axiome die Oberhand.

Um das nächste Feld, „Kompensatorische Strategien", auszufüllen, stellt sich der Therapeut die Frage: „Welche Verhaltensstrategien hat der Patient entwickelt, um mit der schmerzhaften Grundannahme zurechtzukommen?" Beachten Sie, daß die allgemeineren Axiome des Patienten oft die Verbindung zwischen der Grundannahme und den kompensatorischen Strategien sind: „Wenn ich [die kompensatorische Strategie anwende], dann [kann ich verhindern, daß meine Grundannahme wahr wird]. Wenn ich aber [die kompensatorische Strategie *nicht* anwende], dann [*kann* meine Grundannahme wahr werden]." Sallys Strategien bestanden darin, daß sie sich hohe Standards setzte, sich sehr anstrengte, sich für Prüfungen und Vorträge mehr als nötig vorbereitete, überkritisch bei eigenen Fehlern war und es vermied, andere um Hilfe zu bitten (insbesondere in Situationen, in denen sie befürchtete, daß durch die Bitte um Hilfe ihre Unfähigkeit deutlich werden könnte). Sie glaubt, daß diese Verhaltensweisen sie davor schützen, zu versagen und ihre Unfähigkeit offensichtlich werden zu lassen (und daß ein Verzicht auf diese Verhaltensweisen dazu führen *könnte*, daß sie versagt und daß ihre Unfähigkeit offensichtlich wird).

Ein anderer Patient entwickelt möglicherweise Strategien, die das Gegenteil von Sallys Verhalten sind: er vermeidet anstrengende Aufgaben, setzt sich nur wenige Ziele, bereitet sich zu wenig vor und bittet mehr als nötig um Hilfe. Wie kommt es, daß Sally gerade ihre Art von Coping-Strategien entwickelt hat und ein anderer Patient genau die entgegengesetzten? Vielleicht hatten sie von Natur aus verschiedene kognitive und Verhaltensstile und entwickelten in Interaktion mit der Umwelt unterschiedliche bedingte Annahmen, die ihre jeweiligen Verhaltensstrategien verstärkten. Der hypothetische andere Patient hatte vielleicht aufgrund seiner Kindheitserfahrungen dieselbe Grundannahme, er sei unfähig, aber er kam damit zurecht, indem er eine andere Art von bedingten Annahmen entwickelte: „Wenn ich mir niedrige Ziele setze, kann ich sie vielleicht erreichen, und selbst wenn ich sie nicht erreiche, habe ich weniger zu verlieren.", „Wenn ich mir wenig Mühe gebe und dann scheitere, dann liegt es daran, daß ich mich nicht genug angestrengt habe, und nicht daran, daß ich unfähig bin.", „Alleine schaffe ich nicht, was ich schaffen muß. Deshalb ist es besser, wenn ich mich auf andere verlasse." Der Therapeut könnte diesem Patienten erklären, daß das Zusammenspiel seiner Erbanlagen mit Umwelteinflüssen in seiner Kindheit zur Entwicklung seiner spezifischen Annahmen und Coping-Strategien geführt hat. Er könnte betonen, daß der Patient durch die Therapie lernen kann, die Annahmen und Strategien zu überwinden oder zu ändern, wenn sich herausstellen sollte, daß sie dysfunktional sind.

Beachten Sie, daß kompensatorische Strategien *normale* Verhaltensweisen sind, die jeder von Zeit zu Zeit benutzt. Die Schwierigkeit der Patienten besteht

negative Gefühle vermeiden	intensive Gefühle zur Schau stellen (z.B. um Aufmerksamkeit zu erregen)
versuchen, perfekt zu sein	absichtlich unfähig oder hilflos wirken
zu viel Verantwortung übernehmen	Verantwortung vermeiden
Nähe vermeiden	unangemessen viel Nähe suchen
sich um Anerkennung bemühen	Aufmerksamkeit vermeiden
Konfrontationen vermeiden	andere provozieren
versuchen, Situationen zu kontrollieren	anderen die Kontrolle überlassen
kindliches Verhalten	autoritäres Verhalten
anderen gefallen wollen	sich von anderen distanzieren oder nur sich selbst gefallen wollen

Abbildung 10.4: Typische kompensatorische Strategien

darin, daß sie diese Strategien in Belastungssituationen auf Kosten von funktionaleren Strategien zu intensiv nutzen. Abbildung 10.4 gibt einige Beispiele für Strategien, die Patienten benutzen, um mit schmerzlichen Grundannahmen zurechtzukommen.

Zusammenfassend gesagt: Das Diagramm zum kognitiven Fallkonzept sollte dem Therapeuten und dem Patienten einleuchten. Wenn neue Informationen hinzukommen, sollte es ständig neu überprüft und verfeinert werden. Der Therapeut stellt es dem Patienten als Erklärungshilfe vor, die dabei helfen kann zu erkennen, welchen Sinn die augenblicklichen Reaktionen des Patienten haben. Der Therapeut kann zuerst nur die untere Hälfte des Diagramms erläutern und den oberen Teil solange aufheben, bis er annimmt, daß der Patient davon profitieren wird. Während manche Patienten schon früh in der Therapie intellektuell und emotional in der Lage sind, das Gesamtbild zu sehen, sollten andere (wenn überhaupt) erst deutlich später mit dem Diagramm konfrontiert werden (insbesondere Patienten, die keine tragfähige therapeutische Beziehung haben oder eigentlich nicht an das kognitive Modell glauben). Wie bereits erwähnt, sollte der Therapeut den Patienten darum bitten, seine Hypothesen zu bestätigen, zu verwerfen oder zu ändern, wenn er sein Fallkonzept vorstellt.

Identifikation bedingter Annahmen

Wie identifiziert der Therapeut bedingte Annahmen? Er kann:

1. erkennen, daß eine Annahme als automatischer Gedanke ausgedrückt wurde.
2. den ersten Teil eines Axioms vorgeben.

3. eine Regel oder Einstellung direkt erfragen.
4. die Pfeil-abwärts-Technik benutzen.
5. die automatischen Gedanken des Patienten auf gemeinsame Themen überprüfen.
6. einen Fragebogen zu Annahmen durchsehen, den der Patient ausgefüllt hat.

Diese Strategien werden im folgenden am Beispiel dargestellt.

1. Ein Patient kann eine Annahme direkt als automatischen Gedanken formulieren, vor allem wenn er depressiv ist.

THERAPEUT: Was ist Ihnen durch den Kopf gegangen, als Sie den Test zurückbekommen haben?
PATIENTIN: Ich hätte besser abschneiden sollen. Ich kann nie etwas richtig machen. Ich bin so unfähig. *(Grundannahme)*

2. Der Therapeut kann ein vollständiges Axiom erfragen, indem er die erste Hälfte davon vorgibt.

T: Sie dachten also: „Ich muß die ganze Nacht durcharbeiten."
P: Ja.
T: Und wenn Sie sich für eine Arbeit oder ein Projekt nicht so gut wie möglich anstrengen –
P: Dann habe ich nicht mein Bestes getan. Ich habe versagt.
T: Kommt Ihnen das bekannt vor, nach dem, was wir in der Therapie schon besprochen haben? Bewerten Sie Ihre Arbeit generell so, daß Sie meinen, Sie haben versagt, wenn Sie sich nicht so gut wie möglich anstrengen?
P: Ja, ich glaube schon.
T: Können Sie mir noch mehr Beispiele dafür nennen, damit wir sehen, wie verbreitet diese Annahme ist?

3. Der Therapeut kann eine Regel oder eine Einstellung identifizieren, indem er direkt danach fragt.

T: Es ist also sehr wichtig für Sie, daß Sie als freiwillige Tutorin besonders gut sind.
P: Oh ja.
T: Erinnern Sie sich, daß wir schon darüber geredet haben, daß Sie besonders gut sein müssen? Haben Sie eine Regel darüber?
P: Oh ... daran habe ich noch gar nicht gedacht ... ich glaube, ich muß alles, was ich tue, besonders gut machen.

4. Häufiger benutzt der Therapeut eine vierte Methode zur Identifikation von bedingten (und Grund-) Annahmen: die *Pfeil-abwärts-Technik* (Burns,

1980). Zuerst identifiziert der Therapeut einen entscheidenden automatischen Gedanken, von dem er vermutet, daß er direkt aus einer dysfunktionalen Annahme abgeleitet ist. Dann fragt er den Patienten nach der *Bedeutung* dieses Gedankens, angenommen er wäre richtig. Er tut das immer wieder, bis er eine oder mehrere wichtige Annahmen aufgedeckt hat. Die Frage, was ein automatischer Gedanke *für den Patienten bedeutet*, führt oft zur Aufdeckung einer bedingten Annahme. Die Frage, was er *über den Patienten aussagt*, deckt normalerweise die Grundannahme auf.

T: Gut, um das noch einmal zusammenzufassen: Sie haben gestern abend noch spät gelernt, Sie haben Ihre Aufzeichnungen aus der Vorlesung durchgesehen, Sie hatten den Gedanken: „Dieses Aufzeichnungen sind Mist.", und Sie waren traurig.

P: Richtig.

T: Gut, wir haben jetzt noch keine Beweise gesucht, um zu sehen, ob Sie damit recht haben. Aber ich würde gerne versuchen herauszufinden, *warum* dieser Gedanke Sie traurig gemacht hat. Dafür müssen wir einen Augenblick lang annehmen, *daß* Sie recht haben und Ihre Aufzeichnungen nichts taugen. Was würde das für Sie bedeuten?

P: Daß ich im Kurs nicht besonders gut bin.

T: Okay, wenn es stimmt, daß Sie im Kurs nicht besonders gut sind, was würde das bedeuten?

P: Daß ich eine schlechte Studentin bin.

T: Und wenn Sie eine schlechte Studentin sind, was sagt das über Sie aus?

P: Ich bin nicht gut genug. (Ich bin unfähig.) *(Grundannahme)*

Manchmal kommt der Therapeut bei der Pfeil-abwärts-Technik nicht weiter, wenn der Patient mit einem Gefühl antwortet, wie etwa: „Das wäre schrecklich.", oder, „Ich wäre sehr ängstlich." Wie im unteren Beispiel zeigt der Therapeut dann vorsichtig sein Verständnis und versucht, die Befragung fortzusetzen. Um die Gefahr, daß der Patient auf dieses Bohren negativ reagiert, zu minimieren, begründet der Therapeut die wiederholten Fragen und variiert die Befragung, indem er Sätze wie die folgenden benutzt:

> „Und wenn das stimmt, was dann?"
> „Was ist so schlimm daran, daß ..."
> „Was ist das Schlimmste daran, wenn ..."
> „Was sagt das *über* Sie aus?"

Das folgende Transkript zeigt eine kurze Begründung und verschiedene Frageformen in der Pfeil-abwärts-Technik.

T: Es ist wichtig für mich, daß ich verstehe, was daran Sie am meisten belastet. Was würde es für Sie bedeuten, wenn Ihre Zimmergenossen und Freunde bessere Noten hätten als Sie?

P: Oh, das könnte ich nicht ertragen.

T: Sie wären also ziemlich entsetzt, aber was wäre das Schlimmste daran?

P: Sie würden mich wahrscheinlich verachten.

T: Und was wäre so schlimm daran, daß sie Sie verachten?

P: Ich fände es furchtbar.

T: Sicher, es wäre ziemlich schlimm für Sie. Aber, wenn sie Sie verachten würden, was dann?

P: Ich weiß nicht. Es wäre ziemlich schlimm.

T: Würde es etwas *über Sie* aussagen, wenn sie Sie verachten würden?

P: Klar. Es würde bedeuten, daß ich minderwertig bin, nicht so gut wie sie.

Woran erkennt der Therapeut, wann er mit der Pfeil-abwärts-Technik aufhören kann? Im allgemeinen hat der Therapeut die wichtige bedingte Annahme und/oder Grundannahme dann aufgedeckt, wenn sich die Stimmung des Patienten verschlechtert und/oder er anfängt, die Annahme in gleichen oder ähnlichen Worten zu wiederholen.

T: Und was würde es bedeuten, daß Sie minderwertig wären und nicht so gut wie sie?

P: Genau das, ich bin minderwertig; ich bin unfähig *(Grundannahme)*.

5. Die fünfte Möglichkeit, Annahmen zu identifizieren, ist, nach gemeinsamen Themen in den automatischen Gedanken des Patienten zu suchen. Einen einsichtigen Patienten kann der Therapeut fragen, ob ihm ein Thema auffällt, das immer wieder auftaucht, oder er kann versuchsweise eine Annahme formulieren und den Patienten fragen, ob sie auf ihn zutrifft.

T: Sally, mir scheint, daß Sie in vielen Situationen den Gedanken haben: „Ich schaffe das nicht.", oder „Es ist zu schwierig.", oder „Ich werde das nicht fertigkriegen." Ich frage mich, ob Sie sich irgendwie für inkompetent oder unfähig halten.

P: Ja, ich glaube schon. Ich halte mich für unfähig.

6. Eine weitere Möglichkeit zur Identifikation von Annahmen ist, den Patienten direkt zu fragen. Manche Patienten können ihre Annahmen ziemlich leicht artikulieren.

T: Sally, was halten Sie davon, jemanden um Hilfe zu bitten?

P: Oh, um Hilfe zu bitten ist ein Zeichen von Schwäche.

7. Schließlich kann man den Patienten bitten, einen Fragebogen zu seinen Annahmen auszufüllen, wie zum Beispiel die „Dysfunctional Attitude Scale" (Weissman & Beck, 1978). Eine genaue Überprüfung der Items, denen sehr stark zugestimmt wird, kann problematische Annahmen sichtbar machen. Die Verwendung solcher Fragebögen ist eine nützliche Ergänzung der bisher beschriebenen Techniken.

1

51

Zusammenfassend gesagt: Der Therapeut kann sowohl bedingte Annahmen als auch Grundannahmen mit verschiedenen Methoden aufdecken:

- Darauf achten, ob eine Annahme als automatischer Gedanke ausgedrückt wird.
- Den Bedingungssatz eines Axioms („Wenn ...) vorgeben und den Patienten bitten, den Satz zu Ende zu führen.
- Eine Regel direkt erfragen.
- Die Pfeil-abwärts-Technik benutzen.
- Ein gemeinsames Thema in den automatischen Gedanken des Patienten erkennen.
- Den Patienten nach seiner Annahme fragen.
- Einen Fragebogen des Patienten zu Annahmen überprüfen.

Entscheiden, ob eine Annahme modifiziert werden soll

Nach der Identifikation einer Annahme stellt der Therapeut fest, ob diese zentral oder eher peripher ist. Um die Therapie so effizient wie möglich durchzuführen, konzentriert er sich in der Regel auf die wichtigsten bedingten Annahmen (Safran, Vallis, Segal & Shaw, 1986). Die Arbeit an einer Annahme, die nicht zentral ist oder an die der Patient nur schwach glaubt, ist eine Verschwendung von Zeit und Arbeit des Therapeuten.

T: Das klingt, als ob Sie annehmen, daß Sie minderwertig sind, wenn Sie von irgend jemand nicht akzeptiert werden.
P: Ich glaube schon.
T: Wie stark glauben Sie das?
P: Nicht sehr, vielleicht 20%.
T: Das hört sich nicht so an, als ob wir an dieser Annahme arbeiten müßten. Wollen wir zu dem Problem zurückkommen, das wir gerade besprochen haben?

Wenn er eine wichtige bedingte Annahme aufgedeckt hat, entscheidet der Therapeut, ob er sie dem Patienten explizit darlegen soll und, wenn ja, ob sie sofort oder zu einem späteren Zeitpunkt daran arbeiten sollen. Um die Entscheidung zu erleichtern, kann sich der Therapeut die folgenden Fragen stellen:

- Was besagt die Annahme?
- Wie stark glaubt der Patient daran?
- Falls er stark daran glaubt, wie viele Lebensbereiche sind davon betroffen? Wie stark wird sein Leben von dieser Annahme beeinflußt?

- Falls ein starker Einfluß vorliegt, sollte ich jetzt daran arbeiten? Ist der Patient dazu bereit? Kann er die Annahme jetzt schon hinreichend objektiv bewerten? Haben wir in der heutigen Sitzung genug Zeit, um damit anzufangen? Paßt es zu den restlichen Tagesordnungspunkten oder wird der Patient damit einverstanden sein, daß wir Tagesordnungspunkte verschieben, um Zeit für die Untersuchung der Annahme zu gewinnen?

Solange der Patient noch nicht gelernt hat, wie er seine automatischen Gedanken identifizieren und modifizieren kann, und noch keine Verbesserung seiner Symptome spürt, verzichtet der Therapeut im allgemeinen auf die Modifikation von Annahmen. Das Verändern von Annahmen geht bei manchen Patienten relativ einfach, bei anderen ist es wesentlich schwieriger. Im allgemeinen modifiziert man die bedingten Annahmen vor den Grundannahmen, da letztere sehr starr sein können.

Den Patienten über Annahmen informieren

Nachdem er eine wichtige Annahme aufgedeckt und festgestellt hat, daß der Patient stark daran glaubt, kann der Therapeut dem Patienten allgemein etwas über Annahmen sagen, wobei er eine spezielle Annahme als Beispiel benutzt. Er betont, daß der Patient aus einer Bandbreite von möglichen Annahmen wählen kann und daß Annahmen nicht angeboren, sondern erlernt und daher veränderbar sind.

T: So, jetzt haben wir einige Ihrer Annahmen aufgedeckt: „Es ist schrecklich, eine mittelmäßige Arbeit abzuliefern.", „Ich muß alles sehr gut machen.", „Wenn ich nicht mein Bestes gebe, bin ich ein Versager." Was glauben Sie, wo Sie diese Überzeugungen gelernt haben?
P: Ich nehme an, als Kind.
T: Haben alle Menschen die gleichen Annahmen?
P: Nein. Manchen Leuten scheint das nichts auszumachen.
T: Fällt Ihnen jemand ein, der andere Annahmen hat?
P: Zum Beispiel meine Cousine Emily.
T: Welche Annahme hat sie?
P: Ich glaube, sie findet es in Ordnung, mittelmäßig zu sein. Ihr ist es wichtiger, daß sie eine schöne Zeit hat.
T: Sie hat also andere Annahmen gelernt?
P: Ich glaube schon.
T: Also, die schlechte Nachricht ist, daß Sie im Moment Annahmen haben, die Sie nicht besonders zufrieden machen, stimmt's? Die gute Nachricht ist, daß Sie diese Annahmen gelernt haben und sie deswegen auch wieder verlernen und andere lernen können – vielleicht nicht so extreme wie die von Emily, aber solche, die irgendwo zwischen Ihren und Emilys liegen. Wie finden Sie das?
P: Gut.

Regeln und Einstellungen als Axiome formulieren

Es fällt den Patienten oft leichter, eine bedingte Annahme zu überprüfen und zu erkennen, daß sie verzerrt ist, wenn sie nicht als Regel oder Einstellung, sondern als Axiom formuliert ist. Nach der Aufdeckung einer Regel oder Einstellung kann der Therapeut mit der Pfeil-abwärts-Technik deren Bedeutung feststellen.

T: Sie glauben also ziemlich stark, daß Sie alles selbst machen sollten *(Regel)* und daß es schrecklich ist, um Hilfe zu bitten *(Einstellung)*. Was bedeutet es für Sie, um Hilfe zu bitten, zum Beispiel bei der Arbeit für das Studium, anstatt etwas selbst zu tun?
P: Es bedeutet, daß ich unfähig bin.
T: Wie stark glauben Sie jetzt an diesen Gedanken: „Wenn ich jemanden um Hilfe bitte, heißt das, daß ich unfähig bin."

Die logische Überprüfung dieses Axioms durch Befragung oder andere Methoden erzeugt oft eine größere kognitive Dissonanz als die Überprüfung einer Regel oder einer Einstellung. Es ist einfacher für Sally, zu erkennen, daß das Axiom, „Wenn ich um Hilfe bitte, heißt das, daß ich unfähig bin.", verzerrt und/oder dysfunktional ist, als die Regel, „Ich sollte nicht um Hilfe bitten."

Vor- und Nachteile von Annahmen untersuchen

Oft ist es für die Patienten nützlich zu untersuchen, welche Vor- und Nachteile es hat, eine bestimmte Annahme beizubehalten. Der Therapeut versucht dann, die Vorteile zu minimieren oder in Zweifel zu ziehen und die Nachteile zu betonen und zu verstärken. (Ein ähnliches Vorgehen wurde bereits in Kapitel 8, Seite 122–123, im Abschnitt über die Überprüfung der Nützlichkeit von automatischen Gedanken beschrieben.)

T: Welche *Vorteile* hat es anzunehmen, daß Sie ein Versager sind, wenn Sie nicht Ihr Bestes geben?
P: Naja, dadurch strenge ich mich mehr an.
T: Es wäre interessant zu sehen, ob Sie wirklich eine so extreme Annahme brauchen, damit Sie sich anstrengen. Aber darauf kommen wir später noch zurück. Gibt es noch weitere Vorteile?
P: ... Nein, mir fallen keine mehr ein.
T: Welche *Nachteile* hat es anzunehmen, daß Sie ein Versager sind, wenn Sie nicht Ihr Bestes geben?
P: Naja, wenn ich bei einer Prüfung nicht gut abschneide, fühle ich mich miserabel. ... Wenn ich etwas vortragen muß, werde ich sehr nervös. ... Mir fehlt die Zeit, um andere Sachen zu machen, weil ich ständig mit Lernen beschäftigt bin –

T: Und nimmt es Ihnen ein bißchen die Freude am Studieren und Lernen?

P: Allerdings.

T: Das heißt, einerseits kann es vielleicht sein, daß diese Annahme das einzige ist, was Sie dazu bringt, sich anzustrengen. Andererseits führt die Annahme, Sie müßten ständig vollen Einsatz zeigen, dazu, daß es Ihnen miserabel geht, wenn Sie kein Spitzenergebnis produzieren, daß Sie vor Vorträgen nervöser als nötig sind, daß Sie weniger Spaß an Ihrer Arbeit haben und daß Sie andere Dinge, die Ihnen Spaß machen, nicht mehr tun können. Ist das richtig?

P: Ja.

T: Heißt das, Sie würden diese Annahme gerne ändern?

Eine neue Annahme formulieren

Um zu entscheiden, welche Strategien er zur Modifikation einer bestimmten Annahme einsetzt, braucht der Therapeut eine klare Vorstellung von einer passenderen Annahme.

Er stellt sich die Frage: „Welche Annahme wäre für den Patienten funktionaler?"

Abbildung 10.5 zeigt als Beispiel eine Liste von Sallys derzeitigen Annahmen und den neuen Annahmen, die der Therapeut sich vorstellt. Obwohl die Konstruktion einer neuen Annahme ein gemeinsamer Arbeitsprozeß ist, formuliert der Therapeut in Gedanken einige vernünftigere Annahmen, damit er seine Strategien zur Veränderung der alten Annahme dementsprechend wählen kann.

Zusammenfassend gesagt: Bevor der Therapeut versucht, eine Annahme seines Patienten zu modifizieren, überzeugt er sich davon, daß es sich um eine zentrale Annahme handelt, an die der Patient stark glaubt. Er formuliert in Gedanken eine funktionalere, weniger starre Annahme, die thematisch mit der dysfunktionalen Annahme *zusammenhängt*, aber seiner Ansicht nach zu einer größeren Zufriedenheit des Patienten führt. Er zwingt dem Patienten diese Annahme nicht auf, sondern leitet ihn kooperativ durch sokratische Fragen zur Formulierung einer alternativen Annahme an. Zusätzlich kann er den Patienten über das Wesen von Annahmen unterrichten (z.B. daß es sich um Gedanken, nicht um absolute Wahrheiten handelt; daß sie erlernt sind und daher auch wieder verlernt werden können; daß sie überprüft und verändert werden können) und/oder ihm helfen herauszufinden, welche Vor- und Nachteile es hat, eine bestimmte Annahme beizubehalten.

Die Modifikation von Annahmen

Im folgenden werden die üblichen Strategien aufgeführt, die sich zur Modifikation von bedingten und Grundannahmen eignen. (Weitere Techniken zur Modifikation von Grundannahmen werden im nächsten Kapitel genauer be-

Sallys alte Annahmen	Funktionalere Annahmen
1. Wenn ich nicht so gut bin wie andere, bin ich ein Versager.	Wenn ich nicht so gut bin wie andere, bin ich kein Versager, sondern einfach menschlich.
2. Um Hilfe zu bitten, ist ein Zeichen von Schwäche.	Um Hilfe zu bitten, wenn ich sie brauche, zeigt, daß ich gute Problemlösungsstrategien habe (und ist daher ein Zeichen von Stärke).
3. Wenn ich bei der Arbeit/ am College versage, bin ich auch als Person ein Versager.	Wenn ich bei der Arbeit/am College versage, sagt das nichts über meine gesamte Persönlichkeit. (Zu meiner gesamten Persönlichkeit gehört, wie ich als Freundin, Tochter, Schwester, Verwandte, Bürgerin und Gemeindemitglied bin, und auch Eigenschaften wie Freundlichkeit, Sensibilität für andere, Hilfsbereitschaft usw.) Außerdem ist Versagen kein Dauerzustand.
4. Alles, was ich versuche, sollte mir bestens gelingen.	Ich sollte nur dann besonders gut sein, wenn ich auf diesem Gebiet talentiert bin (und fähig und bereit bin, auf Kosten anderer Dinge viel Zeit und Mühe dafür aufzuwenden).
5. Ich sollte immer hart arbeiten und mein Bestes geben.	Ich sollte in der Regel ein vernünftiges Ausmaß an Anstrengung aufbringen.
6. Wenn ich nicht das bestmögliche Ergebnis erziele, bin ich ein Versager.	Wenn ich nicht das bestmögliche Ergebnis erziele, hatte ich vielleicht 70%, 80% oder 90% Erfolg, nicht 0%.
7. Wenn ich nicht ständig hart arbeite, werde ich versagen.	Wenn ich nicht ständig hart arbeite, werde ich wahrscheinlich einigermaßen gut zurechtkommen und ein ausgeglicheneres Leben führen.

Abb. 10.5: Die Formulierung funktionalerer Annahmen

schrieben.) Einige Annahmen lassen sich leicht ändern, während sich bei anderen Patient und Therapeut länger anstrengen müssen. Um beurteilen zu können, ob noch weitere Arbeit nötig ist, fragt der Therapeut den Patienten immer wieder, wie stark er augenblicklich an die Annahme glaubt (von 0–100%).

Gewöhnlich ist es weder möglich noch unbedingt erstrebenswert, die Stärke des Glaubens bis auf 0% zu reduzieren. Es erfordert daher Fingerspitzengefühl zu entscheiden, wann die Arbeit an einer Annahme beendet werden soll. Im allgemeinen ist die Annahme dann schwach genug, wenn der Patient weniger als 30% daran glaubt und wenn es wahrscheinlich ist, daß er sein dysfunktionales Verhalten ändert, obwohl er noch an einem Rest seiner alten Überzeugung festhält.

Es empfiehlt sich, die Patienten in ihren Therapienotizen festhalten zu lassen, welche Annahmen sie untersucht haben. Dazu ist es nützlich, die dysfunktionale und die neue, funktionalere Annahme sowie die prozentuale Stärke beider Annahmen aufzuschreiben, wie im folgenden Beispiel:

Alte Annahme: Wenn ich keine Bestleistungen erreiche, bin ich ein Versager. (55%)
Neue Annahme: Ich bin nur dann ein totaler Versager, wenn mir wirklich fast nichts gelingt. (80%)

Eine typische Hausaufgabe besteht darin, daß sich der Patient die Annahmen jeden Tag durchliest und neu bewertet, wie stark er jeweils an sie glaubt.

Einige Methoden zur Modifikation von Annahmen werden auch zur Modifikation von automatischen Gedanken verwendet, aber es gibt auch zusätzliche Techniken, unter anderem:

1. Sokratische Fragen
2. Verhaltensexperimente
3. Kognitives Kontinuum
4. Rational-emotionales Rollenspiel
5. andere Personen als Bezugsgröße
6. so tun, als ob
7. Selbstenthüllung

Sokratische Fragen zur Modifikation von Annahmen

Wie im folgenden Transkript gezeigt wird, benutzt der Therapeut zur Überprüfung von Sallys Annahmen dieselben Fragen, die er zur Überprüfung ihrer automatischen Gedanken verwendet hat. Auch wenn er eine allgemeine Annahme aufgedeckt hat, hilft er ihr, sie im Kontext von spezifischen Situationen zu überprüfen. Diese Spezifität macht die Überprüfung konkreter und bedeutungsvoller, weniger abstrakt und abgehoben.

T *(faßt die Ergebnisse der gerade beendeten Pfeil-abwärts-Technik zusammen.)*: Gut, das heißt, Sie glauben zu etwa 90%, daß es ein Zeichen für Ihre Unfähigkeit ist, wenn Sie um Hilfe bitten. Stimmt das?
P: Ja.
T: Könnte man das Bitten um Hilfe auch anders bewerten?
P: Ich weiß nicht?
T: Nehmen Sie zum Beispiel die Therapie. Sind Sie unfähig, weil Sie hier Hilfe suchen?
P: Ein bißchen, vielleicht.
T: Hmmm. Das finde ich interessant, weil ich es normalerweise umgekehrt sehe. Ist es möglich, daß es in Wirklichkeit ein Zeichen von Stärke und

Fähigkeit ist, daß Sie hierher gekommen sind? Denn was wäre passiert, wenn Sie es nicht getan hätten?

P: Wahrscheinlich würde ich mich immer noch im Bett verkriechen und nicht zu den Veranstaltungen gehen.

T: Wollen Sie damit andeuten, daß es angebrachter ist, sich für eine Krankheit wie Depression geeignete Hilfe zu suchen als weiter depressiv zu bleiben?

P: Ja ... ich glaube schon.

T: Entscheiden Sie sich. Nehmen Sie an, wir hätten zwei depressive College-Studenten. Einer läßt sich behandeln, der andere läßt sich nicht behandeln und hat weiter depressive Symptome. Welchen halten Sie für fähiger?

P: Den, der sich helfen läßt.

T: Und wie steht es mit der anderen Situation, die Sie erwähnt haben – Ihrer ehrenamtlichen Arbeit. Nehmen wir wieder zwei College-Studenten, die beide das erste Mal als Tutoren arbeiten; sie sind sich nicht sicher, was sie tun sollen, weil sie es noch nie gemacht haben. Einer sucht Hilfe, der andere müht sich alleine weiter. Welcher ist der Fähigere?

P *(zögernd.)*: Der, der Hilfe sucht?

T: Sind Sie sicher?

P *(denkt einen Augenblick nach.)*: Ja. Es ist kein Zeichen von Fähigkeit, sich nur abzumühen, wenn man Hilfe kriegen und es besser machen könnte.

T: Wie stark glauben Sie daran?

P: Ziemlich stark: 80%.

T: Und treffen diese beiden Situationen – Therapie und Hilfe im Tutorium – auf Sie zu?

P: Ich glaube schon.

T: Dann sollten Sie sich etwas dazu aufschreiben. ... Nennen Sie den ersten Gedanken „alte Annahme" – wie haben Sie es ausgedrückt?

P: Wenn ich um Hilfe bitte, heißt das, daß ich unfähig bin.

T: Und soweit ich sehe, haben Sie das vorhin zu 90% geglaubt. Schreiben Sie „90%" daneben, bitte. Und wie stark glauben Sie es jetzt? ... Gleich? Mehr? Weniger?

P: Weniger. Vielleicht 40%.

T: Gut, dann schreiben Sie „40%" neben die „90%".

P: *(tut das.)*

T: Jetzt schreiben Sie: „Neue Annahme". Wie würden Sie die formulieren?

P: Wenn ich um Hilfe bitte, heißt das nicht, daß ich unfähig bin.

T: So könnten Sie es nennen. Oder wie wäre es mit: „Um Hilfe zu bitten, wenn es vernünftig ist, ist ein Zeichen von Fähigkeit."

P: Gut. *(Schreibt das auf.)*

T: Wie stark glauben Sie jetzt an die neue Annahme?

P: Stark. ... *(Liest und überdenkt die neue Annahme.)* Ungefähr 70 bis 80%. *(Schreibt es auf.)*

T: Gut Sally, wir kommen auf diese Annahmen noch einmal zurück. Wie wäre es, wenn Sie als Hausaufgabe diese Woche zwei Dinge tun? Erstens, jeden Tag diese Annahmen lesen und einschätzen, wie stark Sie daran glauben – schreiben Sie die Prozentzahlen neben die Annahmen.

P: Okay.

T: Wenn Sie aufschreiben, wie stark Sie daran glauben, werden Sie wirklich darüber nachdenken. Deswegen habe ich nicht gesagt, daß Sie sie einfach durchlesen sollen.

P: Verstehe. *(Schreibt die Hausaufgabe auf.)*

T: Zweitens könnten Sie diese Woche nach weiteren Situationen suchen, wo es *vernünftig* wäre, um Hilfe zu bitten. Das heißt, nehmen Sie an, Sie würden die neue Annahme, daß eine vernünftige Bitte um Hilfe ein Zeichen von Stärke ist, hundertprozentig glauben. Wann könnten Sie nächste Woche um Hilfe bitten? Schreiben Sie sich diese Situationen auf.

P: Okay.

Im obigen Abschnitt benutzt der Therapeut sokratische Fragen im Kontext von bestimmten Situationen, um Sally bei der Überprüfung einer bedingten Annahme zu helfen. Er geht davon aus, daß die Standardfragen zur Überprüfung der Beweise und der Folgen weniger effektiv sind als die Entwicklung einer alternativen Sichtweise. Seine Fragen sind wesentlich suggestiver und weniger ausgewogen als bei der Überprüfung der leichter veränderbaren Kognitionen auf der Ebene automatischer Gedanken. Die darauf aufbauende Hausaufgabe ist so gewählt, daß Sally weiterhin täglich über das dysfunktionale Axiom und die neue Annahme nachdenken muß.

Verhaltensexperimente zur Überprüfung von Annahmen

Die Richtigkeit einer Annahme kann wie bei automatischen Gedanken mit einem Verhaltensexperiment überprüft werden. Der Therapeut kann dem Patienten helfen, ein solches Experiment zu entwerfen (vgl. auch Kap. 12, S. 201–203). Wenn es richtig geplant und ausgeführt wird, kann ein Verhaltensexperiment die Annahmen des Patienten nachhaltiger verändern als verbale Methoden im Therapieraum.

T: So Sally, wir haben noch eine andere Annahme aufgedeckt: „Wenn ich um Hilfe bitte, werden mich die anderen für minderwertig halten." Davon sind Sie etwa 60% überzeugt. Ich habe Sie natürlich nicht für minderwertig gehalten, oder doch?

P: Nein, natürlich nicht. Aber anderen Leuten zu helfen ist ja auch Ihr Job.

T: Das stimmt, aber es wäre doch nützlich herauszufinden, ob Menschen im allgemeinen eher wie ich sind oder nicht. Wie könnten Sie das herausfinden?

P: Ich nehme an, indem ich Leute um Hilfe bitte.

T: Gut, wen könnten Sie fragen und worum könnten Sie ihn bitten?

P: Hmmm. Ich weiß nicht recht.

T: Sollen wir eine Liste von Möglichkeiten machen? Ich fange an; viellcicht kommen Ihnen dann auch Ideen. Wenn die Liste fertig ist, können Sie sich entscheiden, mit wem Sie Ihre Annahme testen möchten.

P: Okay.

T: Könnten Sie Ihre Zimmergenossin fragen?

P: Ja, genau genommen tue ich das schon. Und ich könnte den Hausmeister um einen Gefallen bitten.

T: Gut. Wie wäre es mit der Studienberatung?

P: Hmmm. Ich könnte auch meinen Bruder fragen. Nein. Meine Zimmergenossin und meinen Bruder frage ich nicht. Ich weiß, daß die mich nicht für minderwertig halten würden.

T: Aha, Sie wissen also schon, daß es Ausnahmen gibt.

P: Ja. Aber ich glaube, ich könnte zu meinem Berater oder meinen Tutoren gehen.

T: Wobei könnten Sie sich helfen lassen?

P: Naja, die Tutoren ... die könnte ich etwas zu den Hausarbeiten fragen, die ich schreiben muß oder zu den Literaturlisten. Für den Hausmeister fällt mir nichts ein. Meine Studienberaterin ... wenn ich zu der gehen würde, käme ich mir ein bißchen komisch vor. Ich weiß nicht einmal, was ich als Hauptfach nehmen möchte.

T: Das wäre doch ein interessantes Experiment – sich von einer Person bei der Auswahl des Hauptfachs helfen zu lassen, die dafür bezahlt wird, Studenten bei solchen Entscheidungen zu helfen.

P: Stimmt –

T: Da könnten Sie zwei Fliegen mit einer Klappe schlagen – die Annahme überprüfen, daß Sie für minderwertig gehalten werden *und* sich Rat für eines Ihrer Probleme holen.

P: Ich glaube, das würde gehen.

T: Gut. Sie möchten also die Annahme überprüfen: „Wenn ich andere um Hilfe bitte, halten sie mich für minderwertig." Wollen Sie das gleich diese Woche machen?

In diesem Abschnitt hat der Therapeut ein Verhaltensexperiment zur Überprüfung einer Annahme vorgeschlagen. Wenn die Patientin gezögert hätte, hätte er sie gefragt, wie wahrscheinlich es ist, daß sie das Experiment tatsächlich durchführt, und welche praktischen Probleme oder Gedanken sie daran hindern könnten. Er hätte sie auch in Gedanken üben lassen können (vgl. Kapitel 14, S. 260–263), um die Wahrscheinlichkeit zu erhöhen, daß sie den Plan tatsächlich ausführt. Wenn er vermutet hätte, daß Sally womöglich wirklich für minderwertig gehalten wird, hätte er mit ihr im voraus diskutieren können, was das für sie bedeuten würde und wie sie damit fertig werden könnte, daß jemand sie für minderwertig hält. Er hätte Sally auch bitten können, genau zu beschreiben, woran sie erkennt, daß jemand sie für minderwertig hält, um sicherzugehen, daß sie das Verhalten der anderen nicht fälschlicherweise so interpretiert.

Kognitives Kontinuum zur Modifikation von Annahmen

Diese Methode ist nützlich zur Modifikation von automatischen Gedanken und Annahmen, die polarisiertes Denken darstellen (das heißt, der Patient sieht bei einer Sache nur „Alles oder Nichts"). Sally hielt sich zum Beispiel für einen Versager, weil sie keine hervorragende Studentin war. Der Aufbau eines kognitiven Kontinuums für das fragliche Konzept macht es, wie das folgende Transkript zeigt, dem Patienten leichter, den mittleren Bereich zu erkennen:

T: Sie glauben also ziemlich stark daran, daß Sie ein Versager sind, wenn sie als Studentin keine hervorragenden Leistungen bringen. Stellen wir das einmal bildlich dar. (*Zeichnet eine Linie mit Zahlen.*)

	Anfängliches Erfolgsbild	
0% Erfolg	90% Erfolg	100% Erfolg
Sally	hervorragender Student	

T: So, wo gehört der hervorragende Student hin?
P: Dahin. Bei 90 bis 100%, würde ich sagen.
T: Gut. Und Sie sind ein Versager. Sie sind also bei 0% Erfolg?
P: Ich glaube schon.
T: Würden Sie auch sagen, daß alles unter 90% ein Versagen bedeutet?
P: Ich glaube nicht.
T: Also wo fängt das Versagen an?
P: Ungefähr bei 50%, schätze ich.
T: 50%. Das heißt, jeder der weniger als 50% schafft, ist ein Versager?
P: Ich weiß nicht recht.
T: Gibt es jemand anderen, der eher zu den 0% gehört als Sie?
P: Hmmm ... Vielleicht dieser Jack aus meinem Wirtschaftskurs. Ich weiß, daß er noch schlechtere Noten hat als ich.
T: Gut. Setzen wir Jack auf 0%. Aber könnte es sein, daß es jemand gibt, der noch schlechter als Jack ist?
P: Wahrscheinlich.
T: Ist es möglich, daß jemand in jedem Test durchfällt und in jeder Hausarbeit?
P: Klar.

T: Wenn wir also diese Person auf 0% setzen, einen echten Versager, wohin gehört dann Jack? Und wohin gehören Sie?

P: Wahrscheinlich ist Jack bei 30%. Und ich bin bei 50%.

T: Was machen wir denn mit einer Person, die nicht nur überall durchfällt, sondern auch zu keiner Veranstaltungen kommt, nichts liest und keine Hausarbeiten abgibt?

P: Ich schätze, *die* gehört auf 0%.

T: Wohin gehört dann der Student, der es zumindest versucht, aber nicht schafft?

P: Vielleicht auf 10%.

T: Wohin gehören dann Sie und Jack?

P: Jack kommt dann ungefähr auf 50%; und ich schätze, ich bin auf 75%.

Überarbeitetes Erfolgs – Mißerfolgsbild					
0%	10%	50%	75%	90%	100%
Student, der nichts tut	Student, der sich anstrengt, aber durchfällt	Jack	Sally	hervorragende Studenten	

T: Als Hausaufgabe könnten Sie darüber nachdenken, ob die 75% wirklich richtig sind. Vielleicht stimmen sie für dieses College, aber im Vergleich zu Studenten von verschiedenen Unis wären Sie noch weiter oben. Aber unabhängig davon: Ist es richtig, jemanden als Versager zu bezeichnen, der bei 75% liegt?

P: Nicht besonders.

T: Schlimmstenfalls könnten Sie wohl sagen, daß dieser jemand 75% erfolgreich ist.

P: Ja. *(Wird sichtlich fröhlicher.)*

T: Gut, um zu Ihrer ursprünglichen Annahme zurückzukommen, wie stark glauben Sie jetzt daran, daß Sie ein Versager sind, weil Sie keine hervorragenden Leistungen bringen?

P: Weniger. Vielleicht 25%.

T: Gut!

Die Technik des kognitiven Kontinuums ist bei dichotomem Denken oft nützlich. Wie bei den meisten Techniken kann der Therapeut dem Patienten die Anwendung explizit erklären, damit er sie gegebenenfalls selbständig einsetzen kann.

T: Sally, ich würde gerne noch einmal wiederholen, was wir gerade getan haben. Wir haben einen Alles-oder-nichts-Fehler in Ihrem Denken aufge-

deckt. Dann haben wir eine Linie von 0 bis 100% gezeichnet, um zu überprüfen, ob es wirklich nur zwei Kategorien gibt – Erfolg und Versagen –
oder ob es besser ist, verschiedene *Grade* von Erfolg zu unterscheiden. Fällt
Ihnen noch etwas ein, was Sie nur in zwei Kategorien sehen und was Sie
belastet?

Rational-emotionales Rollenspiel

Diese Technik, die auch als Argument-Gegenargument bezeichnet wird
(Young, 1990), wird normalerweise erst eingesetzt, wenn der Therapeut schon
andere Methoden, wie etwa die in diesem Kapitel beschriebenen, ausprobiert
hat. Sie ist besonders dann nützlich, wenn der Patient erklärt, daß er *mit dem
Verstand* erkennen kann, daß eine Annahme dysfunktional ist, daß er aber im
Bauch trotzdem *das Gefühl hat*, sie sei richtig. Der Therapeut erläutert zunächst
das Vorgehen und bittet den Patienten, die Rolle des „emotionalen" Teils zu
übernehmen, der stark an die dysfunktionale Annahme glaubt, während der
Therapeut den „rationalen" Teil spielt. Im zweiten Abschnitt des Rollenspiels
tauschen sie die Rollen. Beachten Sie, daß sowohl der Patient als auch der Therapeut in beiden Abschnitten als Patient, also beide in der Ich-Form, sprechen.

T: Das, was Sie sagen, klingt so, als ob Sie immer noch ein bißchen daran
   glauben, daß Sie unfähig sind, weil Sie im letzten Semester an der Uni nicht
   so gut abgeschnitten haben wie erhofft.
P: Ja.
T: Ich würde gerne besser nachvollziehen können, welche Anhaltspunkte es
   immer noch für Ihre Annahme gibt.
P: Okay.
T: Dazu möchte ich gerne ein Rollenspiel machen. Ich spiele den „rationalen"
   Teil Ihres Bewußtseins, der weiß, daß Sie nicht völlig unfähig sind, nur
   weil Sie nicht lauter Einsen bekommen haben. Und ich möchte, daß Sie den
   „emotionalen" Teil spielen, diese Stimme aus dem Bauch, die immer noch
   fest daran glaubt, *daß* Sie unfähig sind. Ich möchte, daß Sie gegen mich ar-
   gumentieren, so gut Sie nur können, damit mir wirklich klar wird, was die
   Annahme aufrechterhält. Einverstanden?
P: Ja.
T: Gut, Sie fangen an. Sagen Sie: „Ich bin unfähig, weil ich nicht lauter Einsen
   bekommen habe."
P: Ich bin unfähig, weil ich nicht lauter Einsen bekommen habe.
T: Nein, bin ich nicht. Ich habe zwar die *Annahme*, daß ich unfähig bin, aber
   meistens bin ich einigermaßen fähig.
P: Nein, bin ich nicht. Wenn ich wirklich fähig wäre, *hätte* ich letztes Seme-
   ster lauter Einsen bekommen.

T: Das stimmt nicht. Fähigkeit ist nicht dasselbe wie totale Perfektion. Wenn das stimmen würde, wäre ja nur ein Prozent der Studenten fähig und alle anderen wären unfähig.

P: In Chemie habe ich eine Drei. Das *beweist*, daß ich unfähig bin.

T: Das stimmt auch nicht. Wenn ich durchgefallen wäre, würde das *vielleicht* beweisen, daß ich in Chemie unfähig bin, aber das heißt noch nicht, daß ich *generell* unfähig bin. Außerdem bin ich vielleicht sogar fähig in Chemie und habe aus anderen Gründen schlecht abgeschnitten: zum Beispiel war ich depressiv und konnte mich nicht auf das Studium konzentrieren.

P: Jemand, der wirklich fähig ist, würde gar nicht erst depressiv werden.

T: Es gibt wirklich auch sehr fähige Menschen, die depressiv werden. Da besteht kein Zusammenhang. Und wenn wirklich fähige Menschen depressiv werden, dann beeinträchtigt das mit Sicherheit ihre Konzentration und Motivation und ihre Leistungen sind nicht mehr so gut wie vorher. Aber das heißt nicht, daß sie durch und durch unfähig sind.

P: Ich glaube, das stimmt. Sie sind einfach nur depressiv.

T: Sie haben recht, aber das gehört nicht zu Ihrer Rolle. Gibt es noch andere Anhaltspunkte dafür, daß Sie unfähig sind?

P *(denkt einen Augenblick nach.)*: Nein, ich glaube nicht.

T: Gut, wie wäre es dann, wenn wir jetzt die Rollen tauschen und Sie dieses Mal den „rationalen" Teil spielen, der mir als „emotionalen" Teil widerspricht? Ich werde die gleichen Argument benutzen wie Sie.

P: Okay.

T: Ich fange an. „Ich bin unfähig, weil ich nicht lauter Einsen bekomme."

Der Rollentausch gibt dem Patienten Gelegenheit, die rationalen Argumente auszusprechen, die der Therapeut gerade als Modell vorgegeben hat. Der Therapeut benutzt die selben emotionalen Argumente wie der Patient und versucht, auch die Worte des Patienten zu verwenden. Die wörtliche Wiederholung und der Verzicht auf neue Argumente helfen dem Patienten, genauer auf seine spezifischen Bedenken einzugehen.

Wenn dem Patienten in der rationalen Rolle keine Antwort einfällt, können Therapeut und Patient vorübergehend die Rollen tauschen oder beide können ihre Rolle verlassen, um über den toten Punkt zu sprechen. Wie bei allen anderen Methoden zur Modifikation von Annahmen überprüft der Therapeut die Wirksamkeit und den weiteren Veränderungsbedarf. Deshalb bittet er den Patienten nach der Intervention einzuschätzen, wie stark er noch an die Annahme glaubt.

Viele Patienten finden das rational-emotionale Rollenspiel nützlich. Einige fühlen sich jedoch nicht wohl dabei. Wie bei jeder Intervention sollte über die Durchführung gemeinsam entschieden werden. Da diese Methode relativ stark auf Argumenten und Gegenargumenten beruht, achtet der Therapeut sorgfältig auf die nonverbalen Reaktionen des Patienten während des Rollenspiels, um sicherzugehen, daß der Patient es nicht als konfrontativ erlebt. Er achtet auch darauf, daß der Patient sich nicht kritisiert oder abgelehnt fühlt, weil sein rationaler Anteil über den emotionalen gestellt wird.

Andere Personen als Bezugsgröße zur Modifikation von Annahmen

Wenn Patienten über die Annahmen von *anderen* nachdenken, gewinnen sie oft psychische Distanz zu ihren eigenen dysfunktionalen Annahmen. Sie bemerken, daß das, was sie in bezug auf sich selbst für wahr oder richtig halten, nicht zu den objektiveren Ansichten paßt, die sie über andere Personen haben. Es folgen vier Beispiele, wie andere Personen als Bezugsgröße eingesetzt werden können, um Abstand zu bekommen.

Beispiel 1

T: Sally, letzte Woche haben Sie erwähnt, daß Ihre Cousine Emily zu der Frage, ob man alles perfekt machen muß, eine andere Annahme hat.

P: Ja.

T: Könnten Sie Emilys Annahme in Worte fassen?

P: Sie glaubt, daß sie nichts Besonderes leisten muß. Sie ist auf alle Fälle mit sich zufrieden.

T: Glauben Sie, sie hat recht? Muß sie nichts Besonderes leisten, um mit sich zufrieden zu sein?

P: Ja.

T: Finden Sie, sie ist durch und durch unfähig?

P: Nein. Sie hat vielleicht keine guten Noten, aber sie ist bestimmt fähig.

T: Ich frage mich, ob Emilys Annahme nicht auch auf Sie zutreffen könnte: „Auch wenn ich nichts Besonderes leiste, bin ich doch als Person fähig und okay."

P: Hmmm.

T: Ist an Emily irgend etwas besonderes, was sie – im Gegensatz zu Ihnen – okay und fähig macht, egal wieviel oder wenig sie leistet?

P *(denkt einen Augenblick nach.)*: Nein, ich glaube nicht. Ich nehme an, ich habe das noch nie so betrachtet.

T: Wie stark glauben Sie im Moment: „Wenn ich nicht hervorragend abschneide, bin ich unfähig."

P: Weniger, vielleicht 60%.

T: Und wie stark glauben Sie an diese neue Annahme: „Auch wenn ich nichts Besonderes leiste, bin ich doch als Person fähig und okay."

P: Mehr als vorher. Vielleicht 70%.

T: Gut. Dann sollten Sie sich die neue Annahme jetzt aufschreiben und anfangen, eine Liste von Anhaltspunkten zu machen, die diese neue Annahme unterstützen.

An diesem Punkt könnte der Therapeut das Arbeitsblatt zu den Grundannahmen einführen, das in Kapitel 11 vorgestellt wird und sowohl für Grundannahmen als auch für bedingte Annahmen verwendet werden kann.

Beispiel 2

Eine andere Möglichkeit, dem Patienten bei der Veränderung einer bedingten Annahme oder einer Grundannahme zu helfen, besteht darin, ihn eine Person benennen zu lassen, die offensichtlich die gleiche dysfunktionale Annahme hat. Manchmal kann der Patient die Verzerrung in der Annahme des anderen erkennen und diese Erkenntnis auf sich selbst übertragen. Diese Methode funktioniert nach demselben Prinzip wie die Frage aus dem Gedankentagebuch: „Wenn [ein Freund/eine Freundin] in dieser Situation wäre und diesen Gedanken hätte, was würde ich ihm/ihr raten?"

T: Kennen Sie jemanden, der dieselbe Annahme hat wie Sie: „Wenn ich mich nicht sehr anstrenge, werde ich versagen."

P: Meine Schulfreundin Donna glaubt das bestimmt. Sie lernt ständig, Tag und Nacht.

T: Glauben Sie, daß diese Annahme auf Donna zutrifft?

P: Nein, bestimmt nicht. Sie ist sehr klug. Wahrscheinlich würde sie nicht einmal dann durchfallen, wenn sie es wollte.

T: Kann es sein, daß sie vielleicht auch alles, was schlechter als Eins ist, schon als Versagen ansieht?

P: Ja, ich weiß, daß sie so denkt.

T: Und sind Sie auch der Ansicht, daß Donna versagt hat, wenn sie eine Zwei bekommt?

P: Nein, natürlich nicht.

T: Wie sehen Sie das?

P: Sie hat eine Zwei. Das ist in Ordnung, nicht die beste Note, aber sie hat nicht *versagt*.

T: Was für eine Annahme sollte sie Ihrer Ansicht nach haben?

P: Es ist gut, wenn man sich anstrengt und auf eine Eins hinarbeitet, aber es ist keine Katastrophe, wenn man sie nicht kriegt. Und es heißt nicht, daß man versagt hat.

T: Und was hat das alles mit Ihnen zu tun?

P: Hmmm. Ich glaube, bei mir ist es genauso.

T: Könnten Sie sagen, was genauso ist?

P: Ich habe auch nicht versagt, wenn ich nicht lauter Einsen bekomme. Trotzdem finde ich, ich sollte mich anstrengen.

T: Sicher. Es ist vernünftig, wenn man sich Mühe gibt und gut abschneiden möchte. Unvernünftig ist nur die Annahme, daß Sie versagt haben, wenn Ihre Leistung nicht perfekt war. Würden Sie dem zustimmen?

Beispiel 3

Der Therapeut kann auch ein Rollenspiel mit dem Patienten durchführen, bei dem der Patient das Ziel hat, eine andere Person davon zu überzeugen, daß ihre gemeinsame Annahme auf die andere Person nicht zutrifft.

T: Sally, Sie haben gesagt, Sie glauben, Ihre Zimmergenossin findet auch, sie sollte lieber keinen Professor um Hilfe bitten, weil er dann wahrscheinlich denkt, daß sie schlecht vorbereitet ist oder nicht klug genug.

P: Ja.

T: Würden Sie ihr zustimmen?

P: Nein. Wahrscheinlich hat sie Unrecht. Und selbst wenn der Professor negativ reagiert, heißt das ja noch nicht, daß er recht hat.

T: Könnten wir ein Rollenspiel dazu machen? Ich spiele Ihre Zimmergenossin; Sie beraten mich. Und lassen Sie mir bloß keinen verzerrten Gedanken durchgehen.

P: Okay.

T: Ich fange an. Sally, ich verstehe das hier nicht. Was soll ich bloß machen?

P: Frag doch den Professor.

T: Nein, das geht nicht. Er hält mich bestimmt für dumm und denkt, ich verschwende seine Zeit.

P: Na hör mal, es ist sein Job, Studenten zu helfen.

T: Aber wahrscheinlich mag er keine Studenten, die ihn nerven.

P: Tja, immerhin wird er dafür bezahlt. Und gute Professoren helfen den Studenten gerne. Wenn er ungeduldig reagiert, dann ist das ein schlechtes Zeichen für ihn, nicht für dich.

T: Aber selbst wenn es ihm nichts ausmacht, mir zu helfen, merkt er doch, daß ich völlig verwirrt bin.

P: Das macht doch nichts. Er kann nicht davon ausgehen, daß du alles weißt. Deswegen gehst du ja zu ihm.

T: Was ist, wenn er mich für dumm hält?

P: Erstens wärest du nicht hier, wenn du dumm wärst. Zweitens hat er einfach Unrecht, wenn er erwartet, daß du schon alles weißt. Wenn du alles wüßtest, würdest du seinen Kurs ja nicht belegen.

T: Ich finde immer noch, daß ich lieber nicht hingehen sollte.

P: Doch, geh hin! Denk nicht, daß du dumm bist oder zuviel verlangst, wenn er dich von oben herab behandelt. Das stimmt nicht.

T: Okay. Ich bin überzeugt. Beenden wir das Rollenspiel. Wie trifft das, was Sie Ihrer Zimmergenossin gesagt haben, auf Sie selbst zu?

Beispiel 4

Viele Patienten können auch dadurch Abstand zu einer Annahme bekommen, daß sie ihre – realen oder vorgestellten – Kinder als Bezugsgröße nehmen.

T: Sally, Sie glauben also zu 80%, daß Sie versagt haben, wenn Sie nicht so gut abschneiden wie alle anderen?

P: Ja.

T: Meinen Sie, Sie könnten sich vorstellen, daß Sie eine Tochter haben? Sie ist zehn Jahre alt, geht in die fünfte Klasse und eines Tages kommt sie nach Hause und ist sehr, sehr unglücklich, weil ihre Freunde in der Klassenarbeit alle Einsen haben und sie hat eine Drei. Möchten Sie, daß sie sich für einen Versager hält?

P: Nein, natürlich nicht.

T: Warum nicht? ... Was sollte sie Ihrer Meinung nach glauben? *(Die Patientin antwortet.)* Und wie trifft das, was Sie gerade gesagt haben, auf Sie selbst zu?

So tun, als ob

Veränderungen von Annahmen führen oft zu entsprechenden Verhaltensänderungen und umgekehrt. Wenn eine Annahme relativ schwach ist, kann der Patient das Zielverhalten möglicherweise ohne große kognitive Intervention rasch und problemlos verändern. Viele Annahmen benötigen ein gewisses Ausmaß an Modifikation, bevor der Patient zu einer Verhaltensänderung bereit ist. Häufig reicht aber eine *teilweise* Veränderung der Annahme aus, sie muß nicht vollständig sein. Und sobald der Patient beginnt, sein Verhalten zu verändern, wird dadurch die Annahme geschwächt. (Das erleichtert die Beibehaltung des neuen Verhaltens, was wiederum zur Abschwächung der Annahme führt und so weiter, so daß ein positiver Kreislauf entsteht.)

T: Nun Sally, wie stark glauben Sie *jetzt* daran, daß es ein Zeichen von Schwäche ist, um Hilfe zu bitten?

P: Nicht mehr so stark. Vielleicht 50%.

T: Das ist eine gute Veränderung. Würde es Ihnen helfen, sich so zu verhalten, als ob Sie gar nicht daran glaubten?

P: Ich verstehe nicht recht, was Sie meinen.

T: Nehmen wir an, Sie würden nicht glauben, daß es ein Zeichen von Schwäche ist; im Gegenteil, Sie wären davon überzeugt, daß es *gut* ist, um Hilfe zu bitten: Würden Sie dann diese Woche etwas anders machen?

P: Wir haben ja schon darüber gesprochen, ob ich einmal mit dem Tutor reden sollte. Ich glaube, wenn ich wirklich überzeugt wäre, daß es *gut* ist, um Hilfe zu bitten, würde ich hingehen.

T: Sonst noch etwas?

P: Naja, ich könnte versuchen, einen Tutor für Wirtschaft zu finden. ... Ich könnte den Typ am Ende des Flurs fragen, ob er mir seine Aufzeichnungen leiht –

T: Ja, das klingt gut. Und hätte es positive Folgen, wenn Sie etwas davon wirklich tun würden?

P *(lacht.)*: Ich würde die Hilfe bekommen, die ich brauche.

T: Glauben Sie, daß Sie diese Woche schon dazu fähig sind, so zu tun, als ob Sie glaubten, es sei gut, um Hilfe zu bitten?

P: Vielleicht.

T: Okay, wir werden gleich überlegen, welche Gedanken Ihnen dazwischenkommen könnten, aber zuerst sollten Sie sich Ihre Einfälle aufschreiben. Und vielleicht wollen Sie sich auch die Methode aufschreiben, mit der Sie sich in Bewegung bringen können. Verhalten Sie sich so, *als ob* Sie von der neuen Annahme überzeugt sind, auch wenn Sie nicht ganz daran glauben.

Genau wie die bisher dargestellten Techniken zur Modifikation von bedingten Annahmen ist auch die So-tun-als-ob-Technik auch auf Grundannahmen anwendbar.

Selbstenthüllung zur Modifikation von Annahmen

Die angemessene und vorsichtige Selbstenthüllung des Therapeuten kann manchen Patienten helfen, ihre Probleme oder Annahmen in einem neuen Licht zu sehen. Selbstverständlich sollte die Selbstenthüllung ehrlich und bedeutsam sein.

T: Wissen Sie, Sally, als ich im College war, hatte ich auch Probleme, die Professoren um Hilfe zu bitten, weil ich gedacht habe, wenn ich dorthin gehe, zeige ich meine Unfähigkeit. Und um ehrlich zu sein, wenn ich es doch getan habe, was nicht oft vorkam, waren die Ergebnisse sehr gemischt. Manche Professoren waren wirklich nett und hilfsbereit. Aber manche waren ganz schön kurz angebunden und haben nur gesagt, ich soll ein Kapitel noch mal lesen oder ähnliches. Aber das Entscheidende ist ja, daß ich nicht unfähig war, nur weil ich einmal eine Sache nicht verstanden hatte. Und wenn die Professoren kurz angebunden waren – also ich glaube, das war eher ein schlechtes Zeichen für sie als für mich. Was meinen Sie dazu?

Zusammenfassend gesagt: Der Therapeut hilft dem Patienten bei der *Identifikation* von bedingten Annahmen, indem er erkennt, daß eine Annahme als automatischer Gedanke ausgedrückt wurde, einen Teil eines Axioms vorgibt, eine Regel oder Einstellung direkt erfragt, die Pfeil-abwärts-Technik einsetzt, auf gemeinsame Themen in den automatischen Gedanken des Patienten achtet und/oder einen Fragebogen zu den Annahmen des Patienten durchsieht. Dann stellt der Therapeut die *Bedeutung* der Annahme fest, indem er überprüft, wie stark der Patient daran glaubt und welche Verhaltensbereiche wie stark davon beeinflußt werden. Danach entscheidet er, ob er noch in der aktuellen oder erst in einer späteren Sitzung mit der *Modifikation* der Annahme beginnen will. Wenn er mit der Modifikation von Annahmen beginnt, *informiert* der Therapeut den Patienten über Annahmen an sich, er *reformuliert Regeln und Einstellungen als Axiome* und untersucht die *Vor- und Nachteile* einer bestimmten Annahme. In Gedanken *formuliert er eine neue, funktionalere Annahme* und leitet den Patienten dazu an, diese zu übernehmen. Dazu benutzt er diverse *Techniken zur Modifikation von Annahmen*, unter anderem sokratische Fragen, Verhaltensexperimente, kognitive Kontinua, rational-emotionale Rollenspiele, andere Personen als Bezugsgröße, so tun, als ob und Selbstenthüllung. Diese Techniken sind häufig etwas suggestiver als die üblichen sokratischen Fragen zu automatischen Gedanken, weil Annahmen wesentlich rigider sind. Die gleichen Techniken können auch zur Modifikation von Grundannahmen eingesetzt werden.

11

Grundannahmen

Grundannahmen sind, wie in Kapitel 2 dargestellt, die innersten Überzeugungen eines Menschen über sich selbst. Manche Autoren bezeichnen diese Annahmen als Schemata. Beck (1964) unterscheidet zwischen diesen Begriffen: er schlägt vor, den Begriff Schemata für kognitive Strukturen des Bewußtseins zu verwenden, deren Inhalte die Grundannahmen sind. Darüber hinaus vertritt er die Theorie, daß negative Grundannahmen sich im wesentlichen zwei großen Kategorien zuordnen lassen: Grundannahmen, die mit Hilflosigkeit zusammenhängen, und Grundannahmen, die damit zusammenhängen, nicht liebenswert zu sein (Beck, im Druck). Manche Patienten haben Grundannahmen aus nur einer Kategorie, manche aus beiden.

Diese Annahmen entwickeln sich in der Kindheit, indem das Kind mit bedeutsamen Bezugspersonen interagiert und verschiedenen Situationen ausgesetzt ist. Die meisten Menschen können größtenteils relativ positive Grundannahmen aufrechterhalten (z.B.: „Ich habe weitgehend die Kontrolle über mein Leben.", „Ich handle meistens kompetent.", „Ich bin ein nützlicher Mensch.", „Ich bin liebenswert.", „Ich bin wertvoll."). Negative Grundannahmen kommen dann nur in Zeiten psychischer Belastung zum Vorschein. (Manche Patienten mit Persönlichkeitsstörungen haben allerdings unter Umständen fast ständig aktivierte negative Grundannahmen.) Im Gegensatz zu automatischen Gedanken bleiben die Grundannahmen, die „wahren" Ansichten der Patienten über sich selbst, häufig unausgesprochen. Erst der Therapeut deckt sie nach und nach auf, indem er, wie in der bereits erwähnten Pfeilabwärts-Technik, immer wieder nachfragt, was die Gedanken des Patienten bedeuten.

Man sollte beachten, daß Patienten auch negative Grundannahmen über andere Menschen und über ihre Umwelt haben können: „Man kann anderen Menschen nicht trauen.", „Andere Menschen werden mich verletzen.", „Die Welt ist schlecht." Starre und übergeneralisierte Kognitionen wie diese müssen häufig zusätzlich zu den Grundannahmen über die eigene Person überprüft und verändert werden.

Wie bereits erwähnt hatte Sally sich meistens für eine kompetente und liebenswerte Person gehalten. Ihre latente Annahme, „Ich bin unfähig.", wurde erst durch die Depression aktiviert. Ihr Therapeut beschloß, mit ihr direkt an der Veränderung dieser Grundannahme zu arbeiten, nicht nur um ihre aktuelle Depression zu erleichtern, sondern auch um zukünftigen depressiven Episoden vorzubeugen.

Negative Grundannahmen sind gewöhnlich global, übergeneralisiert und absolut. Wenn eine Grundannahme aktiviert ist, kann der Patient damit überein-
stimmende Informationen leicht verarbeiten, aber Informationen, die im Widerspruch zu der Annahme stehen, wird er oft übersehen oder verzerrt
wahrnehmen. Sally, zum Beispiel, sah sich selbst vor dem Beginn der Depression im Grunde in einer ausgewogenen, realistisch positiven Weise. Danach
war sie fast völlig von ihrer Unfähigkeit überzeugt. Alle Anhaltspunkte für das
Gegenteil, wie etwa ihre guten Leistungen in manchen Kursen, wurden ignoriert oder nicht wichtig genommen: „Gute Noten in Literatur bedeuten nicht,
daß ich fähig bin – es ist einfach leicht." Anhaltspunkte, die ihre Unfähigkeits-
Annahme unterstützten, wurden hingegen problemlos verarbeitet und dann
übergeneralisiert: „Die Drei in der Wirtschafts-Prüfung beweist, wie unfähig
ich bin."

Wie bereits erwähnt, beginnt der Therapeut schon am Anfang der Therapie
mit der Erstellung eines Fallkonzepts (einschließlich der Grundannahmen). Er
tut das zunächst in Gedanken oder schriftlich für sich. An einem bestimmten
Punkt der Therapie teilt er dem Patienten sein Konzept mit, wobei er es als Hypothese formuliert und nachfragt, ob es für den Patienten „richtig klingt".

Die Entscheidung, wann und wieviel von dem Fallkonzept er dem Patienten
mitteilt, wird von folgenden Überlegungen beeinflußt: Wie tragfähig ist die therapeutische Beziehung? Wie überzeugt ist der Patient vom kognitiven Modell?
Wie stark sind in dieser Sitzung seine Grundannahmen aktiviert? Wieviel Ein-
sicht hat er bereits? Wie konkret ist sein Denken? usw. Obwohl der Therapeut
die Grundannahmen des Patienten von Anfang an in sein Fallkonzept einbezogen hat, überlegt er sich sorgfältig, wann und wie er dem Patienten seine Erkenntnisse mitteilt. Genauso entscheidet er, wann und wie er mit dem Versuch
beginnt, die Grundannahmen zu modifizieren. Im allgemeinen zeigt der Therapeut dem Patienten zuerst die Methoden zur Aufdeckung, Überprüfung und Beantwortung von automatischen Gedanken und bedingten Annahmen, bevor er
diese Methoden auf Grundannahmen anwendet.

Manchmal versuchen Therapeut und Patient zu einem frühen Zeitpunkt der
Therapie unwissentlich, eine Grundannahme zu überprüfen, die als automatischer Gedanke ausgedrückt wurde. Diese Überprüfung zeigt oft wenig Wirkung. In anderen Fällen testet der Therapeut absichtlich die Veränderbarkeit einer Grundannahme, obwohl er mit dem Patienten erst wenig an automatischen
Gedanken und bedingten Annahmen gearbeitet hat.

Je nach Patient ist die Aufdeckung und Veränderung von Grundannahmen
unterschiedlich schwierig. Im allgemeinen können emotional stark belastete
Patienten ihre Grundannahmen leichter ausdrücken (weil diese während der
Sitzung aktiviert sind). Und es ist im allgemeinen wesentlich leichter, die
Grundannahmen von Patienten mit einer Achse-I-Diagnose zu verändern, weil
im Leben dieser Patienten größtenteils die ausgleichenden positiven Grundannahmen aktiviert waren. Die negativen Grundannahmen von Patienten mit Per-

sönlichkeitsstörungen sind normalerweise viel schwerer zu verändern (Beck et al., 1990 [dt.: 1995]; Young, 1990), weil sie typischerweise weniger positive und eine Vielzahl von negativen Grundannahmen entwickelt haben, die miteinander zusammenhängen und sich wie ein Netzwerk gegenseitig unterstützen.

Zur Identifikation und Modifikation von Grundannahmen geht der Therapeut im Verlauf der Therapie folgendermaßen vor (jeder Schritt wird in diesem Kapitel näher erläutert):

1. Er bildet gedankliche Hypothesen darüber, zu welcher Kategorie von Grundannahme („Hilflosigkeit" oder „nicht liebenswert sein") ein automatischer Gedanke gehört.
2. Er bestimmt (für sich) die Grundannahme mit Hilfe derselben Methoden, die er auch zur Identifizierung der bedingten Annahmen des Patienten benutzt hat.
3. Er stellt dem Patienten seine Hypothesen über die Grundannahme/n vor und bittet ihn um Zustimmung oder Ablehnung; er verfeinert seine Hypothesen über die Grundannahme anhand zusätzlicher Angaben, die der Patient über aktuelle und Situationen in der Kindheit und seine Reaktionen darauf macht.
4. Er informiert den Patienten über Grundannahmen im allgemeinen und speziell über seine Grundannahme; er leitet den Patienten dazu an, die augenblickliche Funktionsweise seiner Grundannahme aufzuzeichnen.
5. Er beginnt gemeinsam mit dem Patienten mit der Überprüfung und Veränderung der Grundannahme; er untersucht die Entstehung der Annahme in der Kindheit, ihre Aufrechterhaltung über die Jahre und ihren Beitrag zu den gegenwärtigen Schwierigkeiten des Patienten; er beobachtet weiterhin die momentane Aktivierung der Grundannahme; er benutzt „rationale" Methoden zur Schwächung der alten und Stärkung der neuen Grundannahme; wenn der Patient eine Grundannahme „vernunftmäßig" oder „intellektuell" kaum noch glaubt, aber „emotional" noch davon überzeugt ist, arbeitet er mit affektverstärkenden experimentellen und „emotionalen" Methoden.

Arten von Grundannahmen

Wie bereits erwähnt lassen sich die Grundannahmen der Patienten dem Problemkreis der Hilflosigkeit und/oder des Nicht-Geliebtwerdens zuordnen. Jedesmal, wenn der Patient etwas erzählt (Probleme, automatische Gedanken, Gefühle, Verhalten, frühere Ereignisse), versucht der Therapeut „herauszuhören", welche Art von Grundannahmen dahintersteht. Hinter Sallys Gedanken, daß ihre Arbeit zu schwer sei, daß sie sich nicht konzentrieren könne und ihrer Angst zu versagen, vermutete der Therapeut beispielsweise eine Grundannahme aus dem Problemkreis der Hilflosigkeit. (Ein Patient, der regelmäßig berichtet, daß andere Menschen kein Interesse an ihm haben und daß er keine nähere Beziehung zu ihnen eingehen könne, weil er anders sei als die anderen, hat eine Grundannahme aus dem Problemkreis des Nicht-Geliebtwerdens.)

Im oberen Teil von Abbildung 11.1 sind typische „hilflose" Grundannahmen aufgeführt. Sie befassen sich unter anderem damit, als Person hilflos (machtlos, verletzlich, gefangen, ohne Kontrolle, schwach, bedürftig) und nicht leistungsfähig genug zu sein (Versager, minderwertig, nicht gut genug, Verlierer, verachtet).

Im unteren Teil von Abbildung 11.1 befinden sich typische „nicht liebenswerte" Grundannahmen. Dazu gehören Themen wie nicht wertvoll, unerwünscht und nicht gut genug zu sein (nicht im Hinblick auf Leistung, sondern Mängel zu haben, die verhindern, daß man auf Dauer Liebe und Fürsorge von anderen bekommt).

Manchmal ist es eindeutig, zu welcher Kategorie eine bestimmte Grundannahme gehört, vor allem wenn der Patient Formulierungen wie „Ich bin hilflos." oder „Ich bin nicht liebenswert." benutzt. Es kommt aber auch vor, daß der Therapeut zunächst nicht weiß, zu welchem Problemkreis die Grundannahme des Patienten gehört. Wenn zum Beispiel ein depressiver Patient sagt: „Ich bin nicht gut genug.", muß der Therapeut die Bedeutung dieses Gedankens

Hilflose Grundannahmen

Ich bin hilflos.	Ich bin unfähig.
Ich bin machtlos.	Ich bin ineffektiv.
Ich habe keine Kontrolle.	Ich bin inkompetent.
Ich bin schwach.	Ich bin ein Versager.
Ich bin verletzlich.	Ich werde verachtet.
Ich bin bedürftig.	Ich bin nicht in Ordnung (d.h., nicht so gut wie die anderen).
Ich sitze in der Falle.	Ich bin (im Hinblick auf Leistung) nicht gut genug.

Nicht liebenswerte Grundannahmen

Ich bin nicht liebenswert.	Ich bin wertlos.
Ich bin unsympathisch.	Ich bin anders als die anderen.
Ich bin unerwünscht.	Ich bin nicht in Ordnung (deshalb mag mich keiner).
Ich bin unattraktiv.	Ich bin nicht gut genug (um geliebt zu werden).
Keiner will etwas mit mir zu tun haben.	Ich werde immer zurückgewiesen.
Keiner kümmert sich um mich.	Ich werde immer verlassen.
Ich bin schlecht.	Ich werde immer allein bleiben.

Abbildung 11.1: Kategorien von Grundannahmen. Copyright 1995 Judith S. Beck

erfragen. Dann erst kann er entscheiden, ob der Patient glaubt, er sei nicht gut genug, um etwas zu leisten oder um Respekt zu verdienen (Problemkreis Hilflosigkeit), oder er sei nicht gut genug, um von anderen geliebt zu werden (Problemkreis Nicht-Geliebtwerden).

Zusammenfassend gesagt: Jedesmal, wenn der Patient etwas über seine Reaktionen in bestimmten Situationen berichtet (automatische Gedanken und die damit verbundenen Bedeutungen, Gefühle und Verhaltensweisen), formuliert der Therapeut in Gedanken Hypothesen über die Grundannahmen des Patienten. Als erstes unterscheidet er grob zwischen Kognitionen aus den Kategorien Hilflosigkeit und Nicht-Geliebtwerden.

Die Identifikation von Grundannahmen

Zur Identifikation der Grundannahmen des Patienten benutzt der Therapeut dieselben Techniken wie zur Identifikation der bedingten Annahmen (vgl. Kapitel 10). Dazu gehören die Pfeil-abwärts-Technik, die Suche nach gemeinsamen Themen in den automatischen Gedanken des Patienten, die Beachtung von Grundannahmen, die als automatische Gedanken ausgedrückt werden, sowie das direkte Erfragen von Grundannahmen.

Um sein Fallkonzept des Patienten zu vervollständigen und die Therapie zu planen, identifiziert der Therapeut Grundannahmen oft schon zu Beginn der Therapie. Er kann dann schon Daten über die Grundannahme sammeln und dem Patienten sogar versuchsweise bei der Überprüfung der Grundannahme helfen. In vielen Fällen wird die Überprüfung zu diesem frühen Zeitpunkt nicht effektiv sein, aber der Therapeut kann damit die Stärke, Breite und Veränderbarkeit der Grundannahme testen.

THERAPEUT: Was ist Ihnen durch den Kopf gegangen, als Sie die Statistik-Aufgaben nicht geschafft haben?
PATIENTIN: Ich kann nichts richtig machen. Ich komme hier nie klar.
T: Und wenn es stimmt, daß Sie nichts richtig machen können und hier nicht klarkommen, was bedeutet das dann? *(Pfeil-abwärts-Technik)*
P: Ich bin ein hoffnungsloser Fall. Ich bin so unfähig. *(Grundannahme)*
T: Wie überzeugt sind Sie davon, daß Sie unfähig sind?
P: Oh, 100%.
T: Und wie unfähig sind Sie? Ein wenig oder sehr?
P: Völlig. Ich bin völlig unfähig.
T: In jeder Hinsicht?
P: So ziemlich in jeder.
T: Gibt es irgendwelche Anhaltspunkte dafür, daß Sie nicht unfähig sind?
P: Nein. ... Nein, ich glaube nicht.

T: Haben Sie nicht gesagt, daß Sie in den anderen Kursen ganz gut klarkommen?

P: Ja, aber nicht so gut, wie ich sollte.

T: Spricht die Tatsache, daß Sie in den anderen Kursen klarkommen, gegen die Annahme, daß Sie unfähig sind?

P: Nein. Wenn ich wirklich fähig wäre, käme ich viel besser klar.

T: Wie steht es mit Ihren anderen Lebensbereichen: Haushalt, Finanzen, Selbstversorgung ...?

P: Das mache ich auch ziemlich schlecht.

T: Die Annahme, daß Sie unfähig sind, bezieht sich also auch auf andere Bereiche?

P: Auf fast alles.

T: Okay, mir ist jetzt klar, wie sehr Sie an diese Annahme glauben. Wir kommen ein anderes Mal darauf zurück.

Hier benutzt der Therapeut die Pfeil-abwärts-Technik, um eine Annahme aufzudecken, die er für eine Grundannahme hält. Er testet vorsichtig ihre Stärke, Breite und Veränderbarkeit und beschließt dann, die Überprüfung zu diesem Zeitpunkt nicht fortzusetzen. Er bezeichnet sie aber als „Annahme" (und impliziert damit, daß sie nicht unbedingt wahr sein muß) und notiert sie sich als Tagesordnungspunkt für später.

Das Vorstellen von Grundannahmen

Wenn der Therapeut der Ansicht ist, daß er genügend Daten über eine Grundannahme gesammelt hat und daß der Patient dafür aufnahmefähig ist, stellt er ihm sein Konzept versuchsweise vor.

T: Sally, wir haben in den letzten Wochen über verschiedene Probleme gesprochen – Ihr Studium, Ihre Pläne für den Sommer, Ihre ehrenamtliche Arbeit. Es sieht so aus, als ob hinter allen diesen Problemen Ihre Annahme steckt, daß Sie unfähig seien. Stimmt das?

P: Ja. Ich glaube schon.

Er kann mit dem Patienten auch einige automatische Gedanken durchgehen, die mit der Grundannahme zusammenhängen, und ihn dann fragen, ob er ein gemeinsames Thema erkennt („Sally, fällt Ihnen bei diesen automatischen Gedanken ein gemeinsames Thema auf?").

Mit manchen Patienten kann der Therapeut schon früh das Diagramm zum Fallkonzept besprechen (vgl. Kapitel 10, Abbildung 10.1). Er kann, mit oder ohne Diagramm, auch kurz Bezug auf die Kindheit nehmen.

T: Können Sie sich erinnern, ob Sie sich schon früher einmal so unfähig gefühlt haben? Als Kind, zum Beispiel?

P: Ja, oft. Ich erinnere mich, daß ich nie etwas so gut konnte wie mein Bruder.

T: Können Sie mir dazu ein paar Beispiele schildern?

Die Information über die Vergangenheit hilft dem Therapeuten später, wenn er
dem Patienten erklären möchte, weshalb er an eine bestimmte Grundannahme
glaubt und warum diese Annahme weitgehend oder völlig falsch sein kann,
obwohl er im Moment so überzeugt von ihr ist.

Patienten über Grundannahmen informieren und ihre Aktivität überwachen

Es ist wichtig, daß die Patienten folgendes über eine Grundannahme wissen:

- Die Grundannahme ist eine Annahme. Sie muß nicht unbedingt wahr
  sein.
- Sie kann ganz oder weitgehend falsch sein, obwohl der Patient sehr überzeugt davon ist und „sein Gefühl ihm sagt", daß sie stimmt.
- Da es sich um eine Annahme handelt, kann man sie überprüfen.
- Sie hat ihre Wurzeln in der Kindheit. Als der Patient anfing, daran zu
  glauben, war sie möglicherweise richtig.
- Sie wird durch Schemata aufrechterhalten, die dafür sorgen, daß der Patient Informationen, die die Grundannahme stützen, sofort akzeptiert,
  während er widersprüchliche Information ignoriert oder abwertet.
- Patient und Therapeut können im Laufe der Zeit gemeinsam diverse
  Strategien einsetzen, um die Annahme zu verändern, so daß der Patient
  sich realistischer sehen kann.

Im folgenden Transkript informiert der Therapeut Sally über ihre Grundannahme. (Zuvor hat sie sein Fallkonzept bestätigt.)

T: Sally, kommt Ihnen das [ihr automatischer Gedanke, daß sie es nicht schaffen wird, die Wirtschafts-Hausarbeit zu schreiben] bekannt vor? Kommt da
Ihre Annahme, Sie seien unfähig, ins Spiel?

P: Ja. Ich fühle mich wirklich unfähig.

T: Es gibt zwei Möglichkeiten, Sally: Entweder Sie sind *wirklich* unfähig,
dann müssen wir daran arbeiten, Sie fähiger zu machen. ... Oder, Sie *glauben*, Sie seien unfähig. Und manchmal sind Sie davon so überzeugt, daß Sie
sich tatsächlich unfähig *verhalten*, zum Beispiel nicht in die Bibliothek gehen, um Literatur für die Hausarbeit zu suchen. Was meinen Sie?

P: Ich weiß nicht.

T: Warum schreiben Sie sich die beiden Möglichkeiten nicht auf? Wenn es Ihnen recht ist, möchte ich in der Therapie damit anfangen herauszufinden, welche davon realistischer ist – daß Sie wirklich unfähig *sind* oder daß Sie sich nur für unfähig *halten*.

Später in dieser oder in einer anderen Sitzung erläutert der Therapeut Sally die Grundannahmen. Dabei geht er in kleinen Schritten vor und überprüft nach jedem Schritt, ob sie ihn verstanden hat.

T: Die Annahme, „Ich bin unfähig.", ist eine sogenannte Grundannahme. Ich möchte Ihnen die Grundannahmen etwas näher erklären, damit Sie verstehen, warum sie nicht so leicht zu überprüfen und zu beantworten sind. Erstens: Eine Grundannahme ist eine Annahme, von der Sie im nicht-depressiven Zustand vielleicht gar nicht besonders überzeugt sind. Aber *wenn* Sie depressiv sind, glauben Sie wahrscheinlich fast hundertprozentig daran, selbst wenn es Anhaltspunkte für das Gegenteil gibt. Haben Sie mich soweit verstanden?

P: Ja.

T: Sobald Sie depressiv werden, wird diese Annahme aktiviert. Wenn sie aktiviert ist, dann fallen Ihnen alle Anhaltspunkte, die dafür sprechen, sofort auf und Sie haben die Tendenz, Anhaltspunkte, die dagegen sprechen, zu ignorieren. Es ist, als ob Sie einen Filter vor dem Kopf hätten. Alles, was zu der Annahme paßt, daß Sie unfähig sind, geht durch den Filter direkt in Ihren Kopf. Alle Informationen, die gegen diese Annahme sprechen, passen nicht durch den Filter. Deshalb bemerken Sie sie entweder gar nicht oder Sie verändern sie so, daß sie durch den Filter passen. Können Sie sich vorstellen, daß Sie Informationen in dieser Weise filtern?

P: Ich weiß nicht recht.

T: Schauen wir mal. Gab es in den letzten Wochen irgendwelche Anhaltspunkte dafür, daß Sie vielleicht *nicht* unfähig sind?

P: Hmmm ... Ich habe eine Eins – in der Statistik-Prüfung.

T: Gut! Und hat dieser Anhaltspunkt den Filter passiert? Haben Sie sich gesagt: „Ich habe eine Eins – also bin ich klug oder fähig oder eine gute Studentin" oder etwas ähnliches?

P: Nein. Ich habe gedacht: „Naja, die Prüfung war einfach. Manches von dem Stoff habe ich schon im letzten Jahr gelernt."

T: Aha, es scheint als ob der Filter funktioniert hat. Fällt Ihnen auf, wie Sie die Information abgewertet haben, die Ihrer Grundannahme „Ich bin unfähig." widerspricht?

P: Hmmm.

T: Fallen Ihnen noch andere Beispiele aus dieser Woche ein? Haben Sie noch mehr getan, woraus ein logisch denkender Mensch schließen könnte, daß Sie nicht unfähig sind, auch wenn Sie selbst es nicht so sehen?

P *(denkt einen Augenblick nach.)*: Ich habe meiner Zimmergenossin geholfen, ein Problem mit ihrem Vater zu lösen. Aber das zählt nicht; das hätte jeder gekonnt.

T: Gutes Beispiel. Das klingt schon wieder so, als ob Sie Information, die nicht zu der Idee „Ich bin unfähig." paßt, nicht wahrnehmen. Denken Sie noch einmal darüber nach, ob die Hypothese, daß das jeder gekonnt hätte, wirklich stimmt. Jemand anderes könnte diese Situation als Anhaltspunkt nehmen, daß Sie nicht unfähig sind. Vielleicht erkennen Sie auch in diesem Fall Ihre Leistung zu wenig an.

P: Naja, meine Zimmergenossin fand, daß ich ihr sehr geholfen habe.

T: Also, um das zusammenzufassen: „Ich bin unfähig." scheint eine Grundannahme zu sein, die Sie schon lange haben und von der Sie in depressivem Zustand besonders überzeugt sind. Können Sie zusammenfassen, wie diese Grundannahme funktioniert?

P: Also, Sie sagen, wenn ich depressiv bin, dann lasse ich nur Informationen durch den Filter, die damit übereinstimmen, und filtere Informationen aus, die ihr widersprechen.

T: Genau. Als Hausaufgabe könnten Sie versuchen, jeden Tag darauf zu achten, wie der Filter funktioniert – notieren Sie Informationen, die dafür sprechen, daß Sie unfähig sind. Und jetzt kommt der schwierigere Teil der Aufgabe: Suchen und notieren Sie Informationen, die in den Augen eines anderen *dagegen* sprechen könnten. Okay?

In der nächsten Sitzung erklärt der Therapeut, warum Sally von ihrer Grundannahme so überzeugt ist – und warum sie trotzdem falsch sein kann.

T: Letzte Woche haben Sie gezielt darauf geachtet, wie Sie negative Informationen bevorzugen, die Ihre Unfähigkeits-Annahme unterstützen. Das haben Sie gut gemacht. Wie vorauszusehen, war es wesentlich schwieriger, positive Informationen zu erkennen, die Ihrer Annahme widersprechen.

P: Ja. Das ist mir nicht besonders gut gelungen.

T: Halten Sie sich jetzt für unfähig?

P *(lacht.)*: Ja, ich glaube schon.

T: Funktioniert der Filter im Moment? Haben Sie den Teil der Hausaufgaben, den Sie nicht so gut gemacht haben, besonders beachtet und den guten Teil vergessen?

P: Ich glaube, ja.

T: Was bewirkt dieser Filter Ihrer Ansicht nach?

P: Daß ich das Gute übersehe.

T: Richtig. Und wie wirkt sich das auf die Annahme aus, daß Sie unfähig sind?

P: Sie wird stärker, nehme ich an.

T: Richtig. Solange bis Ihnen schließlich „Ihr Gefühl sagt", daß sie wahr ist, auch wenn das gar nicht stimmt.

P: Hmmm.

T: Verstehen Sie jetzt, daß die Annahme, Sie seien unfähig, falsch sein *kann*, obwohl Sie gefühlsmäßig so überzeugt davon sind?

P: Ja, rein vernunftmäßig kann ich das irgendwie einsehen. Aber trotzdem *fühle* ich mich noch unfähig.

T: Das ist nicht ungewöhnlich. Wir werden diese Annahme in den nächsten Wochen weiter überprüfen. Und dann helfen wir gemeinsam der vernünftigeren Verstandes-Seite Ihres Bewußtseins dabei, die Gefühls-Seite zu überzeugen.

P: Ja.

Die Modifikation von Grundannahmen und der Aufbau neuer Annahmen

Nachdem er die negative Grundannahme identifiziert hat, überlegt sich der Therapeut eine neue, realistischere und passendere Annahme, an die er den Patienten heranführt. Um die alte Annahme abzuschwächen, kann er einige der in Abbildung 11.2 links dargestellten Techniken benutzen.

Bald danach formuliert er gemeinsam mit dem Patienten eine neue, passendere Annahme. Im allgemeinen übernimmt der Patient eher eine gemäßigt positive Annahme als eine extreme.

Zum Beispiel:

Alte Grundannahme	Neue Grundannahme
Ich bin (absolut) nicht liebenswert.	Ich bin im großen und ganzen ein sympathischer Mensch.
Ich bin schlecht.	Ich bin ein wertvoller Mensch mit guten und schlechten Seiten.
Ich bin machtlos.	Vieles kann ich beeinflussen.
Ich bin nicht in Ordnung.	Ich habe Stärken und Schwächen, wie jeder Mensch.

Achse-I-Patienten haben wahrscheinlich ohnehin die längste Zeit ihres Lebens an die „neue" Grundannahme geglaubt und können sie daher relativ leicht formulieren. Im Gegensatz dazu haben Achse-II-Patienten womöglich niemals eine positive Grundannahme gehabt. Deshalb brauchen sie die Hilfe des Therapeuten, um eine alternative positive Grundannahme zu entwickeln. Sallys

bereits beschrieben	weitere Techniken
Sokratische Fragen	Arbeitsblatt zu Grundannahmen
Vor- und Nachteile untersuchen	Vergleich mit Extremen
Rational-emotionales Rollenspiel	Metaphern finden
So tun als ob	Überprüfung in der Vergangenheit
Verhaltensexperimente	Neustrukturierung von Kindheitserinnerungen
Kognitives Kontinuum	Bewältigungskarten (vgl. Kapitel 12)
Selbstenthüllung	

Abbildung 11.2: Techniken zur Modifikation von Grundannahmen

Therapeut stellt fest, daß es ihr leicht fällt, eine positivere Grundannahme zu formulieren:

T: Sally, wir haben ja schon über diese Grundannahme, „Ich bin unfähig.", gesprochen. Wie könnte Ihrer Ansicht nach eine zutreffendere Grundannahme lauten?

P: Ich habe alle Fähigkeiten, die man braucht?

T: Das ist gut. Wir könnten uns auch eine neue Grundannahme ausdenken, die Sie leichter akzeptieren können, zum Beispiel: „Ich habe die meisten Fähigkeiten, die man braucht, aber ich bin auch nur ein Mensch." Welche finden Sie besser?

P: Die zweite.

Das Arbeitsblatt zu Grundannahmen

Nachdem er die alte Grundannahme identifiziert und eine neue formuliert hat, kann der Therapeut das Arbeitsblatt zu Grundannahmen (AGA; vgl. Abbildung 11.3) einführen.

Wie bereits erwähnt sollte man diese Methode möglichst erst dann anwenden, wenn der Patient schon weiß, daß seine Kognitionen (automatische Gedanken) teilweise falsch oder verzerrt sind. Weitere Voraussetzungen für die Arbeit an Grundannahmen sind: Der Patient beherrscht den Prozeß der Überprüfung und Veränderung von automatischen Gedanken; er weiß, daß er sein dysfunktionales Denken verändern kann, und er hat eine feste therapeutische Beziehung entwickelt.

Das AGA besteht aus zwei Teilen: Im oberen Teil trägt der Patient die „alte" dysfunktionale und die „neue" passendere Annahme ein und notiert jeweils, wie überzeugt er davon ist. Nach der Einführung des AGA füllen Therapeut und Patient diesen Teil zu Beginn jeder Sitzung gemeinsam aus. Der untere Teil

ARBEITSBLATT ZU GRUNDANNAHMEN

Alte Grundannahme: *Ich bin unfähig.*

Wie überzeugt sind Sie im Moment von der alten Grundannahme (0–100%)? *60%*
* Größter Überzeugungsgrad in dieser Woche (0–100%)? *90%*
* Geringster Überzeugungsgrad in dieser Woche (0–100%)? *60%*
Neue Annahme: *Ich habe die meisten Fähigkeiten, die man braucht (aber ich bin auch nur ein Mensch).*
Wie überzeugt sind Sie im Moment von der neuen Grundannahme (0–100%)? *50%*

Anhaltspunkte, die der alten Grundannahme widersprechen und die neue Annahme stützen	Anhaltspunkte, die die alte Grundannahme stützen, mit Neuinterpretation
gut für Literatur gearbeitet	*Wirtschafts-Theorie in der Veranstaltung nicht verstanden, ABER ich hatte nichts*
eine Frage in Statistik gestellt	*darüber gelesen und ich verstehe sie wahrscheinlich später. Schlimmstenfalls*
verstehe dieses Arbeitsblatt	*ist es eine Schwäche, aber vielleicht ist es in Wirklichkeit ihr Fehler, weil sie sie nicht*
habe eine 2 im Chemie-Test	*gut genug erklärt hat.*
Entscheidungen für nächstes Jahr getroffen	*Habe den Tutor nicht um Hilfe gebeten, ABER das heißt nicht, daß ich unfähig bin. Ich hatte Angst, zu ihm zu gehen, weil ich*
Telefon, Konto, Versicherung etc. gewechselt	*finde, daß ich so etwas alleine schaffen sollte, und ich dachte, er hält mich für schlecht vorbereitet.*
Literatur für Wirtschafts-Hausarbeit gesammelt	*Habe eine 2 in Literatur, ABER diese Note ist in Ordnung. Wenn ich wirklich unfähig*
Kapitel 6 im Statistikbuch fast ganz verstanden	*wäre, wäre ich nicht einmal an der Uni.*
einem Typen im Wohnheim Statistik-Theorie erklärt	

* Sollten Situationen, die eine Steigerung oder Verringerung der Überzeugung bewirkt haben, auf die Tagesordnung gesetzt werden?

Abbildung 11.3: Sallys Arbeitsblatt zu Grundannahmen. Copyright 1993 Judith S. Beck

wird vom Patienten während der Sitzung und als Hausaufgabe ausgefüllt. Er schreibt auf, wie seine Grundannahmen funktionieren und überdenkt die Anhaltspunkte, die die alte Annahme unterstützen.

T: Sally, ich möchte Ihnen ein Arbeitsblatt zu Grundannahmen zeigen. Es ist eine systematische Möglichkeit, an Ihren Annahmen zu arbeiten. Ganz oben schreiben wir Ihre Grundannahme auf: „Ich bin unfähig." Wie stark glauben Sie im Moment daran?

P: Etwa 60%.

T: Gut, schreiben Sie „60%" darunter. Für die nächsten beiden Zeilen müssen Sie sich an die letzte Woche erinnern. Was war der größte und was der geringste Überzeugungsgrad?

P: Der größte? Als ich angefangen habe, für die Statistik-Prüfung zu lernen. Neunzig Prozent, schätze ich. Und am wenigsten überzeugt bin ich jetzt: 60%. *(Schreibt es auf.)*

T: Letzte Woche haben wir über eine passendere und vor allem zutreffendere Grundannahme gesprochen. Erinnern Sie sich noch, wie wir sie formuliert haben?

P: Ja. Ich habe die meisten Fähigkeiten, die man braucht, aber ich bin auch nur ein Mensch.

T: Gut. Schreiben Sie das hinter „neue Annahme". Wie überzeugt sind Sie im Moment von der neuen Annahme?

P: Etwa ... 50%.

T: Gut Sally, wir können diese Einschätzungen jede Woche am Sitzungsanfang zusammen ausfüllen oder Sie können es kurz vor der Sitzung alleine machen. Es wäre gut, wenn Sie das Arbeitsblatt während der Sitzungen vor sich liegen haben, damit Sie prüfen können, ob das Thema, das wir gerade besprechen, etwas mit der Annahme, „Ich bin unfähig.", zu tun hat.

P: In Ordnung.

T: Wenn es Ihnen recht ist, fangen wir jetzt gemeinsam an, den unteren Teil auszufüllen, damit Sie lernen, wie das geht. Und wenn es Ihnen hilft, können Sie dort täglich weitere Eintragungen machen.

P: Okay.

T: Eines noch: Man braucht Zeit und Übung, um dieses Arbeitsblatt richtig auszufüllen, genau wie für das Gedankentagebuch. Ja?

P: Klar.

T: Super. Wollen wir dann mit der rechten Seite anfangen: Anhaltspunkte dafür, daß Sie unfähig sind?

P: Ja.

T: Dann denken Sie einmal darüber nach, was Sie *heute* getan haben. Welche Anhaltspunkte gibt es da, daß Sie unfähig sind?

P: Ich habe eine Theorie nicht verstanden, die meine Wirtschaftsprofessorin heute im Seminar vorgestellt hat.

T: Gut, schreiben Sie das auf die rechte Seite und schreiben Sie ganz dick „ABER" daneben. ... Und jetzt überlegen wir, ob es außer Unfähigkeit noch eine *andere* Erklärung dafür geben könnte, daß Sie die Theorie nicht verstanden haben.

P: Naja, es war das erste Mal, daß sie diese Theorie erwähnt hat. Und in der Literatur kam sie nicht vor.

T: Prima. Es kann also sein, daß Sie die Theorie verstehen, wenn sie zum zweiten Mal erklärt wird, wenn Sie etwas darüber gelesen haben oder wenn Sie sie mit jemandem besprechen, der sie besser erklärt.

P: Wahrscheinlich.

T: Okay. Jetzt schreiben Sie hinter das „ABER" die sogenannte „Neuinterpretation". Das ist die andere, passendere Erklärung für die Anhaltspunkte. Was könnten Sie da schreiben?

P: Ich glaube, ich könnte schreiben: „Aber ich hatte noch nichts darüber gelesen und wahrscheinlich werde ich es später verstehen."

T: Gut. Schreiben Sie das auf. ... Mal sehen, ob wir die Neuinterpretation noch überzeugender machen können: Würden Sie mir zustimmen, daß jemand, der eine Theorie nicht versteht, schlimmstenfalls *eine* Schwäche hat, aber nicht völlig unfähig als Person ist?

P: Ja, das stimmt.

T: Könnte es sein, daß *viele* fähige Leute Theorien nicht verstehen, wenn sie das erste Mal davon hören?

P: Könnte sein.

T: War es vielleicht sogar eine Schwäche der Professorin? Wenn sie die Theorie besser erklärt hätte, hätten sie auch mehr Leute verstanden.

P: Könnte sein.

T: Nehmen Sie sich noch einen Augenblick Zeit und schreiben Sie diese Überlegungen mit auf, wenn Sie es für sinnvoll halten. ... So, jetzt kommen wir zur linken Seite. Gab es *heute* Anhaltspunkte dafür, daß Sie viele Fähigkeiten haben? Aber Vorsicht: Wenn Ihr Filter gut funktioniert, ist diese Frage schwierig zu beantworten.

P: Naja, ich habe an meiner Literatur-Hausarbeit gearbeitet.

T: Gut. Schreiben Sie das auf. Gab es noch mehr?

P: Ich habe im Statistik-Kurs eine Frage gestellt.

T: Ehrlich? Klasse! Was noch?

P: *(keine Antwort.)*

T: Es sieht so aus, als ob Sie dieses Arbeitsblatt verstehen. Wäre das ein Anhaltspunkt?

P: Ich glaube schon.

T: Okay. Was halten Sie davon, wenn Sie als Hausaufgabe jeden Tag etwas auf dem unteren Teil dieses Arbeitsblattes ergänzen? Haben Sie gemerkt, daß der erste Teil auf der rechten Seite am einfachsten ist und daß der zweite Teil und die linke Seite wahrscheinlich schwieriger werden?

P: Ja.

T: Machen Sie es, soweit Sie können. Es kann sein, daß wir bei den Neuinterpretationen und der Suche nach den positiven Anhaltspunkten zusammenarbeiten müssen. Aber einen Hinweis kann ich Ihnen geben: Wenn Ihnen diese beiden Teile schwerfallen, sollten Sie sich vorstellen, daß jemand anderes, zum Beispiel Ihre Zimmergenossin, genau das gleiche getan hat wie Sie. Dann überlegen Sie sich, wie Sie ihre Aktivitäten beurteilen würden. In Ordnung?

P: Klar.

T: Gibt es irgend etwas, was Sie daran hindern könnte, nächste Woche diese Aufgabe zu machen?

P: Nein, ich werde es versuchen.

T: Gut.

Wenn Sally in der Sitzung Schwierigkeiten gehabt hätte, positive Anhaltspunkte zu finden, hätte der Therapeut die Hausaufgabe verschoben. Er hätte erst andere Methoden ausprobiert, um Sally bei der Entdeckung von Items für die linke Seite des Arbeitsblattes zu unterstützen. Er könnte zum Beispiel mit Gegenüberstellungen arbeiten:

T: Sie haben sich durch das studentische Gesundheitssystem gekämpft und erreicht, daß man sich sofort um Sie gekümmert hat. Wie wäre es damit? Gehört das nicht auf die linke Seite?

P: Ich weiß nicht. Ich war einfach sauer; es war nicht schwer.

T: Augenblick mal! Hätten Sie es nicht als Beweis für Ihre Unfähigkeit auf die rechte Seite geschrieben, wenn Sie sich *nicht* durchgesetzt hätten?

P: Wahrscheinlich.

T: Dann versuchen Sie, es einmal so zu sehen: Wenn Sie etwas tun, wofür Sie sich kritisieren würden oder was Sie auf die rechte Seite setzen würden, wenn Sie es *nicht* getan hätten, dann gehört das wahrscheinlich auf die linke Seite.

Weitere Möglichkeiten, die dem Patienten helfen, positive Anhaltspunkte zu erkennen, die auf die linke Seite des Arbeitsblatts gehören, sind unter anderem:

1. [Vgl.Transkript auf S. 184] Den Patienten Informationen suchen lassen, die er bei einer *anderen* Person für positive Anhaltspunkte halten würde: „Sally, fällt Ihnen irgend jemand ein, der die meisten Fähigkeiten hat, die man braucht? Wer ist das? Was von dem, was Sie heute getan haben, würden Sie bei Donna als Zeichen von Fähigkeit ansehen, wenn sie es getan hätte?"

2. Den Patienten Informationen suchen lassen, die *ein anderer* bei ihm für positive Anhaltspunkte halten würde. „Sally, wer kennt Sie ziemlich gut, wer kann Sie gut beurteilen? Was würde [diese Person] sagen, welche Anhaltspunkte für Fähigkeit es heute in Ihrem Verhalten gab?" Oder: „Sally, welche Anhaltspunkte für Fähigkeit würde *ich* in Ihrem heutigen Verhalten entdecken?"

3. Den Patienten bitten, sich mit einem *negativen* Modell zu vergleichen: Würde er positive Informationen dann immer noch abwerten? „Sally, Sie halten es also nicht für ein Zeichen von Fähigkeit, daß Sie diese kurze Hausarbeit geschrieben haben. Aber hätte eine *wirklich* unfähige Person

das geschafft? Wäre eine wirklich unfähige Person überhaupt bis zu dem Punkt gekommen, an dem Sie heute sind?"

4. Den Patienten vor der Aufstellung der Tagesordnung die Ratings im oberen Teil des AGA (in bezug auf eine bereits besprochene Grundannahme) ausfüllen lassen. Dann kann der Therapeut nachfragen: „In welcher Situation waren Sie am wenigsten von der Grundannahme überzeugt? Sollten wir die auf die Tagesordnung setzen?" Die Besprechung dieser (positiveren) Situationen gibt Gelegenheit, Anhaltspunkte für die linke Seite zu sammeln oder zu verstärken. (Beachten Sie, daß unten auf dem AGA auf diese Frage hingewiesen wird.)

Der Therapeut kann auch Gelegenheiten nutzen, die sich während der Sitzung ergeben, um den Patienten auf den Zusammenhang zwischen dem aktuellen Thema und dem AGA aufmerksam zu machen.

T: Sally, können Sie kurz zusammenfassen, was wir gerade besprochen haben?

P: Also, ich war ziemlich traurig, weil ich den Ferienjob, den ich wollte, nicht bekommen habe. Jeder wäre in dieser Situation enttäuscht gewesen. Aber ich bin ziemlich depressiv geworden, denn für mich bedeutet das, daß ich unfähig bin.

T: Gut. Sehen Sie einen Zusammenhang zwischen dieser Situation und dem Arbeitsblatt zu Grundannahmen?

P: Ja. Es ist dieselbe Annahme.

T: Wo auf dem Arbeitsblatt würden Sie das notieren?

P: Ich glaube, es gehört auf die *rechte Seite*. ... Ich habe den Job als Forschungsassistentin nicht bekommen ... aber das heißt nicht, daß ich völlig unfähig bin. Viele Leute haben sich dafür beworben und manche hatten wesentlich mehr Erfahrung als ich.

Modifikation von Grundannahmen durch Vergleich mit Extremen

Manchmal hilft es den Patienten, sich mit einer wirklichen oder vorgestellten Person zu vergleichen, die die Eigenschaft, auf die sich die Grundannahme des Patienten bezieht, im Extrem besitzt. Der Therapeut schlägt dem Patienten vor, sich jemanden aus dem eigenen Umfeld vorzustellen. (Diese Methode ähnelt dem in Kapitel 12 beschriebenen kognitiven Kontinuum.)

T: Sagen Sie, kennen Sie jemanden an der Uni, der *wirklich* unfähig ist oder sich zumindest sehr unfähig *verhält*?

P: Hmmm ... Ein Typ in meinem Wohnheim. Ich glaube, er tut nie etwas und geht nie in die Veranstaltungen. Er macht sich nur eine schöne Zeit. Ich glaube, er kommt nicht durch.

T: Aha, und wie unfähig sind Sie im Vergleich zu ihm?

P *(denkt nach.)*: Nicht sehr.

T: Was würden Sie anders machen, wenn Sie wirklich ganz und gar unfähig wären?

P: ... Ich würde von der Uni abgehen, den ganzen Tag herumhängen ... nicht für meinen Lebensunterhalt aufkommen ... nichts gescheites tun ... keine Freunde haben –

T: Wie sehr entspricht das dem, was Sie jetzt tun?

P: Gar nicht, nehme ich an.

T: Finden Sie es also richtig, sich als wirklich unfähig zu bezeichnen?

P: Ich glaube, es ist eigentlich nicht richtig.

Metaphern finden

Der Therapeut kann Patienten durch Vergleiche mit einer anderen Situation helfen, sich von einer Grundannahme zu distanzieren. Eine Patientin hielt sich für schlecht, weil sie als Kind (und als Erwachsene) von ihrer Mutter schlecht behandelt worden war. Ihr half die Geschichte von Aschenputtel, das von seiner bösen Stiefmutter schlecht behandelt wird, obwohl es unschuldig und nicht schlecht ist.

Die Grundannahme in der Vergangenheit überprüfen

Oft nützt es, wenn der Patient untersucht, wie eine Annahme entstanden ist und aufrechterhalten wurde (Young, 1990). Der Therapeut hilft dem Patienten bei der Aufdeckung (und Neuinterpretation) von Anhaltspunkten, die in seiner Kindheit für die Grundannahme sprachen, und bei der Suche nach Anhaltspunkten für das Gegenteil. (Man kann dabei mit dem AGA arbeiten.) Mit diesem Vorgehen beginnt man für gewöhnlich erst, wenn der Patient die Funktionsweise der Grundannahme in der *Gegenwart* aufgezeichnet hat und mit dem AGA oder anderen Methoden die ersten Schritte zu ihrer Veränderung getan hat.

Dieses Vorgehen kann auch dann effektiv sein, wenn die Grundannahme nicht stark aktiviert ist. Es gibt aber Patienten, die keinen Zugang zu wichtigen Erinnerungen finden, solange sie nicht durch eine aktivierte Grundannahme emotional erregt sind. Der Therapeut begründet zuerst sein Vorgehen:

T: Sally, ich wüßte gerne, wann Sie angefangen haben zu glauben, daß Sie unfähig seien.

P: In Ordnung.

T: Wir nehmen ein Arbeitsblatt zu Grundannahmen und arbeiten uns durch die Vergangenheit. Erinnern Sie sich an etwas aus Ihrer frühen Kindheit, etwa bis zum Schulalter, woraus Sie geschlossen haben, daß Sie unfähig sind?

P: Mir fällt etwas aus dem Kindergarten ein. Wir haben irgend etwas mit Puzzles gemacht und ich erinnere mich daran, daß die Erzieherin mich angeschrien hat. Ich habe furchtbar geweint –

T: Waren Sie zu langsam?

P: Ja, irgend etwas in der Art.

T: Und Sie sind sich ziemlich unfähig vorgekommen?

P: Ähemm.

T: Gut, schreiben Sie das auf die rechte Seite. Die Neuinterpretation tragen wir später ein. Fällt Ihnen noch mehr ein?

P: Einmal war ich mit meiner Familie im Valley Forge State Park. Alle konnten radfahren, nur ich bin nicht mitgekommen und war weit hinter den anderen.

Der Patient macht mit diesem ersten Schritt entweder in der Sitzung oder als Hausaufgabe weiter: Er schreibt Erinnerungen auf, die zur Entstehung der Grundannahme beigetragen haben. Er kann über Vorschulalter, Grundschulalter, Teenagerzeit, die Zeit von 20 bis 30, von 30 bis 40 usw. nachdenken. Der zweite Schritt dieses Überblicks über die Vergangenheit besteht darin, in jedem Altersabschnitt nach Anhaltspunkten für die neue, positive Grundannahme zu suchen und diese aufzuschreiben. Die Beschäftigung mit den positiveren Erinnerungen bereitet den Patienten auf den dritten Schritt vor: jeder negative Anhaltspunkt wird neu interpretiert. Im vierten Schritt faßt der Patient schließlich jeden Altersabschnitt zusammen. Zum Beispiel:

Zeit auf dem Gymnasium – Ich habe vieles gut gemacht: Sport, einen großen Teil der Hausarbeit und ich war gut in der Schule. Ich hatte zwar nicht nur Einsen, ich konnte nicht alles gut und ich habe mich manchmal unfähig *gefühlt*, aber im Grunde hatte ich die Fähigkeiten, die man braucht.

Neustrukturierung von Kindheitserinnerungen

Bei vielen Achse-I-Patienten reichen die bisher vorgestellten „rationalen" oder „intellektuellen" Techniken zur Veränderung von Grundannahmen aus. Andere brauchen auch spezielle „emotionale" oder Erlebnis-Methoden, die ihre Affekte ansprechen. Eine dieser Methoden arbeitet mit Rollenspielen: eine Situation wird nachgespielt, um dem Patienten bei der Neuinterpretation einer frühen traumatischen Erfahrung zu helfen. Im folgenden Transkript hilft der Therapeut der Patientin, die Bedeutung eines früheren Ereignisses neu zu strukturieren, das mit einer aktuellen Belastungssituation verknüpft ist.

T: Sie sehen heute ziemlich niedergeschlagen aus, Sally.

P: Ja. *(Weint.)* ... Ich habe meine Hausarbeit zurückbekommen. Es ist eine 3–. Ich kann einfach nichts richtig machen.

T: Kommen Sie sich sehr unfähig vor?

P: Ja.

T *(steigert den Affekt, um ihr die Erinnerung zu erleichtern.)*: Können Sie die Traurigkeit und Unfähigkeit körperlich spüren?

P: Hinter den Augen. Und meine Schultern fühlen sich schwer an.

T: Wann haben Sie sich das erste Mal so gefühlt, als Kind?

P *(Pause)*: Als ich sechs oder sieben war. Ich habe mein Zeugnis heimgebracht und war ein bißchen ängstlich, weil es nicht besonders gut war. Mein Vater hat es ganz gut aufgenommen, aber meine Mutter ist ziemlich wütend geworden.

T: Was hat sie gesagt?

P: Sie hat geschrien: „Sally, was soll ich bloß mit dir anfangen? Schau dir dieses Zeugnis an!"

T: Was haben Sie gesagt?

P: Ich glaube, gar nichts. Aber davon wurde sie noch wütender. Sie hat immer wieder gesagt: „Weißt du nicht, was passiert, wenn du keine guten Noten bekommst? Dein Bruder schneidet immer gut ab. Warum schaffst du das nicht? Ich schäme mich so für dich. Was soll nur aus dir werden?"

T: Sie haben sich sicher ziemlich schlecht gefühlt?

P: Ja.

T: Finden Sie, daß es vernünftig von ihr war, so zu reagieren?

P: Nein ... eigentlich nicht.

T: Würden Sie später Ihren eigenen Kindern so etwas sagen.

P: Nein. Auf keinen Fall.

T: Was würden Sie sagen, wenn Ihre siebenjährige Tochter so ein Zeugnis nach Hause brächte?

P: Hmmm. ... Ich glaube, ich würde dasselbe sagen wie mein Vater: „Das macht nichts. Mach dir keine Vorwürfe. Ich war auch nicht besonders gut in der Schule und es hat mir überhaupt nicht geschadet."

T: Das klingt gut. Können Sie sich vorstellen, warum Ihre Mutter das nicht gesagt hat?

P: Ich weiß nicht recht.

T: Nach dem, was Sie mir bis jetzt erzählt haben, frage ich mich, ob sie vielleicht gedacht hat, daß die anderen *sie* verachten würden, wenn ihre Kinder nicht gut genug abschneiden.

P: Das stimmt wahrscheinlich. Vor ihren Freundinnen hat sie immer mit meinem Bruder geprahlt. Ich glaube, sie hat immer versucht, genauso gut wie die Jones' zu sein.

T: Wie wäre es mit einem Rollenspiel? Ich spiele Sie mit sieben Jahren; Sie spielen Ihre Mutter. Versuchen Sie so gut wie möglich, ihren Standpunkt einzunehmen. Ich fange an. ... Mama, hier ist mein Zeugnis.

P: Sally, ich schäme mich für dich. Schau dir diese Noten an. Was soll ich nur mit dir machen?

T: Mama, ich bin doch erst sieben. Meine Noten sind nicht so gut wie die von Robert, aber sie sind doch in Ordnung.

P: Weißt du nicht, was passiert, wenn du keine guten Noten bekommst? Du wirst es nie zu etwas bringen.

T: Das ist dumm von dir, Mama. Ich bin doch erst sieben.

P: Aber nächstes Jahr bist du schon acht und dann neun –

T: So schlecht ist das Zeugnis doch gar nicht, Mama. Warum machst du so einen Aufstand? Ich komme mir schon völlig unfähig vor. Ist es das, was du erreichen willst?

P: Nein, natürlich nicht. Ich möchte nicht, daß du das denkst. Es ist nicht wahr. Ich will nur, daß du besser wirst.

T: Gut, Ende des Spiels. Was denken Sie jetzt?

P: Ich war nicht wirklich unfähig. Ich war in Ordnung. Meine Mutter war wahrscheinlich deshalb so streng, weil *sie* nicht kritisiert werden wollte. *(Ihre Stimmung verbessert sich.)*

T: Wie überzeugt sind Sie davon?

P: Sehr. 80%.

T: Wie wäre es, wenn wir das Rollenspiel noch einmal mit vertauschten Rollen spielen? Mal sehen, was die siebenjährige Sally ihrer Mutter antwortet.

Nach dem zweiten Rollenspiel fragt der Therapeut Sally, was sie gelernt hat und in welcher Beziehung das Gelernte zu der belastenden Situation dieser Woche steht (der 3– in der Hausarbeit).

Eine andere Methode benutzt Imagination, um unter Einbeziehung von Gefühlen Kindheitserinnerungen neu zu strukturieren (Edwards, 1989; Layden et al., 1993). Diese Technik aus der Gestalttherapie wurde speziell für die Veränderung von Grundannahmen angepaßt und wird häufiger bei Patienten mit Persönlichkeitsstörungen eingesetzt als bei Achse-I-Patienten. Auch hier läßt der Therapeut den Patienten ein belastendes Kindheitserlebnis nochmals durchleben, das zur Entstehung oder Aufrechterhaltung der Grundannahme beigetragen hat. Das folgende ausführliche Fallbeispiel stellt die Vorgehensweise des Therapeuten dar, die sich wie folgt zusammenfassen läßt:

1. Der Therapeut identifiziert eine Situation, die mit einer wichtigen Grundannahme zusammenhängt und den Patienten momentan recht stark belastet.
2. Er verstärkt die Stimmung des Patienten, indem er auf automatische Gedanken, Gefühle und Körperempfindungen eingeht.
3. Er hilft dem Patienten, eine bedeutsame Kindheitserinnerung aufzudecken und nochmals zu durchleben.

4. Er spricht mit dem „jüngeren" Teil des Patienten, um seine automatischen Gedanken, Gefühle und Annahmen zu erfahren.
5. Er verhilft dem Patienten durch Vorstellungen, sokratische Fragen, Dialog und/oder Rollenspiel zu einem neuen Verständnis des Ereignisses.

Im folgenden Transkript beschreibt Sally eine belastende Situation vom Vortag, in der sie sich von ihrer Lerngruppe kritisiert fühlte.

T: Können Sie sich diese Szene noch einmal vorstellen, als ob sie sich gerade abspielen würde. Sie sitzen alle am Tisch – *(Auf Anleitung des Therapeuten beschreibt Sally lebendig das belastende Ereignis.)*
P: Peggy sagt: „Sally, das hast du nicht gründlich genug gemacht. Das mußt du noch verbessern." Und ich bin so niedergeschlagen, so traurig. (Ich denke:) „Ich enttäusche sie alle. Ich bin nicht gut genug. Ich kann nichts richtig machen. Wahrscheinlich fliege ich raus."
T: Spüren Sie diese Traurigkeit jetzt im Moment?
P *(nickt.)*
T: Wo im Körper spüren Sie sie?
P: Hinter den Augen.
T: Wo sonst noch? Wo ist die Traurigkeit noch?
P: In der Brust ... und im Bauch. Es ist eine Schwere.
T: Gut, können Sie sich auf die Schwere konzentrieren? Können Sie sie deutlich spüren, im Bauch, in der Brust und hinter den Augen?
P *(nickt.)*
T: Okay, konzentrieren Sie sich nur auf Ihre Augen, Ihren Bauch und Ihre Brust. ... *(Wartet etwa zehn Sekunden.)* Können Sie sich erinnern, Sally, wann Sie als Kind diese Schwere schon einmal gespürt haben? Wann haben Sie sie zum *ersten* Mal gespürt?

Im nächsten Abschnitt läßt der Therapeut Sally eine wichtige belastende Erinnerung nochmals durchleben und befragt den „kindlichen" Teil von Sally, um herauszufinden, welche Schlüsse sie damals aus dieser Erfahrung gezogen hat. (Beachten Sie, daß der Therapeut die emotionale Eindringlichkeit der Situation ständig verstärkt, indem er die Patientin in der Gegenwartsform reden läßt.)

P: ... Meine Mutter. Meine Mutter schreit mich an.
T: Wie alt sind Sie, Sally?
P: Ungefähr sechs oder sieben. Ich bin mir nicht sicher.
T: Wo sind Sie? Beschreiben Sie es mir so lebendig wie möglich!
P: Ich bin zu Hause. Ich mache Hausaufgaben. Ich muß irgendein Arbeitsblatt ausfüllen. Ich kann es nicht. Ich muß lange und kurze Vokale anstreichen oder so ähnlich. Ich weiß nicht, was ich machen soll. Ich habe gefehlt. Ich weiß nicht, wie ich es machen soll.
T: Was passiert dann?

P: Meine Mutter kommt in die Küche: „Geh schlafen, Sally." „Ich kann nicht. Ich muß noch die Hausaufgaben fertigmachen. ..."

T: Und dann?

P: Sie sagt: „Du sitzt da schon ewig dran. Ich habe dir schon vor einer halben Stunde gesagt, daß du ins Bett gehen sollst."

T: Was sagen Sie?

P: „Aber ich muß das machen. Sonst kriege ich Ärger."

T: Und dann?

P: Sie sagt: „Was ist los mit dir? Warum wirst du damit nicht fertig? Es ist doch einfach. Bist du zu dumm? Geh jetzt ins Bett!"

T: Und dann?

P: Ich renne in mein Zimmer.

T: Und dann?

P: Ich weiß nicht. Wahrscheinlich bin ich eingeschlafen. *(Sieht, sehr traurig, zu Boden.)*

T: An welcher Stelle ist es am schlimmsten?

P: Wenn sie mich anschreit.

T: Können Sie sich das noch einmal vorstellen? Wo sind Sie?

P: Ich sitze am Küchentisch.

T: Und Sie haben Schwierigkeiten mit Ihren Hausaufgaben? Sie wissen nicht, was Sie tun sollen.

P: Ja.

T: Und Ihre Mutter kommt in die Küche. Wie sieht sie aus? Wo ist sie?

P: Sie ist groß. Sie steht. Sie sieht wütend aus.

T: Woher wissen Sie das?

P *(hat Tränen in den Augen.)*: Ihr Gesicht ist verbissen. Ihr Körper ist ganz angespannt.

T: Und sie sagt ...?

P: „Sally, geh ins Bett."

T: Weiter.

P: „Ich kann nicht, Mama. Ich muß das fertigmachen." „Ich habe gesagt, geh ins Bett! Was ist los mit dir? Das ist doch einfach. Bist du zu dumm?" *(Schluchzt.)*

T *(sanft.)*: Sechsjährige Sally, wie fühlst du dich?

P: Traurig. *(Weint ein bißchen.)*

T: Sehr traurig?

P *(nickt.)*

T *(leise)*: Sechsjährige Sally, was geht dir jetzt durch den Kopf?

P: Ich *bin* dumm. Ich kann nichts richtig machen.

T: Wie überzeugt bist du davon?

P: Völlig.

T: Geht dir noch mehr durch den Kopf?

P: Ich werde nie etwas richtig machen können.

Beachten Sie: Die Intensität des mit der Situation verbundenen Gefühls weist darauf hin, daß dieses ein zentraler Punkt für die Patientin ist. Im nächsten Abschnitt hilft der Therapeut Sally bei der Neuinterpretation dieser Erfahrung.

T: Sechsjährige Sally, ich würde dir gerne helfen, diese Sache anders zu sehen. Was, glaubst du, könnte dir dabei helfen? Möchtest du mit deiner Mutter sprechen und ihr erklären, was so schwierig für dich ist? Oder möchtest du, daß jemand *dir* erklärt, was da vor sich geht ... vielleicht dein achtzehnjähriges Selbst? Oder jemand anderes? Wie können wir dich dazu bringen, das anders zu sehen, sechsjährige Sally?

P: Ich will nicht mit Mama reden. Sie wird mich nur anschreien.

T: Möchtest du, daß dein älteres Selbst es dir erklärt, sechsjährige Sally?

P: Ja.

T: Gut, dann stell dir vor, daß deine Mutter aus der Küche herausgeht und dein achtzehnjähriges Selbst hereinkommt. Wo soll sie sitzen?

P: Ich glaube, neben mir.

T: Ganz nahe?

P *(nickt.)*

T: Soll sie dich in den Arm nehmen?

P *(nickt.)*

T: Gut. Dann spricht jetzt die achtzehnjährige Sally mit der sechsjährigen Sally. Frag die sechsjährige Sally, was los ist?

P: „Was ist los?“ „Ich komme mir so dumm vor. Ich kann nichts richtig machen.“

T: Was antwortet Ihr älteres Selbst?

P: „Nein, du bist nicht dumm. Diese Hausaufgabe ist zu schwer. Es ist nicht dein Fehler. Du bist nicht dumm.“

T: Was sagt die sechsjährige Sally?

P: „Aber eigentlich sollte ich es können.“

T: Lassen Sie das ältere Selbst weiter mit ihr reden.

P: „Das ist nicht wahr. Du brauchst das nicht zu können. Du hast gefehlt. Niemand hat es dir erklärt. Dein Lehrer hat einen Fehler gemacht, weil er dir etwas aufgegeben hat, was zu schwer ist.“

T: Glaubt ihr die sechsjährige Sally?

P: Ein bißchen.

T: Was möchte die sechsjährige Sally fragen?

P: „Warum muß alles so schwierig sein? Warum kann ich nichts richtig machen?“

T: Was sagt die ältere Sally?

P: „Du machst doch vieles richtig. Du kannst gut rechnen und dich selbst anziehen und Baseball spielen. ...“

T: Was denkt die sechsjährige Sally?

P: „Aber ich kann nicht gut Baseball spielen. Robert kann es viel besser.“

T: Was sagt Ihr älteres Selbst dazu?

P: „Natürlich kann er besser Baseball spielen als du. Er ist ja *älter*. Als er so alt war wie du, konnte er auch nur das, was du jetzt kannst. Warte es ab, du wirst noch besser werden."

T: Wie fühlt sich die sechsjährige Sally jetzt?

Wenn die Patientin berichtet, daß sich ihr jüngeres Selbst deutlich besser fühlt, bringt der Therapeut die Übung zum Schluß (z.B. „Sechsjährige Sally, gibt es noch etwas, was du dein älteres Selbst fragen möchtest?"). Wenn die Patientin berichtet, daß sie immer noch erregt ist, kann er es anders versuchen, zum Beispiel:

T: Darf ich einen Augenblick mit der sechsjährigen Sally sprechen? Sechsjährige Sally, du bist immer noch so traurig. Warum glaubst du *immer noch*, daß du nichts richtig machen kannst?

P *(denkt nach.)*: Mama. Sie sagt das. Sie hat recht.

T: Möchtest du mit ihr reden?

P *(zögernd.)*: Ich weiß nicht.

T: Wie wäre es mit einem Rollenspiel? Sechsjährige Sally, du spielst deine Mutter. Ich spiele dich. Du fängst an. Du kommst in die Küche und siehst mich bei den Hausaufgaben.

P: Okay. ... Sally, geh sofort ins Bett.

T: Aber Mama, ich muß meine Hausaufgaben fertigmachen, sonst kriege ich Ärger.

P: Was ist los mit dir? Du bist bestimmt dumm.

T: Nein, Mama. Der Lehrer hat einen Fehler gemacht. Das Arbeitsblatt ist zu schwierig.

P: Wenn du es zu schwierig findest, stimmt sicher etwas nicht mit dir.

T: Nein Mama. Das ist nicht wahr. Glaubst du wirklich, daß etwas mit mir nicht in Ordnung ist, Mama? Willst du mich dazu bringen, daß ich glaube, ich bin dumm und kann nichts richtig machen?

P *(überlegt.)*: Nein ... nein. Ich glaube nicht, daß du dumm bist. Ich will nicht, daß du das glaubst.

T: Warum hast du gesagt, daß ich dumm bin, wenn es nicht stimmt?

P: Ich hätte es nicht sagen sollen. Es ist nicht wahr.

T: Warum hast du es gesagt?

P *(überlegt.)*: Ich weiß nicht. Manchmal bin ich einfach frustriert. Ich will wirklich nur, daß du ins Bett gehst, damit ich mich ein bißchen ausruhen kann.

T: Das heißt, du hältst mich nicht für dumm?

P: Nein ... nein. Das tue ich nicht. Du bist nicht dumm.

T: Aber ich kann so vieles nicht. Ich kann nicht gut lesen. Ich kann nicht einmal radfahren. Robert kann das.

P: Er ist ja auch älter. Du wirst es auch noch lernen.

T: Aber du schreist mich so oft an, weil ich etwas nicht richtig gemacht habe. Du hast mich wegen dieses Arbeitsblattes angeschrien. Du schimpfst mit mir, weil ich mein Zimmer nicht gut genug aufräume oder das Geschirr nicht gut genug spüle oder meine Noten nicht gut genug sind.

P: Ich erwarte viel von dir. Ich weiß nicht, vielleicht ist es manchmal zu viel. Aber das muß ich doch. Ich muß dich doch antreiben. Was soll denn aus dir werden, wenn ich das nicht tue?

T: Mama, wenn du mich so antreibst, kriege ich das Gefühl, daß ich unfähig und dumm bin und nichts richtig machen kann. Möchtest du, daß ich das glaube?

P: Nein, natürlich nicht.

T: Was *soll* ich deiner Meinung nach glauben?

P: Daß du klug bist und daß du alles erreichen kannst, was du möchtest.

T: Glaubst du das, Mama? Daß ich klug bin und daß ich alles erreichen kann, was ich möchte?

P: Ja. Es tut mir leid.

T: Gut. Unterbrechen wir das Rollenspiel einen Augenblick. Wie fühlen Sie sich?

P: Besser.

T: Machen wir noch ein Rollenspiel. Diesmal spielen Sie die sechsjährige Sally, die am Küchentisch sitzt und sich mit ihren Hausaufgaben abmüht. Achten Sie genau darauf, wie sie sich fühlt und was sie denkt. Los geht's. Ich bin die Mutter und ich komme in die Küche und sage: „Sally, geh ins Bett. Sofort!"

Sally und der Therapeut setzen das Rollenspiel fort, damit Sally Gelegenheit hat, ihre Gedanken und Schlußfolgerungen mit ihrer Mutter zu überprüfen. Zum Schluß bittet der Therapeut Sally, die alte Annahme, die durch diese Erinnerung aktiviert wurde, und die neue Annahme aufzuschreiben und einzuschätzen, wie überzeugt sie im Moment davon ist. Danach besprechen sie das aktuelle belastende Ereignis mit Peggy und der Lerngruppe, was Sally zu einer realitätsnäheren, passenderen Schlußfolgerung verhilft. Am Ende der Sitzung ist Sally nur noch 20% überzeugt davon, daß sie unfähig ist und 70% überzeugt davon, daß sie alle Fähigkeiten hat, die man braucht. Sie ist ziemlich überzeugt von der folgenden alternativen Erklärung: Ihr Beitrag ist nicht völlig wertlos, nur weil er Peggys Erwartungen nicht entsprochen hat; *sie* ist als Person nicht völlig unfähig, selbst wenn ihr Beitrag hätte besser sein können; und der Beitrag war vor allem deshalb nicht ausführlich genug, weil die Lerngruppe keine Vorgehensweisen festgelegt hat und Sally wenig Erfahrung in der Arbeit mit Lerngruppen hat.

Zusammenfassend gesagt: Grundannahmen müssen konsequent und systematisch bearbeitet werden. Dazu kann man neben den besonderen Techniken, die speziell für Grundannahmen geeignet sind, auch eine Reihe von Methoden benutzen, die für die Umstrukturierung von automatischen Gedanken und bedingten Annahmen eingesetzt werden.

Weitere kognitive
und verhaltensorientierte Methoden

Diverse kognitive und verhaltensorientierte Techniken wurden bereits vorgestellt, unter anderem sokratische Fragen, rational-emotionales Rollenspiel, das Arbeitsblatt zu Grundannahmen, Imagination und das Auflisten von Vor- und Nachteilen einer Annahme. Dieses Kapitel beschreibt weitere ebenso wichtige Methoden, von denen viele sowohl kognitiv als auch verhaltensorientiert sind. Wie in Kapitel 16 näher erläutert, trifft der Therapeut die Auswahl der Techniken in Übereinstimmung mit seinem Fallkonzept und seinen Zielen für die jeweilige Sitzung.

Die Methoden, die in diesem Kapitel beschrieben werden, haben wie alle Methoden der kognitiven Therapie das Ziel, Denken, Verhalten und Stimmung des Patienten zu beeinflussen. Es sind Problemlösen, Entscheidungen treffen, Verhaltensexperimente, Aufzeichnen und Planen von Aktivitäten, sich ablenken und auf etwas anderes konzentrieren, Entspannungstechniken, Bewältigungskarten, gestufte Aufgaben, Rollenspiele, die „Torten"-Technik, funktionale Vergleiche und positive Selbstaussagen. Weitere Techniken werden in verschiedenen Büchern beschrieben (Beck & Emery, 1985; McMullin, 1986).

Problemlösen

Neben ihrer psychischen Störung oder in Verbindung damit haben die Patienten auch praktische Probleme. Der Therapeut erfragt solche Probleme in der ersten Sitzung und erstellt eine „Problemliste" oder übersetzt jedes Problem in ein positiv formuliertes Ziel (vgl. Kapitel 3). In jeder Sitzung fordert er den Patienten auf, Probleme, die während der Woche aufgetaucht sind oder in den kommenden Wochen auftauchen könnten, auf die Tagesordnung zu setzen. Anfangs kann der Therapeut bei der Entwicklung von Lösungsvorschlägen eine aktivere Rolle einnehmen. Im Verlauf der Therapie ermutigt er den Patienten, selbst aktiv nach Lösungen zu suchen.

Einigen Patienten fehlen die nötigen Problemlösungsfähigkeiten. Sie profitieren oft von regelrechtem Unterricht im Problemlösen, in dem sie lernen, ein Problem zu definieren, Lösungsmöglichkeiten zu entwickeln, eine Lösung auszuwählen, umzusetzen und den Erfolg zu kontrollieren. Viele Patienten haben allerdings schon gute Problemlösungskompetenzen. Sie brauchen Unterstützung bei der Überprüfung von dysfunktionalen Gedanken, die sie an der Lösung der Probleme hindern.

Sally hatte zum Beispiel Konzentrationsschwierigkeiten beim Lernen. Ihr Therapeut machte ihr verschiedene praktische Vorschläge: mit der leichtesten Aufgabe anfangen, vor dem Lesen des Lehrbuchs noch einmal die wichtigsten Aufzeichnungen aus der Veranstaltung überfliegen, bei Verständnisschwierigkeiten die Fragen notieren und in Abständen von einigen Minuten Pausen machen, um das Gelesene zu überdenken. Sie einigten sich darauf, mit diesen Strategien zu experimentieren, um herauszufinden, ob Sally ihre Konzentration und ihr Textverständnis damit verbessern konnte.

Einige Wochen später tauchte ein anderes Problem auf: Sally hatte angefangen, einem Kind aus der Nachbarschaft ehrenamtlich Nachhilfeunterricht zu geben. Obwohl das Kind bereitwillig mitmachte, war sie sehr unsicher, ob sie alles richtig machte. Vernunftmäßig war ihr die Lösung des Problems klar: Sie wußte, daß sie sich mit der Koordinationsstelle der ehrenamtlichen Nachhilfelehrer und/oder dem Lehrer des Kindes in Verbindung setzen müßte. Aber ihre Annahme, daß sie niemanden um Hilfe bitten solle, hinderte sie daran. Nachdem sie ihre automatischen Gedanken und Annahmen zu dieser Situation überprüft hatte, konnte sie die von ihr entwickelte Lösung auch umsetzen.

Ein weiteres Problem entstand, als Sally eine Semesterarbeit schreiben mußte. Ihr Therapeut benutzte ein Arbeitsblatt zum Problemlösen (vgl. Abbildung 12.1) und sokratische Fragen, um Sally bei der Aufdeckung und Beantwortung einer dysfunktionalen Annahme zu helfen, die dazu geführt hatte, daß sie die Aufgabe nur zögernd anging.

ARBEITSBLATT ZUM PROBLEMLÖSEN

Patientenname: *Sally*   **Datum:** *12. 4.*

(wenn automatische Gedanken, Annahmen und/oder starke Emotionen eine einfache Lösung des Problems verhindern)

1. **Problem**
   Mit der Hausarbeit für Wirtschaft anfangen.
2. **Besondere Bedeutung: automatische Gedanken und Annahmen**
   Ich verstehe nicht genug davon.
3. **Antwort auf die besondere Bedeutung**
   Ich verstehe genug, um eine Arbeit abzugeben. Wie gut ich es mache, weiß ich erst, wenn ich es ausprobiert habe.
4. **Lösungsmöglichkeiten**
   1. den ursprünglichen Gedanken weiterverfolgen
   2. Gliederung aufschreiben (1/2 Stunde)
   3. Ideen mit Zimmergenossin besprechen
   4. empfohlene Literatur lesen und kurze Notizen dazu machen
   5. ersten Entwurf schreiben; eine 3 anpeilen, keine 1

Abbildung 12.1: Arbeitsblatt zum Problemlösen. Copyright 1993 Judith S. Beck

Manchmal führt das Problemlösen zu einschneidenden Veränderungen im Leben. So kann der Therapeut nach sorgfältiger Prüfung der Situation einer mißhandelten Ehefrau empfehlen, aus der Wohnung auszuziehen oder rechtliche Schritte gegen ihren Mann zu unternehmen. Ein Patient, der mit seiner Arbeit chronisch unzufrieden ist, kann bei der Analyse von Vor- und Nachteilen seiner Stelle unterstützt werden. Wenn die Nachteile qualitativ oder quantitativ überwiegen, kann der Therapeut die Möglichkeit eines Stellenwechsels oder einer Umschulung mit ihm besprechen. Ein Patient in einer unbefriedigenden Beziehung oder Lebenssituation möchte vielleicht zuerst mit Hilfe des Therapeuten Möglichkeiten zur Verbesserung der gegebenen Situation erproben; falls er damit keinen Erfolg hat, kann es sein, daß er sich zum Abbruch der Beziehung oder zu einer grundlegenden Veränderung der Situation entschließt.

Entscheidungen treffen

Viele Patienten haben Entscheidungsschwierigkeiten. Der Therapeut bittet den Patienten, die Vor- und Nachteile jeder Möglichkeit aufzulisten, und entwickelt dann mit ihm ein System zur Gewichtung der einzelnen Punkte und zur Auswahl der besten Möglichkeit (vgl. Abbildung 12.2).

THERAPEUT: Sie haben gesagt, daß Sie gerne Hilfe bei der Entscheidung hätten, ob Sie zur Sommer-Universität gehen oder lieber einen Job suchen sollen.
PATIENTIN: Ja.
T: In Ordnung. *(Holt Papier heraus.)* Ich werde Ihnen zeigen, wie Sie Vor- und Nachteile gewichten können. Haben Sie das schon einmal gemacht?

Vorteile Job

1. Geld verdienen
2. praktische Erfahrungen sammeln
3. Abwechslung vom Üblichen
4. neue Leute kennenlernen
5. fühle mich produktiver
6. gut für den Lebenslauf

Nachteile Job

1. muß erst mal einen finden
2. weniger Freizeit
3. gefällt mir vielleicht nicht

Vorteile Sommer-Universität

1. zwei Freunde gehen hin
2. ein Kurs weniger im Herbst
3. viel Freizeit
4. es ist etwas Bekanntes
5. evtl. neue Leute kennenlernen
6. anmelden ist einfacher als Job finden

Nachteile Sommer-Universität

1. verdiene nichts und es kostet etwas
2. keine praktischen Erfahrungen
3. dieselbe Arbeit wie sonst auch
4. fühle mich nicht so produktiv
5. bringt nichts für den Lebenslauf

Abbildung 12.2: Sallys Analyse von Vor- und Nachteilen

P: Nein. Zumindest nicht schriftlich. Im Kopf habe ich ein paar Argumente dafür und dagegen überdacht.

T: Gut. Das hilft uns für den Anfang. Ich nehme an, Sie werden merken, daß die Entscheidung durch das Aufschreiben eindeutiger wird. Womit wollen Sie anfangen – Uni oder Job?

P: Ich würde sagen, mit dem Job.

T: In Ordnung. Schreiben Sie „Vorteile Job" links oben auf das Blatt, „Nachteile Job" rechts oben und „Vorteile Uni" und „Nachteile Uni" weiter unten.

P *(tut das.)*: Habe ich.

T: Was ist Ihnen eingefallen? Können Sie oben ein paar Vor- und Nachteile eines Jobs aufschreiben? *(Die Patientin schreibt auf, was ihr bisher eingefallen ist. Der Therapeut stellt einige Leitfragen.)* Sie würden etwas anderes machen – Pause von der Uni – wäre das ein Vorteil?

P: Ja. (Schreibt es auf.)

T: Wie steht es damit, daß der Job Ihnen Ferienzeit wegnimmt?

P: Nein, ich würde einen Job nur nehmen, wenn ich im August mindestens zwei Wochen mit meiner Familie verbringen kann.

Therapeut und Patientin setzen dieses Vorgehen fort, bis die Patientin den Eindruck hat, daß sie Pro- und Contra-Argumente gerecht und vollständig aufgezeichnet hat. Sie wiederholen das Vorgehen mit der zweiten Möglichkeit. Bei der Überprüfung der Vor- und Nachteile der Sommer-Universität fallen der Patientin noch einige Punkte für die Job-Liste ein. Sie geht auch die Job-Argumente noch einmal durch, um festzustellen, ob sich daraus Punkte für die Sommer-Universität-Liste ableiten lassen.

Danach hilft der Therapeut der Patientin bei der Bewertung der Argumente.

T: Gut Sally, das sieht ziemlich vollständig aus. Jetzt sollten Sie die Argumente irgendwie gewichten. Sie könnten die Wichtigkeit jedes einzelnen auf einer Skala von 0 bis 10 bewerten. Oder Sie könnten die wichtigsten Argumente einkreisen. Wie möchten Sie es machen?

P: Ich würde die Items lieber einkreisen.

T: Gut, sehen wir uns die Job-Liste einmal an. Welche sind Ihnen am wichtigsten? *(Die Patientin kreist in jeder Spalte von Abbildung 12.2 bestimmte Items ein.)* Welchen Eindruck haben Sie jetzt, wenn Sie sich nur anschauen, was Sie eingekreist haben?

P: Es sieht so aus, als wäre das Hauptproblem bei dem Ferienjob, einen zu *finden*. Denn wenn ich einen hätte, würde ich schon gerne Geld verdienen. Ich käme mir produktiver vor und es wäre gut, etwas Abstand von der Uni zu bekommen.

T: Sollen wir ein paar Minuten darüber sprechen, wie Sie bei der Jobsuche vorgehen könnten? Dann können wir uns noch einmal die Liste anschauen und sehen, ob Sie immer noch zu dieser Alternative neigen.

Am Schluß der Besprechung versucht der Therapeut die Wahrscheinlichkeit zu vergrößern, daß die Patientin diese Methode weiter benutzen wird:

T: Fanden Sie es nützlich, die Vor- und Nachteile aufzuschreiben und zu gewichten? Fallen Ihnen noch andere Entscheidungen ein, bei denen es gut wäre so vorzugehen? Was könnten Sie tun, um sich an dieses Vorgehen zu erinnern?

Verhaltensexperimente

Verhaltensexperimente sind eine wichtige Bewertungsmethode, weil sie die Richtigkeit der Gedanken und Annahmen des Patienten direkt überprüfen. Man kann sie allein oder in Kombination mit sokratischen Fragen, in oder außerhalb der Praxis anwenden. Hier ein Beispiel:

T: Sie sind also sehr stark, zu 95%, davon überzeugt, daß Sie sich zum Lesen nicht gut genug konzentrieren können. Gilt das nur manchmal oder immer?

P: Immer.

T: Vielleicht könnten wir diese Annahme jetzt sofort überprüfen. Ich habe die Tageszeitung da. Sehen Sie sich doch einmal diesen Artikel an – ich habe mich ziemlich darüber aufgeregt; es geht um eine neue Strompreiserhöhung. (*Der Therapeut hat einen kurzen Artikel ausgewählt, den die Patientin seiner Einschätzung nach verstehen wird.*)

P: In Ordnung. (Liest den Artikel.)

T: Sind Sie fertig? Was halten Sie davon? Sollten die Preise erhöht werden?

P: Ich weiß nicht recht. [Der Autor] argumentiert ja vor allem mit den Reparaturkosten für die Leitungen nach dem großen Sturm im Winter.

T: Kann sein, daß Sie recht haben. Ich glaube, ich werde automatisch mißtrauisch, wenn ein öffentliches Unternehmen Preiserhöhungen ankündigt. ... Aber abgesehen davon: Wie denken Sie jetzt über die Annahme, daß Sie sich nicht konzentrieren können?

P: Ich glaube, ich kann es besser, als ich dachte.

Weitere automatische Gedanken, die man direkt in der Praxis testen kann, sind unter anderem:

Automatischer Gedanke	Verhaltensexperiment
Ich weiß nicht, was ich zu ihm sagen soll.	Rollenspiel: Der Patient spielt sich selbst, der Therapeut den Gesprächspartner.
Ich kann [mich nicht aufraffen], einen Arzttermin abzumachen.	Der Patient ruft von der Praxis aus an.

| Es gibt keine Stellen, für die ich geeignet bin. | Der Patient geht mit dem Therapeuten die Stellenanzeigen durch. |
| Wenn mir noch schwindeliger wird, falle ich in Ohnmacht. | Der Patient erzeugt Schwindelgefühl, indem er auf einem Stuhl rotiert und dabei hyperventiliert (Clark, 1989). |

Verhaltensexperimente sind auch Bestandteil vieler Hausaufgaben. Sie werden mit Hilfe des Therapeuten sorgfältig geplant, wie im folgenden dargestellt:

1. Der Patient macht eine negative Vorhersage. Der Therapeut schlägt vor, diese in der folgenden Woche zu testen.
2. Sie entscheiden gemeinsam, wie, wann und wo der Patient den Test durchführt. Falls nötig, schlägt der Therapeut Änderungen des Vorgehens vor, um die Erfolgswahrscheinlichkeit zu erhöhen.
3. Der Therapeut fragt den Patienten, wie er reagieren wird, falls das Experiment seine Befürchtungen bestätigt, damit sie sich bereits im Voraus eine Antwort ausdenken können.

Hier ein Beispiel:

T: Sally, Sie haben den Gedanken und die Vorstellung, daß Sie in einem Seminar kein Wort herausbringen und deshalb keine Frage stellen können. *(Der Therapeut befragt Sally wie in Kapitel 8 beschrieben: Sie sammeln Anhaltspunkte, stellen fest, was das schlimmste, das beste und das wahrscheinlichste Ergebnis ist usw. Es bestehen gute Chancen, daß Sally sich äußern kann, wenn auch möglicherweise nicht perfekt.)* Können Sie sich vorstellen, diese Woche ein Experiment zu machen, um Ihre Annahme zu testen, daß Sie unfähig sind, eine Frage zu stellen?
P: Ich wäre etwas nervös. Aber ich könnte es versuchen.
T: In welchem Seminar wollen Sie es probieren? Wo wäre es für den ersten Versuch am einfachsten?
P: Ich glaube, in Literatur.
T: Fällt Ihnen etwas ein, was Sie fragen könnten?
P *(denkt einen Augenblick nach.)*: Eine Sache habe ich nicht verstanden. Wir lesen einen englischen Roman aus dem 18. Jahrhundert. Ich verstehe nicht, ob nur die Familie der Hauptperson Frauen als Besitz betrachtet, oder ob damals ihre soziale Schicht oder die ganze Gesellschaft so dachte.
T: Gute Frage. Wie könnten Sie sie für den Professor formulieren?
P: Ich weiß nicht. ... Ich glaube, ich könnte sagen: „Charlottes Familie betrachtet sie als Besitz. War das damals in der ganzen englischen Gesellschaft üblich, oder nur in dieser sozialen Schicht oder nur in ihrer Familie?"

T: Gut. Diese Frage zu stellen, ist eine gute Möglichkeit, um zu testen, ob Sie wirklich in Veranstaltungen kein Wort herausbringen. Es wäre toll, wenn Sie es probieren und es klappt. Wenn Sie feststellen, daß Sie wirklich kein Wort herausbringen, werden wir in der nächsten Sitzung noch an diesem Problem arbeiten. Aber nehmen wir einmal an, daß Sie *wirklich* Schwierigkeiten haben, etwas zu sagen. Was, glauben Sie, geht Ihnen dann durch den Kopf?

P: Daß ich dumm bin.

T: Ich glaube, wir sollten Sie darauf vorbereiten, auf diesen Gedanken zu antworten, damit Sie nicht demoralisiert sind. Einverstanden? *(Der Therapeut hilft Sally mit normalen sokratischen Fragen, den Gedanken zu überprüfen und eine Bewältigungskarte zu erstellen.)*

Sally überprüfte unter anderem folgende Axiome durch Verhaltensexperimente außerhalb der Therapiesitzung:

- Wenn ich [eine unbekannte Kommilitonin] vor der Veranstaltung anspreche, wird sie mich von oben herab behandeln.
- Der Professor wird mir nicht helfen, wenn ich zu ihm gehe.
- Auf der Party am Samstag werde ich mich sicher schrecklich fühlen.
- Kapitel 12 werde ich bestimmt nicht verstehen.
- Ich werde die Hausarbeit nicht fertigkriegen, selbst wenn ich anfange, daran zu arbeiten.

Verhaltensexperimente können, wenn sie gut konstruiert sind, gewaltige Anstöße zu kognitiven und emotionalen Veränderungen geben.

Aufzeichnung und Planung von Aktivitäten

Ein Aktivitätsplan ist nichts weiter als ein Stundenplan, auf dem oben die Wochentage stehen und in der äußersten linken Spalte die Stunden. Abbildung 12.3 zeigt einen teilweise ausgefüllten Plan. Dieser Plan kann unterschiedlich eingesetzt werden: unter anderem zur Aufzeichnung von Aktivitäten des Patienten, zur Einschätzung und Analyse von Spaß und Erfolg, zur Aufzeichnung und Einschätzung negativer Stimmungen, zur Planung von angenehmen Aktivitäten oder unüberschaubaren Aufgaben und zur Überprüfung von Vorhersagen.

Der Therapeut kann den Patienten zunächst zur Aufzeichnung seiner Aktivitäten auffordern, um wichtige Daten zu sammeln. Wie bei jeder Hausaufgabe begründet er zunächst sein Vorgehen, stellt sicher, daß der Patient die Aufgabe versteht und damit einverstanden ist, beginnt in der Sitzung mit der Bearbeitung und überprüft, ob Hindernisse auftauchen könnten. Typischerweise wird diese

Aktivitätsplan

	Tag 1	Tag 2	Tag 3	Tag 4	Tag 5	Tag 6	Tag 7
6–7							
7–8							
8–9	Aufstehen, Frühstück usw. E = 2 S = 0						
9–10	Lernen E = 2 S = 0						
10–11	Therapie E = 5 S = 4						
11–12	draußen sitzen E = 1 S = 3						
12–13	Mittagessen E = 1 S = 3						
13–14	Chemie-kurs E = 3 S = 3						
14–15	↓						
15–16	Lernen E = 2 S = 1						
16–17	↓						
17–18	↓						
18–19	Abend-essen E = 2 S = 4						
19–20	Fernsehen E = 2 S = 2						
20–21	↓						
21–22	↓						
22–23	↓						
23–24	Schlafen						
0–1	↓						
1–2	↓						
2–3	↓						
3–4	↓						
4–5	↓						
5–6	↓						

Abb. 12.3: Aktivitätsplan. Copyright 1995 Judith S. Beck

Erfolgs-Skala	Spaß-Skala	Schlußfolgerungen
0 schlechten Fern- sehfilm anschauen	0 für Chemieprüfung lernen	
1	1	
2	2	
3 Schreibtisch aufräumen	3 auf dem Campus radfahren	
4	4	
5 Haushaltsbuch führen	5 Abendessen mit Zimmergenossin	
6	6	
7	7	
8 Literaturarbeit fertig- stellen	8 Baseballspiel im Wohnheim gewinnen	
9	9	
10 schwieriges Problem in Chemie lösen	10 1+ in einer Arbeit bekommen	

Abb. 12.3: Fortsetzung

Aufgabe schon zu Beginn der Therapie, in der zweiten oder dritten Sitzung gestellt. Sie kann unschätzbar wichtige Daten liefern, und die nachfolgenden Aktivitätsveränderungen des Patienten haben oft eine deutliche stimmungsverbessernde Wirkung.

T: Ihre Schilderung klingt, als ob Sie Mühe hätten, alle Ihre Pflichten zu erfüllen, und Sie im Moment nicht viel Freude haben. Stimmt das?
P: Ja.
T: Vielleicht könnten Sie Ihre Aktivitäten auf diesem Aktivitätsplan aufschreiben, damit wir nächste Woche feststellen können, wie Sie Ihre Zeit verbringen. Sie können auch einschätzen, wieviel Spaß und welche Erfolgserlebnisse Ihnen die einzelnen Aktivitäten bereiten.
P: In Ordnung.
T: Ich würde vorschlagen, daß wir zuerst eine Spaß-Skala entwerfen, damit Sie einen Maßstab zur Bewertung der Aktivitäten haben. Welcher Aktivität würden Sie auf einer Skala von 0 bis 10 eine 10 geben? Eine Aktivität, die Ihnen sehr viel Spaß macht oder von der Sie sich vorstellen könnten, daß Sie sie sehr angenehm finden.
P: Ach, ich glaube, wenn ich eine 1+ in einer Arbeit bekäme.
T: Gut, schreiben Sie: „10 = 1+ in Arbeit", auf den Plan.
P *(tut das.)*
T: Wofür würden Sie eine 0 vergeben? Eine Aktivität, die Sie absolut unangenehm finden?
P: Für die Chemie-Prüfung lernen.
T: Gut, schreiben Sie: „0 = für Chemie-Prüfung lernen". ... Was wäre auf Ihrer Skala eine 5?

P: Ich glaube ... ein Abendessen mit meiner Zimmergenossin.
T: Gut, schreiben Sie das auf. ... Und wofür würden Sie eine 3 und eine 7 vergeben?

Wenn dem Patienten die Einstufung der Aktivitäten leicht fällt, reichen diese fünf Ankerpunkte normalerweise aus. Der Therapeut kann es dem Patienten freistellen, die restlichen Skalenwerte zu Hause einzutragen oder die Skala so zu lassen, wie sie ist. Wenn es dem Patienten schwerfällt einzuschätzen, wieviel Vergnügen ihm etwas bereitet, können Therapeut und Patient sich gemeinsam für eine der folgenden Vorgehensweisen entscheiden:

1. Die Skala während der Sitzung fertigstellen.
2. Eine einfachere Skala (niedrig, mittel, hoch) wählen.
3. Die Aufgabe in einer anderen Sitzung fortzusetzen.

Manchmal vergeben die Patienten eine „0" für eine Aktivität, die eigentlich keine so extreme Einschätzung rechtfertigt. In diesem Fall kann der Therapeut die Genauigkeit der Skala vorsichtig hinterfragen oder mit Selbstenthüllung arbeiten: „Sie vergeben für Badezimmer putzen also eine 0 auf der Spaß-Skala. Gibt es wirklich nichts unangenehmeres? Für mich hätte zum Beispiel ein Streit eine 0 verdient, oder wenn ich grundlos meine Kinder anschreie."

Nachdem die Spaß-Skala hinreichend komplett ist, füllt der Patient in gleicher Weise die Erfolgs-Skala aus.

T: Jetzt machen wir eine Skala für Erfolg – d.h. für das Erfolgserlebnis, das Sie bei einer Aktivität haben. Was wäre hier eine 10?
P *(denkt einen Augenblick nach.)*: Ein sehr schwieriges Chemie-Problem zu lösen.
T: Was wäre eine 0?
P: Gar kein Erfolgserlebnis? Ich weiß nicht. Badezimmer putzen hätte zumindest eine 1 verdient. Vielleicht einen sehr schlechten Film im Fernsehen anschauen.
T: Wofür würden Sie eine 5 vergeben?
P: Ich glaube, wenn ich mein Haushaltsbuch auf den aktuellen Stand gebracht habe. *(Patientin füllt die Skala aus.)*
T: Das ist gut. So, jetzt können Sie etwas in den Stundenplan von heute eintragen. Schreiben Sie hier, bei 11 Uhr, „Therapie" und darunter „E = ____" und „S = ____". Nun, wie erfolgreich haben Sie sich heute während der Therapie gefühlt?
P: Etwa 5.
T: Und der Spaß?
P: Etwa 4. *(Trägt es ein.)*

T: Und was haben Sie in der Stunde vor der Therapie gemacht?

P: Ich war in der Bibliothek, um zu lernen.

T: Okay. Schreiben Sie, „Lernen in der Bibliothek", in das Feld über der Therapie und schreiben Sie „E = _____" und „S = _____". ... Und jetzt schauen Sie sich die Skalen an. Wie erfolgreich haben Sie sich in dieser Stunde gefühlt? Und wieviel Spaß hatten Sie?

P: Mal sehen. Mein Erfolgserlebnis war ziemlich klein, 0, fürchte ich.

T: In der Bibliothek zu lernen war also so ähnlich wie einen schlechten Film anzusehen?

P: Nein. Ich glaube, ein kleines Erfolgserlebnis hatte ich. Es ist vielleicht ungefähr eine 2.

T: Und der Spaß?

P: War genauso wie beim Lernen für die Chemieprüfung: 0.

T: Gut, schreiben Sie diese Einschätzung auf. *(Therapeut und Patientin füllen noch einige Felder aus, bis der Therapeut davon überzeugt ist, daß die Patientin ihre Aktivitäten problemlos und zutreffend einschätzen kann.)* Haben Sie verstanden, wie Sie vorgehen müssen?

P: Ja.

T: Können Sie mir auch erklären, wofür dieser ganze Aufwand gut sein könnte?

P: Na ja, anscheinend hilft es mir, einen Überblick zu bekommen, was ich mit meiner Zeit anfange.

T: Und die Einschätzung von Erfolg und Spaß?

P: Ich weiß nicht.

T: Vielleicht fällt uns etwas auf, wenn wir uns die ganze Woche ansehen. Zum Beispiel, ob es Aktivitäten gibt, die Sie öfter oder seltener ausführen sollten. Haben Sie früher angenehme Dinge getan, die Ihnen große Erfolgserlebnisse verschafft haben und die Sie jetzt nicht mehr tun? Gibt es jetzt Aktivitäten, die Sie im Hinblick auf Erfolg oder Spaß niedrig einschätzen, obwohl sie früher hoch waren?

P: Ja.

T: Am besten machen Sie die Eintragung in den Plan immer direkt, nachdem Sie eine Aktivität beendet haben – dann können Sie sich bestimmt noch daran erinnern und Ihre Einschätzungen sind genauer. Falls das nicht möglich ist, könnten Sie versuchen, den Plan mittags, abends und direkt vor dem Zu-Bett-gehen auszufüllen?

P: Ja, ich glaube, das ist kein Problem.

T: Und wenn Sie ihn jeden Tag ausfüllen, ist das für uns am informativsten. Aber selbst wenn Sie es nicht an allen Tagen schaffen, bekommen wir immerhin einige Informationen. Fällt Ihnen irgend etwas ein, was Sie daran hindern könnte, das zu tun? Irgendwelche Gedanken oder praktische Probleme?

P: Es könnte sein, daß ich es manchmal einfach vergesse.

T: Fällt Ihnen eine Möglichkeit ein, wie Sie sich daran erinnern könnten?

P: Ich könnte den Plan in meinen Block stecken. Dann würde ich ihn sehen und mich daran erinnern.

T: Fallen Ihnen noch weitere Probleme ein?

P: Nein, ich glaube, ich kriege das hin.

T: Gut. Eines noch: Könnten Sie sich den Aktivitätsplan kurz vor unserer nächsten Sitzung noch einmal ansehen? Achten Sie darauf, ob Ihnen bestimmte Muster auffallen oder ob Sie etwas daraus lernen können. Sie können Ihre Schlußfolgerungen unten oder auf die Rückseite des Plans schreiben. In Ordnung?

P: Ja.

T: Möchten Sie sich diese Aufgabe auf Ihr Hausaufgabenblatt schreiben, damit wir beide eine Kopie davon haben?

P: Mache ich. *(Schreibt Aufgabe auf.)*

Besprechung des Aktivitätsplans (in der folgenden Woche)

Bei der Besprechung des Aktivitätsplans achten Therapeut und Patient auf bestimmte Muster und überlegen, welche Konsequenzen sich aus den Aufzeichnungen ergeben. Zum Beispiel:

1. Welche Aktivitäten sind im Hinblick auf eine ausgewogene Lebensführung überrepräsentiert? Welche sind unterrepräsentiert? Verbringt der Patient jeweils angemessen viel Zeit mit Arbeit/Lernen, Familie, Freunden, Unterhaltung, seinem Körper (z.B. Sport), Haushalt, kultureller/spirtueller und intellektueller Anregung?

2. Bei welchen Aktivitäten hat der Patient die größten Erfolgserlebnisse und/oder das größte Vergnügen? Sollte er diese Aktivitäten öfter ausführen?

3. Bei welchen Aktivitäten hat er die geringsten Erfolgserlebnisse und/oder das geringste Vergnügen? Sind diese Aktivitäten von Natur aus stimmungsverschlechternd (wie z.B. Grübeln im Bett), so daß sie seltener ausgeführt werden sollten? Oder ist der Patient wegen seiner automatischen Gedanken schlecht gelaunt bei Tätigkeiten, die eigentlich befriedigend sein könnten? Falls letzteres zutrifft, kann der Therapeut die dysfunktionalen Kognitionen bearbeiten, anstatt eine Reduzierung der Aktivität zu empfehlen.

Im folgenden Transkript bespricht der Therapeut den ausgefüllten Aktivitätsplan mit Sally. Er bestätigt ihre Schlußfolgerungen im Hinblick auf eine bessere Zeitplanung, ermutigt sie zu bestimmten Änderungen und fragt nach Gedanken, die sie an der Umsetzung der Veränderungen hindern könnten. Er bezeichnet diese Gedanken als überprüfbare Vorhersagen und bietet ihr an, die Hausaufgabe fortzusetzen.

T: Wie ich sehe, haben Sie den Aktivitätsplan jeden Tag ausgefüllt. Das ist prima. Haben Sie ihn auch schon durchgesehen?

P: Ja. Mir ist aufgefallen, daß ich viel mehr Zeit im Bett verbringe als früher.

T: Und haben Sie im Bett Spaß oder Erfolgserlebnisse?

P: Nein. Im Gegenteil. Da sind meine Einschätzungen am niedrigsten.

T: Das ist eine wertvolle Information. Anscheinend glauben die meisten depressiven Menschen, daß es ihnen besser geht, wenn sie im Bett bleiben. Aber meistens stellen sie fest, daß jede andere Aktivität besser wäre als im Bett zu liegen. Ist Ihnen noch mehr aufgefallen?

P: Na ja, ich habe gemerkt, daß ich früher viel mehr mit Freunden unternommen habe oder einfach mit Freunden zusammen war. Jetzt gehe ich nur aus meinem Zimmer im Wohnheim zu den Veranstaltungen, zur Bibliothek, zur Cafeteria und dann wieder zurück in mein Zimmer.

T: Haben Sie irgendwelche Ideen, was Sie diese Woche anders machen möchten?

P: Nun ja, ich würde schon gerne mehr Zeit mit anderen verbringen, aber irgendwie fehlt mir einfach die Energie.

T: Und am Ende bleiben Sie dann im Bett.

P: Ja.

T: Das ist ein interessanter Gedanke: „Ich habe nicht genug Energie, um unter Leute zu gehen." Den schreiben wir einmal auf. Sehen Sie eine Möglichkeit zu überprüfen, ob dieser Gedanke richtig ist?

P: Ich könnte mir vornehmen, eine bestimmte Zeit mit meinen Freunden zu verbringen und sehen, ob ich es schaffe.

T: Hätten Sie irgendeinen Vorteil davon?

P: Vielleicht würde es mir besser gehen.

T: Stellen Sie sich einmal vor, daß Sie heute nachmittag Freunde treffen, die gerade zu einer Veranstaltung gehen, und sich denken: „Ich könnte hingehen und sie fragen, was sie heute abend vorhaben." Was geht Ihnen dabei noch durch den Kopf?

P: Wahrscheinlich haben sie keine Lust, etwas mit mir zu unternehmen.

T: Okay. Merken Sie, daß dieser Gedanken Sie davon abhalten kann, auf sie zuzugehen? Fällt Ihnen eine Antwort auf diesen Gedanken ein?

P: Ich weiß nicht.

T: Haben Sie irgendwelche Anhaltspunkte dafür, daß sie nichts mit Ihnen unternehmen wollen?

P: Nein, eigentlich nicht. Außer sie haben schon etwas anderes vor oder zuviel Arbeit.

T: Wie könnten Sie herausfinden, ob der Gedanke, daß sie nichts mit Ihnen unternehmen möchten, richtig ist?

P: Ich könnte sie einfach fragen.

T: Gut, wenn sich die Gelegenheit ergibt, können Sie also gleich zwei Annahmen überprüfen. Erstens, daß Sie zu müde sind, um etwas mit Freunden zu unternehmen, und zweitens, daß Ihre Freunde nichts mit Ihnen unternehmen möchten. Hört sich das gut an?

P: Ja.

T: Möchten Sie noch genauer darüber sprechen, wann und wie Sie mehr Zeit mit Freunden verbringen wollen?

P: Nein, das kann ich mir alleine überlegen.

T: Okay. Wie wäre es, wenn Sie als Zusatzaufgabe alle automatischen Gedanken aufschreiben, die Sie an der Ausführung Ihres Plans hindern?

P: In Ordnung.

T: Ist Ihnen noch etwas aufgefallen, außer daß Sie zu viel Zeit im Bett und zu wenig Zeit mit Freunden verbringen?

P: Ich sehe zuviel fern – obwohl es mir keinen besonderen Spaß macht.

T: Möchten Sie das diese Woche durch irgendeine andere Aktivität ersetzen?

P: Ich weiß nicht recht.

T: Ich habe den Eindruck, daß Sie ziemlich wenig Sport treiben. Ist das richtig?

P: Ja. Früher bin ich morgens meistens gejoggt oder geschwommen.

T: Was hat Sie in letzter Zeit daran gehindert?

P: Ich glaube, dasselbe, was wir gerade besprochen haben. Ich war zu müde. Und ich dachte, es macht mir keinen Spaß.

T: Würden Sie sich gerne vornehmen, mehr Sport zu treiben?

P *(nickt und schreibt es auf.)*

T: Wie wahrscheinlich ist es, daß Sie diese Woche etwas mit Freunden unternehmen und mehr Sport treiben?

P: Ich mache es bestimmt.

T: Möchten Sie das in einen leeren Aktivitätsplan eintragen, damit Sie es auch wirklich machen?

P: Nein, das ist nicht nötig. Ich mache es.

T: Würde es Ihnen helfen, wenn Sie diese Woche noch einmal einen Aktivitätsplan mit Einschätzungen von Erfolg und Spaß ausfüllen, oder reicht es, wenn Sie nur den Effekt der neuen Aktivitäten feststellen, auf die wir uns heute geeinigt haben?

P: Ich bewerte die neuen Aktivitäten.

T: Gut. Wie wollen Sie sie bewerten?

In diesem Abschnitt leitet der Therapeut Sally dazu an, Konsequenzen aus ihren Aktivitätsaufzeichnungen zu ziehen. Manche Patienten brauchen dazu mehr Unterstützung (z.B. „Fällt Ihnen auf, wieviel Zeit Sie letzte Woche im Bett verbracht haben? Wie haben Sie diese Zeit eingeschätzt? Welche Veränderung würden Sie diese Woche gerne ausprobieren?"). Im Beispiel leitet der Therapeut Sally zur Planung bestimmter Veränderungen an und hilft ihr bei der Aufdeckung von automatischen Gedanken, die sie daran hindern könnten. Dann schlägt er ihr vor, ihre negativen Vorhersagen zu überprüfen, und bietet ihr an, die Aufzeichnung der Aktivitäten in der kommenden Woche fortzusetzen.

Bei der Besprechung des Aktivitätsplans achtet der Therapeut auf belastende automatische Gedanken, die möglicherweise verhindert haben, daß der Patient Spaß oder Erfolg empfindet. Wenn Sallys Einschätzungen bei einer bestimmten Aktivität auffallend niedrig gewesen wären, hätte der Therapeut nach ihren automatischen Gedanken bei dieser Aktivität gefragt.

T: Hier bei „Hausaufgaben in der Bibliothek" haben Sie sowohl Erfolg als auch Spaß mit 1 bewertet. Was haben Sie da gemacht?

P: Ach, ich habe an einer Aufgabe für Wirtschaft gearbeitet.

T: Die Einschätzung ist viel niedriger als bei den anderen Aufgaben, die Sie letzte Woche gemacht haben.

P: Ja.

T: Können Sie sich erinnern, was Ihnen bei der Arbeit an dieser Aufgabe durch den Kopf gegangen ist?

P: Nein, nicht so richtig.

T: Können Sie sich vorstellen, wie Sie jetzt in der Bibliothek sitzen? Es ist gestern, ein Uhr nachmittags. Wo sitzen Sie?

P: In einer kleinen Leseecke im vierten Stock.

T: Können Sie sich dort sitzen sehen? Lesen Sie oder starren Sie auf Ihr Papier oder was tun Sie?

P: Ich sitze zurückgelehnt und starre auf die Papiere.

T: Und wie fühlen Sie sich?

P: Irgendwie angewidert.

T: Und was geht Ihnen durch den Kopf?

P: Ich habe keine Lust zu diesem Zeug. Es ist so langweilig. Ich hasse diese Aufgabe. Ich kann sie einfach nicht machen.

T: Gut, inzwischen haben Sie mit der Arbeit angefangen. Es ist jetzt ungefähr halb zwei. Was passiert jetzt?

P: Ich habe ungefähr eine halbe Seite geschrieben. Ich denke: „Was für eine Zeitverschwendung. So ein blödes Zeug. Ich kann es nicht ausstehen."

T: Und wie fühlen Sie sich?

P: Angewidert.

T: Kein *Wunder*, daß Ihre Einschätzung so niedrig war. Merken Sie, wie Ihre Gedanken Ihre Stimmung beeinflußt haben?

P: Ja. Ich glaube, ich habe mich richtig dazu aufgestachelt, diese Arbeit zu hassen.

T: Wie wäre Ihre Stimmung gewesen, wenn Sie gedacht hätten: „Oh, gut! Ich habe schon eine halbe Seite und dabei dachte ich, daß mir gar nichts einfällt. Das ist der Anfang der ersten Fassung. Das heißt, das Schwierigste ist geschafft."

P: Wahrscheinlich wäre es mir besser gegangen.

T: Was halten Sie davon, diese Woche jedesmal, wenn Sie schlechter Stimmung sind, darauf zu achten, was Ihnen durch den Kopf geht, und diese Gedanken aufzuschreiben?

P: Mache ich.

T: Sehen Sie sich jetzt Ihren Aktivitätsplan noch einmal an: Finden Sie noch mehr Aktivitäten, bei denen Ihre Gedanken verhindert haben könnten, daß Sie Spaß oder ein Erfolgserlebnis hatten?

In diesem Abschnitt benutzt der Therapeut den Aktivitätsplan, um herauszufinden, in welchen Situationen automatische Gedanken Spaß oder Erfolgserlebnisse verhindert haben. Dann verwendet er Imagination, damit sich die Patientin besser an die automatischen Gedanken erinnern kann, und zeigt ihr, daß andere Gedanken ihre Stimmung in eine positivere Richtung gelenkt hätten. Zuletzt gibt er ihr die Hausaufgabe, ihre automatischen Gedanken aufzuzeichnen, und geht der Frage nach, ob noch weitere Aktivitäten der vergangenen Woche von negativen Gedanken beeinflußt waren.

Stimmungseinschätzung mit dem Aktivitätsplan

Bei manchen Patienten ist es hilfreich, wenn man den Aktivitätsplan benutzt, um den Verlauf einer bestimmten Stimmung zu untersuchen. Ein Patient mit einer Angststörung könnte zum Beispiel seine Aktivitäten und sein Angstniveau auf einer Skala von 0 bis 10 in die Felder eintragen. Ein Patient, der ständig gereizt oder ärgerlich ist, könnte das gleiche mit einer Ärgerskala von 0 bis 10 tun. Die Verwendung einer derartigen Skala ist besonders für die Patienten nützlich, die kleinere Stimmungsänderungen gar nicht bemerken oder ihre Gefühlsintensität ständig über- bzw. unterschätzen. Patienten mit schnell wechselnden Stimmungen finden es unter Umständen nützlich, neben den Aktivitäten die Stimmung aufzuschreiben, die während der Ausführung der Aktivität *überwog*.

Aktivitätsplanung

Der Aktivitätsplan kann auch zur Planung von Aktivitäten verwendet werden. Anstatt seine Aktivitäten während der Woche aufzuzeichnen, trägt der Patient Aktivitäten ein, die er sich für die kommende Woche vorgenommen hat: z.B. angenehme Aktivitäten (besonders bei depressiven Patienten), Aufgaben, die erledigt werden müssen, Unternehmungen mit anderen, Therapie-Hausaufgaben, Sport oder bisher vermiedene Aktivitäten. Der Therapeut kann den Patienten auch fragen, ob er parallel dazu einen weiteren Aktivitätsplan führen möchte, in den er, wie oben beschrieben, entweder alle seine Aktivitäten einträgt oder nur diejenigen, die er geplant und tatsächlich ausgeführt hat.

Wenn der Therapeut es für notwendig hält, kann er den Patienten bitten, die Erfolgs- und Spaß-Einschätzungen auf einem Plan *vorherzusagen* und die *tatsächlichen* Einschätzungen auf einem anderen Plan einzutragen. Dieser Vergleich kann sehr nützliche Daten liefern.

T: Schauen wir uns einmal Ihre Vorhersagen auf dem ersten Aktivitätsplan und die *tatsächlichen* Einschätzungen auf dem zweiten Plan an.

P *(nickt.)*

T: Also ... für die drei Male, wo Sie sich mit Freunden treffen wollten, haben Sie ziemlich niedrige Einschätzungen vorhergesagt, im Bereich von 0 bis 3. Was ist tatsächlich passiert?

P: In Wirklichkeit habe ich mich besser amüsiert als ich dachte: Meine Einschätzungen liegen zwischen 3 und 5.

T: Was schließen Sie daraus?

P: Anscheinend kann ich keine besonders guten Vorhersagen machen. Ich habe es zwar nicht geglaubt, aber es hat Spaß gemacht, zumindest ein bißchen.

T: Möchten Sie sich für die nächste Woche mehr soziale Aktivitäten vornehmen?

P: Habe ich schon. Ich habe mich für nächste Woche mit denselben Freunden verabredet.

T: Gut. Merken Sie, was vor der Therapie passiert sein könnte bzw. wirklich passiert ist? Sie haben angenommen, daß Sie mit Ihren Freunden keinen Spaß haben, und haben sich deswegen nicht mit ihnen verabredet; Sie haben sogar Einladungen abgelehnt. Offenbar hat diese Hausaufgabe zur Überprüfung Ihrer Gedanken beigetragen: Sie haben herausgefunden, daß Sie doch Spaß hatten, und haben sich gleich mehr von diesen Aktivitäten vorgenommen. Stimmt das?

P: Ja. Langsam fällt mir auf, daß ich viele negative Vorhersagen mache. Aber da fällt mir ein, ich wollte mit Ihnen über eine Vorhersage sprechen, bei der die wirkliche Einschätzung schlechter ausgefallen ist.

T: Aha, wann war das?

P: Ich habe für das Joggen am Wochenende eine 4 in Erfolg und Spaß vorhergesagt. Aber beides war nur eine 1.

T: Können Sie sich das irgendwie erklären?

P: Eigentlich nicht.

T: Wie haben Sie sich beim Joggen gefühlt?

P: Vor allem traurig.

T: Und was ist Ihnen durch den Kopf gegangen?

P: Ich weiß nicht. Es ging mir nicht besonders gut. Ich war sehr schnell außer Atem. Es ist mir unglaublich schwer gefallen.

T: Hatten Sie Gedanken wie: „Es geht mir nicht gut.", „Ich bin außer Atem.", „Es fällt mir schwer."?

P: Ja, ich glaube schon.

T: Ist Ihnen noch mehr durch den Kopf gegangen?

P: Ich habe daran gedacht, wie leicht mir das früher gefallen ist. Ich konnte zwei bis drei Meilen laufen, ohne außer Atem zu sein.

T: Hatten Sie eine Erinnerung oder eine Vorstellung davon, wie es früher war?

P: Ja. Im Moment bin ich völlig außer Übung. Es wird ziemlich schwer, wieder in Form zu kommen. Wer weiß, ob ich es *überhaupt* schaffe, wieder in Form zu kommen.

T: Gut, mal sehen, ob ich Sie verstanden habe. Hier im Therapieraum dachten Sie, daß Sie beim Joggen schon ein bißchen Spaß und Erfolg empfinden würden. Aber in Wirklichkeit war es nur sehr wenig. Anscheinend haben Sie bestimmte Gedanken gestört, wie z.B. „Es ist schwierig.", „Ich bin ganz außer Atem.", „Früher ist mir das leichtgefallen.", „Ich bin schlecht in Form.", „Vielleicht komme ich nie wieder in Form." Und diese Gedanken haben Sie traurig gemacht. Klingt das richtig?

P: Ja.

In diesem Abschnitt benutzte der Therapeut den Aktivitätsplan als Mittel zur Identifikation einer Reihe von automatischen Gedanken, die der Patientin die Freude an einer Aktivität verdorben haben. Im nächsten Schritt wird er ihr bei der Überprüfung des zentralen Gedankens, „Vielleicht komme ich nie wieder in Form.", helfen. Er wird ihr auch beibringen, sich mit ihrer schlechtesten anstatt mit ihrer besten Leistung zu vergleichen.

Sich ablenken und sich auf etwas anderes konzentrieren

Wie in Kapitel 8 bereits erwähnt, ist es für gewöhnlich am besten, wenn der Patient automatische Gedanken unverzüglich überprüft und sein Denken verändert. In vielen Situationen kann man diese Strategie aber nicht anwenden. Dann sollte man sich auf etwas anderes konzentrieren, sich ablenken oder Bewältigungskarten lesen.

Sich auf etwas anderes zu konzentrieren ist vor allem dann nützlich, wenn die aktuelle Aufgabe konzentriertes Arbeiten erfordert, wie zum Beispiel eine bestimmte Arbeit, ein Gespräch oder Autofahren. Der Therapeut bringt dem Patienten bei, sich wieder auf seine eigentliche Aufgabe zu konzentrieren, d.h., die Aufmerksamkeit willentlich auf den Bericht, den er gerade schreibt, die Äußerung seines Gesprächspartners oder den Verkehr zurückzulenken. Der Therapeut bespricht diese Strategie mit dem Patienten und versucht dabei herauszufinden, wie er früher seine Aufmerksamkeit wieder in die richtige Richtung gelenkt hat oder wie er das in Zukunft machen will.

T: Wenn Sie in einer Veranstaltung nervös werden, können Sie also die Gedanken beantworten. Aber manchmal ist es vielleicht besser, wenn Sie Ihre Aufmerksamkeit einfach wieder auf die Veranstaltung konzentrieren. Haben Sie das schon einmal probiert – einen Versuch gemacht, sich wieder auf das Seminar zu konzentrieren?

P: Äh ... ja, ich glaube schon.

T: Wie haben Sie das gemacht?

P: Na ja, es hilft, wenn ich viel mitschreibe.

T: Gut. Was halten Sie davon, wenn Sie diese Woche versuchen, sich *nicht* von Ihren negativen Gedanken und Ihrer Angst und Traurigkeit überwältigen zu lassen, sondern statt dessen auf die Gedanken antworten und/oder sich wieder konzentrieren und viel mitschreiben?

P: In Ordnung.

T: Wie können Sie sich daran erinnern, das zu tun?

Wenn der Patient von seinen Gefühlen überwältigt wird und gerade keine Aufgabe erledigt werden muß, kann Ablenkung nützlich sein. Auch hier erfragt der Therapeut, was dem Patienten früher geholfen hat, und macht dann, wenn nötig, weitere Vorschläge.

T: Gut, Sie haben also das Gedankentagebuch ausgefüllt, aber Sie waren immer noch ziemlich ängstlich.

P: Ja.

T: Vielleicht können wir uns später noch darüber unterhalten, wie es kommt, daß man sich manchmal trotz des Tagebuchs nicht besser fühlt, aber zuerst möchte ich Ihnen sagen, was Sie noch tun können, um Ihre Angst zu verringern. In Ordnung?

P: Ja, das wäre gut.

T: Können Sie mir sagen, was Sie früher getan haben, um sich abzulenken, wenn es Ihnen schlecht ging?

P: Meistens habe ich den Fernseher angemacht.

T: Wie gut funktioniert das normalerweise?

P: Manchmal lenkt es mich ab und es geht mir besser, manchmal auch nicht.

T: Und wenn es nicht funktioniert, womit versuchen Sie es dann?

P: Manchmal lese ich die Zeitung oder mache ein Kreuzworträtsel, aber das hilft auch nicht immer.

T: Fallen Ihnen noch mehr Möglichkeiten ein?

P: ... Nein, eigentlich nicht.

T: Ich kann Ihnen noch einige Tips geben, die andere Leute hilfreich finden. Sie könnten diese Woche als Experiment eine oder zwei dieser Möglichkeiten ausprobieren: spazierengehen oder joggen, eine Freundin anrufen, den Schrank oder den Schreibtisch aufräumen, das Regal neu ordnen, das Haushaltsbuch auf den neuesten Stand bringen, einkaufen gehen oder bei einem Nachbarn vorbeischauen. Was halten Sie davon? Möchten Sie diese Woche etwas davon ausprobieren?

P: Ja. Ich versuche es mit Joggen. Das habe ich früher auch gemacht.

Die bessere Lösung bei Verstimmungen ist, die Gedanken nicht einfach wegzuschieben, indem man sich ablenkt oder auf etwas anderes konzentriert. Patienten brauchen eine Vielfalt von Methoden zur Reduzierung ihrer Verstimmung, insbesondere dann, wenn kognitive Restrukturierung nicht anwendbar oder nicht wirksam ist. Man muß allerdings vorsichtig sein, weil manche Patienten sich zu stark auf diese alternativen Methoden zur Belastungsverringerung verlassen, anstatt ihre automatischen Gedanken zu überprüfen und zu ändern. In solchen Fällen hilft für gewöhnlich eine kurze Diskussion, etwa wie die folgende:

T: Das heißt, wenn Sie traurig sind, versuchen Sie, die Gedanken wegzuschieben. Stimmt das?
P: Ja.
T: Und lassen sich diese Gedanken, zum Beispiel daß Sie etwas nicht schaffen, wirklich völlig aus Ihrem Bewußtsein verdrängen?
P: Nein, normalerweise kommen sie wieder.
T: Sie können sie also nicht ganz wegschieben, sondern nur in den Hintergrund drängen, und dort warten sie auf eine neue Gelegenheit, wieder aufzutauchen und Sie unglücklich zu machen?
P: Ich glaube schon.
T: Möchten Sie diese Woche, zumindest manchmal, auf die Ablenkung verzichten und statt dessen wirklich an den Gedanken arbeiten und sie überprüfen, wie Sie es hier in der Therapie gelernt haben?
P: Okay.
T: Und wenn es in der Situation unmöglich ist, ein Gedankentagebuch auszufüllen, können Sie es vielleicht bei nächster Gelegenheit nachholen.

Entspannung

Vielen Patienten tut es gut, Entspannungstechniken zu lernen, wie sie an anderen Stellen detailliert beschrieben werden (Benson, 1975; Jacobson, 1974). Wie alle Methoden, die in diesem Buch vorgestellt werden, sollten die Entspannungsübungen in der Sitzung erklärt und geübt werden, um Probleme lösen und die Effektivität der Methoden überprüfen zu können.

Der Therapeut sollte auch wissen, daß manche Patienten durch die Entspannungsübungen in einen paradoxen Erregungszustand versetzt werden; ihre Anspannung und Ängstlichkeit nehmen zu (Clark, 1989). Wie bei allen Techniken schlägt der Therapeut vor, daß der Patient die Entspannung als Experiment ausprobiert – entweder wird die Angst dadurch reduziert oder es tauchen ängstliche Gedanken auf, die überprüft werden können.

Bewältigungskarten

Bewältigungskarten sind normalerweise etwa postkartengroße Kärtchen, die der Patient in seiner Nähe haben kann (z.B. in der Schreibtischschublade, in der Tasche oder im Portemonnaie oder angeklebt am Spiegel, am Kühlschrank oder am Armaturenbrett). Er sollte sie regelmäßig (z.B. dreimal täglich) und bei Bedarf lesen. Im folgenden werden drei Möglichkeiten vorgestellt, wie man die Karten beschriften kann: Man kann auf die Vorderseite einen wichtigen automatischen Gedanken schreiben und auf die Rückseite die passende Antwort dazu, man kann Verhaltensstrategien aufschreiben, die in bestimmten Situationen eingesetzt werden können, und Selbstinstruktionen zur Aktivierung des Patienten.

Bewältigungskarte 1:
Automatischer Gedanke – passende Antwort

Wenn der Patient einen belastenden Gedanken nicht überprüfen kann und sich nicht ablenken und auf etwas anderes konzentrieren will, kann er eine Bewältigungskarte lesen (vgl. Abbildung 12.4 und 12.5), die er vorher mit dem Therapeuten entworfen hat. Der Patient sollte die Karte am besten auch regelmäßig lesen, damit er sie möglichst in sein Denken integriert.

T: Glauben Sie, es würde Ihnen helfen, wenn Sie eine Karte hätten, die Sie lesen könnten, um sich daran zu erinnern, wie Sie auf den Gedanken, „Ich schaffe das nicht.", antworten können, während Sie Ihr Wirtschafts-Buch lesen?

P: Ja.

BEWÄLTIGUNGSKARTE 1

(Seite 1)
Automatischer Gedanke
Ich schaffe das nicht.

(Seite 2)
Passende Antwort
Vielleicht habe ich das Gefühl, ich würde es nicht schaffen, aber das muß nicht unbedingt stimmen. Ich denke oft, daß ich einen bestimmten Text nicht verstehen kann, aber wenn ich trotzdem das Buch aufschlage und anfange zu lesen, verstehe ich es doch, zumindest ein Stück weit. Das schlimmste, was passieren könnte, ist, daß ich anfange zu lesen und es nicht verstehe, aber dann kann ich aufhören oder jemanden fragen oder mit einer anderen Arbeit beginnen. Das wäre besser, als es gar nicht erst zu versuchen. Diese negativen Gedanken untergraben nur meine Motivation. Ich sollte weitermachen und den Gedanken, daß ich es nicht schaffe, überprüfen.

Abbildung 12.4: Bewältigungskarte 1

T: Gut, dann nehmen Sie diese Karte und schreiben Sie auf die eine Seite: „Ich schaffe das nicht."

P *(tut das.)*

T: Und was von dem gerade Besprochenen sollten Sie in Erinnerung behalten?

Nach der Diskussion faßt die Patientin die wichtigsten Punkte zusammen und schreibt sie auf die Rückseite der Karte. Dann bespricht der Therapeut mit ihr, wann sie die Karte am besten lesen sollte, z.B. beim Frühstück, Mittag- und Abendessen und an strategischen Punkten im Tagesablauf: bevor sie ihre Sachen packt, um in die Bibliothek zu gehen, wenn sie sich zum Lernen hinsetzt und wenn sie an eine schwierige Textstelle kommt.

Bewältigungskarte 2: Bewältigungsstrategien

Auf der zweiten Form der Bewältigungskarte stehen Techniken, die der Patient ausprobieren kann, wenn er sich in einer schwierigen Situation befindet (Abbildung 12.5). Therapeut und Patient entwickeln gemeinsam eine solche Karte, damit sich der Patient an die Strategien erinnert, die während der Sitzung besprochen wurden. Der Therapeut fragt den Patienten, was er in einer bestimmten Situation tun könnte und ergänzt weitere Vorschläge. Der Patient notiert die Ideen, die er für nützlich hält, auf der Bewältigungskarte.

BEWÄLTIGUNGSKARTE 2

Strategien, wenn ich ängstlich bin

1. *Gedankentagebuch ausfüllen*
2. *Bewältigungskarten lesen*
3. *[Freund/in] anrufen*
4. *spazierengehen oder joggen*

BEWÄLTIGUNGSKARTE 3

Wenn ich einen Professor um Hilfe bitten will

1. *Mir sagen, daß nichts weiter passieren kann. Schlimmstenfalls reagiert er unfreundlich.*
2. *Daran denken, daß es ein Experiment ist. Selbst wenn es diesmal nicht funktioniert, ist es eine gute Übung für mich.*
3. *Wenn er unfreundlich ist, hat es wahrscheinlich nichts mit mir zu tun. Vielleicht ist er beschäftigt oder ärgert sich über etwas anderes.*
4. *Und wenn er mir nicht helfen will, macht es auch nichts. Dann hat er als Professor versagt, nicht ich als Studentin. Es bedeutet, daß er seine Arbeit nicht ordentlich macht.*
5. *Ich sollte jetzt also hingehen und anklopfen. Und nicht vergessen: Schlimmstenfalls ist es eine gute Übung.*

Abbildung 12.5: Bewältigungskarten 2 und 3

T: Wir haben gerade darüber gesprochen, was Sie tun können, wenn Sie sehr ängstlich sind. Würde es Ihnen helfen, sich diese Möglichkeiten auf eine Karte zu schreiben, die Sie als Gedächtnisstütze bei sich tragen können?

P: Ja.

T: Hier ist eine Karte. Als Überschrift könnten Sie schreiben: „Strategien, wenn ich ängstlich bin." Welche Strategien wollen Sie auf der Karte notieren?

Bewältigungskarte 3: Instruktionen zur Aktivierung des Patienten

Wenn ein Patient demotiviert ist, kann eine Bewältigungskarte helfen, ihn zu aktivieren (Abbildung 12.5). Auch diese Karte wird gemeinsam entwickelt. („Sally, finden Sie es hilfreich, das, was wir gerade im Hinblick auf Ihren Professor besprochen haben, auf eine Karte zu schreiben?") Es kann sein, daß der Therapeut den Patienten auch zum Lesen der Karte motivieren muß: er kann besprechen, welche Vor- und Nachteile das Lesen der Karte hat, festlegen, wann der Patient die Karte lesen sollte, und automatische Gedanken, die ihn an der Nutzung der Karte hindern könnten, aufdecken und beantworten.

Gestufte Aufgaben

Um ein Ziel zu erreichen, muß man gewöhnlich eine ganze Reihe von Schritten tun. Wenn sich die Patienten, statt an den nächsten Schritt zu denken, darauf konzentrieren, wie weit sie noch vom Ziel entfernt sind, fühlen sie sich oft überwältigt. Eine bildliche Darstellung der Schritte kann den Patienten beruhigen (vgl. Abbildung 12.6).

T: Sally, Sie klingen, als ob Sie schon Angst bekommen, wenn Sie nur daran denken, im Seminar freiwillig etwas zu sagen, obwohl Sie das eigentlich gerne könnten.

P: Ja.

T: Vielleicht könnten wir es schrittweise versuchen: Könnten Sie zum Beispiel damit anfangen, *nach* dem Seminar eine Frage zu stellen – entweder einem anderen Studenten oder dem Professor?

P: Ja, ich glaube, das könnte ich.

T: Und was könnte der nächste Schritt sein? *(Der Therapeut leitet Sally dazu an, die in Abbildung 12.6 dargestellten Schritte zu identifizieren.)*

T: Haben Sie immer noch Angst davor, im Seminar etwas zu sagen?

P: Ja, etwas.

Im Seminar meine
Meinung zu etwas
äußern

Im Seminar eine Frage
beantworten

Im Seminar eine Frage
stellen

Dem Professor nach
dem Seminar eine
Frage stellen

Einem anderen
Studenten nach dem
Seminar eine Frage
stellen

Abbildung 12.6: Schritte zum Ziel

T *(zeichnet eine Treppe.)*: Dann sollten Sie sich an das erinnern, was Sie hier sehen: Sie fangen hier unten an und tun etwas, was nur ein bißchen schwierig ist, und erst wenn Sie sich auf dieser Stufe sicher fühlen, probieren Sie die nächste und so weiter. Also denken Sie daran: Bevor Sie sich auf die letzte Stufe wagen, beherrschen Sie die vorletzte sehr gut. In Ordnung?

P: Hmmm.

T: Das heißt, immer wenn Sie anfangen, an das Endziel zu denken, sollten Sie sich diese Treppe vor Augen führen, besonders, auf welcher Stufe Sie im Moment sind, und daß Sie die Treppe Stufe für Stufe hinaufsteigen. Glauben Sie, daß das Ihre Angst verringert?

Der Therapeut schlägt im allgemeinen vor, mit einer Aktivität anzufangen, die geringe bis mäßige Angst hervorruft. Dieser Schritt wird solange täglich oder sogar mehrmals täglich geübt, bis die Angst des Patienten deutlich geringer geworden ist. Dann macht der Patient mit dem nächsten Schritt weiter, bis er diesen relativ leicht erledigen kann.

Therapeut und Patient können vorher verschiedene Bewältigungsstrategien besprechen, die man vor, während und nach jeder Aufgabe einsetzen kann: das Gedankentagebuch, Bewältigungskarten, Entspannungsübungen usw. Für Patienten mit besonders starken Vermeidungstendenzen ist gedankliches Üben (Kapitel 14) nützlich, um negative automatische Gedanken oder Ausflüchte aufzudecken.

Datum	Aktivität	Angstniveau 1–100 (vorhergesagt)	Angstniveau 1–100 (erlebt)	Vorhersagen	angewendete Bewältigungsstrategien
4. 4.	im Seminar Fragen stellen	80	50	Ich kann es nicht. Ich werde kein Wort herausbekommen. Ich werde mich blamieren.	Vor dem Seminar Gedankentagebuch ausfüllen. Vor dem Seminar Bewältigungskarten lesen.

Abbildung 12.7: Tabelle zur Kontrolle gestufter Aufgaben

Außerdem kann es sein, daß der Patient die täglichen Aufgaben einer gestuften Hierarchie zuverlässiger erledigt, wenn er einen Aktivitätsplan führen muß. Dazu kann man ein leeres Aktivitätsplan-Formular benutzen oder rasch ein passendes zeichnen. Die Aufzeichnung kann ganz einfach sein und nur aus Datum, Aktivität und Angstniveau bestehen, oder aufwendiger, wie in Abbildung 12.7.

In einer ausführlicheren Tabelle kann der Patient auch Vorhersagen notieren und durchstreichen, wenn sie sich nicht erfüllt haben. Diese Aufgabe erinnert ihn zusätzlich daran, daß nicht alle seine Gedanken richtig sind. Ausführliche Anleitungen zur Erstellung einer Hierarchie von gestuften Aufgaben für Agoraphobiker finden sich in diversen Quellen (z.B. Goldstein & Stainback, 1987).

Rollenspiele

Rollenspiele sind sehr vielfältig einsetzbar. An mehreren Stellen in diesem Buch werden Rollenspiele beschrieben, unter anderem zur Aufdeckung automatischer Gedanken, zur Entwicklung einer rationalen Antwort und zur Veränderung von bedingten Annahmen und Grundannahmen. Rollenspiele sind auch zum Lernen und Üben sozialer Fertigkeiten geeignet.

Manche Patienten haben insgesamt schwache soziale Fertigkeiten oder sie beherrschen nur einen Kommunikationsstil gut und haben Schwierigkeiten, diesen Stil bei Bedarf zu ändern. Sally ist zum Beispiel in normalen Unterhaltungen und in Situationen, die eine unterstützende, empathische Haltung erfordern, sehr geschickt. Wenn sie sich selbst behaupten soll ist sie weit weniger geschickt. Da verbesserte Selbstbehauptung zu ihren Therapiezielen gehört, führt der Therapeut mehrere Rollenspiele mit ihr durch, um dieses Verhalten zu üben.

P: Ich weiß nicht einmal, wie ich ein Gespräch mit meinem Professor anfangen soll.

T: Sie wollen doch, daß er Ihnen dabei hilft, diese Theorie besser zu verstehen, richtig? Was könnten Sie also sagen?

P: ... Ich weiß nicht.

T: Wie wäre es mit einem Rollenspiel? Ich spiele Sie; Sie spielen den Professor. Sie können ruhig übertreiben.

P: In Ordnung.

T: Ich fange an: Oh, Professor X, könnten Sie mir bitte diese Theorie erklären?

P *(barsch)*: Die habe ich doch schon letzte Woche im Seminar erklärt. Haben Sie gefehlt?

T: Nein, ich war da. Aber ich habe sie noch nicht ganz verstanden.

P: Dann sollten Sie sich das Kapitel im Lehrbuch durchlesen.

T: Das habe ich schon gemacht. Das hat mir auch nicht weitergeholfen. Deshalb bin ich jetzt hier.

P: Also gut, was verstehen Sie denn nicht?

T: Ich habe versucht, mir bestimmte Fragen auszudenken, aber ich wußte einfach nicht, wie ich sie formulieren sollte. Könnten Sie es vielleicht noch einmal kurz erklären und dann versuche ich, ob ich es in meinen eigenen Worten wiederholen kann?

P: Wissen Sie, ich habe wirklich nicht viel Zeit. Könnten Sie nicht mit jemand anderem aus dem Seminar darüber sprechen?

T: Ich würde es lieber von Ihnen persönlich hören. Deswegen bin ich in Ihre Sprechstunde gekommen. Aber wenn es Ihnen lieber ist, kann ich am Donnerstag wiederkommen, wenn Sie das nächste Mal Sprechstunde haben.

P: Die Theorie ist simpel. Sie sollten wirklich einen von den Studenten fragen.

T: Gut, ich versuche es zuerst damit. Wenn ich dann immer noch Hilfe brauche, komme ich am Donnerstag noch einmal. ... Okay, Ende des Rollenspiels. Besprechen wir noch einmal, was ich getan habe, und dann können wir die Rollen tauschen.

Bevor er mit einem Patienten soziale Fertigkeiten trainiert, stellt der Therapeut fest, welche Fertigkeiten bereits vorhanden sind. Viele Patienten wissen genau, was sie sagen und tun müßten, aber wegen ihrer dysfunktionalen Axiome fällt es ihnen schwer, dieses Wissen anzuwenden (z.B. „Wenn ich meine Meinung sage, werden sie mich fertigmachen.", „Wenn ich mich durchsetze, wird die andere Person verletzt sein/wütend werden/mich für bescheuert halten."). Um die vorhandenen Fertigkeiten zu überprüfen, kann man den Patienten annehmen lassen, daß die Situation gut ausgeht: „Vorausgesetzt Sie wären sicher, daß der Tutor sich gerne mit Ihnen unterhält, was würden Sie sagen?", „Vorausgesetzt Sie wären völlig überzeugt, daß Sie ein Recht auf Unterstützung haben, was würden Sie dann sagen?", „Vorausgesetzt Sie wüßten, daß der Professor merken wird, daß er sich unvernünftig verhält, und nachgibt, was würden Sie dann sagen?"

Wenn der Patient bestimmte Fertigkeiten in einem anderen Kontext einsetzen kann, ist dies ein weiterer Hinweis darauf, daß sein Problem eher mit dysfunktionalen Annahmen als mit mangelnder Fertigkeit zu tun hat. Es kann z.B. sein, daß sich ein Patient bei der Arbeit gut durchsetzen kann, gegenüber seinen Freunden aber nicht. In diesem Fall braucht der Therapeut keine Rollenspiele zur Übung von Selbstbehauptung einzusetzen. (Er könnte das Rollenspiel aber benutzen, um die automatischen Gedanken des Patienten aufzudecken, wenn er sich durchsetzt, oder um bei vertauschten Rollen die Gedanken und Gefühle des Gesprächspartners vorherzusagen.)

Die „Torten"-Technik

Es ist oft hilfreich für die Patienten, ihre Kognitionen bildlich vor sich zu sehen. Ein Tortendiagramm kann in verschiedener Weise eingesetzt werden, z.B. um dem Patienten bei der Zielsetzung oder bei der Erforschung möglicher Ursachen für ein bestimmtes Ergebnis zu helfen. Beide Möglichkeiten werden im folgenden dargestellt (vgl. Abbildung 12.8).

Ziele setzen

Ein Patient, dem es schwerfällt zu sagen, welche Probleme er hat und was er in seinem Leben verändern möchte, oder der nicht erkennt, wie unausgeglichen sein Leben ist, kann davon profitieren, seinen idealen und seinen tatsächlichen Tagesablauf bildlich gegenüberzustellen.

T: Das klingt so, als ob Sie Ihr Leben etwas unausgeglichen finden, aber nicht wissen, was Sie ändern sollen.
P: Das stimmt.
T: Wir könnten ein Tortendiagramm zeichnen, das Ihnen dabei hilft, sich darüber klarzuwerden.
P: In Ordnung.
T: Zuerst zeichnen wir ein Diagramm davon, wie Ihr Leben zur Zeit aussieht, und dann, wie Sie es gerne hätten. Überlegen Sie sich, wieviel Zeit Sie momentan jeweils für die folgenden Lebensbereiche verwenden:

Arbeit/Lernen	Sport
Freunde	Haushaltsführung
Unterhaltung	spirituelle/kulturelle/intellektuelle Anregung
Familie	
andere Interessen	

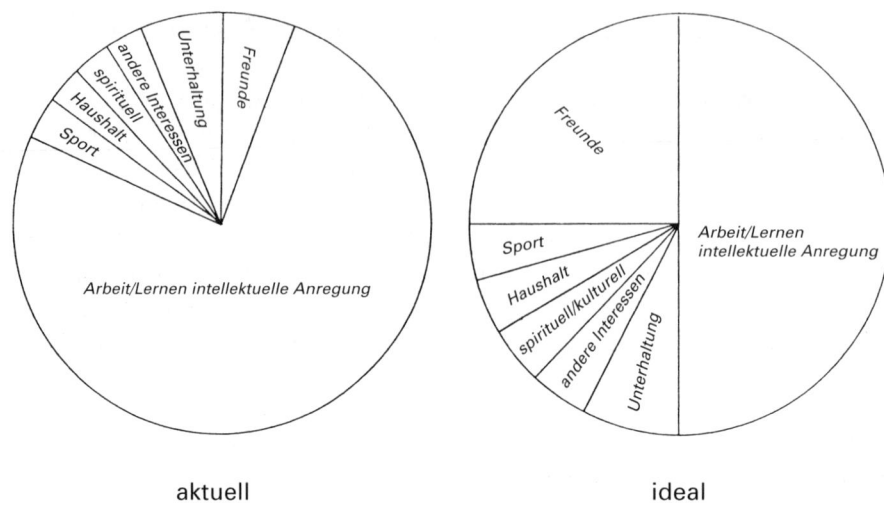

aktuell   ideal

Abbildung 12.8: Tortendiagramm zur Zielsetzung

T: Können Sie einen Kreis zeichnen und ihn in Tortenstückchen einteilen, so
daß ich eine *ungefähre* Vorstellung davon bekomme, wie Sie im Moment
Ihre Zeit verbringen.

P *(tut das.)*

T: Gut, und wie würde es im Idealfall aussehen?

P: Hmmm ... ich glaube, ich würde weniger arbeiten, versuchen mehr Spaß zu
haben ... mehr mit Freunden unternehmen, mehr Sport treiben, mehr ehrenamtlich an der Grundschule arbeiten –

T: Gut. Wie würde das auf dieser idealen Torte aussehen?

P *(zeichnet die „ideale Torte".)*: Aber ich fürchte, wenn ich weniger arbeite,
werde ich an der Uni noch schlechter.

T: In Ordnung, diese Vorhersage schreiben wir auf. Falls Sie recht haben,
können Sie jederzeit wieder soviel lernen wie bisher. Vielleicht haben Sie
aber unrecht. Es kann sein, daß sich Ihre Stimmung verbessert, wenn Sie
weniger arbeiten und mehr angenehme Sachen machen. Und wenn sich Ihre
Stimmung bessert, können Sie sich vielleicht besser konzentrieren und effizienter lernen. Was meinen Sie dazu?

P: Ich weiß nicht recht.

T: Wir können Ihre Vorhersage auf alle Fälle überprüfen und sehen, was passiert.

P: Fest steht, daß ich im Moment nicht besonders effizient arbeite.

T: Dann kann es gut sein, daß Sie mit weniger Arbeit mehr erreichen, wenn
Sie ein ausgeglicheneres Leben führen und mehr positive Anstöße bekommen, weil Sie tun, was Ihnen Spaß macht. *[Therapeut und Patientin legen
jetzt bestimmte Ziele fest, die die Zeiteinteilung der Patientin ihrer Ideal-
vorstellung näherbringen.]*

Die Beteiligung verschiedener Faktoren an einem negativen Ergebnis untersuchen

Mit einer anderen Form der Tortentechnik kann der Patient die möglichen Ursachen eines bestimmten Ereig nisses bildlich sehen (vgl. Abbildung 12.9).

T: Sally, wie überzeugt sind Sie davon, daß Sie eine 3 in der Prüfung bekommen haben, weil Sie im Grunde unfähig sind?

P: Oh, fast hundertprozentig.

T: Könnte es nicht noch andere Gründe geben?

P: ... Naja, zum Teil kamen Sachen vor, die wir in der Veranstaltung gar nicht durchgenommen hatten.

T: Aha, sonst noch etwas?

P: Ich habe zweimal gefehlt, mußte mir die Aufzeichnungen ausleihen, und Lisa hat nicht besonders gut mitgeschrieben.

T: Noch etwas?

P: Ich weiß nicht. Ich habe manche Sachen sehr intensiv gelernt, die in der Prüfung gar nicht gefragt wurden.

T: Das klingt, als hätten Sie in dieser Hinsicht kein Glück gehabt.

P: Ja, und Sachen, die ich nur oberflächlich gelernt hatte, wurden gefragt. Ich habe mich auf das Falsche vorbereitet.

T: Gibt es noch mehr Gründe, die erklären könnten, warum Sie nicht so gut abgeschnitten haben, wie Sie wollten?

P: Hmmm. Mehr fallen mir nicht ein.

T: Haben die anderen alle ziemlich gut abgeschnitten?

P: Ich weiß nicht.

Abbildung 12.9: Tortendiagramm zur Ursachenforschung

T: Fanden Sie den Test schwierig?

P: Ja, zu schwierig.

T: Fanden Sie, daß der Professor den Stoff gut erklärt hatte?

P: Nein. Nicht besonders gut. Ich mußte vor allem nach dem Buch lernen. Ich habe auch ein paar Mal andere sagen hören, daß sie nicht mitgekommen sind.

T: Kann es auch sein, daß Sie wegen Ihrer Depression und Ihrer Angst Konzentrationsschwierigkeiten hatten?

P: Bestimmt.

T: Gut. Schauen wir uns einmal an, wie das bildlich aussieht. Hier ist ein Kreis: Sie können ihn in Tortenstückchen einteilen, in denen die Erklärungen stehen, warum Sie eine Drei in der Prüfung haben. Die möglichen Gründe sind 1. der Professor hat schlecht erklärt; 2. der Test war sehr schwierig; 3. Sie hatten Pech, weil Sie den Stoff, der in der Prüfung gefragt wurde, zufällig nicht so gut gelernt hatten; 4. Sie haben eine Mitschrift ausgeliehen, die nicht so gut war; 5. ein Teil des Stoffes wurde in der Veranstaltung überhaupt nicht besprochen; 6. Sie konnten sich wegen Ihrer Depression und Angst schlecht konzentrieren; und 7. Sie sind im Grunde unfähig. *(Die Patientin füllt das Tortendiagramm, Abbildung 12.9, aus.)*

T: Sie haben anscheinend relativ gleich große Stücke gemacht. Wie überzeugt sind Sie jetzt davon, daß Sie eine Drei in der Prüfung haben, weil Sie ein unfähiger Mensch sind?

P: Weniger. Vielleicht 50%.

T: Gut. Das ist ja schon erheblich weniger.

Wenn der relative Beitrag der verschiedenen Gründe untersucht wird, sorgt der Therapeut dafür, daß der Patient die dysfunktionale Erklärung („Ich bin unfähig.") als letztes einschätzt, damit er die anderen Erklärungsmöglichkeiten ausreichend berücksichtigt.

Funktionale Vergleiche und positive Selbstaussagen

Patienten mit psychischen Störungen haben eine verzerrte Informationsverarbeitung, vor allem in bezug auf ihre Selbsteinschätzung. Sie haben die Tendenz, Informationen zu beachten, die sich negativ deuten lassen, während sie positive Informationen ignorieren, abwerten oder sogar vergessen. Außerdem stellen sie oft dysfunktionale Vergleiche an: entweder vergleichen sie ihren momentanen Zustand mit dem vor Beginn ihrer Krankheit oder sie vergleichen sich mit anderen Menschen, die keine psychische Störung haben. Diese negative Aufmerksamkeitsverzerrung trägt zur Aufrechterhaltung oder Verstärkung ihrer Dysphorie bei.

Veränderung der Vergleiche

Im folgenden Transkript hilft der Therapeut der Patientin zu erkennen, daß ihre selektiv negative Wahrnehmung und ihre Vergleiche dysfunktional sind. Danach bringt er ihr bei, funktionalere Vergleiche (mit ihrem schlechtesten Zustand) zu machen und ein Protokoll positiver Selbstaussagen zu führen.

T: Sally, das klingt, als ob Sie ziemlich unzufrieden mit sich wären. Haben Sie in dieser Woche irgend etwas getan, wofür Sie sich loben könnten?

P: Naja, ich habe meine Literatur-Hausarbeit fertigbekommen.

T: Noch etwas?

P: Hmmm ... mehr fällt mir nicht ein.

T: Könnte es sein, daß Sie einiges übersehen haben?

P: Ich weiß nicht.

T: Bei wie vielen Veranstaltungen waren Sie beispielsweise?

P: Bei allen.

T: In wie vielen haben Sie mitgeschrieben?

P: In allen.

T: Ist Ihnen das leichtgefallen? Oder mußten Sie sich überwinden, hinzugehen und sich zu konzentrieren?

P: Es war schwer. Aber eigentlich sollte es kein Problem für mich sein. Wahrscheinlich mußte sich sonst niemand dazu überwinden.

T: Oh ... Das klingt, als ob Sie sich wieder mit anderen Menschen vergleichen. Tun Sie das oft?

P: Ja, ich glaube schon.

T: Finden Sie diesen Vergleich fair? Würden Sie sich zum Beispiel auch dann so hart beurteilen, wenn Sie sich wegen einer Lungenentzündung zum Besuch der Veranstaltungen überwinden müßten?

P: Nein, dann hätte ich ja einen guten Grund für meine Müdigkeit.

T: Genau. Und haben Sie jetzt keinen guten Grund für Ihre Müdigkeit? Vielleicht ist es *lobenswert*, wenn Sie sich überwinden. Erinnern Sie sich an die Symptome der Depression, die wir in der ersten Sitzung besprochen haben: Müdigkeit, Antriebslosigkeit, Konzentrationsschwierigkeiten, Schlafstörungen, Appetitlosigkeit usw.?

P: Hmmm.

T: Da Sie ja depressiv sind, könnte es *durchaus lobenswert* sein, wenn Sie sich zu etwas überwinden.

P: So habe ich es bisher nicht gesehen.

T: Gut, dann sollten wir jetzt zwei Dinge besprechen: was Sie tun können, wenn Sie sich mit anderen vergleichen, und wie Sie Ihre Leistungen im Auge behalten können. Wie wirkt es sich auf Ihre Stimmung aus, wenn Sie sich mit anderen vergleichen, zum Beispiel, wenn Sie denken: „Außer mir muß sich niemand dazu überwinden, in die Veranstaltung zu gehen und mitzuschreiben."?

P: Ich fühle mich ziemlich schlecht.

T: Und wie wäre es, wenn Sie sich sagten: „Augenblick mal! Das ist kein vernünftiger Vergleich. Ich sollte mich lieber damit vergleichen, wie es mir in meiner schlechtesten Zeit gegangen ist. Da habe ich den ganzen Tag im Bett gelegen und bin zu den meisten Veranstaltungen nicht einmal hingegangen.“

P: Na ja, es wäre klar, daß ich jetzt mehr tue.

T: Und würde sich Ihre Stimmung verschlechtern?

P: Nein, wahrscheinlich verbessern.

T: Möchten Sie diese Vergleiche als Hausaufgabe machen?

P: Mhmm hmm.

T: Gut, dann schreiben Sie sich das auf Ihr Aufgabenblatt: „Darauf achten, wann ich mich mit anderen vergleiche. Mich dann daran erinnern, daß das unvernünftig ist, und mich statt dessen mit mir selbst in meiner schlechtesten Zeit vergleichen.“

Es kann sein, daß der Patient auch automatische Gedanken hat, in denen er seinen momentanen Zustand damit vergleicht, wie er gerne wäre (z.B. „Es sollte mir leichtfallen, dieses Kapitel zu lesen.“) oder wie er vor Beginn der Depression war (z.B. „Das ist mir früher ganz leichtgefallen.“). Auch hier lenkt der Therapeut die Aufmerksamkeit darauf, wie weit der Patient im Vergleich zu seiner schlechtesten Zeit schon gekommen ist und nicht, wie weit er von seiner Bestverfassung entfernt ist oder wie weit er noch kommen muß.

Zum Teil beruhte das obige Transkript auf dem Wissen des Therapeuten, daß Sallys Verfassung sich schon verbessert hatte. Ansonsten muß der Therapeut erfragen, wann es dem Patienten am schlechtesten ging: „Wann ging es Ihnen am schlechtesten? Wie hat Ihr Leben in dieser Zeit ausgesehen?“, „Was haben Sie damals getan/nicht getan?“ Wenn der Patient zutreffenderweise angibt, daß er sich im Moment in seiner schlechtesten Phase befindet, modifiziert der Therapeut seine Argumentation: „Das klingt, als ob Sie sich ziemlich niedergeschlagen fühlen, wenn Sie sich mit anderen oder mit Ihrem Idealbild vergleichen. Könnte es im Moment nicht hilfreicher sein, wenn Sie sich daran erinnern, daß Sie sich Ziele gesetzt haben und daß wir zusammen eine Strategie entwickeln, wie Sie einiges verändern können? Wie würde es sich auf Ihre Stimmung auswirken, daran zu denken, daß wir beide als Team daran arbeiten, Sie Ihrer Wunschvorstellung näher zu bringen?“

Protokolle positiver Selbstaussagen

Protokolle positiver Selbstaussagen sind nichts weiter als Listen, auf denen der Patient täglich einträgt, was er Positives getan hat und wofür er Lob verdient (vgl. Abbildung 12.10). Wie bei allen Aufgaben begründet der Therapeut zunächst sein Vorgehen:

POSITIV-LISTE

(Was habe ich Positives getan und wozu habe ich mich aufgerafft, obwohl es mir schwergefallen ist.)

1. *Versucht, im Statistik-Seminar mitzukommen*
2. *Hausarbeit fertiggeschrieben und abgegeben*
3. *Mich beim Mittagessen mit Julia unterhalten*
4. *Jon wegen der Chemie-Hausaufgabe angerufen*
5. *Abendessen gemacht anstatt zu schlafen*
6. *Kapitel 5 im Wirtschafts-Buch gelesen*

Abbildung 12.10: Sallys Positiv-Liste

T: Sally, ich würde Ihnen gerne eine Hausaufgabe erklären, die Ihnen wahrscheinlich hilft. Wir haben ja schon darüber gesprochen, daß Sie sich sehr leicht selbst kritisieren und Fehler bei sich finden. Wie wirkt es sich auf Ihre Stimmung aus, wenn Sie Gedanken haben wie: „Das sollte ich besser machen.", oder „Da habe ich aber Mist gemacht."?

P: Es geht mir schlechter.

T: Richtig. Und was würde Ihrer Meinung nach passieren, wenn Sie mehr auf das achten würden, was Sie gut machen?

P: Wahrscheinlich ginge es mir besser.

T: Und würden Sie sagen, daß *ich* Grund hätte, mit mir zufrieden zu sein, wenn ich wegen einer Lungenentzündung oder einer Depression müde wäre und mich trotzdem aufraffen würde aufzustehen, zur Arbeit zu gehen, mit Patienten zu sprechen, Briefe zu schreiben usw.?

P: Klar.

T: Auch wenn ich das nicht so gut machen würde wie sonst?

P: Ja, sicher.

T: Denn ich hätte ja ebensogut im Bett liegenbleiben und mir die Decke über den Kopf ziehen können, nicht wahr?

P: Genau.

T: Und trifft dasselbe auch auf Sie zu? Können *Sie* mit sich zufrieden sein, weil Sie sich aufraffen?

P: Ich glaube schon.

T: Wissen Sie, ich glaube, es fällt Ihnen schwer, außerhalb der Sitzung daran zu denken, wie oft Sie mit sich zufrieden sein können. Deswegen würde ich vorschlagen, daß Sie sich alles aufschreiben, worauf Sie stolz sein können. Was halten Sie davon?

P: Ich könnte es versuchen.

T: Wenn Sie einverstanden sind, versuchen wir es gleich einmal. Wie wollen Sie es nennen? Positiv-Liste? Protokoll positiver Selbstaussagen? Oder anders?

P: Ach, ich glaube, Positiv-Liste.

T: Gut. Auf dieser Liste können Sie also die positiven Dinge aufschreiben, die Sie getan haben, oder Sie können sich fragen: „Habe ich mich heute zu etwas aufgerafft, obwohl es mir ein bißchen schwergefallen ist?"

P: Okay. *(Schreibt Anweisungen auf.)*

T: Fangen wir mit heute an. Was haben Sie bis jetzt gemacht?

P *(schreibt beim Sprechen mit.)*: Mal sehen. Ich bin ins Statistik-Seminar gegangen ... es war schwer mitzukommen, aber ich habe es versucht. ... Ich habe meine Hausarbeit fertiggeschrieben und abgegeben. ... Die Freundin von meiner Zimmergenossin hat mit uns zu Mittag gegessen, und ich habe mich mit ihr unterhalten –

T: Das ist ein guter Anfang. Können Sie sich vorstellen, das jeden Tag zu machen?

P: Ja.

T: Ich vermute, daß Sie sich viel besser an Ihre Aktivitäten erinnern, wenn Sie sie immer sofort aufschreiben. Wenn das nicht geht, könnten Sie versuchen zumindest morgens, mittags und abends zu schreiben. Glauben Sie, daß Sie das schaffen?

P: Ja.

T: Meinen Sie, Sie müssen sich aufschreiben, *wozu* diese Aufgabe gut ist?

P: Nein, das kann ich behalten. Damit ich mich auf das Positive konzentriere, weil es mir dann besser geht.

Wenn ein Patient zu Beginn der Therapie Protokolle positiver Selbstaussagen führt, ist das auch eine Vorbereitung auf die Suche nach positiven Informationen für das Arbeitsblatt zu Grundannahmen (Kapitel 11).

Zusammenfassend gesagt gibt es eine Vielzahl von kognitiven und verhaltensorientierten Techniken. Dieses Buch beschreibt die bekanntesten. Die Leser sollten ihr Repertoire jedoch durch zusätzliche Lektüre vergrößern.

13

Visuelle Vorstellungen

Viele Patienten erleben automatische Gedanken nicht nur als unausgesprochene Worte, die ihnen durch den Kopf gehen, sondern auch in Form von inneren Bildern oder Vorstellungen (Beck & Emery, 1985). Sally hatte den Gedanken: „Mein Professor wird mich für aufdringlich halten, wenn ich ihn um Hilfe bitte." Durch Nachfragen fand der Therapeut heraus, daß Sally gleichzeitig mit diesem verbalen automatischen Gedanken eine Vorstellung von ihrem Professor hatte, wie er ihr sie mit finsterer Miene überragte und sehr verärgert aussah, weil sie eine Frage gestellt hatte. Diese Vorstellung war ein visueller automatischer Gedanke.

Dieses Kapitel zeigt, wie man Patienten beibringt, ihre spontanen Vorstellungen aufzudecken, und wie man spontane und induzierte Vorstellungen für therapeutische Interventionen nutzen kann. Obwohl viele Patienten visuelle Vorstellungen haben, berichten nur wenige darüber. Zur Aufdeckung genügt es nicht immer, nach Vorstellungen zu fragen, auch nicht mehrfach. Vorstellungen sind für gewöhnlich sehr kurz und häufig unangenehm. Viele Patienten verdrängen sie deshalb ziemlich rasch. Wenn es dem Patienten nicht gelingt, unangenehme Vorstellungen zu identifizieren und zu beantworten, können sie zu einer dauerhaften Belastung werden. Der Therapeut beginnt in der ersten Sitzung damit, den Patienten über visuelle Vorstellungen zu informieren (vgl. Kapitel 3).

Visuelle Vorstellungen identifizieren

Um dem Patienten zu zeigen, wie er belastende Vorstellungen identifizieren und bearbeiten kann, versucht der Therapeut entweder, eine spontane Vorstellung des Patienten zu erfragen oder während der Sitzung eine Vorstellung zu induzieren. Im folgenden Transkript versucht der Therapeut herauszufinden, ob Sally zusammen mit einem verbalen automatischen Gedanken eine spontane Vorstellung gehabt hat.

THERAPEUT: Sie hatten also den Gedanken: „Er wird mich für aufdringlich halten, wenn ich ihn um Hilfe bitte.", und Sie hatten Angst.
PATIENTIN: Ja.
T: Könnte es sein, daß Sie auch ein Bild im Kopf hatten, als Ihnen dieser Gedanke gekommen ist?

P: Ich verstehe nicht, was Sie meinen.

T: Hatten Sie eine Vorstellung davon, wie der Professor aussehen würde, wenn Sie ihn um Hilfe bitten? Sah er glücklich aus? *(Schlägt das Gegenteil dessen vor, was er erwartet, um der Patientin die Konzentration zu erleichtern.)*

P: Nein, seine Miene war finster.

T: Haben Sie sich noch mehr vorgestellt? Wo fand die Szene in Ihrer Vorstellung zum Beispiel statt? Im Seminarraum?

P: Nein, ich habe mir vorgestellt, daß ich an seine Bürotür klopfe, hineingehe und ihm sage, daß ich etwas, was er im Seminar besprochen hat, nicht verstanden habe.

T: Und was ist dann passiert?

P: Na ja, ich sah, wie er mich weit überragt und mich von oben herab unfreundlich anschaut.

T: Noch etwas?

P: Nein, das war alles.

T: Gut. Dieses Bild, das Sie sich vorgestellt haben, bezeichnen wir als „visuelle Vorstellung".

Manchmal verstehen Patienten nicht, was gemeint ist, wenn der Therapeut nur den Begriff „Vorstellung" benutzt. Weitere Synonyme sind u.a. inneres Bild, Tagtraum, Phantasiebild, Imagination und Erinnerung. Wenn Sally keine Vorstellung berichtet hätte, hätte der Therapeut es mit einem der anderen Begriffe versuchen können. Er hätte auch eine Vorstellung induzieren können (falls das Erkennen von Vorstellungen zu den Zielen dieser Sitzung gehörte). Er hätte eine neutrale oder positive Vorstellung induzieren können („Beschreiben Sie mir die Umgebung Ihres Hauses!" oder „Stellen Sie sich vor, daß Sie in dieses Gebäude eintreten. Was sehen Sie?") Oder er hätte, wie im folgenden Transkript, eine Vorstellung über eine belastende Situation induzieren können:

T: Haben Sie sich vorgestellt, wie Ihr Professor aussieht, wenn Sie ihn um Hilfe bitten? Hat er glücklich ausgesehen?

P: Ich glaube, ich habe mir kein Bild davon gemacht, wie er aussieht.

T: Könnten Sie es sich jetzt vorstellen? Können Sie sich vorstellen, wie Sie zu ihm gehen. Wann würden Sie übrigens zu ihm gehen? *(Hilft der Patientin, an alle Einzelheiten zu denken.)*

P: Oh, wahrscheinlich am Dienstag. Dann hat er Sprechstunde.

T: Er ist also in seinem Büro.

P: Ja.

T: In welchem Gebäude liegt das?

P: Im Bennett-Gebäude.

T: Gut, können Sie sich das jetzt vorstellen? Es ist Dienstag, Sie gehen zum Bennett-Gebäude. ... Sie kommen zu seinem Büro. ... Können Sie es vor sich sehen? Ist die Tür offen oder geschlossen?

P: Geschlossen.

T: Gut, können Sie sehen, wie Sie anklopfen? Was sagt er, wenn er das Klopfen hört?

P: Er sagt: „Herein." *(Ahmt die barsche Stimme des Professors nach.)*

T: Gut, können Sie sehen, wie Sie hineingehen? Wie sieht sein Gesicht aus?

P: Finster.

T: Und was passiert dann? *(Therapeut und Patient verfolgen die Vorstellung bis zu dem Punkt, wo sie am unangenehmsten ist.)* So, die Szene, die gerade vor Ihrem inneren Auge abgelaufen ist, ist das, was wir als „visuelle Vorstellung" bezeichnen. Meinen Sie, daß Sie eine derartige Vorstellung hatten, als Sie darüber nachgedacht haben, ob Sie diese Woche zu Ihrem Professor gehen sollen?

P: Vielleicht ... ich bin mir nicht sicher.

T: Wie wäre es, wenn Sie als Hausaufgabe immer dann, wenn Sie sich unangenehm fühlen, nicht nur auf automatische Gedanken, sondern auch auf visuelle Vorstellungen achten?

P: In Ordnung.

Die Patienten über Vorstellungen informieren

Manche Patienten, die visuelle Vorstellungen identifizieren können, erzählen dem Therapeuten nichts davon, weil ihre Vorstellungen sehr lebensnah und belastend sind. Möglicherweise ist es ihnen unangenehm, die Belastung erneut zu erleben, oder sie fürchten, daß der Therapeut sie für gestört hält. Falls der Therapeut den Verdacht hat, daß ein solcher Fall vorliegt, erläutert er, daß visuelle Vorstellungen ein ganz normales Erlebnis sind.

T: Sally, ich weiß nicht, ob Sie visuelle Vorstellungen *haben* oder nicht. Die meisten Menschen haben welche, aber meistens ist ihnen das damit verbundene Gefühl deutlicher bewußt als die Vorstellung an sich. Manchmal kommen einem diese Vorstellungen sehr seltsam vor, aber im Grunde gibt es alle möglichen visuellen Vorstellungen: traurige, beängstigende, sogar gewalttätige. Ein Problem ist es nur, wenn *Sie* sich für unnormal halten, weil Sie diese Vorstellungen haben. Können Sie sich an irgendwelche Vorstellungen erinnern, die Sie in letzter Zeit hatten?

P: Nein, ich glaube nicht.

T: Wir haben ja beschlossen, daß Sie diese Woche auf Vorstellungen achten werden, wenn Sie bemerken, daß sich Ihre Stimmung verändert. Wenn Sie unangenehme Vorstellungen haben, werde ich Ihnen zeigen, wie Sie damit umgehen können.

Wenn der Patient über Vorstellungen informiert ist und weiß, daß sie etwas Normales sind, wird seine Angst abnehmen und die Wahrscheinlichkeit steigt, daß er seine Vorstellungen aufdecken kann. Im obigen Transkript hat der Therapeut durch den Hinweis, daß die Patientin lernen kann, die Vorstellungen zu beantworten, angedeutet, daß es möglich ist, die damit verbundene Belastung zu kontrollieren.

Der Therapeut muß den Patienten oft sehr sorgfältig beibringen, visuelle Vorstellungen zu identifizieren, bevor sie es verstehen. Die meisten Patienten sind sich ihrer Vorstellungen anfangs einfach nicht bewußt und viele Therapeuten geben die Sache nach einigen Versuchen auf. Wenn der Therapeut selbst eine visuelle Vorstellung von einer Situation bekommt, die der Patient beschreibt, kann er sein Bild als Hinweis nehmen, noch intensiver nach einer Vorstellung zu fragen, die der Patient haben könnte.

T: Sally, als Sie gerade Ihre Angst vor der Reaktion Ihrer Zimmergenossin beschrieben haben, ist in *meinem* Kopf ein Bild aufgetaucht, obwohl ich sie gar nicht kenne. Haben Sie eine Vorstellung davon, wie sie Sie ansieht, wenn Sie das Problem mit dem Lärm ansprechen?

Wenn es dem Patienten immer noch schwerfällt, spontane Vorstellungen zu identifizieren, kann der Therapeut eine Vorstellung zu einer weniger bedrohlichen Situation induzieren. „Hatten Sie eine Vorstellung davon, wie ich aussehe, bevor Sie mich kennengelernt haben? Oder wie meine Praxis aussehen könnte? ... Können Sie mir diese Vorstellung beschreiben? ... Solche Bilder bezeichnen wir als visuelle Vorstellungen." Eine andere Möglichkeit ist, den Patienten ein Ereignis beschreiben zu lassen, das sich vor kurzem abgespielt hat. „Wie sind Sie heute hierher gekommen? Können Sie sich vorstellen, wie Sie in den Bus einsteigen? Wie voll war er? Wo haben Sie gesessen? Wie sah die Person aus, die Ihnen am nächsten saß? Können Sie das bildlich vor sich sehen?"

Spontane Vorstellungen beantworten

Wenn der Therapeut weiß, daß ein Patient häufig belastende visuelle Vorstellungen hat, bringt er ihm verschiedene Möglichkeiten bei, darauf zu antworten. Er begründet sein Vorgehen etwa so:

T: Sally, ich würde gerne mit Ihnen besprechen, was Sie tun können, wenn Sie eine belastende Vorstellung bemerken. Wir werden in den nächsten Sitzungen verschiedene Methoden dazu ausprobieren, denn es ist schwer vorherzusagen, welche Technik bei einer bestimmten Vorstellung am besten wirkt. In Ordnung?

Die Patienten können verschiedene Methoden zur Beantwortung ihrer spontanen visuellen Vorstellungen lernen. Bei den ersten sechs Techniken wird die

Belastungsreduzierung dadurch erzielt, daß der Patient seine Sicht der Situation verändert. Die letzte Technik bringt eine kurzfristige Entspannung dadurch, daß der Patient sich auf etwas anderes konzentriert. Der Therapeut macht dem Patienten auch deutlich, daß die Techniken nur dann effektiv sind, wenn er sie intensiv übt, sowohl in der Sitzung als auch zu Hause.

Vorstellungen bis zum Ende verfolgen

Diese Technik kann dem Patienten als erste gezeigt werden, weil sie häufig am besten hilft. Sie kann dem Therapeuten und dem Patienten helfen, das Problem besser zu verstehen, zu einer kognitiven Neustrukturierung der Vorstellung führen und dem Patienten Erleichterung verschaffen. Der Therapeut fordert den Patienten dazu auf, eine spontane visuelle Vorstellung solange weiterzuverfolgen, bis eine der beiden folgenden Situationen eintritt: Entweder überwindet der Patient in seiner Vorstellung eine Krise und fühlt sich anschließend besser oder die Vorstellung endet mit einer Katastrophe, zum Beispiel mit dem Tod. Im letzteren Fall kann der Therapeut die befürchteten Konsequenzen und die Bedeutung der Katastrophe erforschen und entsprechend intervenieren. Das erste der folgenden Transkripte zeigt die erste Möglichkeit: Die Patientin stellt sich vor, wie sie eine bestimmte Schwierigkeit überwindet.

T: Können Sie sich diese Vorstellung noch einmal bewußt machen, Sally? Schildern Sie mir, was Sie sehen, so lebendig wie möglich.
P: Ich sitze im Seminarraum. Mein Professor teilt die Prüfungsfragen aus. Ich schaue sie an. Mein Kopf ist plötzlich völlig leer. Ich lese die erste Frage. Sie macht überhaupt keinen Sinn. Ich sehe, daß alle anderen schon fleißig schreiben. Ich denke: „Ich bin wie gelähmt. Ich werde durchfallen."
T: Und Sie fühlen sich ...?
P: Ängstlich, total ängstlich.
T: Passiert sonst noch etwas?
P: Nein.
T: Okay. Das ist sehr typisch. Sie haben die Vorstellung am *schlimmsten* Punkt abgebrochen, an dem Sie sich leer und wie gelähmt fühlen. Ich möchte, daß Sie sich jetzt vorstellen, was als nächstes passiert.
P: Hmmm. Ich weiß nicht.
T: Bleiben Sie die ganze Stunde lang in diesem Zustand?
P: Nein, wahrscheinlich nicht.
T: Können Sie sich ein Bild davon machen, was als nächstes passiert? ... Wenn Sie sich umschauen und die anderen sehen können, dann sind Sie also nicht wirklich gelähmt?
P: Nein, wahrscheinlich nicht.
T: Was passiert in Ihrer Vorstellung als nächstes?

P: Ich schaue mir die Fragen noch einmal an, aber ich kann mich nicht konzentrieren.

T: Und was passiert dann?

P: Ich zwinkere. Die erste Frage verstehe ich nicht.

T: Okay. Und dann?

P: Ich gehe zur zweiten Frage über. Ich weiß die Antwort nicht sicher.

T: Und dann?

P: Ich mache weiter, bis ich eine Frage finde, zu der ich etwas weiß.

T: Und dann?

P: Wahrscheinlich schreibe ich die Antwort auf.

T: Können Sie sehen, wie Sie die Antwort schreiben?

P: Ja.

T: Gut. Und dann?

P: Ich suche weiter, bis ich noch etwas finde, was ich beantworten kann.

T: Und dann?

P: Ich gehe zu den ersten Fragen zurück und versuche, irgend etwas dazu zu schreiben.

T: Gut. Und danach?

P: Na ja, schließlich bearbeite ich, soviel ich eben kann.

T: Und dann?

P: Gebe ich mein Blatt ab.

T: Und danach?

P: Ich nehme an, ich gehe in meine nächste Veranstaltung.

T: Und dann?

P: Setze ich mich hin und nehme den passenden Ordner aus der Tasche.

T: Und wie fühlen Sie sich jetzt in Ihrer Vorstellung.

P: Immer noch ein bißchen unsicher. Ich weiß nicht, wie die Prüfung ausgegangen ist.

T: Besser als am Anfang, als Sie sich leer und wie gelähmt gefühlt haben?

P: Ja, viel besser.

T: Gut. Sehen wir uns noch einmal an, was Sie getan haben. Zuerst haben Sie eine belastende visuelle Vorstellung erkannt, die Sie am absolut schlimmsten Punkt beendet hatten. Dann haben Sie sich immer weiter vorgestellt, was als nächstes passieren würde, bis Sie an einem Punkt angelangt waren, wo es Ihnen etwas besser ging. Wir nennen das „die Vorstellung bis zum Ende verfolgen." Glauben Sie, es würde Ihnen helfen, diese Methode zu üben?

In diesem Beispiel fiel es der Patientin leicht, die Vorstellung zu einem vernünftigen Ende zu bringen. Manchmal muß der Therapeut eine Veränderung der Szene vorschlagen:

T: Können Sie sich ein Bild davon machen, was als nächstes passiert? ... Wenn Sie sich umschauen und die anderen sehen können, dann sind Sie also nicht wirklich gelähmt?

P: Ich weiß nicht. Ich *fühle* mich wie gelähmt.
T: Was passiert in Ihrer Vorstellung als nächstes?
P: Ich weiß nicht. Ich sitze einfach weiter da und fühle mich wie gelähmt.
T: Können Sie sich vorstellen, daß Sie sich ein wenig auf dem Stuhl hin- und herbewegen, Atem holen, aus dem Fenster sehen?
P: Mhmm hmm.
T: Können Sie sich vorstellen, wie Sie Ihren Nacken massieren, damit er nicht so verspannt ist.
P: Ja.
T: Gut, sind Sie jetzt in Ihrer Vorstellung soweit, daß Sie die Fragen durchlesen können, bis Ihnen etwas bekannt vorkommt?
P: Ja.
T: Sehen Sie das bildlich vor sich? Was passiert als nächstes?
P: Ich finde eine leichtere Frage.
T: Und dann?

Hier führt der Therapeut ein neues Element in die Vorstellung ein, um der Patientin bei der Überwindung des toten Punktes zu helfen. Er führt das solange fort, bis die Patientin von sich aus weitermachen kann.

Wie oben erwähnt stellen sich Patienten manchmal Szenen vor, die sich, zum Teil katastrophal, verschlechtern. Der Therapeut bildet dann eine Hypothese über die Bedeutung der Katastrophe und interveniert dementsprechend. Diese Situation wird am Beispiel der Patientin Marie demonstriert:

T: Gut Marie, Sie sehen sich also im Auto sitzen, das auf das Brückengeländer zuschlittert. Stellen Sie sich das so deutlich wie möglich vor. Was passiert dann?
P: Es kommt näher. Es prallt auf. *(Weint leise.)*
T *(sanft.)*: Und dann?
P *(weinend.)*: Das Auto ist völlig kaputt.
T *(sanft.)*: Und Sie?
P *(weinend.)*: Ich bin tot.
T: Was passiert dann?
P: Ich weiß nicht. Mehr kann ich nicht sehen. *(Weint immer noch.)*
T: Marie, ich glaube, es würde Ihnen helfen, wenn wir versuchen, ein bißchen weiterzudenken. Was ist das Schlimmste daran, daß Sie tot sind?
P: Meine Kinder. Sie haben keine Mutter mehr. Es wäre verheerend für sie. *(Weint stärker.)*
T *(wartet einen Moment.)*: Können Sie sie in Ihrer Vorstellung sehen?

In diesem Beispiel führt das Weiterverfolgen der Vorstellung zu einer Katastrophe. Der Therapeut setzt die Befragung vorsichtig fort, um die Bedeutung der Katastrophe zu erfahren. Ein anderes Beispiel in diesem Kapitel, zum Einsatz von induzierten Vorstellungen als Distanzierungstechnik, zeigt, wie man mit diesem Problem umgehen kann. Die Patientin im obigen Beispiel schilderte eine neue Vorstellung: Sie sah ihre Kinder, völlig am Boden zerstört, bei ihrer Beerdigung. Auch diese Vorstellung brach am schlimmsten Punkt ab. (Auf den Seiten 248 wird gezeigt, wie der Therapeut die Patientin dazu anleitet, sich ihre Kinder einige Jahre später vorzustellen, wenn es ihnen besser geht.)

Zusammenfassend gesagt: Wenn eine Vorstellung bis zum Ende verfolgt wird, gibt es zwei Möglichkeiten: Entweder wird das Problem gelöst und der Patient fühlt sich erleichtert. Oder das Problem eskaliert zu einer Katastrophe. Dann versucht der Therapeut, die Bedeutung der Katastrophe herauszufinden und deckt auf diese Weise ein neues Problem auf. Danach können Therapeut und Patient ein Bewältigungsbild induzieren, was weiter unten in diesem Kapitel beschrieben wird.

Sprung in die Zukunft

Manchmal ist die Weiterverfolgung einer Vorstellung nicht effektiv, weil der Patient immer weitere Hindernisse oder belastende Ereignisse auftauchen sieht, ohne daß ein Ende absehbar wäre. An diesem Punkt kann der Therapeut vorschlagen, daß der Patient sich in Gedanken an einen Punkt in der näheren Zukunft begibt.

T *(zusammenfassend.)*: Okay Sally, wenn Sie sich vorstellen, mit dieser Hausarbeit anzufangen, sehen Sie also, wie schwierig es wird, wie sehr Sie sich anstrengen müssen und wie viele Probleme Sie damit haben. Halten Sie es für realistisch, daß Sie diese Arbeit jemals fertigkriegen?

P: Ja, wahrscheinlich. Aber es kann sein, daß ich lange Zeit Tag und Nacht daran arbeiten muß.

T: Wie wäre es, wenn Sie einen Sprung in die Zukunft machen und sich vorstellen, wie Sie die Arbeit beenden? Können Sie sich das vorstellen? Wie sieht das aus?

P: Ich glaube, ich kann mir vorstellen, wie ich die letzten Korrekturen mache. Dann gebe ich sie ab.

T: Moment bitte! Können Sie ein bißchen langsamer vorgehen und sich wirklich die Einzelheiten vorstellen, zum Beispiel, wie Sie die Seiten sortieren oder kopieren.

P: Ist gut. Ich schreibe auf dem Computer im Studentenzentrum, also mache ich zwei Ausdrucke. Ich sortiere sie. Ich lege den, den ich abgeben will, in einen Schnellhefter. Ich stecke alles in meine Büchertasche, dann ziehe ich meinen Mantel an, dann gehe ich ins College-Gebäude und gebe die Arbeit ab.

T: Können Sie sehen, wie Sie hinübergehen und sie abgeben?

P: Ja.

T: Und wie fühlen Sie sich jetzt in Ihrer Vorstellung?

P: Erleichtert ... als ob mir ein Stein vom Herzen gefallen wäre. Sehr viel leichter.

T: Gut, schauen wir noch einmal, was wir gemacht haben: Sie hatten eine Vorstellung davon, wie Sie mit der Hausarbeit beginnen, und je mehr Sie sich vorgestellt haben, um so mehr Probleme haben Sie gesehen und um so ängstlicher wurden Sie. Dann haben Sie einen Sprung in die Zukunft gemacht und sich gesehen, wie Sie die Arbeit fertigstellen. Dadurch ging es Ihnen besser. Möchten Sie sich zu dieser Methode – Sprung in die Zukunft – etwas aufschreiben, damit Sie sie auch zu Hause anwenden können?

Bewältigung in der Vorstellung

Man kann den Patienten auch dazu anleiten, sich vorzustellen, wie er die schwierige Situation, die er sich spontan vorgestellt hat, bewältigt.

T *(zusammenfassend.)*: Sie haben sich also vorgestellt, wie Sie mit dem Schüler, dem Sie ehrenamtlich Nachhilfe geben, in die Schulbücherei gehen und überhaupt nicht wissen, was Sie machen sollen. Dann fängt der Junge an, sich aufzuspielen und Lärm zu machen, und Sie haben das Gefühl, daß Sie ihn nicht unter Kontrolle halten können.

P: Ja.

T: Sie hatten also wieder eine Vorstellung, die Sie am schlimmsten Punkt abgebrochen haben.

P: Ja, ich glaube schon.

T: Können wir diese Vorstellung noch einmal durchgehen und sehen, ob Sie die auftauchenden Probleme nach und nach bewältigen können?

P: Also, erst knallt der Junge die Büchereitür zu. Ich glaube, ich sage: „Psst. Hier ist noch eine andere Klasse."

T: Und was dann?

P: Dann marschiert er auf die Bücher zu.

T: Und Sie –

P: Ich glaube, ich nehme ihn an die Hand und führe ihn an einen Tisch.

Der Dialog wird auf diese Weise fortgesetzt, bis der Patient die Probleme in seiner Vorstellung erfolgreich bewältigt hat. Wenn nötig, hilft ihm der Therapeut dabei durch Suggestiv-Fragen (vgl. Seite 235–236). Gegebenenfalls kann er ihn dazu anleiten, Methoden anzuwenden, die er in der Therapie gelernt hat, wie z.B. Bewältigungskarten lesen, Atemtechniken einsetzen und sich laut Selbstinstruktionen geben.

Veränderung der Vorstellung

Eine andere Methode besteht darin, daß der Patient eine Vorstellung identifiziert, sich wieder hineinversetzt und das Ende verändert. Dies führt normalerweise dazu, daß seine Belastung sich verringert. Im ersten Beispiel ist die Veränderung realistisch, im zweiten hat sie eher „magische" Qualität.

T: Sally, erinnern Sie sich, daß wir letztes Mal besprochen haben, was Sie tun können, wenn Sie eine unangenehme Vorstellung haben? ... Haben Sie diese Woche irgendwelche Imaginationstechniken ausprobiert? ... Ich würde Ihnen gerne noch eine vorstellen – nämlich *die Vorstellung* irgendwie *zu verändern*. Können Sie sich an Situationen in der letzten Woche erinnern, in denen Sie eine unangenehme Vorstellung hatten?

P *(denkt nach.)*: Ja. Heute morgen habe ich an die Frühjahrsferien gedacht. Ich kann nicht heimfahren. Ich muß hierbleiben.

T: Was ist in Ihrer Vorstellung passiert?

P: Ich habe mir einfach vorgestellt, wie ich allein im Zimmer zusammengesunken an meinem Schreibtisch sitze und total niedergeschlagen bin.

T: Noch etwas?

P: Nein, nur daß es ganz still ist. Das Wohnheim ist wie ausgestorben.

T: Und wie fühlen Sie sich bei dieser Vorstellung?

P: Traurig. Sehr traurig.

T: Sie sind dieser Vorstellung nicht ausgeliefert, Sally. Wenn Sie wollen, können Sie wie ein Filmregisseur die Szene verändern: Sie können entscheiden, wie sie aussehen soll. Sie können ein Wunder geschehen lassen ... etwas, was in Wirklichkeit nicht passieren kann. Oder Sie können sich ein realistisches Bild machen. Ich glaube, wenn Sie das versuchen, würden Sie sich besser fühlen.

P: Ich weiß nicht recht, wie?

T: Also, stellen Sie sich vor, wie Sie am Schreibtisch sitzen. Was würden Sie sich in dieser Situation *wünschen*?

P: Daß meine beste Freundin anruft ... oder daß sich herausstellt, daß noch mehr Leute im Wohnheim sind, und daß jemand an meine Tür klopft und wir zusammen zum Abendessen gehen.

T: Gibt es noch mehr Möglichkeiten?

P: Vielleicht könnte mir einfallen, daß auf dem Campus etwas los ist, zum Beispiel ein Softballspiel und ich könnte dorthin gehen, um zuzuschauen oder mitzuspielen.

T: Das sind wirklich *viel* bessere Aussichten. Was glauben Sie, wie es Ihnen ginge, wenn Sie sich das vorstellen würden?

P: Besser. Aber woher weiß ich, ob es wahr wird?

T: Nun ja, erstens weiß auch keiner von uns, ob Sie wirklich weinend an Ihrem Schreibtisch sitzen werden. Wir wissen aber *sicher*, daß es Sie sehr traurig macht, sich das jetzt *vorzustellen*. Zweitens könnten wir besprechen, was Sie tun können, damit eine bessere Aussicht wahrscheinlicher wird. Was könnten Sie tun, damit Ihre Freundin anruft oder jemand aus dem Wohnheim bei Ihnen anklopft oder Sie zu einer Veranstaltung auf dem Campus gehen können?

In diesem Fall führt die Veränderung der Vorstellung zu einer produktiven Diskussion über Problemlösungsmöglichkeiten.

Manche Vorstellungen eignen sich dazu, Veränderungen auf „wunderbare" Weise herbeizuführen. Auch eine derartige Veränderung der Vorstellung reduziert in der Regel die Belastung und ermöglicht es dem Patienten, sich produktiver zu verhalten. Hier ein Beispiel:

T *(faßt zusammen, wobei er die Worte der Patientin benutzt.)*: Sie haben also ein Bild von Ihrem Professor, der Sie weit überragt, ein finsteres Gesicht macht, barsch redet, mit dem Fuß aufstampft und keine Rücksicht auf Sie nimmt. Und diese Vorstellung macht Sie sehr ängstlich.
P: Ja.
T: Würden Sie dieses Bild gerne ändern? Eine andere Vorstellung von ihm bekommen?
P: Wie denn?
T: Ich weiß nicht. ... Er erinnert mich an einen Dreijährigen, der einen Wutanfall hat. Können Sie sich vorstellen, daß er zusammenschrumpft, aber immer noch eine finstere Miene hat und mit dem Fuß stampft?
P *(lächelt.)*: Ja.
T: Beschreiben Sie ihn mir, in allen Einzelheiten! *(Die Patientin tut das.)* Und wie fühlen Sie sich jetzt? Noch genauso ängstlich?
P: Nein, weniger.
T: Wenig genug, um einen Termin mit ihm abzumachen?
P: Ja, ich glaube schon.
T: Gut, dann besprechen wir noch einmal, was wir gerade getan haben: Am Anfang hatten wir Ihre Vorstellung von Ihrem Professor. Sie war anscheinend so belastend, daß Sie deswegen keinen Termin mit ihm abgemacht haben, obwohl Sie das eigentlich tun müßten. Dann haben Sie die Vorstellung unter Kontrolle bekommen, weil Sie sie verändert haben, und dadurch ist Ihre Angst geringer geworden, so daß Sie ihm jetzt gegenübertreten können. Wir nennen diese Technik „Verändern der Vorstellung".

Die Vorstellung auf ihren Wahrheitsgehalt überprüfen

Hier bringt der Therapeut dem Patienten bei, die Vorstellung wie einen verbalen automatischen Gedanken mit den üblichen sokratischen Fragen zu überprüfen.

T: Sie hatten also die Vorstellung, daß ich die Stirn runzele und Sie mißbilligend ansehe, wenn Sie mir sagen, daß Sie nur einen Teil Ihrer Hausaufgaben gemacht haben?

P *(nickt.)*

T: Welche Anhaltspunkte haben Sie dafür, daß ich mit Stirnrunzeln und Mißbilligung reagieren würde? ... Gibt es irgendwelche Anhaltspunkte für das Gegenteil? *(Der Therapeut zeigt der Patientin, wie sie die Fragen auf dem Gedankentagebuch zur Überprüfung ihrer spontanen visuellen Vorstellung benutzen kann.)*

Bei anderer Gelegenheit kann der Therapeut dem Patienten beibringen, die spontane Vorstellung mit der Realität zu vergleichen.

P: Gestern war ich spät abends noch in der Bibliothek und hatte die Vorstellung, daß das Gebäude völlig verlassen ist, und dann habe ich mich selbst gesehen, wie mir plötzlich total übel wird und ich in Ohnmacht falle und niemand da ist, um mir zu helfen.

T: War die Bibliothek wirklich völlig verlassen?

P: Nein. Es war schon spät, kurz vor Ende der Öffnungszeit, aber ein paar Leute waren noch da.

T: Verstehe. In einem solchen Fall, wenn Sie sich spontan etwas vorstellen, was in diesem Moment passiert, können Sie es mit der Wirklichkeit vergleichen. Sie können sich fragen: „Ist die Bibliothek verlassen? Ist mir tatsächlich übel?" Wie hätte es sich auf Ihre Stimmung ausgewirkt, wenn Sie gestern schon gewußt hätten, wie man das macht?

P: Ich wäre nicht so nervös gewesen.

Normalerweise sind im Umgang mit Vorstellungen Imaginationstechniken besser geeignet als die in diesem Abschnitt beschriebenen verbalen Methoden, denn Vorstellungen lassen sich durch Interventionen, die auf Imagination basieren, leichter verändern. Ein Patient, der viele lebensnahe belastende Vorstellungen hat, kann aber von verschiedenen Methoden profitieren, und manchmal ist die verbale Methode der Realitätsprüfung sehr hilfreich.

Wiederholung der Vorstellung

Die Wiederholungsmethode ist dann nützlich, wenn der Patient eine eindeutig übertriebene, jedoch nicht katastrophale Vorstellung hat. Der Therapeut schlägt ihm vor, sich dieses Bild wieder und wieder vorzustellen und darauf zu achten, ob sich an dem Bild oder an seiner Stimmung etwas ändert. Manche Patienten führen offenbar eine automatische Realitätsprüfung durch und stellen sich das Bild von Mal zu Mal realistischer und weniger belastend vor.

T: Sally, Sie haben sich also vorgestellt, wie Sie Ihren Professor um eine Fristverlängerung bitten und wie er sich aufregt, Sie anschreit, sich über Sie beugt, wild gestikuliert und sagt: „Wie können Sie es wagen! Sie kannten doch den Abgabetermin! Ich verstehe nicht, wie Sie so etwas fragen können! Raus hier! Raus hier!"

P: Ja.

T: Könnten Sie sich das noch einmal vorstellen? Fangen Sie genauso an. Achten Sie darauf, was passiert.

P *(schließt die Augen.)*

T: Fertig? Was ist passiert?

P: Er hat sich ziemlich aufgeregt. Er hat mich wieder angeschrien und rausgeworfen.

T: Hat er diesmal auch wild gestikuliert und sich über Sie gebeugt?

P: Nein. Er ist nur aufgestanden und hat sich mit den Armen auf den Tisch gestützt.

T: Gut. Machen Sie dasselbe noch einmal.

Der Therapeut läßt Sally die Szene drei- bis viermal wiederholen. Bei der letzten Wiederholung hat sich einiges an ihrer Vorstellung geändert: Der Professor sitzt zurückgelehnt in seinem Stuhl, sieht Sally genervt an und sagt mit unfreundlicher, aber nicht bedrohlicher Stimme: „Nein". Sallys Angst wird deutlich geringer.

Vorstellungen ersetzen, stoppen und sich ablenken

Diese drei Techniken wurden bereits in anderen Büchern ausführlich beschrieben. Sie bewirken eine rasche Entlastung, aber im allgemeinen wenig bis gar keine kognitive Umstrukturierung.

Das *Stoppen von Vorstellungen* funktioniert analog dem Gedankenstop (Davis, Eshelman & McKay, 1988) und kann isoliert angewendet oder durch das Ersetzen der Vorstellung bzw. durch Ablenkung ergänzt werden. Bei dieser Methode versucht der Patient, eine belastende Vorstellung zu unterbrechen. Er kann sich dazu beispielsweise ein Stoppschild vorstellen oder in Gedanken laut „Halt!" rufen, sobald die Vorstellung auftaucht. Er kann sich auch ein Gummiband ums Handgelenk binden, an dem er zieht, oder laut in die Hände klatschen oder irgendein anderes Verhalten ausführen, das mit der Aufrechterhaltung der belastenden Vorstellung nicht kompatibel ist. Auch Methoden zur Ablenkung und Konzentration auf etwas anderes (in Kapitel 12 im Zusammenhang mit automatischen Gedanken beschrieben) können eingesetzt werden.

T: Lassen Sie mich das kurz zusammenfassen: Manchmal, wenn eine belastende Vorstellung auftaucht, ist es zu umständlich oder zu schwierig, sie auf der Stelle zu bearbeiten. In solchen Fällen können Sie versuchen, die Vorstellung zu stoppen oder sich abzulenken. Können wir das jetzt einmal üben? Können Sie sich die unangenehme Vorstellung, die Sie mir vorhin geschildert haben, noch einmal ins Gedächtnis zurückrufen? Welche Methode möchten Sie ausprobieren?

Auch das *Ersetzen* durch eine angenehmere Vorstellung wurde an anderer Stelle ausführlich beschrieben (Beck & Emery, 1985). Es muß ebenfalls regelmäßig geübt werden, um den Patienten von unangenehmen spontanen Vorstellungen entlasten zu können.

T: Eine andere Möglichkeit, um mit einer solchen belastenden Vorstellung fertigzuwerden, ist, sie durch eine andere Vorstellung zu ersetzen. Man kann sich dazu vorstellen, daß die belastende Vorstellung ein Fernsehbild ist. Dann kann man auf ein anderes Programm umschalten und zum Beispiel sehen, wie man am Strand liegt oder durch den Wald geht oder irgendeine angenehme Erinnerung von früher. Möchten Sie diese Methode ausprobieren? Zuerst sollten Sie die angenehme Szene so detailliert wie möglich beschreiben und möglichst viele Sinne dazu einsetzen. Dann übe ich mit Ihnen, wie man von der belastenden Vorstellung auf die angenehme umschaltet. ... Welche angenehme Szene möchten Sie sich vorstellen?

Man kann angenehme Vorstellungen auch in Kombination mit Entspannungsübungen einsetzen. Die Induktion einer angenehmen Vorstellung wirkt oft erleichternd, wenn das anfängliche Streßniveau niedrig bis mittel, aber nicht hoch war.

Überblick über den Umgang mit spontanen visuellen Vorstellungen

Nachdem er dem Patienten ein bis zwei Möglichkeiten zum Umgang mit spontanen visuellen Vorstellungen gezeigt hat, versucht der Therapeut, die Wahrscheinlichkeit zu vergrößern, daß er sie auch anwenden wird.

T: Sally, wir sollten noch einmal kurz besprechen, was Sie bisher zum Umgang mit Ihren Vorstellungen gelernt haben. Vielleicht können Sie sich etwas dazu aufschreiben.
P: Ja.
T: Man kann nie genau vorhersagen, welche Technik hilft. Aber wenn Sie sich eine Liste schreiben, können Sie solange weiterprobieren, bis Sie etwas finden, das hilfreich *ist*. Wenn wir den Eindruck haben, daß es etwas nützt, kann ich Ihnen in den nächsten Sitzungen noch einige Methoden beibrin-

gen. Wir können Sie hier gemeinsam einüben und dann können Sie zu Hause solange weiterüben, bis Sie sie wirklich gut beherrschen. Wahrscheinlich werden Sie dann feststellen, daß Sie Ihre Vorstellungen und somit auch Ihre Stimmung besser kontrollieren können.

Induzierte Vorstellungen als therapeutische Maßnahme

Manchmal will der Therapeut dem Patienten nicht bei der Reaktion auf eine spontane Vorstellung helfen, sondern er versucht, eine Vorstellung zu induzieren. Ein Beispiel dafür ist das gedankliche Üben, um Probleme im Zusammenhang mit den Hausaufgaben aufzudecken (vgl. Kapitel 14). Drei weitere Techniken, die induzierte Vorstellungen anwenden, werden im folgenden beschrieben:

Mentales Training von Bewältigungsstrategien

Der Therapeut wendet diese Methode während der Sitzung an, damit der Patient Bewältigungsstrategien in Gedanken üben kann. Die Technik unterscheidet sich von „Bewältigen in der Vorstellung" dadurch, daß der Therapeut hier eine Vorstellung *hervorruft*, um Methoden der kognitiven Therapie zu üben, anstatt daß der Patient sich vorstellt, wie er ein spontanes inneres Bild bewältigen würde.

T: Das heißt, Sie vermuten, daß es Ihnen ziemlich schwerfallen wird, das Referat im Seminar zu halten.

P: Ja.

T: Wie wäre es, wenn Sie sich vorstellen, wie Sie diese Situation bewältigen? Wann merken Sie zuerst, daß Ihre Angst größer wird?

P: Beim Aufwachen.

T: Und was geht Ihnen durch den Kopf?

P: Ich werde alles durcheinanderbringen. Und ich stelle mir vor, wie ich stokke und ins Stottern gerate und nicht sprechen kann.

T: Sic mcinen, im Seminar?

P: Ja.

T: Und was könnten Sie dagegen tun?

P: Mir sagen, daß ich mich entspannen soll. Mich daran erinnern, daß ich das Referat gut geübt habe.

T: Gut. Was noch?

P: Ich könnte Atemtechniken anwenden. Das entspannt mich ein bißchen.

T: In Ordnung. Können Sie sich vorstellen, wie Sie das tun?

P: Ja.

T: Und dann?

P: Es geht mir etwas besser, aber ich bin immer noch zu nervös, um zu frühstücken. Ich dusche nur und ziehe mich an und mache mich fertig zum Gehen.

T: Was geht Ihnen durch den Kopf?

P: Was ist, wenn ich immer nervöser werde?

T: Wie wäre es, wenn Sie sich vorstellen, wie Sie auf dem Weg zum Seminar die Bewältigungskarte lesen, die wir geschrieben haben? Können Sie sich vorstellen, wie Sie sie herausnehmen und lesen?

P: Ja. ... Es hilft ein bißchen.

T: Und wenn das Seminar näherrückt, können Sie sich vorstellen, daß Sie einen Sprung in die Zukunft machen. Sie haben den Vortrag beendet und sitzen jetzt auf Ihrem Platz und hören jemand anderem zu. ... Wie fühlen Sie sich jetzt?

P: Etwas erleichtert. Immer noch ängstlich, aber nicht mehr so sehr.

T: Gut, jetzt betreten Sie den Seminarraum. Was passiert als nächstes und wie können Sie darauf reagieren?

Die Patientin stellt sich weiter detailliert vor, wie sie die Situation bewältigen könnte. Dann schreibt sie sich die Techniken auf, die ihr wahrscheinlich helfen werden.

Distanzierung

Distanzierung ist eine weitere Anwendungsmöglichkeit von induzierten Vorstellungen, die die Belastung des Patienten reduziert und ihm hilft, ein Problem in einem größeren Zusammenhang zu sehen. Im folgenden Beispiel hilft der Therapeut der Patientin zu erkennen, daß ihre Schwierigkeiten wahrscheinlich vorbeigehen, und gibt ihr dadurch Hoffnung.

T: Sally, ich weiß, daß Sie jetzt ziemlich mutlos sind und daß Sie das Gefühl haben, daß diese Probleme niemals enden. Glauben Sie, es würde Ihnen helfen sich vorzustellen, daß Sie diese harte Zeit überstanden haben?

P: Ich glaube schon. Es fällt mir schwer, mir das vorzustellen.

T: Schauen wir mal. Wie wäre es, wenn Sie sich in Gedanken ins nächste Semester versetzen. Es ist Ihr zweites Jahr, sagen wir irgendwann im Herbst. Sind Sie noch im College?

P: Wahrscheinlich ja.

T: Haben Sie eine Vorstellung davon, wie Sie leben?

P: Ich weiß nicht. Es ist schwer, so weit voraus zu denken.

T: Machen wir es ganz konkret. Wann stehen Sie auf? Wo sind Sie?

P: Ich stehe wahrscheinlich so gegen acht oder halb neun auf. Ich bin wahrscheinlich in einer Wohnung außerhalb des Campus.

T: Wohnen Sie allein?

P: Vielleicht mit anderen Studenten in einem Haus. Ich habe mit ein paar Leuten aus meinem Wohnheim darüber gesprochen.

T: Okay, Sie stehen auf. Was passiert als nächstes?

P: Wahrscheinlich muß ich mich beeilen, um zur Veranstaltung zu kommen. Wenn ich nicht im Wohnheim wohne, brauche ich länger.

T: Treffen Sie irgendwelche Mitbewohner, bevor Sie gehen? Gehen Sie allein oder mit jemand zusammen?

P: Ich weiß nicht.

T: Es ist Ihre Vorstellung. Sie können es entscheiden.

P: Gut, ich glaube, ich gehe mit jemand zusammen.

T: Worüber sprechen Sie auf dem Weg? Oder sind Sie still?

P: Nein, wir sprechen über die Uni oder über Bekannte oder ähnliches.

T: Und danach?

P: Gehe ich in die Veranstaltung.

T: In einen großen Hörsaal wie bei den meisten Veranstaltungen in diesem Jahr?

P: Nein, wahrscheinlich nicht. Nächstes Jahr werden die Gruppen kleiner.

T: Und was, glauben Sie, passiert in der Veranstaltung? Reden Sie mit oder sind Sie still?

P: Na ja, ich hoffe, daß ich nächstes Jahr mehr Leute kenne. Dann würde ich mich wohler fühlen. Ich wäre wahrscheinlich immer noch eher ruhig, aber ich könnte mich mehr beteiligen.

T: Wie geht es Ihnen, wenn Sie sich das vorstellen?

P: Gut.

T: Haben Sie Lust, diese Szene als Hausaufgabe zu Ende zu führen? Dann könnten Sie versuchen, jedes Mal, wenn der Gedanke: „Ich komme hier nie raus.", auftaucht, auf diese Szene umzuschalten. Wir werden sehen, ob das einen Effekt auf Ihre Stimmung hat.

P: Ich versuche es.

T: Wirkt da nur das positive Denken, wenn Sie sich diese Szene vorstellen? Oder könnten Sie auch etwas dazu tun, daß sie wahr wird? Tun Sie nicht eigentlich schon einiges dafür?

P: Ja, doch.

Eine andere Distanzierungstechnik hilft dem Patienten, mit den vorgestellten Auswirkungen einer Katastrophe fertigzuwerden. Marie fürchtet, wie bereits beschrieben wurde, daß durch ihren Tod das Leben ihrer Kinder für immer zerstört wäre. Sie stellt sich aber nur den Zustand direkt nach dem Unfall vor. Der Therapeut läßt sie statt dessen das vermutliche Streßniveau zu verschiedenen Zeitpunkten vorstellen. Diese Technik ähnelt dem Sprung in die Zukunft; allerdings geht es hier nicht um Minuten, Stunden oder Tage, sondern um *Jahre*.

T: Wer würde Ihren Kindern sagen, daß Sie tot sind, Marie?

P: Mein Mann.

T: Wie macht er das?

P *(weinend.)*: Er nimmt sie in den Arm und sagt: „Mama hatte einen Unfall. Sie kommt nicht wieder."

T: Und dann?

P: Zuerst können sie es nicht glauben. Sie weinen und sagen: „Nein, das ist nicht wahr. Ich will meine Mama."

T: Es geht ihnen sehr schlecht?

P: Ja, sehr schlecht.

T *(wartet einen Moment.)*: Können Sie ein bißchen weiter in die Zukunft sehen? Sechs Monate sind vergangen. Was passiert jetzt? Können Sie Ihre Kinder sehen?

P: Sie sind in der Schule. Sie sehen traurig aus. Verstört. Irgendwie leer.

T: Wie schlecht geht es ihnen?

P: Immer noch ziemlich schlecht.

T: Können wir noch zwei Jahre weitergehen? Wie alt sind sie jetzt?

P: Melissa ist acht und Linda ist sechs.

T: Was tun sie gerade?

P: Sie spielen vor dem Haus. Es ist unser Haus. Ich glaube nicht, daß mein Mann umziehen würde.

T: Was tun sie gerade?

P: Sie spielen mit den Nachbarskindern. Seilspringen oder Ballspielen oder so ähnlich.

T: Wie geht es ihnen jetzt?

P: Ganz gut, solange sie nicht an mich denken.

T: Und wenn sie an Sie denken?

P *(beginnt zu weinen.)*: Manchmal weinen sie noch. Es ist verwirrend für sie.

T: So schlimm wie am Anfang?

P: Nein, nicht mehr so schlimm.

Der Therapeut führt Marie vorsichtig durch eine Reihe von Vorstellungen, fünf, zehn und 20 Jahre nach ihrem Tod. Durch diese Übung wird Marie klar, daß die anfängliche verheerende Wirkung auf ihre Töchter mit der Zeit durch kürzere Perioden von Trauer und Kummer abgelöst wird, die sie überwinden können. Sich in allen Einzelheiten vorzustellen, wie ihre Töchter aufwachsen und eigene Familien gründen, reduziert Maries Angst vor einem tödlichen Autounfall deutlich.

Verringerung der wahrgenommenen Bedrohung

Durch die dritte Art der induzierten Vorstellung kann der Patient die Bedrohung, die von einer Situation ausgeht, realistischer einschätzen. Der Therapeut schlägt Sally zum Beispiel vor, in der Vorstellung von ihrem Referat auch die aufmunternden Gesichter ihrer Freunde unter den Zuhörern zu sehen. Pam, eine Patientin, die Angst vor einem Kaiserschnitt hatte, stellte sich die gesamte Notfallausrüstung im Kreißsaal und die fürsorglichen Mienen der Schwestern und Ärzte hinter dem Mundschutz vor.

Zusammenfassend gesagt: Viele, wenn nicht die meisten Patienten erleben automatische Gedanken in Form spontaner visueller Vorstellungen. Damit sie diese Vorstellungen erkennen können, ist häufig ein stetes (aber unaufdringliches) Nachfragen nötig. Patienten, die oft belastende Vorstellungen haben, profitieren von der regelmäßigen Übung diverser Imaginationstechniken. Daneben können für verschiedene therapeutische Zwecke auch visuelle Vorstellungen induziert werden.

14

Hausaufgaben

Hausaufgaben sind ein unverzichtbarer Bestandteil der kognitiven Therapie (Beck et al., 1979 [dt.: 1996]). Sie dienen im wesentlichen dazu, dem Patienten *die ganze Woche über* Anregungen zur Veränderung seiner Kognitionen und seines Verhaltens zu geben. Gute Hausaufgaben geben dem Patienten Gelegenheit, sich zu informieren (z.B. durch Bibliotherapie), Daten zu sammeln (z.B. durch die Aufzeichnung von Gedanken, Gefühlen und Verhalten), seine Gedanken und Annahmen zu überprüfen, sein Denken zu verändern, kognitive und verhaltensorientierte Techniken zu üben und mit neuen Verhaltensweisen zu experimentieren. Hausaufgaben können den Lerneffekt einer Therapiesitzung maximieren und die Selbstwirksamkeit des Patienten vergrößern.

Forschungsergebnisse zeigen, daß Patienten, die Hausaufgaben machen, in der kognitiven Therapie bessere Fortschritte erzielen als solche, die keine Hausaufgaben machen (Neimeyer & Feixas, 1990; Persons et al., 1988). Viele Patienten machen die Hausaufgaben bereitwillig und problemlos, manche nicht. Man sollte sich darüber klar sein, daß selbst die erfahrensten Therapeuten gelegentlich Schwierigkeiten mit einem Patienten haben, der trotz sorgfältiger Vorbereitung so gut wie keine *schriftlichen* Hausaufgaben erledigt. Dennoch sollte der Therapeut zunächst immer davon ausgehen, daß jeder Patient Hausaufgaben *macht*, wenn sie angemessen gestaltet sind. Um die Compliance des Patienten zu erhöhen, achtet der Therapeut zum Beispiel darauf, die Hausaufgaben an den Einzelfall anzupassen, einsichtig zu begründen, mögliche Hindernisse aufzudecken und diesbezügliche Annahmen zu verändern. Dieses Kapitel besteht aus vier Teilen: Hausaufgaben aufgeben, die Wahrscheinlichkeit einer erfolgreichen Bearbeitung erhöhen, Probleme in das Fallkonzept integrieren und Hausaufgaben besprechen.

Hausaufgaben aufgeben

Es gibt keine allgemeine Regel dafür, welche Hausaufgaben man aufgeben sollte. Statt dessen einigt man sich gemeinsam auf Hausaufgaben, die auf den individuellen Patienten zugeschnitten sind. Sie passen zu den Inhalten und Zielen der Sitzung, den übergeordneten Therapiezielen von Therapeut und Patient, dem Fallkonzept und der Therapiephase, in der sich der Patient befindet. Natürlich sollte der Therapeut, wenn er Hausaufgaben vorschlägt, individuelle Eigenschaften des Patienten berücksichtigen: dazu gehören u.a. seine Fähigkeiten im Lesen und Schreiben, seine Motivation und Kooperationsbereitschaft, Belastungsniveau, kognitive Funktionstüchtigkeit und praktische Einschränkungen (z.B. Zeitmangel).

Zu Beginn der Therapie schlägt im allgemeinen der Therapeut die Hausaufgaben vor. Wie bei der Aufstellung der Tagesordnung geht er jedoch nach und nach dazu über, den Patienten selbst Hausaufgaben entwerfen zu lassen (z.B. „Welche Aufgabe für die nächste Woche würde Ihnen jetzt, nachdem wir das Problem mit Ihrer Zimmergenossin besprochen haben, helfen?"). Patienten, die sich in der Endphase der Therapie routinemäßig selbst Hausaufgaben aufgeben, tun dies mit größerer Wahrscheinlichkeit auch nach Therapieabschluß.

Im folgenden ersten Abschnitt werden typische Hausaufgaben vorgestellt: fortlaufende Hausaufgaben und spezielle Aufgaben für die Anfangs-, Mittel- und Endphase der Therapie. Danach werden einige Beispiele aus Sallys Hausaufgaben vorgestellt. Der letzte Teil des Abschnitts gibt Richtlinien für die Aufgabenauswahl.

Fortlaufende Hausaufgaben

Im folgenden werden typische fortlaufende Hausaufgaben erläutert.

1. *Aktivierung* ist vor allem für untätige Patienten wichtig, aber sie kann auch vielen Patienten helfen, die entweder ihre früheren Aktivitäten wiederaufnehmen oder neue erproben möchten, um ihr Leben abwechslungsreicher zu gestalten. Die Planung von Aktivitäten kann formell, wie in Kapitel 12 geschildert, oder eher beiläufig erfolgen (z.B. „Gibt es auf Ihrer Liste der Therapieziele irgendwelche Aktivitäten, die Sie diese Woche ausprobieren oder über die Sie sich informieren wollen?").
   Ein zweiter Typ von Aktivitäten ergibt sich aus dem Sitzungsinhalt: das Üben neuer Fertigkeiten und die Umsetzung von gemeinsam entwickelten Problemlösungen. Sally hatte zum Beispiel einige Probleme mit ihrer Zimmergenossin. Nach der Besprechung und einem Rollenspiel in der Sitzung war sie damit einverstanden, mit ihr über Themen wie Lärm und Unordnung zu verhandeln. Die erfolgreiche praktische Umsetzung von Problemlösungen führt häufig zu einer bedeutenden Stimmungsverbesserung.
2. Die *Aufzeichnung automatischer Gedanken* ist von der ersten Sitzung an eine wichtige Aufgabe. Wie in Kapitel 3 beschrieben, fragt sich der Patient jedes Mal, wenn er eine Stimmungsveränderung bemerkt: „Was geht mir gerade durch den Kopf?" Anfangs kann er sich diese Gedanken auf ein Blatt Papier, eine Karteikarte oder in ein Notizbuch schreiben. Sobald es ihm angemessen erscheint, bringt ihm der Therapeut bei, die automatischen Gedanken in ein Gedankentagebuch einzutragen.

Der Therapeut erläutert dem Patienten, daß die Aufzeichnung von automatischen Gedanken zu einer *höheren* Belastung führen kann, wenn er nicht gleichzeitig versucht, eine passende Antwort darauf zu finden. Aus diesem Grund können Therapeut und Patient für vorhersehbare belastende Gedanken Bewältigungskarten zusammenstellen (vgl. Kapitel 12), die der Patient zu Hause lesen kann.

3. Eine weitere nützliche fortlaufende Aufgabe ist *Bibliotherapie*. Gewöhnlich lohnt es sich, wenn der Patient beim Lesen seine Reaktionen, wie Zustimmung, Ablehnung und Fragen, schriftlich festhält.

4. Eine *Wiederholung der letzten Sitzung* hilft, das Gelernte zu verfestigen. Sie kann zum Beispiel darin bestehen, daß der Patient die Therapienotizen liest, die er sich in der Sitzung (oder direkt danach) gemacht hat, und/oder einen Kassettenmitschnitt der Sitzung hört. Während er sich die Kassette anhört, kann er die wichtigsten Punkte oder Schlußfolgerungen aus der Sitzung aufschreiben oder die automatischen Gedanken und dysfunktionale Annahmen notieren, für die in der Sitzung passende Antworten gefunden wurden. Alternativ zum Mitschneiden der gesamten Sitzung kann man auch nur die Zusammenfassung aufnehmen, die am Ende jeder Sitzung gemacht wird. Da der Therapeut unter Umständen selbst einen Mitschnitt braucht (vgl. Kapitel 18), kann er den Patienten bitten, sich einen eigenen Kassettenrecorder und Kassetten mitzubringen.

5. Die *Vorbereitung auf die nächste Therapiesitzung* erledigen viele Patienten von sich aus. Man muß ihnen dafür keine spezielle fortlaufende Hausaufgabe geben. Sie überlegen sich automatisch Antworten auf die Standardfragen des Therapeuten am Beginn der Sitzung. Manche Patienten vermeiden aber zwischen den Sitzungen Gedanken an die Therapie oder es fällt ihnen schwer, die wichtigen Punkte, über die sie sprechen wollen, in ein paar Sätzen zusammenzufassen. Diesen Patienten nützt es, sich vor jeder Sitzung bestimmte Punkte zu überlegen oder zu notieren. Das Arbeitsblatt zum Anknüpfen an die letzte Sitzung (Kapitel 4, Abbildung 4.1) kann hierbei als Leitfaden dienen.

Weitere Aufgaben

Die oben beschriebenen Aufgaben können immer nützlich sein. Zusätzlich sollte der Therapeut darüber nachdenken, ob in bestimmten Sitzungen noch andere Aufgaben angebracht sind. Nach der ersten Sitzung ist es zum Beispiel oft hilfreich, wenn der Patient seine Liste der Therapieziele (vgl. Kapitel 3) ergänzt und ein Protokoll positiver Selbstaussagen (vgl. Kapitel 12) beginnt. Die Hausaufgaben in den folgenden Sitzungen können sich besonders auf die Überprüfung und Beantwortung automatischer Gedanken konzentrieren.

Wenn grundlegende Axiome und Annahmen identifiziert werden, kann es nützlich sein, daß der Patient ein ausgefülltes Diagramm zum kognitiven Fallkonzept (Kapitel 10) durcharbeitet. Nach der Neustrukturierung dysfunktionaler Annahmen in der Sitzung kann der Patient zu Hause mit dem Arbeitsblatt zu Grundannahmen (Kapitel 11) weiterarbeiten. Vor oder nach der Modifikation von Annahmen kann er mit Verhaltensänderungen experimentieren: neue Fertigkeiten üben (z.B. Selbstbehauptung), so tun, als ob (vgl. Kapitel 10) und Gedanken und Annahmen mit Verhaltensexperimenten testen (vgl. Kapitel 10 und 12).

Die Hausaufgaben in der Endphase der Therapie können den Therapieabschluß vorbereiten und dienen der Rückfallprävention (vgl. Kapitel 15): Ordnen der Therapienotizen, Beantwortung automatischer Gedanken zum Therapieabschluß und Planung für vorhersehbare zukünftige Schwierigkeiten.

Obwohl die Aufgaben in der folgenden Liste für viele Patienten geeignet sind, sollte man nicht vergessen, daß viele Hausaufgaben ganz individuell speziell für einen bestimmten Patienten entworfen werden.

Eine Stichprobe von Sallys Hausaufgaben

Sitzung 1

1. Liste der Ziele vervollständigen.
2. Wenn sich meine Stimmung ändert, mich fragen: „Was geht mir gerade durch den Kopf?" Gedanken (und bildliche Vorstellungen) notieren. Mich daran erinnern, daß diese Gedanken nicht unbedingt wahr sind.
3. Mich daran erinnern, daß ich im Moment *depressiv* bin, nicht faul, und daß mir deswegen alles so schwerfällt.
4. Darüber nachdenken, was ich nächste Woche auf die Tagesordnung setzen will (Problem oder Situation), und einen Namen dafür finden.
5. Broschüre und Therapienotizen lesen.
6. Nächste Woche dreimal schwimmen oder laufen gehen.

Sitzung 2

1. Wenn sich meine Stimmung ändert, mich fragen: „Was geht mir gerade durch den Kopf?", und die automatischen Gedanken notieren (die nicht unbedingt ganz wahr sind). Versuchen, das mindestens einmal am Tag zu machen.
2. Wenn ich die automatischen Gedanken nicht herausfinden kann, zumindest die Situation aufschreiben. Daran denken, daß das Identifizieren der Gedanken eine Fertigkeit ist, die mir mit der Zeit leichter fallen wird, ähnlich wie Schreibmaschinenschreiben.
3. Ron wegen Kapitel 3 vom Wirtschaftsbuch um Hilfe bitten.
4. Therapienotizen einmal pro Tag durchlesen.
5. Weiter laufen/schwimmen. Drei Aktivitäten mit Jane (Zimmergenossin) planen.

Sitzung 3

1. Jeden Tag Therapienotizen lesen.
2. Weiter laufen/schwimmen/etwas mit Jane unternehmen.
3. Lisa fragen, ob sie mit mir für die Chemieprüfung lernen will.
4. Positiv-Liste (Protokoll positiver Selbstaussagen) ergänzen.
5. Einmal täglich, wenn sich meine Stimmung verschlechtert, die ersten vier Spalten des Gedankentagebuchs ausfüllen und mit Hilfe der Fragen am Ende eine Antwort überlegen.

Sitzung 4

1. Automatische Gedanken ins Gedankentagebuch schreiben.
2. Therapienotizen lesen.
3. Aktivitätsplan soweit wie möglich ausfüllen.
4. Mit Zimmergenossin über nächtlichen Lärm reden.
5. Positiv-Liste (Protokoll positiver Selbstaussagen) führen.

Sitzung 5

1. Bei Stimmungsänderung die ersten vier Spalten des Gedankentagebuchs ausfüllen und mit Hilfe der Fragen am Ende eine Antwort überlegen.
2. Therapienotizen lesen.
3. Aktivitäten ausführen, wie in der Sitzung geplant.
4. Positiv-Liste.
5. Tutor wegen zusätzlicher Hilfe ansprechen.

Sitzung 6

1. Bei Belastung Gedankentagebuch ausfüllen.
2. Therapienotizen lesen (täglich)
3. Positiv-Liste.
4. Bewältigungskarte lesen, wenn ich wegen der Literatur-Hausarbeit ängstlich bin.
5. Aktivitätsplanung fortsetzen.

Sitzung 7

1. Gedankentagebuch.
2. Therapienotizen lesen.
3. Positiv-Liste.
4. Nach dem Seminar ein bis zwei Fragen stellen.
5. Dreimal täglich und bei Bedarf Bewältigungskarten lesen.

Sitzung 8

1. Gedankentagebuch.
2. Therapienotizen und bei Bedarf Bewältigungskarten lesen.
3. Positiv-Liste.
4. Im Seminar ein bis zwei Fragen stellen.
5. Diagramm zum kognitiven Fallkonzept durchlesen.

Sitzung 9

1. Gedankentagebuch.
2. Therapienotizen und 1–3mal täglich Bewältigungskarten lesen.
3. Im Seminar ein bis zwei Fragen beantworten oder meine Meinung sagen (Wirtschaft oder Chemie).
4. Unteren Teil des Arbeitsblatts zu Grundannahmen ausfüllen.
5. Lärmproblem mit Zimmergenossin besprechen.
6. Zu Dr. Smith in die Sprechstunde gehen.
7. Vor- und Nachteile von Philadelphia bzw. zu Hause im Sommer.

Sitzung 12 (vorletzte Sitzung)

1. Gedankentagebuch über Therapieende.
2. Alle Therapienotizen ordnen.
3. Noch einmal Notizen dazu lesen, wie man eine Selbst-Therapie-Sitzung macht.

Die Wahrscheinlichkeit erfolgreicher Hausaufgaben erhöhen

Obwohl manche Patienten die vorgeschlagenen Hausaufgaben problemlos erledigen, sind sie für andere problematischer. Die Einführung der folgenden Richtlinien erhöht die Wahrscheinlichkeit, daß der Patient mit den Hausaufgaben Erfolg hat und sich seine Stimmung dadurch verbessert.

1. Die Aufgabe individuell anpassen (Sie sollten 90–100% sicher sein, daß der Patient die Hausaufgabe erledigen kann und wird.). Lieber zu einfache als zu schwierige Aufgaben geben.
2. Begründen, wie und warum die Hausaufgabe helfen kann.
3. Hausaufgaben gemeinsam festlegen; den Patienten um Vorschläge und um seine Zustimmung bitten.
4. Hausaufgaben so konstruieren, daß der Patient dabei nur gewinnen kann.
5. (Wenn möglich) in der Sitzung mit der Aufgabe beginnen.

6. Bei der Einführung eines Systems zur Erinnerung an die Aufgabe behilflich sein.
7. Mögliche Probleme vorhersehen; gegebenenfalls mentales Training durchführen.
8. Gegebenenfalls auf ein mögliches negatives Ergebnis vorbereiten.

Die Hausaufgabe individuell anpassen

Die erfolgreiche Durchführung einer Hausaufgabe kann die Therapie beschleunigen, die Stimmung des Patienten verbessern und ihm ein Erfolgserlebnis verschaffen. Die Hausaufgabe sollte deshalb sorgfältig geplant werden, um die Erfolgswahrscheinlichkeit zu maximieren. Anstatt nach einem bestimmten Schema Hausaufgaben vorzuschlagen, sollte der Therapeut die (am Anfang dieses Kapitels beschriebenen) Eigenschaften und Wünsche des Patienten in seine Planung mit einbeziehen.

Die Patientin Joan hatte zum Beispiel in der ersten Sitzung das kognitive Modell nicht verstanden und reagierte gereizt, als ihr (unerfahrener) Therapeut sie dazu drängte, ihre automatischen Gedanken zu identifizieren. Sie sagte: „Sie verstehen das nicht; ich *weiß* nicht, was mir durch den Kopf geht; ich weiß nur, daß ich ziemlich aufgeregt bin." Das Aufschreiben der automatischen Gedanken hätte in dieser Sitzung als Hausaufgabe nichts gebracht. Eine andere Patientin, Barbara, hatte hingegen bereits ein populärwissenschaftliches Buch über kognitive Therapie gelesen und konnte ihre automatischen Gedanken außergewöhnlich gut erfassen. Ihre erste Hausaufgabe bestand darin, immer, wenn sie aufgeregt war, die ersten vier Spalten des Gedankentagebuchs auszufüllen.

Neben dem Inhalt ist auch die *Menge* der Hausaufgaben wichtig. Sally war eine motivierte Patientin und als Studentin war sie an Hausaufgaben gewöhnt. Sie konnte zu Hause problemlos mehr erledigen als Joan, die depressiver war und die Schule schon seit Jahren hinter sich hatte.

Der dritte Schritt bei der Anpassung der Hausaufgaben an den jeweiligen Patienten besteht darin, die Aufgabe in Einzelschritte zu zerlegen, die den Patienten nicht überfordern. Er kann beispielsweise ein Kapitel eines populärwissenschaftlichen oder Lehrbuchs über kognitive Therapie lesen, die ersten vier Spalten des Gedankentagebuchs bearbeiten, zehn bis 15 Minuten mit dem Bezahlen von Rechnungen verbringen, zwei Maschinen voll Wäsche waschen oder zum Supermarkt fahren, aber noch nicht hineingehen.

Vor der Festlegung von Hausaufgaben ist es wichtig, die möglichen Schwierigkeiten zu berücksichtigen. Dazu sollte man die Diagnose und die Hauptprobleme des Patienten beachten. Ein schwer depressiver Patient wird anfangs z.B. mehr von verhaltensorientierten (im Gegensatz zu kognitiven) Aufgaben profitieren. Ein Patient mit Vermeidungstendenzen wird hingegen wahrscheinlich vor den verhaltensorientierten Aufgaben zurückschrecken, weil er sie als bedrohlich und potentiell stimmungsverschlechternd wahrnimmt. Ein Patient, der sich ängstlich und überfordert fühlt, ist vielleicht zu *gar keiner* Hausaufgabe fähig, wenn ihm der Therapeut zu viele Aufgaben aufgibt. Es ist deshalb wesentlich besser, wenn die Hausaufgaben eher ein bißchen zu leicht sind. Patienten, die eine Aufgabe nicht oder nicht korrekt ausführen können, reagieren leicht selbstkritisch oder hoffnungslos.

Begründung der Aufgaben

Ein Patient wird seine Hausaufgaben eher erledigen, wenn er versteht, warum er sie machen soll. Sallys Therapeut kündigte eine Hausaufgabe zum Beispiel folgendermaßen an: „Sally, glauben Sie, es würde uns helfen, wenn wir etwas besser wüßten, wie Sie Ihre Zeit verbringen? Dann können wir sehen, ob Sie mit bestimmten Aufgaben überhäuft sind und vielleicht nicht genug Zeit mit anderen Dingen verbringen."

Normalerweise gibt der Therapeut anfangs eine kurze Begründung; im weiteren Verlauf der Therapie ermutigt er den Patienten, über den Sinn einer Aufgabe nachzudenken, zum Beispiel: „Was hätten Sie davon, wenn Sie Ihre Zimmergenossin fragen würden, was sie am Wochenende vorhat, Sally?", „Wozu könnte es gut sein, die Positiv-Liste weiterzuführen?" Es ist auch nützlich, die Patienten darauf hinzuweisen, daß die Erledigung der Hausaufgaben dazu beitragen kann, daß es ihnen *schneller* besser geht: „Die Forschung zeigt, daß die Patienten, die Hausaufgaben machen, im allgemeinen bessere Fortschritte machen, als die, die es nicht tun." Es ist auch wichtig zu betonen, warum die Hausaufgaben *täglich* gemacht werden sollten. Die Veränderung des Denkens und Verhaltens erfordert kontinuierliche Aufmerksamkeit und Anstrengung.

Hausaufgaben gemeinsam festlegen

Der Therapeut stellt sicher, daß der Patient nicht nur den Zweck einer Aufgabe versteht, sondern auch damit einverstanden ist: „Sally, was halten Sie davon, nach der Veranstaltung Ihrem Professor eine Frage zu stellen?" Bei überangepaßten Patienten kann es sein, daß sie der Aufgabe in der Sitzung bereitwillig zustimmen, sie dann aber nicht ausführen. Wenn der Therapeut sieht, daß sich ein solches Verhaltensmuster entwickelt, kann er zusätzliche Maßnahmen ergreifen, z.B. Fragen wie die folgenden stellen: „Wie wahrscheinlich ist es Ihrer Meinung nach, daß Sie nächste Woche ein paarmal dazu kommen, das Gedankentagebuch auszufüllen?", „Glauben Sie wirklich, daß Ihnen das helfen wird?", „Würden Sie es diese Woche lieber in Gedanken machen und wir füllen es dann in der nächsten Sitzung zusammen aus?", „Wie könnten wir die Aufgabe so gestalten, daß Sie sie eher machen?"

Im weiteren Verlauf der Therapie ermutigt der Therapeut den Patienten, sich selbst Hausaufgaben zu geben: „Was möchten Sie diese Woche im Hinblick auf [dieses Problem] tun?", „Was könnten Sie diese Woche tun, wenn Sie sich zu ängstlich fühlen?", „Wie wollen Sie mit [diesem Problem] umgehen, wenn es auftaucht?"

Hausaufgaben so gestalten, daß man dabei nur gewinnen kann

Wie in Kapitel 3 erwähnt, ist es hilfreich, anfangs bei der Festlegung der Aufgaben zu betonen, daß man auch dann wertvolle Informationen gewinnt, wenn der Patient es nicht schafft, die Hausaufgabe zu erledigen. Auf diese Weise kann man verhindern, daß ein Patient sich als Versager abstempelt und seine Stimmung sich verschlechtert, weil er die Hausaufgaben nicht gemacht hat.

THERAPEUT: Sally, es wäre toll, wenn Sie diese Hausaufgaben alle schaffen. Aber wenn Sie damit Schwierigkeiten haben, ist das auch okay, vor allem, wenn Sie herausfinden können, welche Gedanken Sie daran hindern. Sie können also entweder die Aufgaben machen oder darauf achten, was Ihnen durch den Kopf geht und Sie davon abhält. Dann können wir nächste Woche über diese Gedanken sprechen; das wird eine wichtige Information für uns sein. Einverstanden?

Manchmal machen Patienten zwei Wochen lang einen Großteil ihrer Hausaufgaben nicht oder sie erledigen die Aufgaben nicht täglich, sondern kurz vor der Therapiesitzung. In diesen Fällen sollte der Therapeut nicht länger die Hausaufgaben so gestalten, daß man nur gewinnen kann, sondern die psychologischen und/oder praktischen Hindernisse bei die Durchführung aufdecken und die Bedeutung der Hausaufgaben betonen.

In der Sitzung mit der Hausaufgabe beginnen

Vor allem im Anfangsstadium der Therapie ist es empfehlenswert, einen Teil der Sitzungszeit dafür einzuplanen, daß der Patient mit einer Aufgabe beginnen kann. Diese Vorgehensweise nützt dem Therapeuten, weil er so abschätzen kann, ob die Schwierigkeit der Aufgabe angemessen ist. Sie nützt auch dem Patienten, denn er wird eher eine Aufgabe zu Ende führen als eine neue anfangen. Dies ist ein wichtiger Punkt, denn Patienten schildern oft, daß die Phase, *direkt bevor* sie mit der Aufgabe beginnen – also sich zum Anfangen zu motivieren –, das Schwierigste an den Hausaufgaben ist.

An die Hausaufgaben erinnern

Es ist äußerst wichtig, die Patienten von Anfang an daran zu gewöhnen, sich während der Sitzung die Hausaufgaben zu notieren. Für die Patienten, die trotzdem vergessen, sie zu erledigen, gibt es noch einige weitere nützliche Strategien. Sie können die Aufgabe mit einer anderen Handlung koppeln, die sie täglich ausführen (z.B. „Wäre es möglich, den Aktivitätsplan bei den Mahlzeiten und direkt vor dem Zu-Bettgehen auszufüllen?"). Sie können Notizzettel am Kühlschrank, am Badezimmerspiegel oder am Armaturenbrett ihres Wagens anbringen. Sie erinnern sich vielleicht an Techniken, die sie früher angewendet haben, wenn man mit ihnen bespricht, was sie tun, um sich an die Einnahme oder Verabreichung von Medikamenten zu erinnern. Oft empfiehlt sich die Anwendung von Problemlösungsstrategien: z.B. kann man gemeinsam auf die Idee kommen, daß der Patient die Kassetten mit dem Therapiemitschnitt im Auto auf dem Weg zur Arbeit hören kann.

Probleme vorhersehen

Es ist wichtig, daß sich der Therapeut in die Lage des Patienten hineindenkt und sich folgendes überlegt:

Kann der Patient diese Menge an Hausaufgaben bewältigen?
Ist der Schwierigkeitsgrad angemessen?
Fühlt er sich überfordert?
Ist eine logische Verbindung zu den Zielen des Patienten erkennbar?
Wie wahrscheinlich ist es, daß er die Hausaufgabe ausführt?
Welche praktischen Probleme könnten ihn daran hindern (keine Zeit, Kraft, Gelegenheit)?
Welche Gedanken könnten ihn daran hindern?

Der Therapeut fragt den Patienten, wie wahrscheinlich (0–100%) es ist, daß er die Aufgabe ausführt. Wenn der Therapeut sich nicht 90–100% sicher ist, daß der Patient die Aufgabe erledigen wird, kann er eine oder mehrere der folgenden Strategien in Betracht ziehen:

1. *Mentales Training* arbeitet mit induzierten Vorstellungen, um mögliche Probleme im Zusammenhang mit den Hausaufgaben aufzudecken und zu lösen. Hierzu ein Beispiel:

THERAPEUT: Sally, glauben Sie, daß Sie etwas daran hindern könnte, den Tutor um Hilfe zu bitten?
PATIENTIN: Ich weiß nicht recht.

T: Welche Zeit wäre günstig, um zu ihm zu gehen? *(Bringt sie dazu, sich auf eine bestimmte Zeit festzulegen.)*

P: Ich glaube, Freitag vormittag. Dann hat er Sprechstunde.

T: Können Sie sich jetzt vorstellen, daß es Freitag vormittag ist? Können Sie sich ein Bild davon machen? Können Sie sich vorstellen, wie Sie zu sich selbst sagen: „Ich sollte jetzt zum Tutor gehen."

P: Ja.

T: Wo sind Sie? *(Fragt nach Einzelheiten, damit die Patientin die Szene leichter visualisieren und ihre Gedanken und Gefühle aufdecken kann.)*

P: In meinem Zimmer.

T: Was tun Sie?

P: Ich bin gerade fertig mit anziehen.

T: Und wie fühlen Sie sich?

P: Etwas nervös, nehme ich an.

T: Und was geht Ihnen durch den Kopf?

P: Ich würde lieber nicht hingehen. Ich lese mir das Kapitel noch einmal alleine durch.

T: Und was antworten Sie auf diesen Gedanken?

P: Ich weiß nicht. Ich finde, er hört sich gut an. *(Lacht.)*

T: Möchten Sie sich daran erinnern, daß dies ein gutes Experiment ist, um Ihre Vorhersage zu testen, daß Sie den Stoff auch dann nicht verstehen, wenn Ihnen jemand dabei hilft?

P: Ich glaube schon.

T: Würde es Ihnen helfen, eine Bewältigungskarte zu lesen?

P: Wahrscheinlich. *(Therapeut und Patientin entwerfen zusammen eine Bewältigungskarte, wie in Kapitel 12 beschrieben.)*

T: Gut. Jetzt stellen Sie sich wieder vor, daß Sie fertig angezogen sind und denken: „Ich gehe lieber nicht hin und lese das Kapitel alleine durch." Was passiert jetzt?

P: Ich denke: „Augenblick mal. Das sollte doch ein Experiment werden. Wo ist die Bewältigungskarte?"

T: Oh, wo ist sie?

P: So wie ich mich kenne, muß ich sie erst suchen.

T: Könnten Sie sie gleich an einen bestimmten Ort legen, wenn Sie heute heimkommen?

P: Ich möchte nicht unbedingt, daß meine Zimmergenossin sie sieht. ... Vielleicht ins untere Fach von meinem Schreibtisch.

T: Können Sie sich vorstellen, wie Sie die Karte herausnehmen und lesen?

P: Ja.

T: Was passiert dann?

P: Wahrscheinlich werde ich wieder daran erinnert, warum ich gehen *sollte*, aber ich mag immer noch nicht. Also beschließe ich, erst einmal mein Zimmer sauberzumachen.

T: Woran könnten Sie sich in diesem Moment erinnern?

P: Daß es besser wäre, gleich zu gehen und es hinter mich zu bringen. Daß es mir vielleicht wirklich hilft. Daß ich vielleicht überhaupt nicht hingehe, wenn ich jetzt erst mit Saubermachen anfange.

T: Gut. Und was passiert dann?

P: Ich gehe.

T: Und dann?

P: Ich komme an. Ich stelle ihm die Frage. Ich verstehe die Antwort nicht ganz. Ich sage ihm, was mich verwirrt. Vielleicht kann er mir helfen.

T: Und wie fühlen Sie sich in diesem Moment?

P: Ziemlich gut. Ich bin froh, daß ich hingegangen bin.

Das gedankliche Üben der Hausaufgaben hilft Patient und Therapeut dabei, die praktischen Hindernisse und dysfunktionalen Gedanken zu entdecken, die die Erledigung der Hausaufgabe verhindern könnten.

2. *Eine andere Aufgabe vorschlagen.* Das kann angebracht sein, wenn der Therapeut den Eindruck hat, daß eine Aufgabe wirklich unangemessen ist, oder wenn das mentale Training nicht effektiv genug war. Es ist weitaus besser, dem Patienten eine leichtere Hausaufgabe zu geben, die er wahrscheinlich machen wird, als zuzulassen, daß er sich angewöhnt, Aufgaben nicht auszuführen, zu denen er sich verpflichtet hatte.

T: Sally, ich bin mir nicht sicher, ob Sie dazu schon bereit sind. (Oder: „Ich bin mir nicht sicher, ob diese Aufgabe angemessen ist.") Was meinen Sie dazu? Wollen Sie es versuchen oder lieber noch ein bißchen warten?

3. Ein *rational-emotionales Rollenspiel* kann einen widerstrebenden Patienten motivieren, wenn der Therapeut die Aufgabe für sehr wichtig hält. (Wie in Kapitel 10 beschrieben, wird diese Technik nicht zu Beginn der Therapie eingesetzt, da sie als konfrontativ erlebt werden kann.)

T: Ich bin mir immer noch nicht sicher, daß Sie wirklich die Bewältigungskarte herausnehmen, um sich anzuspornen.

P: Wahrscheinlich tue ich es nicht.

T: Wie wäre es, wenn wir dazu ein rational-emotionales Rollenspiel machen? Sie kennen das schon. Ich spiele Ihren verstandesmäßigen Teil, Sie den Gefühls-Teil. Sie widersprechen mir so heftig wie möglich, damit ich alle Argumente kennenlerne, die Sie benutzen, um keine Bewältigungskarten zu lesen und nicht mit dem Lernen anfangen zu müssen. Sie fangen an.

P: In Ordnung. Ich habe keine Lust dazu.

T: Das stimmt, aber es hat nichts zu bedeuten. Es ist egal, ob ich Lust dazu habe oder nicht. Ich *muß* es machen.

P: Aber ich kann es später machen.

T: Richtig, aber normalerweise mache ich es später eben *nicht*. Ich möchte diese schlechte Gewohnheit nicht dadurch verstärken, daß ich es jetzt verschiebe. Jetzt habe ich die Gelegenheit, eine neue, bessere Gewohnheit einzuführen.

P: Aber dieses eine Mal macht es doch nichts.

T: Stimmt. Ein einziges Mal ist nie entscheidend. Andererseits habe ich auf lange Sicht Vorteile davon, wenn ich die gute Gewohnheit soweit wie möglich unterstütze.

P: Ich weiß nicht, ich will einfach nicht.

T: Ich sollte jetzt nicht darauf achten, was ich im Moment tun *will* oder *nicht* tun will. Im Grunde *will* ich das tun, was ich tun muß, um meine Ziele zu erreichen und mit mir zufrieden zu sein, und ich will *nicht* ständig Dinge vermeiden, zu denen ich keine Lust habe.

P: ... Mir fallen keine Argumente mehr ein.

T: Okay. Dann tauschen wir jetzt die Rollen und danach können Sie sich etwas dazu aufschreiben (Oder weisen Sie den Patienten darauf hin, sich diesen Teil der Kassette anzuhören.).

Nach dem Rollentausch kann sich der Therapeut nochmals entscheiden. Er kann sich mit dem Patienten darauf einigen, die ursprüngliche Hausaufgabe durchzuführen (z.B. „Was halten Sie jetzt davon, es mit [dieser Aufgabe] zu versuchen?"). Wenn sie sich zur Beibehaltung der Hausaufgabe entschließen, können sie gemeinsam eine Bewältigungskarte mit einigen Argumenten aus dem Rollenspiel schreiben. Wenn der Therapeut es aber für unwahrscheinlich hält, daß der Patient die Aufgabe ausführt, dann sollte er lieber eine andere Aufgabe vorschlagen und nicht riskieren, daß der Patient sich unter Umständen als Versager fühlt.

Auf ein mögliches negatives Ergebnis vorbereiten

Es ist wichtig, ein Verhaltensexperiment oder die Überprüfung eines Axioms so zu gestalten, daß es wahrscheinlich gelingt. Sally und ihr Therapeut überlegten zum Beispiel, welcher Professor für Fragen nach dem Seminar besonders offen sei, wie sie sich ausdrücken solle, wenn sie mit ihrer Zimmergenossin über den nächtlichen Lärm redete, und wieviel Hilfe man vernünftigerweise von einem Nachbarn erwarten könne. Wenn der Therapeut vermutet, daß ein Verhaltensexperiment nicht so gut ausgeht wie erwartet, kann er dem Patienten helfen, absehbare automatische Gedanken schon im Vorfeld zu beantworten (vgl. Kapitel 12).

T: Nun, ich glaube, es könnte passieren, daß Ihr Nachbar sagt, er kann Ihnen nicht helfen. Was wird Ihnen durch den Kopf gehen, falls das passiert?

P: Daß ich besser nicht gefragt hätte. Daß er mich wahrscheinlich für dumm hält, weil ich gefragt habe.

T: Welche Gründe könnte er sonst noch für seine Ablehnung haben? *(Sucht eine alternative Erklärung.)*

P: Daß er zuviel zu tun hat.

T: Mhmm hmm.

P *(denkt nach.)*

T: Könnte es sein, daß er den Stoff nicht gut genug versteht, um ihn zu erklären? Oder daß er einfach nicht gerne Nachhilfeunterricht gibt? Oder daß er mit etwas anderem beschäftigt ist?

P: Ich nehme es an.

T: Haben Sie bisher irgendwelche Anhaltspunkte dafür, daß er Sie für dumm hält?

P: Nein, aber wir sind uns in politischen Fragen nicht einig.

T: Und hatten Sie den Eindruck, daß er Ihre Ideen für vollkommen dumm hält oder einfach für einen anderen Standpunkt?

P: Wir waren einfach verschiedener Meinung.

T: Also, soweit Sie wissen, hält er Sie nicht für dumm.

P: Nein, ich glaube nicht.

T: Also selbst wenn er Ihnen nicht helfen will, *muß* es nicht so sein, daß er wegen Ihrer Frage seine Meinung über Sie geändert hat.

P: Nein, ich glaube nicht.

T: Gut, wir sind uns also einig, daß Sie später zu ihm gehen und ihn um Hilfe bitten. Entweder hilft er Ihnen, dann ist es gut, oder er hilft Ihnen nicht, und woran sollen Sie dann denken?

P: Daß das nicht bedeutet, daß er mich für dumm hält. Es kann sein, daß er einfach beschäftigt ist oder den Stoff selbst nicht gut beherrscht oder nicht gerne Nachhilfeunterricht gibt.

Die Besprechung von möglichen Problemen im Vorfeld schützt den Patienten vor demoralisierender Selbstkritik.

Probleme in das Fallkonzept integrieren

Wenn der Patient Schwierigkeiten bei den Hausaufgaben hat, nützt der Therapeut dieses Problem als Gelegenheit zum besseren Verständnis des Patienten. Er überlegt sich, womit die Nicht-Bearbeitung der Hausaufgaben zusammenhängt: mit einem praktischen Problem, einem psychologischen Problem, einem psychologischen Problem, das wie ein praktisches Problem aussieht, und/oder einem Problem in den Kognitionen des *Therapeuten.*

Praktische Probleme

Die meisten praktischen Probleme können vermieden werden, wenn der Therapeut die Hausaufgabe sorgfältig plant und den Patienten darauf vorbereitet. Mentales Training (wie oben beschrieben) kann ebenfalls potentielle Probleme an den Tag bringen. Im folgenden werden vier verbreitete praktische Probleme und mögliche Gegenmaßnahmen besprochen.

Hausaufgaben in letzter Minute erledigen

Im Idealfall setzen die Patienten die Arbeit der Therapiesitzung *während der ganzen Woche* fort. So ist es zum Beispiel am wirkungsvollsten, wenn sie ihre automatischen Gedanken gleich in dem Moment, in dem sich ihre Stimmung ändert, festhalten, aufschreiben und entweder schriftlich oder im Kopf darauf antworten. Manche Patienten vermeiden es zwischen den Sitzungen, an die Therapie zu denken. Häufig ist diese Vermeidung Teil eines größeren Problems und es kann sein, daß Patient und Therapeut zuerst bestimmte Annahmen aufdecken und ändern müssen (z.B. „Wenn ich mich auf ein Problem konzentriere, anstatt mich abzulenken, wird es mir nur schlechter gehen.", oder „Ich kann mich sowieso nicht ändern, warum sollte ich es also versuchen?"). Andere Patienten müssen aber lediglich freundlich darauf hingewiesen werden, die Hausaufgaben nicht nur in letzter Minute zu machen: „Manche Patienten machen ihre Hausaufgaben am Abend vor der Sitzung. Was hätten *Sie* davon, wenn Sie sie nicht während der ganzen Woche, sondern nur am Abend vor der Sitzung machen würden?"

Den Zweck einer Aufgabe vergessen

Gelegentlich vernachlässigt der Patient eine Aufgabe, weil er sich nicht daran erinnert, warum er sie ausführen sollte. Dieses Problem kann vermieden werden, wenn der Patient (falls dieses Problem bei ihm bereits aufgetreten ist) die Begründung neben der Aufgabe notiert.

P: Es ging mir diese Woche gut, deswegen habe ich die Entspannungsübungen nicht gemacht [oder die Bewältigungskarten nicht gelesen oder die Atemtechniken nicht geübt oder meine Aktivitäten nicht aufgezeichnet].

T: Erinnern Sie sich, was wir vor ein paar Wochen besprochen haben – warum es hilfreich ist, wenn Sie das jede Woche üben, egal wie es Ihnen geht?

P: Ich weiß nicht recht.

T: Nehmen wir einmal an, Sie hätten die Entspannungsübungen drei Wochen lang nicht gemacht. Dann haben Sie eine ziemlich streßreiche Woche. Wie gut könnten Sie sich dann entspannen?

P: Ich nehme an, nicht so gut, wie wenn ich jede Woche geübt hätte.

T: Könnten Sie sich auch für diese Woche wieder die Entspannungsübungen als Hausaufgabe aufschreiben? Haben Sie noch andere Probleme mit dem Üben? Vielleicht sollten Sie dazuschreiben, warum Sie beschlossen haben, sie auch dann zu machen, wenn es Ihnen gut geht.

Desorganisation

Patienten, die ständig Schwierigkeiten mit der Zeitplanung oder der Erinnerung an die Hausaufgaben haben, sollten eine bestimmte Struktur oder einen Arbeitsplan einhalten. Eine mögliche Methode ist die Benutzung eines Hausaufgabenplans. Dies ist ein einfaches Diagramm, das der Therapeut in der Sitzung zeichnen kann. Der Patient wird angewiesen, jede erledigte Aufgabe abzuhaken.

	Mi	Do	Fr	Sa	So	Mo	Di
1. Therapienotizen lesen							
2. Positiv-Liste							
3. Gedankentagebuch ausfüllen							
4. im Seminar eine Frage stellen							

Man kann den Patienten auch bitten, einen Kalender oder Terminplan zu benutzen und für jeden Tag die Aufgaben einzutragen (Therapeut und Patient können den ersten Tag gemeinsam ausfüllen und der Patient kann den Rest nach der Sitzung im Wartezimmer eintragen.). Wenn er die Aufgaben erledigt hat, kann der Patient sie abhaken.

Eine dritte Methode besteht darin, den Patienten zu bitten, daß er im Büro des Therapeuten anruft und eine Nachricht hinterläßt, wenn er eine bestimmte Aufgabe ausgeführt hat. Das Wissen, daß der Therapeut die Nachricht erwartet, kann ihn zur Durchführung der Hausaufgabe motivieren.

Wie jede Intervention sollte der Einsatz dieser Methoden begründet und mit dem Patienten abgesprochen werden.

Schwierigkeiten bei einer Aufgabe

Wenn der Therapeut in der Sitzung feststellt, daß eine Hausaufgabe zu schwer oder zu unverständlich war (typische Probleme bei unerfahrenen Therapeuten), sollte er dies dem Patienten auf jeden Fall erklären (weil dieser sich möglicherweise unnötig selbst die Schuld daran gibt, daß er die Aufgabe nicht erfolgreich erledigt hat).

T: Sally, jetzt wo wir über Ihr Problem mit den Hausaufgaben gesprochen haben, wird mir klar, daß ich sie Ihnen nicht gut genug erklärt hatte (*oder: ... wird mir klar, daß sie eigentlich ungeeignet waren.*) Was ist Ihnen durch den Kopf gegangen, weil Sie sie nicht machen konnten (oder nicht gemacht haben)?

Hier hat der Therapeut Gelegenheit, 1. zu zeigen, daß auch er einen Fehler machen und eingestehen kann, 2. die Beziehung zu verbessern, 3. dem Patienten deutlich zu machen, daß er sich bemüht, die Therapie und die Hausaufgaben auf ihn zuzuschneiden, und 4. dem Patienten eine alternative Erklärung für seine Erfolglosigkeit anzubieten.

Psychologische Probleme

Wenn die Aufgabe gut geplant war und der Patient Gelegenheit zur Ausführung hatte, können Schwierigkeiten bei der Durchführung durch einen der im folgenden beschriebenen psychologischen Faktoren hervorgerufen werden.

Negative Vorhersagen

Belastete und insbesondere depressive Patienten haben die Tendenz, negative Ergebnisse vorherzusehen. Zur Aufdeckung der dysfunktionalen Kognitionen, die die Ausführung einer Hausaufgabe verhindert haben, bittet der Therapeut den Patienten, sich an einen bestimmten Moment zu erinnern, in dem er über die Aufgabe nachgedacht hat. Dann erfragt er die damit verbundenen Kognitionen und Emotionen:

T: Haben Sie irgendwann diese Woche daran gedacht, die Broschüre über Depression zu lesen?
P: Ja. Ich habe ab und zu daran gedacht.
T: Beschreiben Sie mir diese Gelegenheiten. Haben Sie zum Beispiel gestern abend daran gedacht?
P: Ja. Ich wollte es eigentlich nach dem Essen machen.
T: Was ist passiert?
P: Ich weiß nicht. Ich konnte mich einfach nicht dazu aufraffen.
T: Wie haben Sie sich gefühlt?
P: Niedergeschlagen, traurig, müde.
T: Was ist Ihnen durch den Kopf gegangen, als Sie daran gedacht haben, die Broschüre zu lesen?
P: Es ist schwierig. Wahrscheinlich kann ich mich nicht konzentrieren. Bestimmt verstehe ich es nicht.
T: Das klingt, als ob Sie sich ziemlich schlecht gefühlt hätten. Kein Wunder, daß Sie Schwierigkeiten hatten, damit anzufangen. Es würde mich aber interessieren, ob wir den Gedanken überprüfen können, daß Sie sich nicht konzentrieren können und es nicht verstehen.
P: Ich glaube, ich könnte es versuchen.

Der Patient kann dann direkt in der Sitzung ein Experiment durchführen. Wenn er damit Erfolg hat, kann er seine Schlußfolgerungen aufschreiben, zum Beispiel: „Manchmal sind meine Gedanken falsch und ich kann mehr, als ich mir zutraue. Das nächste Mal, wenn mir etwas hoffnungslos vorkommt, kann ich ein Experiment machen, um meine Gedanken zu überprüfen." (Beachten Sie: Falls das Experiment scheitert, wählt der Therapeut eine andere, einfachere Aufgabe.)

Andere negative Vorhersagen, wie: „Meine Zimmergenossin will sicher nicht mit mir zu dem Treffen gehen.", oder „Ich werde den Stoff auch dann nicht verstehen, wenn ich um Hilfe bitte.", oder „Wenn ich die Hausaufgaben mache, wird es mir schlechter gehen.", können ebenfalls einfach durch Verhaltensexperimente überprüft werden (allerdings kann der Therapeut den Patienten gegebenenfalls auf seine Reaktionen im Falle eines Scheiterns vorbereiten). Andere Gedanken, wie etwa: „Ich kann nichts richtig machen.", oder „Vielleicht falle ich in diesem Kurs durch.", können mit Standardfragen (vgl. Kapitel 8) überprüft und beantwortet werden.

Wenn der Patient im Hinblick auf eine Aufgabe Ambivalenz erkennen läßt, ist es wichtig, daß der Therapeut zugibt, daß er sich über den Erfolg nicht im Klaren ist: „Ich bin mir nicht *sicher*, daß diese Aufgabe Ihnen helfen wird. Was könnten Sie verlieren, wenn es nicht funktioniert? Was könnten Sie auf lange Sicht gewinnen, wenn es funktioniert?" Alternativ dazu könnten Patient und Therapeut auch die Vor- und Nachteile der Hausaufgabe auflisten. Wenn es dem Patienten schwerfällt, seine Gedanken über Hausaufgaben zu identifizieren oder sie dem Therapeuten gegenüber offen zuzugeben, kann er einen Fragebogen zu Hausaufgabenproblemen ausfüllen.

Schließlich kann ein Patient auch von der Arbeit an seinen Annahmen profitieren. Hausaufgaben können Annahmen wie etwa die folgenden aktivieren:

„Ich bin unfähig/hilflos/inkompetent."
„Daß ich Therapiehausaufgaben machen muß, bedeutet, daß ich nicht in Ordnung bin."
„Es sollte mir besser gehen, ohne daß ich mich so dafür anstrengen muß."
„Mein Therapeut versucht, mich zu kontrollieren."
„Wenn ich über meine Probleme nachdenke, wird es mir immer schlechter gehen."

Diese und ähnliche Annahmen können mit den Methoden, die in Kapitel 10 und 11 beschrieben wurden, identifiziert und modifiziert werden.

Die Anforderungen einer Aufgabe überschätzen

Manche Patienten überschätzen die Mühe oder die Schwierigkeit einer Hausaufgabe oder erkennen nicht, daß die Aufgabe zeitlich befristet ist.

T: Was könnte Sie daran hindern, diese Woche ein paarmal das Gedankentagebuch auszufüllen?

P: Ich weiß nicht, ob ich Zeit dazu habe.

T: Was vermuten Sie, wieviel Zeit Sie dafür brauchen?

P: Nicht so lang. Vielleicht zehn Minuten. Aber ich bin zur Zeit wirklich sehr im Streß. Ich habe tausend Sachen zu tun.

Patient und Therapeut arbeiten dann an der Problemlösung, indem sie nach Lücken im Zeitplan des Patienten suchen. Alternativ kann der Therapeut auch eine Analogie herstellen und betonen, daß der Patient die Hausaufgaben nur eine gewisse Zeit lang machen muß:

T: Das ist sicher richtig – Sie haben zur Zeit wirklich viel zu tun. Was würden Sie wohl tun, wenn Sie sich jeden Tag etwas Zeit nehmen müßten, um sich [oder Ihr Kind/wichtige andere Personen/ein Familienmitglied] am Leben zu erhalten? Was würde zum Beispiel passieren, wenn Sie jeden Tag eine Bluttransfusion bräuchten?

P: Ich würde mir natürlich die Zeit dafür nehmen.

T: Nun, es ist natürlich nicht lebensbedrohlich, diese Hausaufgabe nicht zu machen, aber im Prinzip ist es ähnlich. Wir können gleich im einzelnen darüber reden, woher Sie die Zeit nehmen könnten, aber zuerst sollten Sie sich deutlich machen, daß dies ja nicht für den Rest Ihres Lebens so bleiben wird. Sie müssen sich nur eine kurze Zeit lang umstellen, bis es Ihnen besser geht.

Ein Patient, der überschätzt, wieviel Kraft die Aufgabe kostet, kann von ähnlichen Fragen profitieren. Im folgenden Beispiel hat der Patient eine dysfunktionale (und verzerrte) Vorstellung von der Aufgabe.

T: Was könnte Sie daran hindern, diese Woche jeden Tag ins Einkaufszentrum zu gehen?

P *(seufzt.)*: Ich weiß nicht, ob ich die Kraft dazu habe.

T: Was stellen Sie sich vor?

P: Ach, ich sehe mich von einem Laden zum anderen schleichen.

T: Wir hatten doch beschlossen, daß Sie jeden Tag für zehn Minuten gehen sollen. Zu wie vielen Geschäften kommen Sie in zehn Minuten? Ich fürchte, Sie stellen sich die Aufgabe schwieriger vor, als wir sie geplant hatten.

In der folgenden Situation hat die Patientin die Aufgabe richtig in Erinnerung, aber dennoch überschätzt sie, wieviel Kraft sie kostet. Der Therapeut hilft ihr zunächst durch ein kurzes mentales Training, das Problem genauer zu definieren.

P: Ich weiß nicht, ob ich die Kraft habe, 15 Minuten mit Max in den Park zu gehen.

T: Ist das Problem vor allem, aus dem Haus zu kommen, zum Park zu kommen oder das, was Sie im Park tun müssen?

P: Aus dem Haus zu kommen. Ich muß so viele Sachen zusammensuchen: die Wickeltasche, den Buggy, ein Fläschchen, seine Jacke und seine Schuhe – *(Therapeut und Patientin erarbeiten dann Bewältigungsstrategien für das Problem; eine Strategie besteht darin, daß sie die Sachen, die sie braucht, schon am Vormittag zusammensucht, wenn sie sich kraftvoller und weniger überfordert fühlt.)*

Im dritten Fall deklariert der Therapeut die Hausaufgabe einfach als Experiment.

P: Ich weiß nicht, ob ich genug Kraft habe, um diese Telefongespräche zu führen.
T: Nachdem wir heute kaum noch Zeit haben, könnten wir die Aufgabe zu einem Experiment machen: Wir schreiben Ihre Vorhersage auf und in der nächsten Sitzung berichten Sie mir, ob sie richtig war.

Perfektionismus

Vielen Patienten hilft es schon, wenn sie kurz daran erinnert werden, daß sie die Hausaufgaben nicht perfekt machen müssen:

T: Sally, sich selbst zu behaupten ist eine Fertigkeit, die man lernen muß, wie den Umgang mit einem Computer. Je mehr Sie üben, desto besser werden Sie. Also machen Sie sich keine Gedanken, wenn Sie diese Woche Probleme damit haben. Wir überlegen uns dann in der nächsten Sitzung, wie Sie es besser machen können.

Patienten mit einem starken zugrundeliegenden Axiom, daß man perfekt sein müsse, können von einer Hausaufgabe profitieren, zu der Fehler *dazugehören*:

T: Es hört sich so an, als ob Ihre Annahme über Perfektion Sie daran hindert, die Therapie-Hausaufgaben zu machen.
P: Ja, das tut sie.
T: Wie wäre es, wenn Sie diese Woche ein Gedankentagebuch ausfüllen, das *absichtlich* nicht perfekt ist? Sie können unleserlich schreiben oder es nicht gründlich machen oder nicht auf die Rechtschreibung achten oder sich vornehmen, es in zehn Minuten zu schaffen, oder ähnliches.

Psychologische Hindernisse, die wie praktische Probleme aussehen

Manche Patienten führen praktische Probleme, wie fehlende Zeit, Kraft oder Gelegenheit an, die sie daran hindern, eine Aufgabe auszuführen. Wenn der Therapeut annimmt, daß auch ein Gedanke oder eine Annahme dahintersteckt, kann er diese Möglichkeit untersuchen, *bevor* er das praktische Problem bespricht.

T: Gut, Sie sind sich also nicht sicher, ob Sie diese Aufgabe durchführen können [wegen eines praktischen Problems]. Nehmen wir einmal einen Augenblick lang an, daß dieses Problem auf wunderbare Weise verschwindet. Wie
wahrscheinlich ist es jetzt, daß Sie die Hausaufgabe machen werden? Würde Sie etwas anderes hindern? Könnten Ihnen irgendwelche Gedanken in
die Quere kommen?

Probleme, die mit den Kognitionen des Therapeuten zusammenhängen

Nicht zuletzt sollte der Therapeut untersuchen, ob ihn *seine* Gedanken und Annahmen daran hindern, die Patienten in selbstsicherer und angemessener Form
zur Erledigung der Hausaufgabe aufzufordern. Typische dysfunktionale Annahmen der Therapeuten sind unter anderem:

„Ich verletze seine Gefühle, wenn ich nachfrage, warum er die Hausaufgaben
nicht gemacht hat."
„Er wird wütend werden, wenn ich ihn [freundlich] darauf anspreche."
„Er wird beleidigt sein, wenn ich vorschlage, daß er es mit einem Hausauf-
gabenplan versuchen soll."
„Eigentlich braucht er keine Hausaufgaben, damit es ihm besser geht."
„Er ist jetzt zu überlastet mit anderen Dingen."
„Er ist zu passiv-aggressiv, um Hausaufgaben zu machen."
„Er ist zu sensibel, um sich einer beängstigenden Situation zu stellen."

Der Therapeut sollte sich fragen, was *ihm* durch den Kopf geht, wenn er daran
denkt, Hausaufgaben aufzugeben oder nachzufragen, warum ein Patient die
Hausaufgaben nicht gemacht hat. Danach kann ein Gedankentagebuch, ein
Verhaltensexperiment oder die Besprechung mit einem Kollegen oder Supervisor angebracht sein. Er sollte daran denken, daß er seinen Patienten keinen Gefallen tut, wenn er sich nicht intensiv um ihre Mitarbeit bemüht und ihnen erlaubt, die Hausaufgaben unter den Tisch fallen zu lassen.

Hausaufgaben besprechen

Es ist wichtig, daß der Patient von Anfang an erkennt, daß Hausaufgaben ein
unverzichtbarer Teil der Therapie sind. Der Therapeut sollte deshalb Wert darauf legen, die Hausaufgaben der letzten Woche immer zu besprechen. Selbst
wenn sich der Patient in einer Krise befindet oder über Themen sprechen
möchte, die nichts mit den Hausaufgabe zu tun haben, ist es nützlich, einige

Minuten für die Besprechung der Hausaufgaben zu verwenden oder sich darauf zu einigen, daß sie in der folgenden Woche besprochen werden.

Manchmal hängen die Hausaufgaben eng mit den Tagesordnungspunkten und/oder den Sitzungszielen des Therapeuten zusammen und der größte Teil der Sitzung hat mit den Hausaufgaben zu tun. Meistens gibt es einen gewissen Zusammenhang und die Hausaufgabenbesprechung kann fünf bis 15 Minuten dauern. Die Besprechung der Hausaufgaben kann auch zu einer neuen Aufgabe für die folgende Woche führen: zum Beispiel zur Fortsetzung einer Aufgabe oder zur Erprobung einer neuen.

Zusammenfassend gesagt sollten sowohl der Therapeut als auch der Patient Hausaufgaben als unverzichtbaren Teil der Therapie verstehen. Gut geplante und gut ausgeführte Hausaufgaben führen zu schnelleren Therapiefortschritten und geben dem Patienten Gelegenheit, die Therapie-Techniken zu üben, die er nach dem Abschluß der Therapie braucht.

Therapieabschluß und Rückfallprävention

Es ist das Ziel der kognitiven Therapie, daß sich die Störung des Patienten bessert und er lernt, sein eigener Therapeut zu sein. Es geht nicht darum, daß der Therapeut alle Probleme des Patienten für ihn löst. Im Gegenteil, ein Therapeut, der sich dafür verantwortlich fühlt, dem Patienten bei *jedem* Problem zu helfen, riskiert damit, daß der Patient von ihm abhängig wird, und nimmt ihm die Möglichkeit, seine eigenen Fähigkeiten zu erproben und zu stärken. Anfangs finden die Therapiesitzungen gewöhnlich einmal pro Woche statt. Im Idealfall wird der Abstand zwischen den Sitzungen zunächst versuchsweise nach und nach auf zwei und dann auf drei bis vier Wochen ausgedehnt, sobald der Patient die grundlegenden Methoden der kognitiven Therapie gelernt hat und seine Symptome sich gebessert haben. Außerdem werden die Patienten dazu aufgefordert, „Auffrischungs"-Sitzungen im Abstand von ca. drei, sechs und zwölf Monaten nach Therapieende zu vereinbaren. Dieses Kapitel beschreibt die Schritte, mit denen ein Patient von Beginn der Therapie an bis zur letzten Auffrischungs-Sitzung auf das Therapieende und einen möglichen Rückfall vorbereitet wird.

Aktivitäten in der ersten Sitzung

Der Therapeut beginnt schon in der ersten Sitzung, den Patienten auf den Therapieabschluß und einen Rückfall vorzubereiten. Dazu ist es hilfreich, die Erwartungen des Patienten an den Therapiefortschritt zu erfragen: wie er sich den Verbesserungsprozeß vorstellt, wieviel Zeit er dafür einkalkuliert, ob er glaubt, daß es ihm ohne Rückfälle von Woche zu Woche besser gehen wird. Eine graphische Darstellung vom Verlauf des Therapiefortschritts mit Perioden der Verbesserung, die typischerweise (zeitweilig) durch Plateaus, wechselnde Zustände und Rückfälle unterbrochen werden, kann dem Patienten nützen (vgl. Abb. 15.1).

Wenn der Therapeut den Patienten von Anfang an auf wechselnde Zustände und Rückfälle vorbereitet, sinkt die Gefahr, daß der Patient ihr Auftreten gegebenenfalls katastrophisiert. Der Therapeut betont außerdem, daß auch nach der Therapie gelegentlich Rückfälle oder Schwierigkeiten auftreten können, daß der Patient aber besser in der Lage sein wird, allein damit fertigzuwerden.

THERAPEUT: Viele Patienten erwarten, daß es ihnen jede Woche ein bißchen besser geht. Glauben Sie das auch?

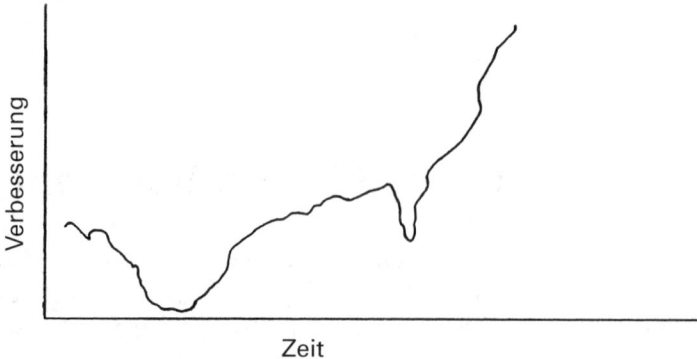

Abbildung 15.1: Therapiefortschritt. Wenn diese Kurve sorgfältig gezeichnet wird, sieht sie der Südgrenze der USA ähnlich. „Texas" und „Florida" stellen Rückfälle dar. Diese Darstellung, die auf manche Patienten und Therapeuten erheiternd wirkt, kann die Patienten daran erinnern, daß Rückfälle normal sind.

PATIENTIN: Ich weiß nicht recht.

T: Ich würde Ihnen gerne kurz zeigen, wie Ihr Therapiefortschritt aussehen könnte, damit es Sie nicht so sehr beunruhigt, wenn es Ihnen nicht jede Woche besser geht.

P: In Ordnung.

T: Nun ist zwar kein Patient wie der andere, aber die wenigsten machen jede Woche die gleichen Fortschritte. Bei den meisten gibt es Höhen und Tiefen. Zuerst geht es ihnen ein bißchen besser und noch ein bißchen besser, dann geht es auf einmal nicht mehr vorwärts oder sie haben einen Rückfall. Dann geht es ihnen wieder ein bißchen besser und noch ein bißchen besser und dann kommt vielleicht wieder ein Plateau oder ein Rückfall. Höhen und Tiefen sind also *normal*. ... Verstehen Sie, warum es wichtig ist, daß Sie das in Zukunft nicht vergessen?

P: Wahrscheinlich, damit ich mir nicht so viele Gedanken über die schlechten Phasen mache.

T: Genau. Sie können sich dann daran erinnern, daß wir ein paar schlechte Zeiten vorhergesagt haben. Wenn Sie wollen, können Sie sich auch eine Zeichnung ansehen, die ich jetzt für Sie mache (Abbildung 15.1). Dies ist eine grobe Darstellung davon, was passieren könnte. Sehen Sie, daß die Rückfälle im Laufe der Zeit seltener und kürzer werden?

P: Mhmm hmm.

T: Können Sie sich vorstellen, daß Sie, wenn Sie gerade mitten in einem Rückfall stecken, wahrscheinlich denken, daß Sie keine Fortschritte machen, anstatt das Gesamtbild zu sehen?

P: Ja.

T: Es kann sein, daß Sie auch nach der Therapie noch Höhen und Tiefen haben. Aber dann kennen Sie ja Methoden, mit denen Sie sich selbst helfen können. Oder Sie können noch einmal für ein bis zwei Sitzungen hierher kommen. Darüber unterhalten wir uns gegen Ende der Therapie.

P: In Ordnung.

T: Wir wissen jetzt natürlich nicht sicher, wie Sie sich in der Therapie entwickeln werden. Sie sollten aber auf keinen Fall vergessen, daß Höhen und Tiefen ganz normal sind. Und Sie werden lernen, wie Sie Ihr eigener Therapeut sein können, damit Sie nach dem Abschluß der Therapie wissen, wie Sie allein mit Ihren schlechten Phasen fertigwerden können.

Aktivitäten während der Therapie

Fortschritte dem Patienten zuschreiben

Der Therapeut achtet stets auf Gelegenheiten, den Patienten für seine Fortschritte zu loben. Wenn sich die Stimmung des Patienten gebessert hat, stellt der Therapeut fest, worauf er das zurückführt, und verstärkt, wann immer das möglich ist, den Eindruck, daß der Patient die Veränderungen in seinem Denken, seiner Stimmung und/oder seinem Verhalten durch eigene Anstrengungen herbeigeführt hat.

T: Das klingt, als ob Ihre Depression diese Woche viel schwächer ist. Was glauben Sie, wie das kommt?

P: Ich weiß nicht recht.

T: Haben Sie diese Woche irgend etwas anders gemacht? Haben Sie die Aktivitäten ausgeführt, die wir für Sie geplant hatten? Oder haben Sie auf negative Gedanken geantwortet?

P: Ja. Ich habe wirklich jeden Tag Sport getrieben und war zweimal mit Freunden unterwegs. Ein paarmal habe ich mich dabei erwischt, daß ich mich kritisiert habe, und habe ein Gedankentagebuch ausgefüllt.

T: Kann es sein, daß es Ihnen diese Woche besser geht, weil Sie viel getan haben, was Ihnen hilft?

P: Ja, ich glaube schon.

T: Was können Sie jetzt also darüber sagen, wie Sie Fortschritte machen?

P: Ich glaube, es geht mir *tatsächlich* besser, wenn ich etwas tue, um mir selbst zu helfen.

Manche Patienten glauben anfangs, daß sie es nur dem Therapeuten zu verdanken haben, wenn es ihnen besser geht. Eine andere Attribution – daß der *Patient* die Veränderungen bewirkt hat – kann die Selbstwirksamkeitsüberzeugung des Patienten stärken (die für die Rückfallprävention nach Therapieabschluß wichtig ist).

T: Was glauben Sie, warum es Ihnen diese Woche besser geht?

P: Sie haben mir in der letzten Sitzung wirklich geholfen.

T: Nun ja, ich habe Ihnen vielleicht etwas beigebracht, aber wer hat diese Woche für die Veränderungen in Ihren Gedanken und Ihrem Verhalten gesorgt?

P: Ich selbst.

T: Wie überzeugt sind Sie davon, daß Sie es wirklich *sich selbst* zu verdanken haben?

Es kann auch sein, daß der Patient seine Fortschritte auf eine Veränderung der Umstände (z.B. „Es geht mir besser, weil mein Freund angerufen hat.") oder auf die Medikamente zurückführt. Der Therapeut erkennt solche Faktoren an, aber er fragt auch nach Veränderungen im Denken oder Verhalten des Patienten, die zur Entstehung bzw. Aufrechterhaltung der Verbesserung beigetragen haben könnten.

Wenn der Patient weiterhin glaubt, daß er selbst nichts bewirkt hat, kann der Therapeut versuchen, die zugrundeliegende Annahme zu finden („Was bedeutet es für Sie, daß ich finde, Sie haben es sich selbst zu verdanken?").

Die Anwendung von Techniken, die in der Therapie erlernt wurden

Wenn er einem Patienten Techniken und Methoden beibringt, betont der Therapeut, daß es sich dabei um lebenslang anwendbare Hilfen handelt, die er jetzt und in Zukunft in vielen Situationen einsetzen kann. D.h., diese Methoden wirken nicht nur bei einer bestimmten Störung, wie z.B. Depression, sondern sie können immer dann eingesetzt werden, wenn dem Patienten auffällt, daß er übermäßig emotional oder dysfunktional reagiert. Zu den meistverbreiteten Methoden und Techniken, die während und nach der Therapie eingesetzt werden können, gehören:

1. Große Probleme in Teilschritte zerlegen, die zu bewältigen sind
2. Alternative Problemlösungen entwickeln
3. Aufdecken, überprüfen und beantworten von automatischen Gedanken und Annahmen
4. Gedankentagebücher benutzen
5. Aktivitäten aufzeichnen und planen
6. Entspannungsübungen
7. Techniken, um sich abzulenken und auf etwas anderes zu konzentrieren
8. Schwierige Aufgaben in Stufen einteilen und Schritt für Schritt erledigen
9. Protokolle positiver Selbstaussagen führen
10. Vor- und Nachteile analysieren (von bestimmten Gedanken, Annahmen, Verhaltensweisen oder bei Entscheidungen von Wahlmöglichkeiten)

Der Therapeut weist den Patienten darauf hin, wie er diese Methoden während und nach der Therapie auch in anderen Situationen einsetzen kann.

T: Es sieht so aus, als hätte Ihre Traurigkeit wirklich abgenommen, weil Sie Ihre bedrückenden Gedanken aufgedeckt, überprüft und beantwortet haben.

P: Ja. Ich war selbst überrascht.

T: Wußten Sie, daß Sie dieselbe Methode immer einsetzen können, wenn Sie den Eindruck haben, daß Sie überreagieren – wenn Sie glauben, daß Sie mehr Ärger, Angst, Traurigkeit oder Scham empfinden, als in der Situation angemessen wäre?

P: Daran habe ich noch gar nicht gedacht.

T: Ich will damit nicht sagen, daß Sie versuchen sollten, *jedes* negative Gefühl loszuwerden – nur Gefühle, die *übermäßig stark* sind. Fallen Ihnen irgendwelche Situationen aus den letzten Wochen ein, in denen Ihnen ein Gedankentagebuch genutzt hätte?

P *(überlegt.)*: Im Moment fällt mir nichts ein.

T: Kommen in den nächsten Wochen Situationen auf Sie zu, für die Sie das Gedankentagebuch brauchen könnten?

P *(überlegt.)*: Na ja, ich ärgere mich bestimmt sehr über meinen Bruder, wenn er im Sommer an der Uni bleibt, anstatt nach Hause zu kommen.

T: Was halten Sie davon, in dieser Situation ein Gedankentagebuch auszufüllen, also Ihre Gedanken aufzuschreiben und dann darauf zu antworten?

P: Klingt gut.

Auf Rückfälle während der Therapie vorbereiten

Sobald es dem Patienten besser geht, bereitet ihn der Therapeut auf einen möglichen Rückfall vor, indem er ihn bittet, sich vorzustellen, was ihm durch den Kopf gehen wird, wenn es ihm wieder schlechter gehen sollte. Verbreitete Antworten sind unter anderem: „Ich sollte mich nicht so fühlen.", „Das bedeutet, daß ich keine Fortschritte mache.", „Ich bin ein hoffnungsloser Fall.", „Es wird mir niemals besser gehen.", „Mein Therapeut wird enttäuscht sein.", *oder* „Mein Therapeut macht schlechte Arbeit.", „Die kognitive Therapie wirkt bei mir nicht.", „Ich muß immer depressiv bleiben.", „Daß es mir zuerst besser gegangen ist, war nur Zufall.", *oder* der Patient schildert eine visuelle Vorstellung, z.B. daß er sich ängstlich, einsam und traurig in sein Bett verkrochen hat. Der Therapeut hilft dem Patienten, diese Gedanken und Vorstellungen zu beantworten und eine Bewältigungskarte zu schreiben. Er kann ihm auch die graphische Darstellung des Therapiefortschritts (Abbildung 15.1) zeigen.

T: Sie haben wirklich gute Fortschritte gemacht. Ihre Depression ist anscheinend um einiges leichter geworden.

P: Es geht mir *wirklich* besser.

T: Erinnern Sie sich daran, daß wir in der ersten Sitzung über Rückfälle gesprochen haben?

P: Ein bißchen.

T: Es ist nicht auszuschließen, daß Sie einen Rückfall haben *könnten*. Deshalb würde ich gerne schon vorher mit Ihnen besprechen, wie Sie damit umgehen können.

P: In Ordnung.

T: Stellen Sie sich einmal vor, daß Sie eine schlechte Woche gehabt haben. Nichts ist Ihnen geglückt. Alles erscheint Ihnen wieder schwarz. Sie sind völlig niedergeschlagen und hoffnungslos. Können Sie sich davon ein Bild machen?

P: Ja. Es ist wie vor der Therapie.

T: Gut. Sagen Sie mir, was Ihnen in diesem Moment durch den Kopf geht.

P *(überlegt.)*: Das ist nicht fair. Es ist mir so gut gegangen. Es funktioniert nicht.

T: Gut. Und wie können Sie diese Gedanken beantworten?

P: Ich weiß nicht recht.

T: Nun, Sie müssen nichts tun. Sie können weiter Ihren bedrückenden Gedanken nachhängen. Wie wird sich das vermutlich auf Ihre Stimmung auswirken?

P: Wahrscheinlich wird sie noch schlechter.

T: *Oder* Sie können daran denken, daß dies nur ein Rückfall ist, der normal ist und vorbeigeht. Wie würden Sie sich dann fühlen?

P: Wahrscheinlich besser, zumindest nicht schlechter.

T: Okay. Nachdem Sie sich jetzt daran erinnert haben, daß Rückfälle normal sind, können Sie überlegen, ob Sie in den letzten Wochen etwas gelernt haben, das Ihnen jetzt helfen könnte.

P: Ich könnte ein Gedankentagebuch ausfüllen oder nicht daran denken und mich auf das konzentrieren, was ich zu tun habe.

T: Oder beides.

P: Richtig, oder beides.

T: Haben Sie einen Grund anzunehmen, daß die Techniken, die Ihnen bisher geholfen haben, nicht wieder helfen werden?

P: Nein.

T: Sie können also Ihre negativen Gedanken überprüfen, beantworten (am besten mit einem Gedankentagebuch) und sich dann auf etwas anderes konzentrieren. Meinen Sie, es lohnt sich, das aufzuschreiben, damit Sie sich danach richten können, falls Sie irgendwann einen Rückfall haben?

Aktivitäten zum Therapieabschluß

Befürchtungen wegen seltenerer Sitzungen beantworten

Einige Wochen vor Therapieabschluß schlägt der Therapeut vor, die Sitzungen versuchsweise seltener stattfinden zu lassen, z.B. vierzehntägig statt wöchentlich o.ä. Manche Patienten gehen auf diesen Vorschlag bereitwillig ein, andere reagieren jedoch ängstlich. Für die letzteren ist es hilfreich, wenn sie mündlich oder schriftlich auflisten, welche Vorteile die geringere Sitzungshäufigkeit hat. Wenn einem Patienten keine Vorteile einfallen, hilft der Therapeut ihm mit sokratischen Fragen, mögliche Vorteile zu erkennen. Sie besprechen auch die Nachteile, damit der Therapeut die Möglichkeit hat, den Patienten bei deren Neuinterpretation zu unterstützen (vgl. Abbildung 15.2).

Das folgende Transkript zeigt, wie die Besprechung aussehen könnte:

T: In der letzten Sitzung haben wir ja kurz die Möglichkeit angesprochen, mit größeren Abständen zwischen den Sitzungen zu experimentieren. Haben Sie darüber nachgedacht, versuchsweise vierzehntägige Abstände einzuführen?
P: Ja. Es hat mich ein bißchen ängstlich gemacht.
T: Was ist Ihnen durch den Kopf gegangen?

Vorteile seltenerer Sitzungen

1. Ich habe mehr Gelegenheit, meine Methoden anzuwenden und zu verbessern.
2. Ich bin weniger abhängig [von meinem Therapeuten].
3. Ich kann die Therapiegebühren für andere Dinge ausgeben.
4. Ich habe mehr Zeit [für anderes].

Nachteile	**Neuinterpretation**
1. · Ich könnte einen Rückfall haben.	Wenn ich einen Rückfall habe, dann besser noch während der Therapie, damit ich lernen kann, damit fertigzuwerden.
2. Vielleicht kann ich meine Probleme nicht alleine lösen.	Durch die selteneren Sitzungen habe ich die Möglichkeit zu testen, ob ich [meinen Therapeuten] *brauche*. Langfristig gesehen ist es besser, wenn ich lerne, die Probleme selbst zu lösen, denn ich werde ja nicht ewig in Therapie sein.
3. Ich werde [meinen Therapeuten] vermissen.	Das stimmt wahrscheinlich, aber das kann ich ertragen und es wird mich dazu anspornen, mir ein Netzwerk zu meiner Unterstützung aufzubauen.

Abbildung 15.2: Vor- und Nachteile seltenerer Therapiesitzungen (für Sally)

P: Ach, was ist, wenn etwas passiert, womit ich nicht fertig werde? Was ist, wenn ich wieder depressiver werde – das könnte ich nicht ertragen.

T: Haben Sie diese Gedanken überprüft?

P: Ja. Ich habe gemerkt, daß ich katastrophisiere, weil es ja nicht das endgültige Ende der Therapie ist. Und Sie hatten ja gesagt, daß ich Sie anrufen kann, wenn es nötig ist.

T: Richtig. Haben Sie sich eine bestimmte Situation vorgestellt, die schwierig werden könnte?

P: Nein, eigentlich nicht.

T: Vielleicht würde es Ihnen helfen, wenn Sie sich jetzt ein bestimmtes Problem vorstellen.

P: In Ordnung. *(Die Patientin stellt sich vor, daß sie eine schlechte Note in einer Prüfung bekommt, identifiziert ihre automatischen Gedanken, antwortet darauf und macht sich einen Plan, wie sie weiter vorgehen möchte.)*

T: Sprechen wir jetzt einmal über den anderen automatischen Gedanken, der Ihnen zu den längeren Abständen eingefallen ist – daß Sie vielleicht depressiver werden und daß Sie das nicht ertragen könnten.

P: Ich glaube, das stimmt nicht ganz. Durch Sie ist mir klargeworden, daß ich es ertragen könnte, wenn es mir wieder schlechter geht. Aber es würde mir nicht gefallen.

T: Gut. Nehmen wir einmal an, Sie werden wirklich depressiver und es sind noch eineinhalb Wochen bis zu unserer nächsten Sitzung. Was können Sie tun?

P: Na ja, ich kann dasselbe tun wie vor einem Monat. Meine Therapienotizen lesen, aktiv bleiben, mehr Gedankentagebücher ausfüllen. Irgendwo bei den Notizen ist eine Liste mit Sachen, die ich machen könnte.

T: Würde es Ihnen helfen, diese Liste jetzt zu finden?

P: Ja. Es würde mir helfen, wenn ich wüßte, daß ich etwas tun *kann*, damit es mir besser geht.

T: Gut. Als Hausaufgabe könnten Sie die Liste suchen und ein Gedankentagebuch zu diesen beiden Gedanken ausfüllen: „Es könnte etwas passieren, womit ich nicht fertig werde.", und „Ich könnte es nicht ertragen, wieder depressiver zu werden."

P: Okay.

T: Haben Sie noch mehr Gedanken zu den selteneren Sitzungen?

P: Nur, daß ich die Gespräche mit Ihnen vermissen werde.

T: Ich werde sie auch vermissen. Gibt es jemand anderes, mit dem Sie reden könnten, zumindest ein wenig?

P: Na ja, einiges könnte ich meiner Zimmergenossin erzählen. Und vielleicht könnte ich meinen Bruder anrufen.

T: Das klingt gut. Wollen Sie sich das auch aufschreiben?

P: Ja.

T: Und nicht zuletzt sollten Sie daran denken, daß wir mit den vierzehntägigen Abständen *experimentieren*. Wenn es nicht klappt, können wir jederzeit wieder wöchentliche Sitzungen einführen.

Befürchtungen im Hinblick auf den Therapieabschluß beantworten

Wenn der Patient mit vierzehntägigen Sitzungen gut zurechtkommt, kann der Therapeut als Vorbereitung auf den Therapieabschluß monatliche Sitzungen vorschlagen. Auch diesmal kann der größere Abstand zwischen den Sitzungen als Experiment betrachtet werden. In jeder Sitzung beschließen Patient und Therapeut, ob sie mit diesen Abständen weitermachen oder zu häufigeren Sitzungen zurückkehren möchten.

Wenn der Therapieabschluß näher rückt, ist es wichtig, die diesbezüglichen automatischen Gedanken des Patienten zu erfragen. Manche Patienten sind aufgeregt und erwartungsvoll, andere im Gegensatz dazu ängstlich oder sogar ärgerlich. Die meisten haben gemischte Gefühle. Sie freuen sich über ihre Fortschritte, aber sie fürchten einen Rückfall. Häufig tut es ihnen leid, die Beziehung zu ihrem Therapeuten beenden zu müssen.

Es ist wichtig, die Gefühle des Patienten anzuerkennen und ihm gleichzeitig bei der Beantwortung von verzerrten Kognitionen zu helfen. Oft ist es empfehlenswert, daß der Therapeut seine eigenen Gefühle ausdrückt: ein gewisses Bedauern über das (allmähliche) Ende der Beziehung, aber auch Stolz auf das, was der Patient in der Therapie erreicht hat, und die positive Erwartung, daß er jetzt allein zurechtkommt. Das Beantworten anderer automatischer Gedanken und die Untersuchung von Vor- und Nachteilen des Therapieabschlusses kann in gleicher Weise durchgeführt werden, wie es oben im Hinblick auf seltenere Sitzungen beschrieben wurde.

Wiederholen, was in der Therapie gelernt wurde

Der Therapeut empfiehlt dem Patienten, seine gesamten Therapienotizen durchzulesen und zu ordnen, damit er in Zukunft leicht darauf zurückgreifen kann. Als Hausaufgabe kann der Patient eine Zusammenfassung der wichtigsten Punkte und Fertigkeiten schreiben, die er in der Therapie gelernt hat. Diese Liste wird dann mit dem Therapeuten besprochen.

Selbst-Therapie-Sitzungen

Obwohl viele Patienten keine formellen Selbst-Therapie-Sitzungen durchführen, ist es nützlich, einen Plan zur Selbst-Therapie zu besprechen (vgl. Abbildung 15.3) und den Patienten zu seiner Nutzung zu ermuntern. Wenn die nor-

Leitfaden für Selbst-Therapie-Sitzungen

1. *Tagesordnung aufstellen*
   - Über welche wichtigen Themen/Situationen sollte ich nachdenken?
2. *Hausaufgaben besprechen*
   - Was habe ich gelernt?
   - Falls ich keine Hausaufgaben gemacht habe, was hat mich daran gehindert (praktische Probleme; automatische Gedanken)?
   - Was kann ich tun, damit ich die Hausaufgaben dieses Mal mache?
   - Welche Hausaufgabe sollte ich fortsetzen?
3. *Überblick über die letzte(n) Woche(n)*
   - Habe ich, außer bei den Hausaufgaben, Methoden der kognitiven Therapie angewendet?
   - Hätte ich sie, rückblickend betrachtet, mehr benutzen sollen?
   - Wie kann ich nächstes Mal daran denken, die Methoden einzusetzen?
   - Welche positiven Dinge sind diese Woche passiert? Wofür kann ich mit mir zufrieden sein?
   - Gab es Probleme? Wenn ja, wie gut bin ich damit fertiggeworden? Wie würde ich mit dem Problem umgehen, wenn es noch einmal auftaucht?
   - Über aktuelle Probleme/Problemsituationen nachdenken
   - Sehe ich das realistisch? Ist meine Reaktion übertrieben?
   - Kann man es auch anders sehen?
   - Was sollte ich tun?
4. *Probleme vorhersehen, die vor der nächsten Sitzung auftauchen könnten*
   - Welche Probleme könnten in den nächsten Tagen oder Wochen auftauchen?
   - Was sollte ich tun, wenn dieses Problem auftaucht?
   - Würde es mir helfen, wenn ich mir vorstelle, wie ich das Problem bewältige?
   - Auf welche positiven Ereignisse kann ich mich freuen?
5. *Neue Hausaufgaben geben*
   - Welche Hausaufgaben könnten mir nützen? Sollte ich:
     a) Gedankentagebücher ausfüllen
     b) meine Aktivitäten aufzeichnen
     c) Aktivitäten planen, bei denen ich Vergnügen oder Erfolgserlebnisse habe
     d) einen Stufenplan für ein bestimmtes Verhalten erstellen
     e) Therapienotizen lesen
     f) Fertigkeiten wie z.B. Entspannung oder den Umgang mit Vorstellungen üben
     g) ein Protokoll positiver Selbstaussagen führen
   - Welche Verhaltensweisen würde ich gerne ändern?
6. *Zeitpunkt für die nächste Selbst-Therapie-Sitzung festlegen*
   - Wann sollte die nächste Sitzung stattfinden? Wieviel Zeit sollte bis dahin vergehen?
   - Sollte ich in Zukunft regelmäßige Sitzungen machen: am ersten jeder Woche/jedes Monats/jedes Quartals?

Abbildung 15.3: Leitfaden für Selbst-Therapie-Sitzungen. Copyright 1993 Judith S. Beck

malen Therapiesitzungen seltener werden, kann der Patient Selbst-Therapie-Sitzungen ausprobieren. Auf diese Weise kann er den Therapeuten bei Problemen mit der Selbst-Therapie (zu wenig Zeit, Verständnisprobleme zum Vorgehen) und störenden Gedanken (z.B. „Es macht zuviel Arbeit; ich brauche es eigentlich nicht; ich kann das nicht allein.") um Rat fragen. Der Therapeut hilft dem Patienten nicht nur, mit diesen Problemen fertigzuwerden, sondern führt ihm auch die Vorteile der Selbst-Therapie-Sitzungen vor Augen: Der Patient kann die Therapie, wann immer es ihm paßt, kostenlos fortsetzen; er kann die neu erlernten Fertigkeiten regelmäßig üben, damit sie einsatzbereit bleiben; er kann Schwierigkeiten bearbeiten, bevor sie zu einem großen Problem werden; er verringert seine Rückfallgefahr und er kann seine Fertigkeiten in vielen Situationen zur Bereicherung seines Lebens einsetzen.

In Abbildung 15.3 ist ein allgemeingültiger Plan zur Selbst-Therapie dargestellt. Der Therapeut bespricht ihn mit dem Patienten und paßt ihn an dessen Bedürfnisse an. Viele Patienten profitieren von der kurzen Besprechung einer Erinnerungshilfe: „Am Anfang möchten Sie es vielleicht jede Woche mit einer Selbst-Therapie-Sitzung versuchen. Später wollen Sie dann dazu übergehen, die Sitzungen ein- oder zweimal im Monat, einmal im Quartal und schließlich nur noch einmal jährlich zu machen. Wie könnten Sie sich daran erinnern, in regelmäßigen Abständen diesen Plan zur Selbst-Therapie herauszuholen?"

Auf Rückfälle nach Therapieabschluß vorbereiten

Wie bereits erwähnt, bereitet der Therapeut den Patienten schon in der Anfangsphase der Behandlung auf Rückfälle vor. Kurz vor Therapieabschluß empfiehlt er dem Patienten, eine Bewältigungskarte zu schreiben, die angibt, was bei einem Rückfall nach Therapieende zu tun ist. Die Karte kann während der Sitzung besprochen werden, und der Patient kann sie während der Sitzung oder zu Hause schreiben (Abbildung 15.4 zeigt eine typische Karte).

Es ist wünschenswert, daß der Patient versucht, seine Schwierigkeiten selbst zu bewältigen, bevor er seinen Therapeuten anruft. Es kann sein, daß er mit den Problemen oder dem Rückfall allein fertig wird. Sollte er keinen Erfolg haben, hatte er zumindest Gelegenheit, die neuen Fertigkeiten zu üben. Wenn eine weitere Sitzung nötig ist, kann der Therapeut dem Patienten helfen herauszufinden, was ihn daran gehindert hat, den Rückfall oder das Problem eigenständig zu lösen, und sie können planen, was der Patient in Zukunft anders machen kann.

Auffrischungs-Sitzungen

Auffrischungs-Sitzungen nach Therapieabschluß sind aus verschiedenen Gründen empfehlenswert. Falls der Patient in der Zwischenzeit Schwierigkeiten gehabt hat, kann er mit dem Therapeuten besprechen, wie er damit umgegangen

Was kann ich tun, wenn ich einen Rückfall habe?

1. *Ich habe die Wahl. Ich kann den Rückfall katastrophisieren und mich in Panik bringen, denken, daß alles umsonst ist, und mich wahrscheinlich schlechter fühlen. Oder ich kann meine Therapienotizen durchsehen, daran denken, daß Rückfälle ein normaler Teil des Verbesserungsprozesses sind, und sehen, was ich aus diesem Rückfall lernen kann. Wenn ich das tue, geht es mir wahrscheinlich besser und der Rückfall wird weniger schlimm.*
2. *Als nächstes sollte ich eine Selbst-Therapie-Sitzung machen und einen Plan zur Lösung meiner aktuellen Schwierigkeiten aufstellen.*
3. *Drittens kann ich [meinen Therapeuten] anrufen und ihm kurz mitteilen, was ich bereits getan habe und/oder [mit ihm] besprechen, ob mir mit einer normalen Therapiesitzung besser geholfen wäre.*

Abbildung 15.4: Sallys Bewältigungskarte zu Rückfällen

ist und überlegen, ob er es hätte besser machen können. Therapeut und Patient können gemeinsam einen Blick auf die kommenden Wochen und Monate werfen, um Probleme vorherzusehen, die möglicherweise auftauchen werden. Dann können sie eine Strategie zum Umgang mit diesen Situationen entwerfen. Das Wissen, daß der Therapeut sich nach seinen Fortschritten in der Selbst-Therapie erkundigen wird, kann den Patienten motivieren, die Therapiehausaufgaben zu machen und seine Fertigkeiten zu üben. Darüber hinaus kann der Therapeut dem Patienten helfen festzustellen, ob die Annahmen, die er modifiziert hatte, wieder aktiviert sind. Wenn ja, können sie in der Sitzung eine kognitive Neustrukturierung durchführen und weitere Arbeit an den Annahmen für zu Hause einplanen.

Auffrischungs-Sitzungen geben dem Therapeuten auch Gelegenheit zu prüfen, ob der Patient erneut dysfunktionale Strategien (wie etwa Vermeidung) anwendet. Der Patient kann neue oder bisher unerreichte Ziele ansprechen und einen Plan zur Arbeit an diesen Zielen entwerfen. Therapeut und Patient können gemeinsam das Selbst-Therapie-Programm auswerten und bei Bedarf modifizieren. Nicht zuletzt kann die Sorge des Patienten, ob er allein seine Fortschritte aufrechterhalten kann, durch das Wissen um die Auffrischungs-Sitzungen gemindert werden.

Der Therapeut kann dem Patienten eine Liste mit Fragen zur Vorbereitung auf die Sitzungen geben (vgl. Abbildung 15.5).

Wie das folgende Transkript zeigt, besteht das übergeordnete Ziel des Therapeuten für die Auffrischungs-Sitzung darin, das Wohlbefinden des Patienten zu überprüfen und Pläne für die Aufrechterhaltung oder Verbesserung seines Zustandes zu machen.

T: Es freut mich, daß Sie heute kommen konnten. Das Depressionsinventar sieht so aus, als wären Sie etwas depressiver als bei Therapieabschluß.
P: Ja, ich habe mich vor kurzem von meinem Freund getrennt.

LEITFADEN FÜR AUFFRISCHUNGS-SITZUNGEN

A. Planen Sie rechtzeitig – machen Sie, wenn möglich, konkrete Termine ab und rufen Sie an, um diese zu bestätigen.

B. Betrachten Sie Ihr Erscheinen als vorbeugende Maßnahme, auch wenn es Ihnen weiterhin gut geht.

C. Bereiten Sie sich auf die Sitzung vor. Entscheiden Sie, welche Diskussionsthemen hilfreich für Sie wären:

1. Was ist für Sie gut gelaufen?

2. Welche Probleme sind aufgetaucht? Wie sind Sie damit umgegangen? Was hätten Sie besser machen können?

3. Welche Probleme könnten vor der nächsten Auffrischungs-Sitzung auftauchen? Stellen Sie sich das Problem in allen Einzelheiten vor. Welche automatischen Gedanken könnten Sie haben? Welche Annahmen könnten aktiviert werden? Wie werden Sie mit den automatischen Gedanken/Annahmen umgehen? Welche Problemlösungsschritte wollen Sie unternehmen?

4. Welche kognitive Therapiearbeit haben Sie gemacht? Welche kognitive Therapiearbeit wollen Sie zwischen dieser und der nächsten Auffrischungs-Sitzung machen? Welche automatischen Gedanken könnten Sie daran hindern, kognitive Therapiearbeit zu machen? Wie können Sie diese Gedanken beantworten?

5. Welche weiteren Ziele haben Sie sich gesetzt? Wie wollen Sie sie erreichen? Wie kann Ihnen das, was Sie in der kognitiven Therapie gelernt haben, dabei helfen?

Abbildung 15.5: Leitfaden für Auffrischungs-Sitzungen. Copyright 1993 Judith S. Beck

---

T: Das tut mir leid. Glauben Sie, daß Ihr Depressionswert nur deshalb angestiegen ist?

P: Ich glaube schon. Bis letzte Woche ging es mir ziemlich gut.

T: Möchten Sie die Trennung für heute auf die Tagesordnung setzen?

P: Ja, und meine Fortschritte bzw. Nicht-Fortschritte bei der Suche nach einem Ferienjob.

T: Okay. Und ich wüßte gerne, wie es Ihnen, abgesehen von der Trennung, ergangen ist. Ob Sie noch andere Krisensituationen hatten und wie Sie damit umgegangen sind, ob Sie Therapiehausaufgaben machen konnten und welche Schwierigkeiten in den nächsten zwei bis drei Monaten auftreten könnten.

P: In Ordnung.

T: Sollen wir zuerst über die Trennung reden? Können Sie mir erzählen, wie es dazu kam? *(Sie sprechen kurz über die Trennung. Der Therapeut interessiert sich für die Reaktion der Patientin auf die Trennung, dafür ob alte dysfunktionale Annahmen dadurch aktiviert wurden.) (Faßt zusammen.)* Die Sache war also bereits brüchig und er hat Ihnen gesagt, daß er sich gerne mit anderen Frauen treffen möchte? Was ist Ihnen durch den Kopf gegangen, als er das gesagt hat?

P: Daß er mich nicht wirklich liebt.

T: Und was bedeutet das für Sie, daß er Sie nicht wirklich geliebt hat?

P: Es bedeutet, daß ich jemand anderen finden muß.

T: Und was bedeutet es für Sie, daß Sie jemand anderen finden müssen?

P: Na ja, es wird schwierig werden.

T: Und was bedeutet es für Sie, daß es schwierig werden wird?

P: Ich nehme an, es bedeutet, daß ich nicht besonders liebenswert bin.

T: Wie überzeugt waren Sie davon, daß Sie nicht besonders liebenswert sind, in dem Moment, als er Ihnen gesagt hat, daß er sich mit anderen Frauen treffen möchte?

P: Oh, ungefähr 90%.

T: Und wie überzeugt sind Sie jetzt davon?

P: Weniger, vielleicht 50 bis 60%.

T: Woher kommt der Unterschied?

P: Na ja, ein Teil von mir weiß, daß wir wahrscheinlich einfach nicht zueinander gepaßt haben.

T: Sie konnten also die Annahme, daß Sie nicht liebenswert sind, verändern.

P: Etwas.

T: Richtig. Und wie können Sie mit dem, was Sie in der Therapie gelernt haben, diese Annahme der Nicht-Liebenswürdigkeit noch mehr abschwächen und die Annahme, daß Sie liebenswert sind, stärken?

P: Wahrscheinlich sollte ich ein Gedankentagebuch dazu ausfüllen. Und ich weiß, daß in meinen Therapienotizen viel zu diesem Thema steht. Ich hätte sie noch einmal lesen sollen.

T: Das hätte Ihnen vielleicht geholfen. Haben Sie daran gedacht, es zu tun?

P: Ja. Ich glaube, ich habe gedacht, daß es mir doch nichts hilft.

T: Wie denken Sie jetzt darüber?

P: Na ja, es hat mir schon einmal geholfen, warum sollte es nicht wieder helfen?

T: Was könnte Sie daran hindern, in den nächsten Tagen zu Hause daran zu arbeiten?

P: Nichts. Ich mache es. Ich glaube, es wird mir wahrscheinlich helfen.

T: Könnte es sein, daß dieser Gedanke, „Es wird nicht helfen.", wieder auftaucht, wenn Sie das nächste Mal in Schwierigkeiten sind?

P: Ja, vielleicht.

T: Was könnten Sie jetzt tun, damit Sie diesen Gedanken dann überprüfen?

P: Was ich *jetzt* tun könnte?

T: Ja. Was könnten Sie tun, um sich daran zu erinnern, daß Sie den Gedanken *dieses* Mal auch hatten und hinterher gemerkt haben, daß er vielleicht falsch war.

P: Ich sollte es aufschreiben und das Papier vielleicht in meinem Schreibtisch aufbewahren.

T: Gut, wie wäre es, wenn Sie sich einiges von dem notieren, worüber wir gerade gesprochen haben – ein Gedankentagebuch ausfüllen über die Annahme, daß Sie nicht liebenswert sind; die Therapienotizen durchlesen; und eine Antwort auf den Gedanken, „Es wird nicht helfen.", schreiben, die Sie in Ihren Schreibtisch legen können.

In diesem Teil der Auffrischungs-Sitzung hat der Therapeut das Depressionsniveau der Patientin erhoben, die Tagesordnung festgelegt, einen Tagesordnungspunkt besprochen und die Patientin dabei unterstützt, sich selbst eine Hausaufgabe zu geben. Der Therapeut stellt sicher, daß die Patientin nur sehr leicht depressiv ist und daß die Verschlechterung lediglich auf das Ende ihrer Beziehung zurückzuführen ist. (Bei einer stärkeren Depression hätte der Therapeut sich mehr Zeit genommen, um die Auslöser zu erfassen und um dysfunktionale Annahmen, Gedanken und Verhaltensweisen zu identifizieren und zu modifizieren. Therapeut und Patientin hätten besprechen können, ob ein oder mehrere zusätzliche Sitzungen angebracht wären.)

Die Patientin kann ihren automatischen Gedanken und die zugrundeliegende Annahme problemlos ausdrücken. Sie und der Therapeut brauchen nur wenig Zeit, um einen Plan zur Veränderung ihrer Kognitionen zu entwerfen. Die Methoden hatte sie schon während der Therapie gelernt. Sie brauchte die Auffrischungs-Sitzung zur Erinnerung, damit sie sie auch einsetzt.

Zusammenfassend gesagt: Rückfallprävention wird während der gesamten Therapie geleistet. Probleme mit den größeren Abständen zwischen den Sitzungen und mit dem Therapieabschluß werden wie andere Probleme auch behandelt, mit einer Kombination aus Problemlösen und dem Beantworten von dysfunktionalen Gedanken und Annahmen.

16

Therapieplanung

Wie entscheidet der Therapeut an einem beliebigen Punkt der Therapie, was er als nächstes sagen oder tun soll? Diese Frage wurde im Verlauf des Buchs schon teilweise beantwortet, aber dieses Kapitel stellt im Zusammenhang dar, wie Entscheidungen getroffen und die Therapie geplant wird. Damit die Therapie konzentriert in die richtige Richtung verläuft, fragt der Therapeut sich ständig: „Was ist im Moment das Problem und was will ich erreichen?" Er ist sich stets bewußt, welche Ziele er in diesem Teil der Sitzung, in der Sitzung insgesamt, in diesem Stadium der Therapie und in der Therapie insgesamt verfolgt. Dieses Kapitel beschreibt verschiedene Bereiche, die für eine effektive Therapieplanung wichtig sind: das Erreichen übergeordneter Therapieziele, die sitzungsübergreifende Therapieplanung, die Erstellung eines Therapieplans, die Planung einzelner Sitzungen, die Entscheidung zur Konzentration auf ein bestimmtes Problem und die Modifikation der Standardbehandlung bei speziellen Störungen.

Übergeordnete Therapieziele erreichen

Ganz generell strebt der Therapeut eine Remission der Störung des Patienten und die Verhütung von Rückfällen an. Um das zu erreichen, arbeitet er zum einen daran, die Symptome des Patienten zu lindern, indem er ihm bei der Modifikation seiner Gedanken, Annahmen und Verhaltensweisen hilft. Zum anderen unterrichtet und motiviert er den Patienten, damit dieser die Veränderung auch nach dem Therapieabschluß fortsetzt, d.h., sein eigener Therapeut bleibt. Um die übergeordneten Ziele zu erreichen, tut der Therapeut folgendes:

1. Er baut eine tragfähige therapeutische Beziehung zum Patienten auf.
2. Er erläutert dem Patienten Struktur und Verlauf der Therapie.
3. Er erklärt dem Patienten das kognitive Modell und teilt ihm sein Fallkonzept mit.
4. Er hilft durch kognitive und verhaltensorientierte Methoden sowie systematisches Problemlösen, die Belastung des Patienten zu verringern.
5. Er bringt dem Patienten bei, diese Methoden selbst anzuwenden, hilft ihm, die Anwendung der Techniken zu generalisieren, und motiviert ihn, sie auch in Zukunft einzusetzen.

Sitzungsübergreifende Therapieplanung

Der Therapeut entwirft einen Gesamtplan für die Therapie und spezifische Pläne für jede einzelne Sitzung. Die Therapie läßt sich in drei Phasen aufteilen: Anfang, Mitte und Ende. In der Anfangsphase (vgl. Kapitel 4) möchte der Therapeut verschiedene Ziele erreichen: eine enge therapeutische Beziehung aufbauen, die Therapieziele des Patienten identifizieren und spezifizieren, Probleme lösen, dem Patienten das kognitive Modell erklären, ihn aktivieren (vor allem, wenn er depressiv und zurückgezogen ist) und über seine Störung informieren, ihm die Aufdeckung, Überprüfung und Beantwortung seiner automatischen Gedanken beibringen, ihn mit der Vorgehensweise (Erledigen von Hausaufgaben, Erstellung einer Tagesordnung und Rückmeldung für den Therapeuten) vertraut machen und ihm Bewältigungsstrategien vermitteln. In der ersten Phase der Therapie ist es häufig der Therapeut, der Tagesordnungspunkte und Hausaufgaben vorschlägt.

In der mittleren Phase der Therapie setzt der Therapeut die Arbeit an den oben genannten Zielen fort, aber er befaßt sich auch besonders mit der Identifikation, Überprüfung und Modifikation der Annahmen des Patienten. Er teilt ihm sein Fallkonzept mit und nutzt „rationale" und „gefühlsorientierte" Techniken zur Veränderung der Annahmen. Darüber hinaus hilft er dem Patienten (gegebenenfalls) bei der Neuformulierung der Ziele und bringt ihm die Fertigkeiten bei, die er zur Erreichung seiner Ziele braucht.

In der Endphase der Therapie liegt die Betonung mehr auf der Vorbereitung des Therapieabschlusses und der Rückfallprophylaxe (vgl. Kapitel 15). In diesem Abschnitt ist der Patient in der Therapie wesentlich aktiver; er übernimmt bei der Erstellung der Tagesordnung, der Suche nach Problemlösungen und der Planung von Hausaufgaben die Führung.

Erstellung eines Therapieplans

Der Therapeut erstellt seinen Behandlungsplan auf der Grundlage der Diagnose des Patienten, seiner Achse-I- und Achse-II-Symptome und -Störung(en) und seiner jeweiligen Hauptprobleme. Sally setzte sich in ihrer ersten Therapiesitzung zum Beispiel vier Ziele: ihre Arbeit für das College zu verbessern, ihre Angst vor Prüfungen zu verringern, mehr unter Leute zu gehen und an einigen Freizeitangeboten der Uni teilzunehmen. Ihr Therapeut entwarf den allgemeinen Therapieplan auf der Basis ihrer Eingangsdiagnose und dieser Ziele (vgl. Abbildung 16.1).

In jeder einzelnen Sitzung bearbeitet er mehrere der im Plan genannten Bereiche. Es kommt darauf an, was in der bzw. den vorherigen Sitzung/en besprochen wurde, was Sally als Hausaufgabe gemacht hat und welche Probleme bzw. Themen sie auf die Tagesordnung setzt. Der Therapeut führt auch schriftlich

SALLYS THERAPIEPLAN

1. Nach Lösungsmöglichkeiten suchen, wie sie ihre Konzentration verbessern, in den Kursen um die nötige Hilfe bitten, mehr unter Leute gehen und am Freizeitangebot teilnehmen kann.
2. Ihr bei der Aufdeckung, Überprüfung und Beantwortung von automatischen Gedanken über sich selbst, das Studium, andere Menschen und die Therapie helfen, besonders von solchen, die sehr belastend sind und/oder eine Problemlösung verhindern.
3. Dysfunktionale Annahmen bzgl. Perfektion und um Hilfe bitten untersuchen.
4. Selbstkritik besprechen und Selbstlob verstärken.
5. Zeit, die sie im Bett verbringt, verkürzen.

Abbildung 16.1: Sallys Therapieplan

oder in Gedanken eine kritische Analyse jedes einzelnen Problems bzw. Zieles durch (vgl. Abb. 16.2).

Nachdem er den allgemeinen Therapieplan aufgestellt hat, hält sich der Therapeut mehr oder weniger daran und revidiert ihn bei Bedarf. Durch die Analyse der Einzelprobleme gelangt er zu einem detaillierten Fallkonzept von den Schwierigkeiten des Patienten und kann seinen Therapieplan darauf zuschneiden. Außerdem kann er sich dadurch besser auf jede einzelne Sitzung konzentrieren, den Verlauf der Therapie von einer Sitzung zur anderen überblicken und sich Fortschritte bewußtmachen.

Planung einzelner Sitzungen

Vor und während einer Sitzung stellt sich der Therapeut verschiedene Fragen, die ihm beim Entwerfen eines Gesamtplans für die Sitzung helfen und als Leitfaden für die Durchführung der Sitzung dienen. Ganz allgemein fragt er sich: „Was will ich erreichen und wie schaffe ich das möglichst effizient?" Der erfahrene Therapeut denkt automatisch über viele einzelne Themen nach. Die folgende Liste von Fragen mag für Anfänger entmutigend sein, aber sie ist ein nützlicher Leitfaden für fortgeschrittene Therapeuten, die lernen wollen, innerhalb der Therapiesitzung bessere Entscheidungen über das weitere Vorgehen zu treffen. Die Liste sollte vor der Therapiesitzung gelesen und überdacht werden, weil das bewußte Nachdenken über die Fragen während der Sitzung den therapeutischen Prozeß zweifellos beeinträchtigen würde.

1. Während der Therapeut *vor der Sitzung* seine Notizen aus der vorherigen Sitzung durchsieht, fragt er sich:
   a) Welche Störung/en hat der Patient? Wie schwer ist/sind sie jetzt im Vergleich zum Therapiebeginn?

PROBLEMANALYSE

A. Typische Problemsituationen

Situation	→ automatische/r Gedanke/n	→ Gefühle, Verhalten, physiolo-gische Reaktion
sitzt in der Bibliothek	→ Damit werde ich nie fertig. Ich verstehe es nicht. Ich werde es nie verstehen. Ich bin so dumm. Ich fliege wahrscheinlich raus.	→ traurig → hört auf zu lernen → (trifft nicht zu)
lernt abends im Zimmer	→ Es ist hoffnungslos.	→ traurig → legt sich ins Bett → weint

B. Dysfunktionale Verhaltensweisen:

Wenn sie den Stoff schlecht versteht, liest sie dasselbe immer wieder oder hört ganz auf zu lernen.
Beantwortet automatische Gedanken nicht.
Bittet andere nicht um Hilfe.

C. Kognitive Verzerrungen:

Führt Probleme auf eigene Schwächen anstatt auf die Depression zurück.
Hat keine Hoffnung für die Zukunft.
Glaubt, daß sie hilflos ist und nichts an ihrem Problem ändern kann.
Macht möglicherweise ihren Selbstwert von ihren Leistungen abhängig?

D. Therapeutische Strategien:

1. Problemlösen: Ein anderes Thema in Angriff nehmen, wenn sie nach dem zweiten Lesen den Stoff immer noch schlecht versteht. Einen Plan entwerfen, wie sie formell oder informell Hilfe von Professoren, Lehrkräften, Tutoren oder Kommilitonen bekommen kann. In der Sitzung Bewältigungskarten schreiben, die sie vor dem und beim Lernen lesen kann.
2. Stimmung aufzeichnen. Lernphasen in Aktivitätsplan eintragen und die Stärke der Angst und/oder Traurigkeit einschätzen (0–10). Wenn Angst oder Traurigkeit größer als 3 ist, automatische Gedanken notieren.
3. Automatische Gedanken mit sokratischen Fragen überprüfen. Verwendung des Gedankentagebuchs beibringen.
4. Bedeutung der automatischen Gedanken unter Anleitung aufdecken; in Axiome (Wenn ..., dann ...) umformulieren und überprüfen.
5. Gegebenenfalls mit kognitivem Kontinuum zeigen, daß Leistung ein Kontinuum ist und nicht nur aus dem Extremen Perfektion und Versagen besteht.

Abbildung 16.2: Problemanalyse 1: Lernschwierigkeiten

b) Muß die kognitive Standardtherapie für die Behandlung dieser Störung und dieses Patienten verändert werden und, wenn ja, wie?

c) Wie kann ich die Schwierigkeiten des Patienten in einem Fallkonzept zusammenfassen? (Der Therapeut kann ein Diagramm zum kognitiven Fallkonzept verwenden.)

d) In welcher Phase der Therapie (Anfang, Mitte, Ende) befindet sich der Patient? Wie viele Sitzungen haben wir noch (falls es eine Begrenzung gibt)?

e) Was sind die Hauptprobleme und -ziele des Patienten? Welche Fortschritte hat er in bezug auf die einzelnen Probleme bisher gemacht? Auf welche davon haben wir uns in letzter Zeit konzentriert?

f) Welche Fortschritte gibt es hinsichtlich Stimmung, Verhalten und Symptomen des Patienten?

g) Wie gut ist unsere therapeutische Beziehung? Muß ich heute etwas zu ihrer Verbesserung tun und, wenn ja, was?

h) Auf welchem *kognitiven* Niveau haben wir vorwiegend gearbeitet: automatische Gedanken, bedingte Annahmen, Grundannahmen oder gemischt? Welche Fortschritte haben wir auf den einzelnen Niveaus gemacht?

i) Auf welche Verhaltensänderungen haben wir hingearbeitet? Welche Fortschritte haben wir dabei gemacht?

j) Was ist in den letzten Sitzungen passiert? Haben dysfunktionale Kognitionen oder Probleme die Therapie beeinträchtigt und, wenn ja, welche? Wie will ich damit umgehen? An welchen Fertigkeiten haben wir gearbeitet? Welche davon müssen noch verbessert werden? Welche neuen Fertigkeiten will ich dem Patienten vermitteln?

k) Was ist in der letzten Sitzung passiert? Auf welche Hausaufgaben haben wir uns geeinigt? Habe ich etwas versprochen und, wenn ja, was (z.B. den Arzt anzurufen oder ein Buch bzw. einen Artikel über die Störung zu empfehlen)?

2. Während der Therapeut die Sitzung beginnt und die *Stimmung des Patienten* überprüft, fragt er sich:

a) Wie geht es ihm im Vergleich zum letzten Mal? Im Vergleich zum bisherigen Gesamtverlauf? Hat er Fortschritte gemacht?

b) Welches Gefühl überwiegt (z.B. Traurigkeit, Angst, Ärger oder Scham)?

c) Stimmen Fragebogenwerte und subjektive Beschreibung überein? Wenn nicht, warum nicht?

d) Sollten wir etwas, was mit seiner Stimmung zusammenhängt, auf die Tagesordnung setzen, um ausführlicher darüber zu sprechen?

3. Während der Patient einen kurzen *Überblick über die Woche* gibt, fragt sich der Therapeut:

a) Wie war diese Woche im Vergleich zur letzten?

b) Welche Anzeichen für Fortschritte gibt es?

c) Welche Probleme sind in dieser Woche aufgetaucht?

d) Ist irgend etwas passiert, was seine Hoffnung in bezug auf die Therapie und seine Ziele vergrößert oder verringert hat?

e) Ist diese Woche etwas passiert, was wir auf die Tagesordnung setzen sollten, um ausführlicher darüber zu sprechen?

4. Während der Therapeut (gegebenenfalls) *Alkohol- und Drogenkonsum und die Medikamenteneinnahme* des Patienten kontrolliert, fragt er sich:

a) Gibt es in einem dieser Bereiche Probleme?

b) Sollten wir etwas davon auf die Tagesordnung setzen, um ausführlicher darüber zu sprechen?

5. Während der Therapeut die wichtigsten Punkte der *vorherigen Sitzung* durchgeht und den Patienten dazu um Rückmeldung bittet, fragt er sich:

a) Wirkt die Rückmeldung des Patienten ehrlich? Wenn nicht, sollte ihn jetzt vorsichtig darauf ansprechen? Es auf die Tagesordnung setzen? Es in einer anderen Sitzung ansprechen?

b) Muß ich etwas zur Verbesserung der therapeutischen Beziehung tun und, wenn ja, was?

c) Wieviel von der letzten Sitzung hat der Patient behalten? Kann er die wichtigsten Punkte wiedergeben? Wenn nicht, hat er letztes Mal ausreichend viel mitgeschrieben? Sollte ich dieses Problem auf die Tagesordnung setzen?

6. Während Therapeut und Patient die *Tagesordnung aufstellen*, fragt er sich:

a) Welches Problem lohnt es sich am ehesten zu besprechen? Welches ist dem Patienten am wichtigsten? Welches ist am leichtesten zu lösen? Womit erreichen wir voraussichtlich innerhalb der heutigen Sitzung eine Besserung der Symptome?

b) Welches Problem eignet sich, um dem Patienten eine Fertigkeit, die er braucht, zu vermitteln oder sie zu verstärken?

c) Könnte die Besprechung irgendeines Themas *kontraproduktiv* sein – z.B. ein Problem, das zu komplex ist, um es in einer frühen Sitzung zu lösen? Kann ein bestimmtes Problem eine Grundannahme des Patienten stärker aktivieren, wenn er noch keine Methoden gelernt hat, effektiv auf diese Annahme zu antworten?

7. Während Therapeut und Patient die *Tagesordnungspunkte nach Wichtigkeit sortieren*, fragt er sich:

a) Wieviel Zeit brauchen wir für jeden Tagesordnungspunkt? Wie viele Punkte können wir besprechen?

b) Sind Probleme dabei, die der Patient auch allein, mit jemand anderem oder in einer späteren Sitzung lösen kann?

c) Was ist mein Hauptziel für diese Sitzung: Stimmungsverbesserung, kognitive Veränderung, Problemlösen, Verhaltensänderung oder die Verbesserung der therapeutischen Beziehung? Welches Problem/ Thema eignet sich am besten, um dieses Ziel zu erreichen?

8. Während Therapeut und Patient die *Hausaufgaben besprechen*, fragt er sich:
   a) Wie hängen die Hausaufgaben mit den Tagesordnungspunkten zusammen? Sollten wir die Besprechung irgendeiner Hausaufgabe verschieben, bis wir an einem bestimmten Tagesordnungspunkt angelangt sind?
   b) Wieviel von den Hausaufgaben hat der Patient gemacht? Falls wenig, was hat ihn gehindert?
   c) Waren die Hausaufgaben nützlich? Wenn nicht, warum nicht? Wenn ja, was hat der Patient gelernt?
   d) Was sollten wir bei den Hausaufgaben für nächste Woche anders machen, damit sie effektiver werden?

9. Während Therapeut und Patient den *ersten Tagesordnungspunkt* besprechen, stellt er sich Fragen zu vier Bereichen:

Problemdefinition
   a) Was ist das Problem?
   b) In welchen Situationen taucht das Problem auf?
   c) Was glaubt *der Patient*, warum er dieses Problem hat? Was glaube *ich*, warum er dieses Problem hat?
   d) Wie paßt dieses Problem in mein kognitives Fallkonzept des Patienten? Wie verhält es sich zu seinen übergeordneten Zielen?
   e) Spielen Denken und Verhalten des Patienten bei diesem Problem eine Rolle und, wenn ja, welche?

Entwurf einer Strategie
   a) Können wir direkte Problemlösungsstrategien anwenden? Welche Gedanken und Annahmen könnten der Suche nach Lösungen oder ihrer Umsetzung im Wege stehen?
   b) An welchem Gedanken oder welcher Annahme sollten wir arbeiten, um eine notwendige Verhaltensänderung zu erreichen? Welcher neue Gedanke bzw. welche neue Annahme zu demselben Thema wäre für den Patienten passender? Wie paßt der neue Gedanke bzw. die neue Annahme zum Fallkonzept?
   c) Welche Verhaltensänderung kann ich vorschlagen, die die benötigte kognitive Änderung herbeiführen könnte?

Auswahl einer Methode
   a) Was will ich bei der Besprechung dieses speziellen Punktes erreichen?
   b) Welche Methoden haben bei diesem Patienten (oder ähnlichen Patienten) bisher gut gewirkt? Welche Methoden haben *nicht* gewirkt?
   c) Welche Methode sollte ich zuerst probieren?
   d) Wie kann ich ihre Effektivität überprüfen?
   e) Soll ich die Methode nur anwenden oder sie anwenden *und* dem Patienten beibringen?

Den Prozeß steuern
a) Arbeiten wir im Team?
b) „Kauft" mir der Patient „ab", was ich ihm beibringen will?
c) Hat er störende automatische Gedanken über sich selbst, diese Methode, die Therapie, mich oder seine Zukunft?
d) Verbessert sich seine Stimmung?
e) Wie gut wirkt die Methode? Sollten wir damit weitermachen? Sollte ich etwas anderes versuchen?
f) Können wir die Besprechung dieses Tagesordnungspunktes pünktlich beenden? Wenn nicht, muß ich unterbrechen und sollten wir gemeinsam beschließen, bei diesem Punkt zu bleiben und die Besprechung eines anderes Punktes zu verkürzen oder darauf zu verzichten?
g) Welche Fortsetzung (d.h., Hausaufgabe) sollte ich vorschlagen, um die Lernerfahrung des Patienten zu vertiefen?
h) Wie kann der Patient die wichtigen Gesprächsinhalte behalten? Macht er sich ausreichende Notizen?

10. *Nach der Besprechung des ersten Tagesordnungspunktes* fragt sich der Therapeut:
a) Wie geht es dem Patienten jetzt?
b) Muß ich etwas tun, um den Rapport wiederherzustellen?
c) Habe ich eine Fortsetzung dieses Themas in die Wege geleitet (z.B. Hausaufgabe, Übereinkunft, das Thema in der nächsten Sitzung auf die Tagesordnung zu setzen, oder es zu einem späteren Zeitpunkt weiter zu diskutieren)?
d) Wieviel Zeit haben wir noch in dieser Sitzung? Reicht die Zeit für einen weiteren Tagesordnungspunkt? Was sollten wir als nächstes tun?

11. *Bevor er die Sitzung beendet*, fragt sich der Therapeut:
a) Muß ich noch stärker nach negativer Rückmeldung nachfragen?
b) Falls es eine negative Rückmeldung gab, wie sollte ich darauf reagieren?
c) Hat der Patient die grobe Richtung der Sitzung verstanden?
d) Wird er sich an die Erkenntnisse/Fertigkeiten erinnern? Haben wir bei den Hausaufgaben nichts wichtiges vergessen?

12. *Nach der Sitzung* fragt sich der Therapeut:
a) Wie kann ich mein Fallkonzept vervollständigen?
b) Was sollte ich in der nächsten Sitzung ansprechen? In späteren Sitzungen?
c) Muß ich mich um unsere Beziehung kümmern?
d) Was würde ich anders machen, wenn ich die Sitzung noch einmal durchführen könnte?

Entscheidung zur Konzentration auf ein bestimmtes Problem

Ein kritischer Punkt in jeder Therapiesitzung ist die Frage, mit welchem Problem bzw. welchen Problemen man sich beschäftigen soll. Obwohl der Therapeut diese Entscheidung mit dem Patienten gemeinsam trifft, lenkt er die Therapie doch auf Probleme, die belastend sind, immer wieder auftreten und andauern und die seiner Ansicht nach innerhalb der Sitzung zumindest ansatzweise gelöst werden können. Der Therapeut versucht, die Besprechung von Problemen einzuschränken, wenn er annimmt, daß der Patient sie selbst lösen kann, wenn es Einzelfälle mit geringer Wiederauftretenswahrscheinlichkeit sind, wenn sie nicht besonders belastend sind und/oder wenn sie zu einer Verschwendung der Therapiezeit führen könnten.

Nachdem ein Problem angesprochen und näher beschrieben wurde, unternimmt der Therapeut mehrere Schritte, die ihm helfen zu entscheiden, wieviel Zeit und Aufwand er einem Problem widmen soll: Er sammelt mehr Informationen über das Problem, überdenkt seine Möglichkeiten, bezieht praktische Überlegungen mit ein, beachtet die Therapiephase und geht, wenn nötig, zu einem anderen Thema über.

Mehr Informationen über ein Problem sammeln

Wenn der Patient ein Problem zum ersten Mal anspricht oder wenn das Problem während einer Sitzung deutlich wird, versucht der Therapeut, es genauer zu erfassen, um entscheiden zu können, ob sich eine Intervention lohnt. Sally hat zum Beispiel ein neues Problem auf die Tagesordnung gesetzt: Sie ist traurig, weil die Geschäfte ihres Vaters schlecht gehen. Der Therapeut befragt sie, um zu klären, ob es sich lohnt, diesem Problem einen beachtlichen Teil der Therapiezeit zu widmen.

THERAPEUT: Sie haben gesagt, Sie möchten etwas über Ihren Vater und seine Geschäfte besprechen?

PATIENT: Ja. Die Geschäfte sind schon eine ganze Weile schlecht gelaufen, aber jetzt sieht es so aus, als ob er vielleicht in Konkurs geht.

T (sammelt mehr Informationen.): Wie würde sich das auf Sie auswirken, wenn er in Konkurs gehen würde?

P: Ach, nicht direkt. Es tut mir nur so leid um ihn. Ich meine, er hat dann immer noch Geld, aber ... er hat in diese Sache soviel Arbeit gesteckt.

T (versucht, Verzerrungen im Denken der Patientin zu entdecken.): Was glauben Sie, was passiert, wenn er in Konkurs geht?

P: Na ja, er hat schon angefangen, sich nach einer neuen Aufgabe umzusehen. Er ist nicht der Typ, der herumsitzt oder seine Zeit verplempert.

T *(überprüft immer noch, ob das Denken der Patientin dysfunktional ist.)*: Was ist an diesem Problem für Sie am schlimmsten?

P: Einfach, daß es ihm wahrscheinlich schlecht geht.

T: Wie geht es *Ihnen*, wenn Sie daran denken, daß es ihm schlecht geht?

P: Schlecht ... ich bin traurig.

T: Wie traurig?

P: 75%.

T *(überprüft, ob die Patientin das Problem langfristig sehen kann.)*: Vermuten Sie, daß es ihm nicht für immer schlecht gehen wird, auch wenn es anfangs so sein mag? Daß er wahrscheinlich in ein anderes Geschäft einsteigen wird und sich dann besser fühlt?

P: Ja, ich nehme an, so wird es wahrscheinlich sein.

T: Haben Sie den Eindruck, daß Ihre Traurigkeit über dieses Problem „normal" ist? Oder finden Sie, daß es Sie *zu sehr* berührt?

P: Ich glaube, meine Reaktion ist normal.

T *(ist überzeugt, daß keine weitere Arbeit an diesem Problem nötig ist.)*: Wollten Sie noch mehr zu diesem Thema sagen?

P: Nein, ich glaube nicht.

T: Okay. Es tut mir leid wegen Ihres Vaters. Erzählen Sie mir, was weiter passiert.

P: Mache ich.

T: Sollen wir zum nächsten Tagesordnungspunkt übergehen?

In der folgenden Situation entscheidet der Therapeut, daß das Problem eine Intervention erfordert.

T: Sie wollten über Ihre Wohnsituation im nächsten Jahr sprechen?

P: Ja, ich bin ziemlich aufgeregt. Meine Zimmergenossin und ich haben beschlossen, daß wir wieder zusammen wohnen wollen. Sie will nicht auf dem Campus wohnen, also müssen wir eine Wohnung in West Philly oder in der Stadt suchen. Aber sie fährt in den Frühjahrsferien nach Hause, das heißt, die Wohnungssuche bleibt hauptsächlich an mir hängen.

T: Wann war Ihre Aufregung darüber am stärksten? *(Ausgehend von der Hypothese, daß die Patientin vor allem leidet, weil sie nicht weiß, was sie machen soll und/oder weil sie sich ärgert, daß ihre Zimmergenossin ihr die Arbeit überläßt, versucht der Therapeut mit bestimmten Fragen, ihre automatischen Gedanken aufzudecken.)*

P: Gestern, als ich gesagt habe, daß ich suchen werde, wenn sie nicht da ist. ... Eigentlich war es gestern Nacht, als mir klargeworden ist, daß ich gar nicht weiß, was ich machen soll.

T: Wie haben Sie sich gefühlt?

P: Überfordert ... ängstlich.

T: Was ist Ihnen letzte Nacht, als Sie darüber nachgedacht haben, durch den Kopf gegangen?

P: Ich weiß nicht, was ich machen soll. Ich weiß nicht einmal, womit ich anfangen soll.

T *(versucht, ein vollständigeres Bild zu bekommen; stellt fest, ob sie noch andere wichtige automatische Gedanken hatte.)*: Was ist Ihnen noch durch den Kopf gegangen?

P: Ich habe mich gefragt: „Was soll ich als erstes machen? Ich habe das noch nie gemacht. Soll ich zu einem Makler gehen? Soll ich in die Tageszeitung gucken?"

T *(überprüft immer noch, ob sie weitere wichtige Gedanken hatte.)*: Hatten Sie irgendwelche Gedanken über Ihre Zimmergenossin?

P: Nein, eigentlich nicht. Sie hat gesagt, daß sie mir hilft, wenn sie wieder da ist. Sie hat gesagt, daß ich vorher nicht mit der Suche anfangen muß.

T: Haben Sie irgendwelche Vorhersagen gemacht?

P: Ich weiß nicht.

T *(gibt ein Beispiel für das Gegenteil.)*: Na ja, haben Sie gedacht, daß Sie problemlos eine tolle Wohnung für wenig Miete finden?

P: Nein ... nein, ich habe gedacht. „Was ist, wenn ich eine Wohnung finde und es stellt sich heraus, daß sie von Kakerlaken befallen ist oder unsicher oder zu laut oder in sehr schlechtem Zustand?"

T: Hatten Sie so eine Vorstellung im Kopf?

P: Ja. Dunkel, muffig, schmutzig. *(Schaudert.)*

Die Möglichkeiten überdenken

Nachdem der Therapeut ein vollständigeres Bild gewonnen hat, überdenkt er seine Möglichkeiten. Er kann eines oder mehrere der folgenden Dinge tun:

1. Sally zu direktem Problemlösen auffordern und ihr helfen zu entscheiden, welche Schritte am vernünftigsten und durchführbarsten erscheinen.
2. Sally am Beispiel dieses Problems Problemlösefertigkeiten vermitteln.
3. Die Situation als Gelegenheit zur Verstärkung des kognitiven Modells nutzen.
4. Die Situation als Gelegenheit nutzen, um Sally ihre größere Schwierigkeit verständlich zu machen, die darin besteht, daß sie in einer neuen Situation *davon ausgeht*, daß sie unfähig ist, und sich überfordert fühlt, anstatt diese Annahme zu testen.
5. Sally bei der Aufdeckung und Überprüfung des am meisten belastenden Gedankens helfen.
6. Sally am Beispiel dieser Situation die Verwendung des Gedankentagebuchs erklären.

7. Die von ihr beschriebene visuelle Vorstellung nutzen, um ihr Imaginationstechniken beizubringen.
8. Mit Sally gemeinsam beschließen, zum nächsten Tagesordnungspunkt überzugehen (möglicherweise ein noch dringenderes Problem) und später oder in einer anderen Sitzung auf dieses Problem zurückzukommen.

Praktische Erwägungen

Wie entscheidet der Therapeut, welche Strategie er verfolgen soll? Er zieht verschiedene Faktoren in Betracht, unter anderem:

1. Was wird Sally vermutlich spürbare Erleichterung verschaffen?
2. Wofür reicht die Zeit? Was muß in dieser Sitzung *noch* getan werden?
3. Welche wichtigen Fertigkeiten könnte er Sally anhand dieses Problems beibringen oder mit ihr üben?
4. Könnte Sally selbst etwas tun (z.B. als Hausaufgabe), um ihre Belastung zu reduzieren und, wenn ja, was? Wenn Sally zum Beispiel schon so weit ist, daß sie zu Hause ein Gedankentagebuch zu der Situation ausfüllen kann und es ihr dann besser geht, kann die Sitzungszeit für andere Dinge verwendet werden, die ihren Therapiefortschritt beschleunigen.

Die Therapiephase beachten

Häufig läßt sich der Therapeut davon leiten, in welcher Phase der Therapie sich der Patient befindet. Zum Beispiel wird er in der Anfangsphase der Therapie mit einem depressiven Patienten sehr belastende komplexe Probleme eher meiden, wenn es unwahrscheinlich ist, daß sie einer Lösung wesentlich näherkommen. Er vermeidet es auch tendenziell, Themen, die eine schmerzhafte Grundannahme aktivieren, in den ersten Sitzungen zu besprechen, wenn der Patient noch nicht gelernt hat, damit umzugehen.

Die anfänglichen Sitzungen konzentrieren sich vielmehr auf die Lösung *einfacher* Probleme, genau wie sie sich auch mehr auf die Überprüfung der „einfachen" automatischen Gedanken konzentrieren und nicht auf die rigideren Annahmen, die schwerer zu verändern sind. Erfolgserlebnisse in den frühen Sitzungen geben den Patienten Hoffnung und motivieren sie zur Arbeit in der Therapie.

Den Schwerpunkt der Sitzung ändern

Manchmal ist es für den Therapeuten schwer abzuschätzen, wie schwierig ein Problem ist oder ob bei einem bestimmten Thema die Gefahr besteht, eine schmerzhafte Grundannahme zu aktivieren. In diesen Fällen kann es sein, daß er sich anfangs auf ein Problem konzentriert, aber zu einem anderen Thema übergeht, wenn er feststellt, daß seine Interventionen nicht erfolgreich sind und/oder daß die Belastung des Patienten (ungewollt) steigt. Es folgt ein Transkript aus einer frühen Therapiesitzung.

T: Gut, was haben wir als nächstes auf der Tagesordnung? Sie sagten, Sie würden gerne mehr unter Leute gehen. *(Sie besprechen dieses Ziel detaillierter.)* Wie könnten Sie diese Woche neue Leute kennenlernen?

P *(zaghaft.)*: ... Ich könnte bei der Arbeit Leute ansprechen.

T *(stellt fest, daß die Patientin plötzlich niedergeschlagen wirkt.)*: Was geht Ihnen gerade durch den Kopf?

P: Es ist zwecklos. Ich werde das nie schaffen. Ich habe es schon probiert. *(Wirkt ärgerlich.)* Alle anderen Therapeuten, bei denen ich war, haben es auch probiert. Aber ich sage Ihnen, ich kann es einfach nicht! Es funktioniert nicht!

Aus dem plötzlichen negativen Stimmungsumschwung der Patientin schließt der Therapeut, daß eine Grundannahme aktiviert wurde. Er erkennt, daß es wahrscheinlich kontraproduktiv wäre, jetzt in dieser Richtung weiterzuarbeiten. Anstatt wieder auf das Problem zurückzukommen, beschließt er, die therapeutische Beziehung wiederherzustellen, indem er die automatischen Gedanken der Patientin über ihn erfragt und überprüft (z.B. „Was haben Sie über mich gedacht, als ich Sie gefragt habe, wie Sie diese Woche neue Leute kennenlernen könnten?"). Später läßt er die Patientin wählen, ob sie zu diesem Tagesordnungspunkt zurückkommen will oder nicht (z.B. „Ich bin froh, daß Sie nicht denken, daß ich Sie zu etwas überreden wollte, wozu Sie nicht bereit sind. Möchten Sie jetzt weiter darüber sprechen, wie Sie neue Leute kennenlernen können, oder wollen wir ein anderes Mal [in einer anderen Sitzung] darauf zurückkommen und uns jetzt mit dem Problem befassen, daß Sie diese Woche mit Ihrer Freundin Elise hatten?").

Zusammenfassend gesagt versucht der Therapeut im Anfangsstadium der Therapie die Diskussion von folgenden Problemen *wegzulenken*:

1. Problemen, die zu komplex sind (d.h., bei denen ein erkennbarer Fortschritt während der Sitzung unwahrscheinlich ist). Ein Beispiel dafür ist ein Ehekonflikt, der schon längere Zeit besteht.
2. Problemen, die zu eng mit einer starken und rigiden Annahme verbunden sind (z.B. „Wenn ich die Wünsche der anderen nicht hundertprozentig erfülle, wird Gott mich strafen.")
3. Problemen, die wahrscheinlich eine sehr schmerzhafte Grundannahme aktivieren, mit der der Patient nicht fertigwerden kann (z.B. „Ich werde immer verlassen.").

4. Problemen, die der Patient selbst lösen kann. Wenn der Therapeut sich auf solche Probleme konzentriert, nutzt er die Therapiezeit nicht effizient genug.
5. Problemen, an denen der Patient nicht arbeiten will.
6. Problemen, die den Patienten nicht besonders belasten.

Schwierige Probleme werden nicht vermieden, sondern in Angriff genommen, *nachdem* es dem Patienten etwas besser geht und er mehr Fertigkeiten gelernt hat, um mit dem Problem und den damit verbundenen dysfunktionalen Gedanken und Annahmen umzugehen.

Modifikation der Standardbehandlung bei bestimmten Störungen

Es ist sehr wichtig, daß der Therapeut die augenblicklichen Symptome und das Befinden, die Hauptprobleme, die auslösenden Ereignisse der Störung und die Geschichte des Patienten vor Therapiebeginn gründlich verstanden hat. Ebenso wichtig ist eine Diagnose anhand der fünf Achsen des DSM-IV. Dieses Buch beschreibt die kognitive Standardtherapie für eine Depression mit begleitender Angst. Im folgenden wird jeweils kurz beschrieben, wie bei anderen Störungen der Therapie-Schwerpunkt verschoben werden sollte. Dem Therapeuten wird dringend geraten, für Patienten, deren primäre Störung keine einfache unipolare Depression ist, Spezialliteratur (siehe unten) zu Rate zu ziehen.

1. *Panikstörung.* Der Schwerpunkt der Therapie besteht darin, die katastrophisierende Fehlinterpretation des Patienten zu überprüfen und zu testen, daß ein bestimmtes harmloses Symptom (oder eine Kombination mehrerer Symptome) ein Anzeichen dafür sei, daß eine bestimmte physische oder mentale Katastrophe eintritt oder unmittelbar bevorsteht (Beck, 1987; Clark, 1989).
2. *Generalisierte Angststörung.* Der Schwerpunkt der Therapie liegt darauf, dem Patienten beizubringen, wie er die Bedrohlichkeit verschiedener Situationen realistischer einschätzen kann, und seine Fähigkeiten zur Bewältigung von bedrohlichen Situationen zu überprüfen und zu stärken (Beck & Emery, 1985 [dt.: 1981]; Butler et al., 1991; Clark, 1989).
3. *Sozialphobien.* Kognitive Neustrukturierung, Techniken zur Angstbewältigung und angeleitete Reizkonfrontation bilden den Schwerpunkt der Therapie (Beck & Emery, 1985 [dt.: 1981]; Butler, 1989; Heimberg, 1990).
4. *Zwangsstörung.* Der Schwerpunkt der Therapie liegt auf der Konfrontation mit dem Auslöser und der Verhinderung der Zwangshandlung. Der

Patient wird durch ein experimentelles Vorgehen zu der Erkenntnis gebracht, daß das Problem in seinen Gedanken und nicht im möglichen Auftreten eines realen Problems besteht (welches er durch neutralisierendes Verhalten und Versuche, seine Gedanken zu kontrollieren, zu verhindern sucht). Unter anderem hilft der Therapeut dem Patienten abzuschätzen, wieviel Verantwortung er realistischerweise für ein Mißgeschick hätte, das einem anderen oder ihm selbst zustößt (Salkovskis & Kirk, 1989).

5. *Posttraumatische Belastungsstörung.* Neben der Vermittlung von Techniken zur Bewältigung der intensiven Angstsymptome und der ständig wiederkehrenden belastenden Vorstellungen liegt der Schwerpunkt der Therapie auf der Aufdeckung und Modifikation der Bedeutung, die der Patient mit einem traumatischen Erlebnis verbindet (Dancu & Foa, 1992; Parrott & Howes, 1991).

6. *Eßstörungen.* Der Schwerpunkt der Therapie liegt auf der Neustrukturierung dysfunktionaler Annahmen über Essen, Gewicht und die eigene Person (vor allem im Hinblick auf Körperbild und Selbstwert) (Bowers, 1993; Fairburn & Cooper, 1989; Garner & Bemis, 1985).

7. *Sucht.* Der Schwerpunkt der Therapie liegt auf der Identifikation und Überprüfung von Gedanken und Vorstellungen zum Suchtmittelkonsum, der Modifikation von Annahmen, die das Risiko des Drogenkonsums erhöhen, der Bewältigung des Verlangens und der Rückfallprävention (Beck et al., 1993 [dt.: 1997]; Marlatt & Gordon, 1985).

8. *Persönlichkeitsstörungen.* Der Schwerpunkt der Therapie liegt darauf, den momentanen Umgang des Patienten mit seinen Problemen zu verbessern (durch Erweiterung seines Repertoires an kompensatorischen Strategien), ihm durch die therapeutische Beziehung Gelegenheit zur Entwicklung und zum Lernen zu geben, die historische Entwicklung und Aufrechterhaltung der Grundannahmen zu verstehen und die Grundannahmen durch „rationale" und experimentelle Methoden zu modifizieren (Beck et al., 1990 [dt.: 1995]; Layden et al., 1993; Young, 1990).

9. *Schizophrenie.* Als zusätzliche Behandlung in Kombination mit Pharmakotherapie betont die Therapie die Berücksichtigung alternativer Erklärungen für diverse psychotische Erfahrungen (Chadwick & Lowe, 1990; Kingdon & Turkington, 1994; Perris et al., 1993).

10. *Paarprobleme.* Der Schwerpunkt der Therapie liegt darauf, daß der Einzelne Verantwortung für seine dysfunktionalen Erwartungen, Annahmen, Interpretationen und Verhaltensweisen gegenüber seinem Partner übernimmt (Baucom & Epstein, 1990; Beck, 1988 [dt.: 1994]; Dattilio & Padesky, 1990).

11. *Bipolare Störung.* Als zusätzliche Behandlung betont die Therapie die frühe Aufdeckung von hypomanischen und depressiven Phasen; Strategien zum Umgang mit diesen Phasen; Regulation des Schlaf- und Eßverhaltens und des Aktivitätsniveaus des Patienten; Verringerung der Vulnerabilität

des Patienten und die Vermeidung von Auslösersituationen sowie die Verbesserung der Medikamenteneinnahme (Palmer, Williams & Adams, 1994).

Diese kurzen Beschreibungen sollen den Leser dazu ermuntern, sich um (formale oder selbstgesteuerte) Weiterbildung für komplexere Störungen zu bemühen, die eine Variation der kognitiven Standardtherapie erfordern.

Zusammenfassend gesagt: Für eine effektive Therapieplanung braucht man eine gründliche Diagnose, ein solides kognitives Fallkonzept und Wissen über die individuellen Merkmale und Probleme des Patienten. Die Therapie wird auf den Einzelfall zugeschnitten. Der Therapeut entwirft sowohl eine übergeordnete Strategie als auch spezifische Pläne für jede einzelne Sitzung unter Berücksichtigung folgender Bedingungen:

1. Diagnose des Patienten
2. Fallkonzept seiner Schwierigkeiten (welches der Therapeut mit dem Patienten auf Richtigkeit überprüft)
3. Therapieziele des Patienten
4. Dringendste Probleme des Patienten
5. Therapieziele des Therapeuten
6. Therapiephase
7. Individuelle Lerneigenschaften des Patienten
8. Motivation des Patienten
9. Art und Stärke der therapeutischen Beziehung

Der Therapeut entwickelt einen allgemeinen sitzungsübergreifenden Therapieplan und spezifischere Pläne vor und während jeder Sitzung. Beide werden kontinuierlich überarbeitet.

17

Probleme in der Therapie

Bei fast jedem Patienten entstehen irgendwelche Probleme während der kognitiven Therapie. Selbst erfahrene Therapeuten, die alle Techniken beherrschen, haben ab und zu Probleme mit dem Aufbau der therapeutischen Beziehung, der Erstellung eines zutreffenden Fallkonzepts und der konsequenten Arbeit an den gemeinsamen Zielen. Es wäre daher unrealistisch, wenn der Therapeut Probleme völlig vermeiden wollte. Aber er kann lernen, sie aufzudecken und genauer zu definieren, ihre Ursachen zu verstehen und systematisch Abhilfe zu schaffen.

Es hilft, wenn der Therapeut Probleme oder tote Punkte in der Therapie als Gelegenheit zur Verfeinerung des Fallkonzepts betrachtet. Außerdem kann man durch die Probleme, die in der Therapie auftauchen, auch ein Gefühl dafür bekommen, welche Probleme der Patient „draußen" hat. Und nicht zuletzt können Probleme mit einem Patienten dem Therapeuten einen Anstoß zur Vervollkommnung seiner eigenen Fertigkeiten geben, seine Flexibilität und Kreativität fördern und ihm neue Einsichten und Kenntnisse vermitteln, die seinen anderen Patienten zugute kommen. Denn Probleme können nicht nur durch Eigenschaften des Patienten, sondern auch durch Schwächen des Therapeuten verursacht werden. Dieses Kapitel beschreibt, wie man Probleme aufdecken, analysieren und beseitigen kann, wenn die Therapie nicht voran kommt.

Probleme aufdecken

Der Therapeut kann ein Problem auf unterschiedliche Weise aufdecken:

1. Indem er sich spontane Rückmeldungen des Patienten anhört.
2. Indem er den Patienten um Rückmeldung bittet, auch wenn er keine verbalen oder nonverbalen Hinweise auf ein Problem wahrgenommen hat.
3. Indem er sich allein, mit einem Kollegen oder einem Supervisor Cassetten- oder Video-Aufzeichnungen der Therapiesitzungen anhört bzw. -sieht.
4. Indem er den Therapiefortschritt anhand von Fragebögen und subjektiven Berichten des Patienten verfolgt.

Die einfachste Art, auf ein Problem in der Therapie aufmerksam zu werden, ist selbstverständlich ein direkter Hinweis des Patienten (z.B. „Doktor Doe, ich glaube, Sie verstehen nicht, was ich sagen will.", oder „Rein vernunftmäßig verstehe ich Sie, aber vom Gefühl her nicht."). Viele Patienten weisen aber nur indirekt auf ein Problem hin (z.B. „Ich verstehe, was Sie meinen, aber ich weiß nicht, ob ich es anders machen könnte.", oder „Ich werde es versuchen [aber ich glaube nicht, daß es funktioniert]."). In diesen Fällen fragt der Therapeut weiter nach, um herauszufinden, ob tatsächlich ein Problem besteht und wie groß es ist.

Häufig weist der Patient aber weder direkt noch indirekt auf Probleme in der Therapie hin. Der Therapeut kann Probleme aufdecken, indem er sich an die Standardstruktur der Sitzung hält (wozu die Bitte um Rückmeldung am Ende der Sitzung gehört), während der Sitzung von Zeit zu Zeit das Verständnis des Patienten überprüft und die automatischen Gedanken des Patienten erfragt, sobald er während der Sitzung eine Stimmungsänderung bemerkt.

Bei einer Gelegenheit vermutete Sallys Therapeut beispielsweise aufgrund bestimmter nonverbaler Signale (abwesender Gesichtsausdruck, unruhiges Hin- und Herrutschen auf dem Stuhl), daß sie nicht ganz bei der Sache war oder eine andere Meinung hatte. Er überprüfte diese Hypothese auf verschiedene Arten: Erstens achtete er wie bei jedem Patienten darauf, während der Sitzung häufig Zwischenzusammenfassungen zu geben oder Sally darum zu bitten. Er ließ sie auch einschätzen, wie überzeugt sie von der Zusammenfassung war (z.B.: „Sally, wir haben gerade darüber gesprochen, daß Sie, obwohl Sie so weit weggezogen sind, nicht die alleinige Verantwortung dafür tragen, daß Ihr Vater unglücklich ist. Wie überzeugt sind Sie davon im Moment?").

Außerdem kontrollierte der Therapeut in der Sitzung mehrfach, ob Sally ihn verstanden hatte (z.B.: „Verstehen Sie, warum Ihr Vater noch so reagieren könnte? ... Könnten Sie es in Ihren eigenen Worten ausdrücken?"). Er bat sie auch am Ende der Sitzung um Rückmeldung (z.B.: „Habe ich heute irgend etwas gesagt, was Ihnen nicht gepaßt hat? ... Gab es irgend etwas, was ich nicht richtig verstanden habe?"). Da er vermutete, daß Sally ihn ungern kritisieren würde, fragte er auch speziell nach Rückmeldung zu einem *Teil* der Sitzung, auf den sie, seiner Vermutung nach, möglicherweise negativ reagiert hatte: „Wie ging es Ihnen, als ich angesprochen habe, daß Sie sich Ihrem Vater gegenüber besser durchsetzen könnten. Hat Sie das gestört? ... Glauben Sie, Sie könnten es mir sagen, *wenn* es Sie gestört hätte?"

Schließlich kann der Therapeut in der folgenden Sitzung versuchen, das Problem aufzudecken. Diese Nachforschung gehört zu dem Teil der Sitzung, in dem der Therapeut eine Verbindung zwischen der aktuellen und der vorigen Sitzung herstellt. Sallys Therapeut hörte sich zum Beispiel zwischen den Sitzungen den Therapiemitschnitt an. Ihr Tonfall an einer bestimmten Stelle des Mitschnitts veranlaßte ihn in der nächsten Sitzung zu folgender Frage: „Sally, ich frage mich, wie meine Fragen über Ihre Beziehung zu Ihrem Vater letzte Woche auf Sie gewirkt haben." Da die Antwort der Patientin unverbindlich war, formulierte er seine Befürchtungen direkt: „Hatten Sie das Gefühl, daß ich Sie zu sehr bedränge oder daß Sie sich Ihrem Vater gegenüber illoyal verhalten?"

Zusammenfassend gesagt versucht der Therapeut während der Sitzung, Probleme zu verringern oder aufzudecken, indem er das Verständnis des Patienten überprüft, ihn um Rückmeldung bittet und vermutete Probleme in dieser oder der folgenden Sitzung direkt anspricht. Er kann den Patienten auch bitten, einen Rückmeldebogen auszufüllen (vgl. Kapitel 3, Abbildung 3.3), den er in der nächsten Sitzung mit ihm besprechen kann.

Ein unerfahrener Therapeut ahnt aber vielleicht nichts von der Existenz eines Problems in der Therapie oder kann es nicht so gut spezifizieren. Er sollte deshalb mit Zustimmung des Patienten die Sitzungen mitschneiden und sie allein oder (besser) mit einem erfahrenen kognitiven Therapeuten überprüfen. Normalerweise ist es kein Problem, die Zustimmung des Patienten dazu zu bekommen, wenn der Therapeut die Vorteile für den Patienten herausstellt (z.B.: „Sally, ich schneide routinemäßig meine Therapiesitzungen mit. Dann kann ich mir zwischen den Sitzungen die Aufzeichnung anhören, wenn ich den Eindruck habe, daß es mir bei der Therapieplanung helfen wird. Manchmal spiele ich sie auch einem Kollegen [oder einem Supervisor] vor, um eine Rückmeldung zu bekommen. Sind Sie damit einverstanden?").

Der Therapeut kann auch dadurch auf ein Problem aufmerksam werden, daß er die Fortschritte des Patienten verfolgt. Das wöchentliche Ausfüllen von Fragebögen wie dem Beck-Depressions-Inventar oder die Stimmungseinschätzung auf einer Skala von 0 bis 10 (vgl. Kapitel 3) am Anfang jeder Sitzung können sowohl dem Therapeuten als auch dem Patienten bei der Abschätzung der Fortschritte helfen. Wenn sich die Symptome des Patienten nicht bessern, kann der Therapeut den mangelnden Fortschritt als Tagesordnungspunkt vorschlagen und beide können versuchen, die Therapie auf wirksamere Bahnen zu lenken.

Nicht zuletzt versucht der Therapeut ständig, sich in die Lage des Patienten zu versetzen, die Welt mit dessen Augen zu sehen und die Hindernisse zu entdecken, die ihn davon abhalten, seine Schwierigkeiten auf eine funktionalere Art zu sehen (z.B.: „Wie würde ich mich in der Therapie fühlen, wenn ich Sally wäre? Was würde ich denken, wenn mein Therapeut _____ oder _____ sagen würde?").

Probleme analysieren

Nachdem er ein Problem aufgedeckt hat, überlegt sich der Therapeut, auf welcher Ebene dieses Problem auftritt:

1. Ist es lediglich ein *methodisches Problem*? Hat er zum Beispiel eine ungeeignete Methode ausgewählt oder eine Methode falsch angewendet?
2. Ist es ein *komplexeres Problem, das die gesamte Sitzung betrifft*? Hat der Therapeut beispielsweise eine dysfunktionale Kognition korrekt identifiziert, dann aber nicht wirksam interveniert?
3. Ist es ein *Problem, das sich über mehrere Sitzungen erstreckt*? Funktioniert zum Beispiel die Zusammenarbeit nicht mehr?

Probleme treten typischerweise in mindestens einer der folgenden Kategorien auf:

1. Diagnose, Fallkonzepterstellung und Therapieplanung
2. Therapeutische Beziehung
3. Struktur und/oder Tempo der Sitzung
4. Vertrautmachen des Patienten mit der Therapie
5. Umgang mit automatischen Gedanken
6. Erreichen der Therapieziele in einer oder mehreren Sitzungen
7. Verarbeitung des Sitzungsinhalts durch den Patienten

Die folgenden Fragen können dem Therapeuten und dem Supervisor helfen, ein Therapieproblem genauer zu spezifizieren. Danach können sie spezielle Ziele formulieren, Prioritäten setzen und eines oder mehrere davon auswählen, auf die sich der Therapeut konzentrieren soll.

Diagnose, Fallkonzepterstellung und Therapieplanung

Diagnose

1. Habe ich eine korrekte fünfachsige Diagnose nach der neuesten Version des DSM?
2. Haben gegebenenfalls primäre und sekundäre Diagnose die richtige Reihenfolge?
3. Könnte es sein, daß der Patient an einer bisher nicht diagnostizierten organischen Störung leidet?
4. Könnte ein Arztbesuch wegen eventueller Pharmakotherapie bei diesem Patienten angezeigt sein?

Fallkonzepterstellung

1. Habe ich ein konkretes und einwandfreies Fallkonzept?
2. Kann ich die Verbindung zwischen den Reaktionen des Patienten (automatischen Gedanken, Gefühlen, Verhaltensweisen, physiologischen Reaktionen) auf aktuelle Situationen und seiner Vergangenheit, seinen Annahmen und Strategien verbal oder auf dem Papier ausdrücken (möglicherweise mit Hilfe eines Diagramms zum kognitiven Fallkonzept)?
3. Habe ich mein Fallkonzept kontinuierlich weiterentwickelt, wenn ich neue Daten bekommen habe?
4. Habe ich dem Patienten zu strategisch günstigen Zeitpunkten mein Fallkonzept mitgeteilt?
5. Wenn ja, hält der Patient es für sinnvoll und „klingt es richtig" für ihn?

Therapieplanung

1. Habe ich die Therapie ursprünglich an der Achse-I-Diagnose ausgerichtet?
2. Habe ich die kognitive Standardtherapie entsprechend den Achse-I-(und/oder Achse-II-)-Störung/en dieses Patienten modifiziert? Habe ich mein Fallkonzept benutzt, um die Therapie auf den Patient zuzuschneiden?
3. Falls es offensichtlich ist, daß Therapie allein kaum eine Verbesserung bewirken wird: Habe ich die Notwendigkeit größerer Veränderungen im Leben des Patienten angesprochen? (Dies könnte der Fall sein, wenn der Patient in seiner Beziehung mißbraucht wird, wenn seine Lebensumstände unerträglich sind oder wenn seine Arbeit schädlich für ihn ist.)
4. Habe ich angemessene Pläne zur Übung notwendiger Fertigkeiten gemacht?
5. Habe ich bei Bedarf Familienmitglieder in die Therapie einbezogen?

Therapeutische Beziehung

Zusammenarbeit

1. Haben der Patient und ich wirklich *kollegial zusammengearbeitet*? Sind wir ein Team? Arbeiten wir beide intensiv? Fühlen wir uns beide für die Fortschritte verantwortlich?
2. Treffen wir die Entscheidungen in der Therapie gemeinsam? Haben wir über Themen wie Hausaufgaben, Zeit für bestimmte Tagesordnungspunkte etc. erfolgreich verhandelt? Haben wir die Probleme behandelt, die dem Patienten am wichtigsten sind?
3. Habe ich den Patienten zu angemessener Mitarbeit und Mitbestimmung in der Sitzung angeleitet?
4. Sind wir uns über seine und meine Therapieziele einig?
5. Habe ich die Interventionen und Hausaufgaben begründet?

Rückmeldung des Patienten

1. Bitte ich den Patienten regelmäßig um Rückmeldung über die Sitzung?
2. Ermutige ich ihn, seine Zweifel auszusprechen und zu überprüfen?
3. Achte ich während der Sitzung auf seine Stimmung und frage ich nach den automatischen Gedanken, wenn sich seine Stimmung ändert?

Meinung des Patienten zur Therapie

1. Hat der Patient eine positive Meinung über die Therapie und mich?
2. Glaubt er, zumindest ein wenig, daß die Therapie ihm helfen kann?
3. Hält er mich für kompetent, kollegial und ehrlich interessiert?

Reaktionen des Therapeuten

1. Liegt mir etwas an diesem Patienten? Spürt er mein Interesse?
2. Bin ich überzeugt, diesem Patienten helfen zu können? Spürt er diese Überzeugung?
3. Habe ich negative Gedanken über diesen Patienten oder über mich selbst im Hinblick auf diesen Patienten? Habe ich diese Gedanken überprüft und beantwortet?
4. Sehe ich Probleme in der therapeutischen Beziehung als Entwicklungschance oder mache ich Schuldzuweisungen?
5. Vermittle ich eine realistisch positive und optimistische Sicht von den Möglichkeiten der Therapie?

Struktur und Tempo der Sitzung

Tagesordnung

1. Haben wir eine individuelle Tagesordnung aufgestellt?
2. Haben wir es gemeinsam getan? Hat jeder von uns etwas dazu beigetragen?
3. Ging es schnell?
4. Hat der Patient die Tagesordnungspunkte nicht ausführlich beschrieben, sondern kurz benannt?
5. Hat der Patient die Tagesordnungspunkte benannt, anstatt das Thema gleich zu diskutieren?
6. Haben wir bei den Tagesordnungspunkten Prioritäten gesetzt?
7. Haben wir gemeinsam einen Zeitrahmen für die jeweiligen Tagesordnungspunkte festgelegt?
8. Haben wir gemeinsam entschieden, welches Thema zuerst besprochen werden soll?

Tempo

1. Achte ich darauf, wie wir die Therapiezeit verbringen?
2. Haben wir für die Standardbestandteile der Sitzung angemessen viel Zeit eingeplant und aufgewendet: Stimmungsüberprüfung, Überblick über die Woche, Aufstellen der Tagesordnung, Hausaufgabenbesprechung, Besprechung der Tagesordnungspunkte, regelmäßige Zusammenfassungen, Rückmeldung?
3. Haben wir, wenn ein Thema oder Sitzungsteil den Zeitrahmen überschritten hat, gemeinsam beschlossen, ob wir weitermachen oder zum nächsten Punkt übergehen sollen?
4. Haben wir gemeinsam über das weitere Vorgehen entschieden, wenn wichtige Themen aufgetaucht sind, die nicht Teil der ursprünglichen Tagesordnung waren?

5. Haben wir zuviel Zeit für unproduktive Gespräche verschwendet?
6. Habe ich den Patienten, wenn es angemessen war, vorsichtig unterbrochen, um das Gespräch auf ein lohnenderes Thema zu lenken?
7. Haben wir am Ende der Sitzung genug Zeit gelassen, um die wichtigsten Punkte zusammenzufassen, dem Patienten Gelegenheit zum Aufschreiben neuer Erkenntnisse zu geben, Verständnis und Einverständnis des Patienten hinsichtlich der Hausaufgabe zu sichern, eine ausführliche Rückmeldung einzuholen und darauf zu antworten?
8. Habe ich die Sitzung so geführt, daß Grundannahmen des Patienten deaktiviert und negative Gefühle verringert wurden und er die Sitzung nicht übermäßig belastet verläßt?

Vertrautmachen des Patienten mit der Therapie

Kognitives Modell

1. Versteht der Patient das kognitive Modell und hält er es für richtig?
2. Versteht er, daß verzerrtes Denken ein Symptom seiner Störung ist?
3. Glaubt er, daß seine Gedanken über eine Situation verzerrt sein könnten?
4. Ist ihm klar, daß das verzerrte Denken seine Stimmung und sein Verhalten in dysfunktionaler Weise beeinflußt?
5. Glaubt er, daß er sich besser fühlen und situationsadäquater verhalten kann, wenn er sein dysfunktionales Denken überprüft und verändert?
6. Glaubt er, daß er sich verändern kann?
7. Ist er bereit, sich zu verändern?

Erwartungen

1. Was erwartet der Patient in der Therapie von sich selbst und von mir?
2. Glaubt er, daß er seine Probleme schnell und ohne Schwierigkeiten lösen können sollte?
3. Erwartet er, daß ich seine Probleme für ihn löse?
4. Glaubt er, daß seine Probleme lösbar sind?
5. Versteht er seine Rolle und seine Verantwortung in der Therapie?
6. Versteht er, daß er eine aktive Rolle einnehmen muß?
7. Fällt ihm die Zusammenarbeit leicht?
8. Versteht er, daß er bestimmte Methoden und Fertigkeiten lernen und anwenden muß?
9. Hat er Angst davor, seine jetzigen Probleme zu lösen, weil er dann mit anderen Problemen zu kämpfen hätte (wie Berufswahl, Entscheidungen über eine Beziehung etc.)?

Lösungsorientierung

1. Benennt der Patient Probleme, an denen er arbeiten möchte?
2. Arbeiten wir aktiv an der Lösung von Problemen, anstatt nur darüber zu reden?
3. Hat er sich konkrete Ziele gesetzt? Sind seine Ziele realistisch?
4. Versteht er den Zusammenhang zwischen der Arbeit in den einzelnen Sitzungen und seinen Zielen?
5. Versucht er, eine andere Person zu ändern, statt sich selbst?

Hausaufgaben

1. Macht der Patient die Hausaufgaben gründlich?
2. Sieht er sie nur als Beiwerk oder als notwendig an?
3. Macht er die Hausaufgaben nur, um mir einen Gefallen zu tun?
4. Versteht er, wie die Hausaufgaben mit der Arbeit in der Therapiesitzung und mit seinen übergeordneten Zielen zusammenhängen?
5. Denkt er während der Woche über die Therapiearbeit nach?
6. Waren die Hausaufgaben so geplant, daß sie einen engen Bezug zu seinen Hauptthemen hatten?

Umgang mit automatischen Gedanken

Aufdecken und auswählen von entscheidenden automatischen Gedanken

1. Haben wir die genauen Worte und/oder Vorstellungen aufgedeckt, die dem Patienten durch den Kopf gegangen sind, als es ihm schlecht ging?
2. Haben wir alle wichtigen automatischen Gedanken aufgedeckt?
3. Haben wir einen Gedanken nach dem anderen überprüft?
4. Haben wir einen emotional belastenden Gedanken ausgewählt?
5. Haben wir einen Gedanken ausgewählt, der entweder dysfunktional oder wahrscheinlich verzerrt war?
6. Haben wir einen Gedanken ausgewählt, dessen Veränderung dem Patienten wahrscheinlich bei der Erreichung eines Ziels oder der Lösung eines Problems hilft? Das heißt, war es ein wichtiger Gedanke?

Beantworten von automatischen Gedanken

1. Haben wir automatische Gedanken nicht nur aufgedeckt, sondern auch überprüft und beantwortet?
2. Habe ich es vermieden, davon auszugehen, daß der Gedanke verzerrt ist? Habe ich es vermieden, den Patienten dazu zu überreden, daß er sein Denken für falsch hält, anstatt mit ihm gemeinsam den Gedanken zu überprüfen?

3. Habe ich vorwiegend mit Fragen gearbeitet?
4. Habe ich andere Möglichkeiten ausprobiert, wenn eine Art der Befragung sich als unwirksam erwiesen hat?
5. Habe ich dem Patienten nicht zu sehr widersprochen und ihn nicht überredet?
6. Habe ich überprüft, wie überzeugt der Patient von der Antwort war, die wir gemeinsam entwickelt hatten? Hat seine emotionale Belastung abgenommen?
7. Haben wir bei Bedarf andere Methoden ausprobiert, um die Belastung des Patienten zu verringern?

Die kognitive Veränderung maximieren

1. Hat sich der Patient seine neuen, funktionaleren Ansichten aufgeschrieben?
2. Haben wir die kognitive Verzerrung identifiziert?
3. Haben wir untersucht, ob der Patient in der Vergangenheit ähnliche Verzerrungen vorgenommen hat? Haben wir mögliche zukünftige Verzerrungen dieser Art vorhergesagt?

Erreichen der Therapieziele in einer oder mehreren Sitzungen

Übergeordnete Therapieziele und Teilziele jeder Sitzung identifizieren

1. Habe ich diese Ziele dem Patienten genügend verständlich gemacht (falls er noch nicht gelernt hat, sich selbst Ziele zu setzen)? Ist er mit diesen Zielen einverstanden (z.B. Gedankentagebücher ausfüllen lernen, seine Zeit anders verbringen und verschiedene Techniken zur Angstreduktion einsetzen)?
2. Habe ich die Ziele entsprechend der Therapiephase in Teilziele zerlegt?
3. Lasse ich mich bei der Aufstellung der Tagesordnung von diesen Zielen leiten?
4. Benutze ich, wann immer es sich anbietet, die Tagesordnungspunkte des Patienten zur Verfolgung meiner Ziele?
5. Habe ich in der Sitzung dem Patienten geholfen, ein bedeutsames Problem zu identifizieren, auf das wir uns konzentrieren konnten?
6. Entspricht das Problem der Therapiephase und dem momentanen Zustand des Patienten? Ist es zum Beispiel zu eng an eine rigide Annahme gebunden, so daß man in dieser Sitzung keinen Fortschritt erwarten kann?
7. Verwenden wir die Zeit *sowohl* für die Lösung von Problemen *als auch* für kognitive Neustrukturierung?
8. Dienen die Hausaufgaben der Änderung des Verhaltens *und* der Kognitionen?

Den Schwerpunkt beibehalten

1. Habe ich dem Patienten mit Aufdecken unter Anleitung geholfen, wichtige Annahmen zu identifizieren?
2. Kann ich sagen, welche Annahmen des Patienten besonders zentral und welche eher peripher sind? Stimmt der Patient mir zu?
3. Achte ich ständig darauf, in welchem Zusammenhang neue Probleme zu den zentralen Annahmen stehen, oder springen wir ohne Zusammenhang zum Fallkonzept von einem Problem zum anderen bzw. von einer dysfunktionalen Annahme zur anderen?
4. Arbeiten wir in jeder Sitzung konsequent und anhaltend an den zentralen Annahmen des Patienten, anstatt nur Krisenintervention zu betreiben?
5. Helfe ich dem Patienten, wenn wir über Kindheitserfahrungen sprechen, seine Interpretationen in Annahmen zu „übersetzen"?
6. Helfe ich ihm zu erkennen, wie diese Annahmen mit seinen momentanen Problemen zusammenhängen?

Interventionen

1. Wähle ich die Interventionen auf der Grundlage meiner Ziele für die Sitzung und der Tagesordnungspunkte des Patienten?
2. Habe ich eine klare Vorstellung von der dysfunktionalen Annahme des Patienten und einer funktionaleren Annahme, zu der ich ihn hinführen will?
3. Habe ich vor und nach einer Intervention die Belastung des Patienten und/oder seine Überzeugung von einem automatischen Gedanken bzw. einer Annahme überprüft, um den Erfolg der Intervention beurteilen zu können?
4. Habe ich es mit einem anderen Ansatz versucht, wenn eine Intervention relativ erfolglos war?
5. Habe ich Hypothesen gebildet, warum die Intervention relativ erfolglos war? Lag es eher an der Auswahl bzw. Anwendung der Methode oder an der Stärke des dysfunktionalen Denkens des Patienten?

Verarbeitung des Sitzungsinhalts durch den Patienten

Das Verständnis des Patienten im Auge behalten

1. Habe ich während der Sitzung viele Zusammenfassungen gemacht (oder den Patienten darum gebeten)?
2. Habe ich den Patienten gefragt, ob ihm die Aussagen klar geworden sind und/oder ihn gebeten, Schlußfolgerungen in eigenen Worten zu formulieren?
3. Habe ich auf nonverbale Signale von Verwirrung oder Widerspruch geachtet?

Die Ursachen von Verständnisschwierigkeiten ergründen

1. Habe ich meine Hypothesen mit dem Patienten überprüft?
2. Ist es mein Fehler, wenn er nicht versteht, was ich sagen will?
3. Hängt das Verständnisproblem mit dem Komplexitätsgrad zusammen? Mit meiner Unkonkretheit? Meiner Wortwahl? Mit der Menge an Stoff, die ich in einem Abschnitt oder in einer Sitzung präsentiere?
4. Entsteht das Verständnisproblem durch die emotionale Belastung des Patienten während der Sitzung? Durch Ablenkung? Durch automatische Gedanken, die der Patient in der Sitzung hat?

Die Festigung des Gelernten maximieren

1. Was habe ich getan, um sicherzustellen, daß der Patient während der Woche und selbst nach Therapieabschluß entscheidende Teile der Therapiesitzung behält?
2. Hat der Patient entscheidende Punkte schriftlich oder auf Kassette festgehalten?

Tote Punkte

Manchmal geht es dem Patienten zwar in einzelnen Sitzungen besser, aber wenn man mehrere Sitzungen im Verlauf betrachtet, scheint er keine Fortschritte zu machen. Anstatt sich mit den oben dargestellten Fragen zu befassen, mag es der erfahrene Therapeut vorziehen, zunächst zu untersuchen, ob einer von fünf entscheidenden Problembereichen betroffen ist. Wenn er sich sicher ist, daß seine Diagnose und sein Fallkonzept stimmen und daß er einen auf das Problem des Patienten zugeschnittenen Behandlungsplan hat (und daß er die Methoden richtig angewendet hat), überprüft der Therapeut allein oder mit einem Supervisor das folgende:

1. Habe ich eine tragfähige *therapeutische Beziehung* zum Patienten?
2. Haben wir beide eine klare Vorstellung von den *Therapiezielen des Patienten*? Ist ihm die Arbeit an diesen Zielen wichtig?
3. Ist der Patient vom *kognitiven Modell* überzeugt? Glaubt er, daß sein Denken seine Stimmung und sein Verhalten beeinflußt, daß es manchmal dysfunktional ist, und daß die Überprüfung und Beantwortung dysfunktionaler Gedanken eine positive Wirkung auf seine Gefühle und sein Verhalten hat?
4. Ist der Patient mit der kognitiven Therapie *vertraut* – trägt er zur Tagesordnung bei, arbeitet er an Problemlösungen mit, macht er Hausaufgaben, gibt er dem Therapeuten Rückmeldung?

5. Behindern der *körperliche Zustand* (z.B. Krankheit, Nebenwirkungen oder Fehldosierungen von Medikamenten) oder die *Umgebung* des Patienten (z.B. ein mißhandelnder Partner, eine extrem anspruchsvolle Arbeit oder ein unerträgliches Armuts- oder Kriminalitätsniveau in der Umgebung) unsere Arbeit?

Probleme in der Therapie beheben

Je nachdem, welches Problem vorliegt, kann der Therapeut eine oder mehrere der folgenden Maßnahmen ergreifen:

1. Eine gründlichere Diagnostik durchführen.
2. Den Patienten zu einer körperlichen oder neuropsychologischen Untersuchung überweisen.
3. Das Fallkonzept des Patienten schriftlich überarbeiten und mit ihm besprechen.
4. Mehr über die Behandlung der Achse-I- (und Achse-II-)Störung/en des Patienten lesen.
5. Den Patienten gezielt um Rückmeldung dazu bitten, wie er die Therapie und den Therapeuten erlebt.
6. Die Therapieziele des Patienten nochmals klarstellen (und möglicherweise die Vor- und Nachteile der Zielerreichung überprüfen).
7. Seine eigenen automatischen Gedanken über den Patienten oder über seine therapeutischen Fähigkeiten aufdecken und beantworten.
8. Nochmals das kognitive Modell mit dem Patienten besprechen und gegebenenfalls diesbezügliche Zweifel und Mißverständnisse ausräumen.
9. Nochmals den Behandlungsplan mit dem Patienten durchgehen (und herausfinden, ob er diesbezüglich Bedenken oder Zweifel hat.)
10. Die Pflichten des Patienten nochmals besprechen (und seine Reaktion darauf erkunden).
11. Betonen, wie wichtig es ist, in der Sitzung Hausaufgaben aufzugeben und zu besprechen und während der Woche Hausaufgaben zu machen.
12. In mehreren Sitzungen konsequent an entscheidenden automatischen Gedanken, Annahmen und Verhaltensweisen arbeiten.
13. Überprüfen, inwieweit der Patient den Inhalt der Sitzung versteht und darauf achten, daß er sich die wichtigsten Punkte notiert.
14. Je nach den Bedürfnissen und Vorlieben des Patienten Tempo oder Struktur der Sitzung, Schwierigkeit des behandelten Stoffs und/oder den Zeitaufwand für die Entwicklung von Problemlösungen vergrößern bzw. verringern und/oder sich mehr oder weniger empathisch, didaktisch oder überredend verhalten.

Der Therapeut sollte seine eigenen Gedanken und Stimmungen beachten, wenn er versucht, Probleme in der Therapie zu verstehen und zu beseitigen, denn manchmal können seine Kognitionen die Problemlösung behindern. Wahrscheinlich haben alle Therapeuten, zumindest ab und zu, negative Gedanken über Patienten, die Therapie oder sich selbst als Therapeuten. Typische Axiome des Therapeuten, die ihn daran hindern können, die Form der Therapie zu ändern, sind unter anderem:

„Wenn ich den Patienten unterbreche, denkt er, ich will ihn kontrollieren."
„Wenn ich die Sitzung mit einer Tagesordnung strukturiere, kann ich etwas wichtiges übersehen."
„Wenn ich die Sitzung mitschneide, bin ich nicht mehr unbefangen."
„Wenn der Patient sich über mich ärgert, wird er die Therapie abbrechen."

Letztlich hat der Therapeut, wenn er in der Therapie ein Problem entdeckt, die Wahl: Er kann das Problem als Katastrophe betrachten und/oder sich selbst oder dem Patienten die Schuld dafür geben. Oder er kann das Problem als Gelegenheit nutzen, seine Fallkonzepterstellung, Therapieplanung, Methodenkompetenz und seine Fähigkeit zur individuellen Gestaltung der Therapie zu verbessern.

18

Fortschritte als kognitiver Therapeut

Dieses Kapitel beschreibt kurz die Schritte, die nötig sind, um mit der Durchführung kognitiver Standardtherapien zu beginnen. Wie in Kapitel 1 erwähnt, sollten Sie unbedingt durch eigene Anwendung Erfahrungen mit den grundlegenden Methoden der kognitiven Therapie sammeln, bevor Sie sie bei Patienten einsetzen. Wenn Sie die Methoden selbst ausprobieren, können Sie Schwierigkeiten in der Anwendung beheben, und wenn Sie sich in die Rolle des Patienten versetzen, haben Sie die Möglichkeit herauszufinden, welche (praktischen oder psychologischen) Hindernisse der Durchführung der Aufgaben im Wege stehen. Wenn Sie ein Experte für kognitive Therapie werden wollten, sollten Sie zumindest das folgende tun (falls Sie es nicht bereits getan haben):

1. Achten Sie auf Ihre Stimmung und decken Sie Ihre automatischen Gedanken auf, wenn Sie schlechter Stimmung sind.

2. Schreiben Sie Ihre automatischen Gedanken auf. Wenn Sie diesen Schritt überspringen, nehmen Sie sich die Gelegenheit herauszufinden, was Ihre Patienten daran hindern könnte, *ihre* automatischen Gedanken aufzuschreiben: Mangel an Gelegenheit, Motivation, Zeit, Kraft und Hoffnung. Wenn Sie dem Patienten beispielsweise in der Sitzung Hausaufgaben aufgeben, können Sie sich kurz mit ihm vergleichen. Sie überlegen: „Hätte ich Schwierigkeiten bei der Durchführung dieser Aufgabe? Wie könnte ich mich dazu motivieren? Ist diese Aufgabe vernünftig? Was könnte mich daran hindern, sie auszuführen? Würde ich sie verstehen, wenn ich sie so gestellt bekäme? Muß ich in kleineren Schritten vorgehen?" Anders ausgedrückt werden Sie sich als kognitiver Therapeut weiterentwickeln, wenn Sie sich selbst und die Menschen verstehen und dieses Verständnis in die Therapie einbringen.

3. Identifizieren Sie die automatischen Gedanken, die Ihnen bei der Ausführung von Schritt 2 im Wege stehen. Gedanken wie: „Ich brauche meine automatischen Gedanken nicht aufzuschreiben.", oder „Ich kenne das. Es reicht, wenn ich es im Kopf mache.", werden Ihre Weiterentwicklung wahrscheinlich bremsen. Eine gute passende Antwort würde anerkennen, daß diese Gedanken teilweise richtig sind, aber betonen, welche Vorteile es hat, sich anders zu verhalten: „Es stimmt, daß ich wahrscheinlich auch zurechtkomme, wenn ich die kognitiven Methoden nicht selbst anwende. Aber ich werde wahrscheinlich *mehr* lernen, wenn ich mich dazu aufraffe, Dinge schriftlich festzuhalten. Ich kann besser verstehen, warum meine

Patienten Schwierigkeiten haben, wenn ich denselben Prozeß durchmache, um herauszufinden, wie es einem dabei geht und wo mögliche Schwierigkeiten liegen. Und was ist daran so schlimm? Es wird mich nur ein paar Minuten kosten."

4. Wenn Sie das Aufdecken von Gedanken und Emotionen beherrschen, sollten Sie damit beginnen, täglich ein Gedankentagebuch auszufüllen, wenn Sie merken, daß sich Ihre Stimmung ändert. Sie müssen allerdings bedenken, daß das Ausfüllen des Gedankentagebuchs Ihre Stimmung wahrscheinlich kaum verbessert, wenn Ihre Gedanken nur wenig verzerrt sind oder wenn Sie die Gedanken von sich aus im Kopf passend beantworten. (Der kognitive Therapeut versucht ja nicht, negative Gefühle *abzuschaffen*, sondern lediglich *dysfunktionale* Gefühlsstärken zu reduzieren.) Sie können Ihren Patienten das Ausfüllen der Gedankentagebücher aber sicher besser beibringen, wenn Sie es selbst praktizieren, unabhängig davon, ob Sie persönlich davon profitieren oder nicht.

5. Füllen Sie die untere Hälfte eines Diagramms zum kognitiven Fallkonzept aus. Nehmen Sie dazu drei typische Situationen, in denen Sie verstimmt waren. Wenn es Ihnen schwerfällt, eine Situation auszuwählen, Ihre Gedanken oder Gefühle zu identifizieren oder die Bedeutung der Gedanken aufzudecken, sollten Sie die entsprechenden Kapitel dieses Buches noch einmal durchlesen.

6. Füllen Sie jetzt auch die obere Hälfte des Diagramms zum kognitiven Fallkonzept aus. Wenn Sie sich schlecht fühlen, versuchen Sie festzustellen, ob das auf „hilflosen" oder „nicht liebenswerten" Gedanken beruhen könnte. Füllen Sie die restlichen Felder aus, sobald Sie eine Grundannahme identifiziert haben.

7. Als nächstes sollten Sie ein Arbeitsblatt zu Grundannahmen ausfüllen und dazu eine der Grundannahmen benutzen, die Sie in den vorigen Übungen identifiziert haben. Achten Sie darauf, wie Sie eine Situation interpretieren, um herauszufinden, ob Sie Anhaltspunkte verzerren, um eine negative Grundannahme zu stützen, und/oder Anhaltspunkte ignorieren oder abwerten, die dieser Grundannahme widersprechen. Beachten Sie: Wenn Sie ausgleichende positive Annahmen haben, die ständig aktiviert sind, kann es sein, daß diese Übung Ihr System von Annahmen nicht verändert. Aber Sie lernen das Arbeitsblatt besser kennen und können es bei anderen besser anwenden, wenn Sie es selbst ausgefüllt haben.

8. Versuchen Sie, einige der anderen grundlegenden Methoden anzuwenden: Aufzeichnen und Planen von Aktivitäten, positive Selbstaussagen, Beantworten spontaner Vorstellungen, so tun als ob, Arbeitsblatt zum Problemlösen, Bewältigungskarten schreiben und lesen, funktionale Vergleiche und bei Entscheidungen Vor- und Nachteile der Alternativen aufschreiben.

9. Wenn Sie einige der grundlegenden Methoden zur Fallkonzepterstellung und Behandlung von Störungen selbst erprobt haben, sollten Sie für Ihren

ersten Versuch, eine kognitive Therapie durchzuführen, einen einfachen, unkomplizierten Patienten auswählen. Wenn Sie einen schwierigen Patienten aussuchen, ist die in diesem Buch beschriebene Standardbehandlung möglicherweise unangemessen (vgl. Kapitel 16). Ideal für erste Erfahrungen mit der kognitiven Therapie ist ein Patient mit einfacher unipolarer Depression, generalisierter Angststörung oder Anpassungsstörung ohne Achse-II-Diagnose. Es empfiehlt sich, mit einem neuen Patienten zu beginnen, anstatt jemanden zu nehmen, den Sie schon seit einiger Zeit mit einer anderen Therapiemethode behandeln. Es empfiehlt sich außerdem, diesen Patienten so genau wie möglich nach den Richtlinien dieses Buches zu behandeln. Vorsicht: Therapeuten, die in einer anderen Therapiemethode erfahren sind, kommen leicht in Versuchung, auf ältere Fertigkeiten zurückzugreifen, die die kognitiv-therapeutische Behandlung erschweren.

10. Bitten Sie um eine schriftliche Zustimmung, die Therapiesitzungen auf Audio- oder Video-Kassetten mitzuschneiden. Sie können nur dann Fortschritte machen, wenn Sie die Aufzeichnungen Ihrer Sitzungen kritisch überprüfen, allein oder mit einem Kollegen oder Supervisor. Zur Evaluation der Aufzeichnungen brauchen Sie den Beurteilungsbogen zur kognitiven Therapie mit Handanweisung, der auch von Supervisoren der kognitiven Therapie verwendet wird, um angehenden Therapeuten bei der Evaluation und Verbesserung ihrer Arbeit zu helfen.

11. Gleichzeitig sollten Sie mehr über die kognitive Therapie lesen. Lesen Sie auch Broschüren, Artikel und Bücher, die sich an Patienten wenden, damit Sie diesen passendes Material zur Bibliotherapie empfehlen können.

12. Suchen Sie nach Ausbildungs- und Supervisionsmöglichkeiten in Ihrer Nähe.

Anhang A

ARBEITSBLATT ZUR FALLBESCHREIBUNG

Therapeutenname: *J. Beck*   **Patientenname:** *Sally R.*   **Datum:** *10. 02.*

I. Persönliche Daten

Sally ist 18, weiß, weiblich, besucht das College und wohnt in einem Wohnheim für Erstsemester in einem Doppelzimmer.

II. Diagnose (DSM-IV)

Achse I: *Major Depression, Einzelepisode, mittlerer Schweregrad 296.22*
Achse II: *keine Persönlichkeitsstörung*
Achse III: *keine körperlichen Störungen oder Zustände*
Achse IV: *Schweregrad psychosozialer Belastungsfaktoren: leicht (zum ersten Mal weg von zuhause)*
Achse V: *Globalbeurteilung des psychosozialen Funktionsniveaus: aktuell 60; letztes Jahr 85*

III. Fragebogenwerte

	Aufnahme	Sitzung Nr.	Sitzung Nr.	Sitzung Nr.	Sitzung Nr.	Sitzung Nr.
BDI*	27					
BAI*	15					
BHS*	15					
Andere						

Allgemeiner Trend der Werte:

* BDI: Beck-Depressions-Inventar; * BAI: Beck-Angst-Inventar;
* BHS: Beck-Hoffnungslosigkeitsskala

IV. Hauptprobleme und momentaner Umgang damit

Klagt über Depression, Angst, Konzentrationsschwierigkeiten, sozialen Rückzug, vermehrten Schlaf, Selbstkritik. Geht zu den Veranstaltungen, hat aber Schwierigkeiten beim Lernen und der Bearbeitung von Aufgaben. Weicht Problemen mit ihrer Zimmergenossin aus.

V. Entwicklungsprofil

A. Geschichte (Familie, soziale Bezüge, Ausbildung, Krankheiten, psychiatrische Störungen, Beruf)
Jüngeres von zwei Kindern einer intakten Familie.
Hatte immer mehrere Freunde.
Durchschnittliche bis gute Noten in der Schule; etwas ängstlich in bezug auf Noten.
Keine bedeutenden Krankheiten; bisher keine psychiatrischen Erfahrungen; letztes Jahr gutes Zeugnis von Teilzeitarbeit.

B. Beziehungen (Eltern, Geschwister, Gleichaltrige, Autoritätspersonen, bedeutende andere Personen)
Mutter hatte (und hat noch) sehr kritische Einstellung zu Sally; Vater ist/war unterstützender, aber selten anwesend (anspruchsvolle Arbeit).
Kam mit Bruder trotz Altersabstand von fünf Jahren gut aus.
Hatte Angst vor strengen Lehrern.

C. Bedeutsame Ereignisse und Traumata
Viel Streit zwischen den Eltern.
Strenger Lehrer in der zweiten Klasse (Ich hatte das ganze Jahr lang Angst.).
Subtiles Trauma: Kritik der Mutter.
Selbstkritik wegen Unterlegenheit gegenüber dem Bruder.

VI. Kognitives Profil

A. Anwendung des kognitiven Modells auf diesen Patienten
1. Typische aktuelle Probleme/problematische Situationen:
Lernen und Arbeiten schreiben.
Sich in den Veranstaltungen zu Wort melden und Prüfungen.
Sozialer Rückzug.
Zu wenig Selbstbehauptung gegenüber Zimmergenossin und Professoren.
Verbringt zuviel Zeit im Bett.

2. Typische automatische Gedanken, Gefühle und Verhalten in diesen Situationen:

Ich kann das nicht; Ich bin ein Versager; Ich schaffe es hier nicht. → traurig

Was ist, wenn ich den Test nicht bestehe? Was ist, wenn der Tutor mir nicht hilft? Ich fliege raus. → ängstlich

Ich sollte mehr tun und besser abschneiden. → schuldig.

B. Grundannahmen

Ich bin unfähig/inkompetent.

C. Axiome

Wenn ich nicht sehr gut abschneide, habe ich versagt.
Wenn ich an der Uni versage, bin ich auch als Person nichts wert.
Wenn ich um Hilfe bitte, heißt das, daß ich schwach bin.

D. Regeln (Was sollte/müßte ich tun, was sollten/müßten die anderen tun?)

Ich muß sehr hart arbeiten.
Ich muß das Beste aus mir machen.
Ich muß besonders gut sein.

VII. Zusammenfassung von kognitivem und Entwicklungsprofil; Fallkonzept

A. Selbstbild und Bild von anderen

Sally sah sich selbst in manchen Dingen als kompetent, in anderen als unfähig. Sie überschätzte die Stärken der anderen (Bruder, Freunde) und unterschätzte ihre eigenen.

B. Interaktion von Lebensereignissen und kognitiver Vulnerabilität

Sally war immer anfällig dafür, sich selbst als unfähig zu sehen. Ihre überkritische Mutter verstärkte die Annahme, daß sie unfähig sei. Außerdem verglich Sally sich ständig mit ihrem Bruder, der (weil er fünf Jahre älter war) fast alles besser konnte als sie.

C. Kompensatorische und Bewältigungsstrategien

Stellt hohe Erwartungen an sich.
Arbeitet sehr hart.
Achtet zu sehr auf eigene Schwächen.
Vermeidet es, um Hilfe zu bitten.

D. Entstehung und Aufrechterhaltung der aktuellen Störung

Die depressive Störung wurde durch das Verlassen des Elternhauses und anfängliche Schwierigkeiten im Studium ausgelöst. Wahrscheinlich war effizientes Lernen wegen der Angst nicht möglich; daraufhin wurde Sally sehr selbstkritisch und dysphorisch. Da sie sich von Aktivitäten und Freunden zurückzog, trug das Fehlen von positivem Input zu ihrer gedrückten Stimmung bei.

VIII. Schlußfolgerungen für die Therapie

A. Geeignetheit für kognitive Interventionen (niedrig, mittel oder hoch; gegebenenfalls erläutern)
1. **Psychologisches Verständnis** – *hoch*
2. **Objektivität** – *hoch*
3. **Bewußtheit** – *mittel/hoch*
4. **Überzeugtheit vom kognitiven Modell** – *mittel/hoch*
5. **Zugänglichkeit und Veränderbarkeit von automatischen Gedanken und Annahmen** – *mittel*
6. **Anpassungsfähigkeit** – *hoch*
7. **Humor** – *niedrig (zum Zeitpunkt der Aufnahme)*

B. Persönlichkeitsstruktur: Soziotroph versus autonom
Eher autonom als soziotroph:
Legt großen Wert auf Leistung; hält es für ein Zeichen von Schwäche, um Hilfe zu bitten. Soziotrophie mittel; legt Wert auf Freundschaften, macht sich Gedanken darüber, wie andere sie sehen.

C. Motivation, Ziele und Therapieerwartungen des Patienten
Sehr motiviert; hatte nur vage Vorstellungen von der Therapie, akzeptiert aber das Modell, ihr eigener Therapeut zu werden.
Ziele:
Noten verbessern
Prüfungsangst verringern
Mehr mit anderen unternehmen
An Freizeitaktivitäten der Uni teilnehmen und/oder Teilzeitstelle annehmen.

D. Ziele des Therapeuten
Selbstkritik verringern.
Grundlegende kognitive Methoden vermitteln, wie Gedankentagebuch etc.
Zeit im Bett verringern.
Problemlösungen für den Bereich Lernen, Hausarbeiten, Prüfungen erarbeiten.

E. Vermutliche Schwierigkeiten und Modifikationen der kognitiven Standardtherapie
keine

Literatur

Agras, W. S., Rossiter, E. M., Arnow, B., Schneider, J. A., Telch, C. F., Raeburn, S. D., Bruce, B., Perl, M. & Koran, L. M. (1992). Pharmacologic and cognitive-behavioral treatment for bulimia nervosa: A controlled comparison. *American Journal of Psychiatry, 149*, 82–87.

American Psychiatric Association. (1994). *Diagnostic and statistical manual of mental disorders* (4th ed.). Washington, DC: Author. (Deutsche Ausgabe: Sass, H., Wittchen, H.-U. & Zaudig, M. [Hrsg.] [1998]. *Diagnostisches und Statistisches Manual Psychischer Störungen DSM-IV* [2. Aufl.]. Göttingen: Hogrefe.)

Arnkoff, D. B. & Glass, C. R. (1992). Cognitive therapy and psychotherapy integration. In D. K. Freddheim (Ed.), *History of psychotherpy: A century of change* (pp. 657–694). Washington, Dc. American Psychological Association.

Barlow, D., Craske, M., Cerney, J. A. & Klosko, J. S. (1989). Behavioral treatment of panic disorder. *Behavior Therapy, 20*, 261–268.

Baucom, D. & Epstein, N. (1990). *Cognitive-behavioral material therapy*. New York: Brunner/Mazel.

Baucom, D., Sayers, S. & Scher, T. (1990). Supplementary behavioral marital therapy with cognitive restructuring and emotional expressiveness training: An outcome investigation. *Journal of Consulting and Clinical Psychology, 58*, 636–645.

Beck, A. T. (1964). Thinking and depression: II. Theory and therapy. *Archives of General Psychiatry, 10*, 561–571.

Beck, A. T. (1976). *Cognitive therapy and the emotional disorders*. New York: International Universities Press.

Beck, A. T. (1987). Cognitive approaches to panic disorder: Theory and therapy. In S. Rachman & J. Maser (Eds.), *Panic: Psychological perspectives* (pp. 91–109). Hillsdale, NJ: Erlbaum.

Beck, A. T. (1988). *Love is never enough*. New York: Harper & Row. (Deutsche Ausgabe: Beck, A. T. [1994]. *Liebe ist nie genug*. München: dtv.)

Beck, A. T. (in press). Cognitive aspects of personality disorders and their relation to syndromal disorders: A psychoevolutionary approach. In C. R. Cloninger (Ed.), *Personality and psychopathology*. Washington, DC: American Psychiatric Press.

Beck, A. T & Emery, G. (with Greenberg, R. L.). (1985). *Anxiety disorders and phobias: A cognitive perspective*. New York: Basic Books. (Deutsche Ausgabe: Beck, A. T. & Emery, G. [1981]. *Kognitive Verhaltenstherapie bei Angst und Phobien*. Tübingen: dgvt.)

Beck, A. T., Freeman, A. & Associates. (1990). *Cognitive therapy of personality disorders*. New York: Guilford Press. (Deutsche Ausgabe: Beck, A. T., Freman, A. et al. [1995]. *Kognitive Therapie der Persönlichkeitsstörungen* [3. Aufl.]. Weinheim: Psychologie Verlags Union.)

Beck, A. T. & Greenberg, R. L. (1974). *Coping with depression*. Bala Cynwyd, PA: Beck Institute for Cognitive Therapy and Research.

Beck, A. T. & Steer, R. A. (1987). *Manual for the revised Beck Depression Inventory*. San Antonio, TX: The Psychological Corporation.

Beck, A. T., Rush, A. J., Shaw, B. F. & Emery, G. (1979). *Cognitive therapy of depression*. New York: Guilford Press. (Deutsche Ausgabe: Beck, A. T., Rush, A. J., Shaw, B. F. & Emery, G. [1996]. *Kognitive Therapie der Depression* [5. Aufl.]. Weinheim: Psychologie Verlags Union.)

Beck, A. T., Sokol, L., Clark, D. A., Berchick, R. J. & Wright, F. D. (1992). A crossover study of focused cognitive therapy for panic disorder. *American Journal of Psychiatry, 149*(6), 778–783.

Beck, A. T., Wright, F. W., Newman, C. F. & Liese, B. (1993). *Cognitive therapy of substance abuse*. New York: Guilford Press. (Deutsche Ausgabe: Beck, A. T., Wright, F. D., Newman, C. F. & Liese, B. S. [1997]. *Kognitive Therapie der Sucht*. Weinheim: Psychologie Verlags Union.)

Bedrosian, R. C. & Bozicas, G. D. (1994). *Treating family of origin problems: A cognitive approach*. New York: Guilford Press.

Benson, H. (1975). *The relaxation response*. New York: Avon.

Beutler, L. E., Scogin, F., Kirkish, P., Schretlen, D., Corbishley, A., Hamblin, D., Meredity, K., Potter, R., Bamford, C. R. & Levenson, A. I. (1987). Group cognitive therapy and alprazalam in the treatment of depression in older adults. *Journal of Consulting and Clinical Psychology, 55*, 550–556.

Bowers, W. A. (1990). Treatment of depressed inpatients: Cognitive therapy plus medication, relaxation plus medication, and medication alone. *British Journal of Psychiatry, 156*, 73–78.

Bowers, W. A. (1993). Cognitive therapy for eating disorders. In. J. Wright, M. Thase, A. T. Beck & J. Ludgate (Eds.), *Cognitive therapy with inpatients* (pp. 337–356). New York: Guilford Press.

Burns, D. D. (1980). Feeling Good: *The new mood therapy*. New York: Signet.

Burns, D. D. (1989). *The feeling good handbook: Using the new mood therapy in everyday life*. New York: Morrow.

Butler, G. (1989). Phobic disorders. In K. Hawton, P. M. Salkovskis, J. Kirk & D. M. Clark (Eds.), *Cognitive-behavior therapy for psychiatric problems*: A practical guide (pp. 97–128). New York: Oxford University Press.

Butler, G., Fennell, M., Robson, D. & Gelder, M. (1991). Comparison of behavior therapy and cognitive-behavior therpy in the treatment of generalized anxiety disorder. *Journal of Consulting and Clinical Psychology, 59*, 167–175.

Casey, D. A. & Grant, R. W. (1993). Cognitive therapy with depressed elderly inpatients. In J. Wright, M. Thase, A. T. Beck & J. Ludgate (Eds.), *Cognitive therapy with inpatients* (pp. 295–314). New York: Guilford Press.

Chadwick, P. D. J. & Lowe, C. F. (1990). Measurement and modification of delusional beliefs. *Journal of Consulting and Clinical Psychology, 58*, 225–232.

Clark, D. M. (1989). Anxiety states: Panic and generalized anxiety. In K. Hawton, P. M. Salkovskis, J. Kirk & D. M. Clark (Eds.), *Cognitive-behavior therapy for psychiatric problems: A practical guide* (pp. 52–96). New York: Oxford University Press.

Clark, D. M., Salkovskis, P. M., Hackmann, A., Middleton, H. & Gelder, M. (1992). A comparison of cognitive therapy, applied relaxation, and imipramine in the treatment of panic disorder. *British Journal of Psychiatry, 164*, 759–769.

Dancu, C. V. & Foa, E. B. (1992). Posttraumatic stress disorder. In A. Freeman & F. M. Dattilio (Eds.), *Comprehensive casebook of cognitive therapy* (79–88). New York: Plenum Press.

Dattilio, F. M. & Padesky, C. A. (1990). *Cognitive therapy with couples*. Sarasota, FL: Professional Resource Exchange.

Davis, M., Eshelman, E. R. & McKay, M. (1988). *The relaxation and stress reduction workbook*. Oakland, CA: New Harbinger.

Dobson, K. S. (1989). A meta-analysis of the efficacy of cognitive therapy for depression. *Journal of Consulting and Clinical Psychology, 57*, 414–419.

Edwards, D. J. A. (1989). Cognitive restructuring through general guided imagery: Lessons from Gestalt therapy. In A. Freeman, K. M. Simon, L. E. Beutler & H. Arkowitz (Eds.), *Comprehensive handbook of cognitive therapy* (pp. 283–297). New York: Plenum Press.

Ellis, A. (1962). *Reason and emotion in psychotherapy*. New York: Lyle Stuart.

Epstein, N., Schlesinger, S. E. & Dryden, W. (1988). *Cognitive-behavioral therapy with families*. New York: Brunner/Mazel.

Evans, J. M. G., Hollon, S. D., DeRubeis, R. J., Piasecki, J. M., Grove, W. M., Garvey, M. J. & Tuason, V. B. (1992). Differential relapse following cognitive therapy and pharmacology for depression. *Archives of General Psychiatry, 49*, 802–808.

Fairburn, C. G. & Cooper, P. J. (1989). Eating disorders. In K. Hawton, P. M. Salkovskis, J. Kirk & D. M. Clark (Eds.), *Cognitive behavior therapy for psychiatric problems: A practical guide* (pp. 277–314). New York: Oxford University Press.

Fairburn, C. G., Jones, R., Peveler, R. C., Hope, R. A. & Doll, H. A. (1991). Three psychological treatments for bulimia nervosa: A comparative trial. *Archives of General Psychiatry, 48,* 463–469.

Freeman, A. & Dattilio, F. M. (Eds.). (1992). *Comprehensive casebook of cognitive therapy.* New York: Plenum Press.

Freeman, A., Pretzer, J., Fleming, B. & Simon, K. M. (1990). *Clinical applications of cognitive therapy.* New York: Plenum Press.

Freeman, A., Schrodt, G., Gilson, M. & Ludgate, J. (1993). Group cognitive therapy with inpatients. In J. Wright, M. Thase, A. T. Beck & J. Ludgate (Eds.), *Cognitive therapy with inpatients* (pp. 121–153). New York: Guilford Press.

Freeman, A., Simon, K. M., Beutler, L. E. & Arkowitz, M. (Eds.). (1989). *Comprehensive handbook of cognitive therapy.* New York: Plenum Press.

Fremouw, W. J., dePerczel, N. & Ellis, T. E. (1990). *Suicide risk: Assessment and response.* New York: Pergamon Press.

Garner, D. M. & Bemis, K. M. (1985). Cognitive therapy for anorexia nervosa. In D. M. Garner & P. E. Garfinkel (Eds.), *Handbook of psychotherapy for anorexia nervosa and bulimia* (pp. 107–146). New York: Guilford Press.

Garner, D. M., Rockert, W., Davis, R., Garner, M. V., Olmstead, M. P. & Eagle, M. (1993). Comparison of cognitive-behavioral and supportive-expressive therapy for bulimia nervosa. *American Journal of Psychiatry, 150,* 37–46.

Gelernter, C. S., Uhde, T. W., Cimbolic, P., Arnkoff, D. B., Vittone, B. J., Tancer, M. E. & Bartko, J. J. (1991). Cognitive-behavioral and pharmacological treatments of social phobia: A controlled study. *Archives of General Psychiatry, 48,* 938–945.

Goldstein, A. & Stainback, B. (1987). *Overcoming agoraphobia: Conquering fear of the outside world.* New York: Viking Penguin.

Greenberger, D. & Padesky, C. (1995). *Mind over mood: A cognitive therapy treatment manual for clients.* New York: Guilford Press.

Goldstein, A. & Stainback, B. (1987). *Overcoming agoraphobia: Conquering fear of the outside world.* New York: Viking Penguin.

Guidano, V. F. & Liotti, G. (1983). *Cognitive processes and emotional disorders: A structural approach to psychotherapy.* New York: Guilford Press.

Heimberg, R. G. (1990). Cognitive behavior therapy (for social phobia). In A. S. Bellack & M. Hersen (Eds.), *Comparative handbook of treatments for adult disorders* (pp. 203–218). New York. Wiley.

Heimberg, R. G., Dodge, C. S., Hope, D. A., Kennedy, C. R., Zollo, L. J. & Becker, R. E. (1990). Cognitive behavioral group treatment for social phobia: Comparison with a credible placebo control. *Cognitive Therapy and Research, 14,* 1–23.

Hollon, S. D. & Beck, A. T. (1993). Cognitive and cognitive-behavioral therapies. In A. E. Bergin & S. L. Garfield (Eds.), *Handbook of psychotherapy and behavior change: An empirical analysis* (4th ed., pp. 428–466). New York: Wiley.

Hollon, S. D., DeRubeis, R. J. & Seligman, M. E. P. (1992). Cognitive therapy and the prevention of depression. *Applied and Preventive Psychiatry, 1,* 89–95.

Jacobson, E. (1974). *Progressive relaxation.* Chicago: University of Chicago Press, Midway Reprint.

Kingdon, D. G. & Turkington, D. (1994). *Cognitive-behavioral therapy of schizophrenia.* New York: Guilford Press.

Knell, S. M. (1993). *Cognitive-behavioral play therapy.* Northvale, NJ: Jason Aronson.

Layden, M. A., Newman, C. F., Freeman, A. & Morse, S. B. (1993). *Cognitive therapy of borderline personality disorder.* Needham Heights, MA: Allyn & Bacon.

Lazarus, A. (1976). *Multimodal behavior therapy.* New York: Springer.

Mahoney, M. (1991). Human change processes: *The scientific foundations of psychotherpy.* New York: Basic Books.

Marlatt, G. A. & Gordon, J. R. (Eds.). (1985). *Relapse prevention: Maintenance strategies in the treatment of additive behaviors.* New York: Guilford Press.

McKay, M. & Fanning, P. (1991). *Prisoners of belief.* Oakland, CA: New Harbinger.

McMullin, R. E. (1986). *Handbook of cognitive therapy techniques.* New York: W. W. Norton.

Meichenbaum, D. (1977). *Cognitive-behavior modification: An integrative approach.* New York: Plenum Press. (Deutsche Ausgabe: Meichenbaum, D. [1995]. *Kognitive Verhaltensmodifikation* [Reprint der 1. Auflage 1979]. Weinheim: Psychologie Verlags Union.)

Miller, I. W., Norman, W. H., Keitner, G. I., Bishop, S. B. & Dow, M. G. (1989). Cognitive-behavioral treatment of depressed inpatients. *Behavior Therapy, 20,* 25–47.

Miller, P. (1991). The application of cognitive therapy to chronic pain. In T. M. Vallis, J. L. Howes & P. C. Miller (Eds.), *The challenge of cognitive therapy: Application to nontraditional populations* (pp. 159–182). New York: Plenum Press.

Morse, S. B., Morse, M. & Nackoul, K. (1992). *Cognitive principles and techniques: A video series and workbooks.* Albuquerque, NM: Creative Cognitive Therapy Productions.

Niemeyer, R. A. & Feixas, G. (1990). The role of homework and skill acquisition in the outcome of group cognitive therapy for depression. *Behavior Therapy, 21*(3), 281–292.

Overholser, J. C. (1993 a). Elements of the Socratic method: I. Systematic questioning. *Psychotherapy, 30,* 67–74.

Overholser, J. C. (1993 b). Elements of the Socratic method: II. Inductive reasoning. *Psychotherapy, 30,* 75–85.

Palmer, A. G., Williams, H. & Adams, M. (1994). *Cognitive behavioral therapy in a group for bipolar patients.* (Manuscript submitted for publication).

Parrott, C. A. & Howes, J. L. (1991). The application of cognitive therapy to post-traumatic stressdisorder. In T. M. Vallis, J. L. Howes & P. C. Miller (Eds.), *The challenge of cognitive therapy: Applications to nontraditional populations* (pp. 85–109). New York: Plenum Press.

Perris, C., Ingelson, U. & Johnson, D. (1993). Cognitive therapy as a general framework in the tratment of psychotic patients. In K. T. Kuehlwein & H. Rosen (Eds.), *Cognitive therapy in action: Evolving innovative practice* (pp. 379–402). San Francisco: Jossey-Bass.

Persons, J. B. (1989). *Cognitive therapy in practice.* New York: W. W. Norton.

Persons, J. B., Burns, D. D. & Perloff, J. M. (1988). Predictors of dropout and outcome in cognitive therapy for depression in a private practice setting. *Cognitive Therapy and Research, 12,* 557–575.

Rosen, H. (1988). The constructivist-development paradigm. In R. A. Dorfman (Ed.), *Paradigms of clinical social work* (pp. 317–355). New York: Brunner/Mazel.

Rush, A. J., Beck, A. T., Kovacs, M. & Hollon, S. D. (1977). Comparative efficacy of cognitive therapy and pharmacotherapy in the treatment of depressed outpatients. *Cognitive Therapy and Research, 1*(1), 17–37.

Safran, J. D., Vallis, T. M., Segal, Z. V. & Shaw, B. F. (1986). Assessment of core cognitive processes in cognitive therapy. *Cognitive Therapy and Research, 10,* 509–526.

Salkovskis, P. M. & Kirk, J. (1989). Obsessional disorders. In K. Hawton, P. M. Salkovskis, J. Kirk & D. M. Clark (Eds.), *Cognitive-behavior therapy for psychiatric problems: A practical guide* (pp. 129–168). New York: Oxford University Press.

Scott, J., Williams, J. M. G. & Beck, A. T. (Eds.). (1989). *Cognitive therapy in clinical practice: An illustrative casebook.* New York: Routledge.

Thase, M. E., Bowler, K. & Harden, T. (1991). Cognitive behavior therapy of endogenous depression: Part 2. Preliminary findings in 16 unmedicated inpatients. *Behavior Therapy, 22,* 469–477.

Thompson, L. W., Davies, R., Gallagher, D. & Krantz, S. E. (1986). Cognitive therapy with older adults. In T. L. Bring (Ed.), *Clinical gerontology: A guide to assessment and intervention* (pp. 245–279). New York: Haworth Press.

Turk, D. C., Meichenbaum, D. & Genest, M. (1983). *Pain and behavioral medicine: A cognitive-behavioral perspective.* New York: Guilford Press.

Warwick, H. M. C. & Salkovskis, P. M. (1989). Hypochondriasis. In J. Scott, M. G. Williams, & A. T. Beck (Eds.), *Cognitive therapy in clinical practice: An illustrative casebook* (pp. 50–77). London: Routledge.

Weissman, A. N. & Beck, A. T. (1978). *Development and validation of the Dysfunctional Attitude Scale: A preliminary investigation.* Paper presented at the Annual Meeting of the American Educational Research Association, Toronto, Canada.

Woody, G. E., Luborsky, L., McClellan, A. T. O'Brien, C. P., Beck, A. T., Blaine, J., Herman, I. & Hole, A. (1983). Psychotherapy for opiate addicts: Does it help? *Archives of general Psychiatry, 40*, 1081–1086.

Young, J. E. (1990). *Cognitive therapy for personality disorders: A schema focused approach.* Sarasota, FL: Professional Resources Exchange.

Young, J. E. & Klosko, J. (1994). *Reinventing your life: How to break free of negative life patterns.* New York: Dutton Press.

Register

Klassiker der Kognitiven Therapie

Die psychotherapeutische Behandlung depressiver Patienten wird hier konkret und ausführlich beschrieben. Voraus geht die Darstellung des kognitiven Modells und der Rolle der Emotionen innerhalb der Therapie. Die vorliegende Auflage beinhaltet die Entwicklung der letzten Jahre. Zusätzliche Arbeitsmaterialien und Diagnoseinstrumente machen das Buch zu einem umfassenden Standardwerk der Depressionstherapie.

Aaron T. Beck u.a.
Kognitive Therapie der Depression
Hrsg. von Martin Hautzinger
5. Aufl. 1996.
415 Seiten.
Gebunden.
ISBN 3-621-27015-9

Nach einer Einführung in die Grundlagen, Diagnose und Therapie der Persönlichkeitsstörungen und die Theorie der Kognitiven Therapie folgt der praxisorientierte Teil. Detalliert werden die diagnostische Vorgehensweise und Behandlung einer jeden Persönlichkeitsstörung anhand von Fallbeispielen beschrieben.
Ungeachtet ihrer schulenspezifischen Provenienz bietet dieses Grundlagenwerk allen Praktikern, Lehrenden und Forschern eine Fülle an Informationen und konkreten Handlungsanweisungen.

Aaron T. Beck/Arthur Freeman et al.
Kognitive Therapie der Persönlichkeitsstörungen
3. Aufl. 1995.
338 Seiten.
Gebunden.
ISBN 3-621-27155-4

Die Kognitive Therapie - seit langem sehr erfolgreich z. B. bei Angst, Depression und Persönlichkeitsstörungen - wurde für die Behandlung von Alkohol-, Drogen- und Medikamentenmißbrauch/-abhängigkeit weiterentwickelt. Dabei wird berücksichtigt, daß Sucht häufig zusammen mit anderen psychischen Störungen auftritt. Ein praxisnahes Buch für die tägliche Arbeit von Suchttherapeuten.

A.T. Beck/F.D. Wright
C.F. Newman/B.S. Liese
Kognitive Therapie der Sucht
1997. 365 Seiten. Gebunden
ISBN 3-621-27357-3

BELTZ
PsychologieVerlagsUnion

Kognitive Verhaltenstherapie bei psychischen Störungen

Verhaltenstherapie ist eines der einflussreichsten und wirkungsvollsten Therapieverfahren. Ihre Effektivität bei der Behandlung von psychischen Störungen steht außer Frage. Wie sie bei welchen Störungen eingesetzt wird, zeigt dieses praktische Lehrbuch.

Störungsbezogen und praxisnah werden die klinischen Grundlagen, diagnostischen Methoden, Indikationen, Behandlungsprogramme und spezifische Interventionen folgender Störungen beschrieben:

Schizophrene Störungen • Depressionen • Angstanfälle und Agoraphobien • Soziale Ängste, Unsicherheiten und Defizite • Zwangsstörungen • Alkoholismus Essstörungen • Somatoforme Störungen • Chronische Schmerzen Schlafstörungen • Körperliche Erkrankungen • Partnerschaftsprobleme • Sexuelle Funktionsstörungen • Persönlichkeitsstörungen • Borderline-Störungen • Kopfschmerz im Kindes- und Jugendalter • Konzentrations- und Aufmerksamkeitsstörungen • Umschriebene Entwicklungsstörungen schulischer Fertigkeiten.

Martin Hautzinger (Hrsg.)
Kognitive Verhaltenstherapie bei psychischen Störungen
2., vollständig überarbeitete und erweiterte Auflage 1998
609 Seiten. Gebunden.
ISBN 3-621-27403-0

Psychologie Verlags Union

Postfach 100154, 69441 Weinheim
Telefon: 06201/60070, Telefax: 06201/17464
e-mail: info@beltz.de, http://www. beltz.de